LA DÉTERMINATION DE LA PERSONNE MORALE PÉNALEMENT RESPONSABLE

Collection Logiques Juridiques
dirigée par Gérard MARCOU

Le droit n'est pas seulement un savoir, il est d'abord un ensemble de rapports et pratiques que l'on rencontre dans presque toutes les formes de sociétés. C'est pourquoi il a toujours donné lieu à la fois à une littérature de juristes professionnels, produisant le savoir juridique, et à une littérature sur le droit, produite par des philosophes, des sociologues ou des économistes notamment.
Parce que le domaine du droit s'étend sans cesse et rend de plus en plus souvent nécessaire le recours au savoir juridique spécialisé, même dans des matières où il n'avait jadis qu'une importance secondaire, les ouvrages juridiques à caractère professionnel ou pédagogique dominent l'édition, et ils tendent à réduire la recherche en droit à sa seule dimension positive. A l'inverse de cette tendance, la collection « Logiques juridiques » des Éditions L'Harmattan est ouverte à toutes les approches du droit. Tout en publiant aussi des ouvrages à vocation professionnelle ou pédagogique, elle se fixe avant tout pour but de contribuer à la publication et à la diffusion des recherches en droit, ainsi qu'au dialogue scientifique sur le droit. Comme son nom l'indique, elle se veut plurielle.

Dernières parutionsSpo

Marie-Dominique CHARLIER-DAGRAS, *La laïcité française à l'épreuve de l'intégration européenne. Pluralisme et convergences*, 2002.
Auguste ILOKI, *Le recours pour excès de pouvoir au Congo*, 2002.
Michel-Cyr DJIENA WEMBOU, *Le droit international dans un monde en mutation*, 2002.
Jean-François ROULOT, *Le crime contre l'Humanité*, 2002.
Marie-Pauline DESWARE, *Essai sur la nature juridique de la République*, 2003.
Geneviève KOUBI et Gilles GUGLIEMI, La gratuité, une question de droit ?, 2003.
Marie-Pauline DESWARE, *Essai sur la nature juridique de la République*, 2003.
Michel FARGE, *Le statut familial des étrangers en France : de la loi national à la loi de la résidence habituelle*, 2003.
Placide MOUDOUDOU, *Droit administratif congolais*, 2003.
Sophie DOUAY, *Travail, avenir et génétique*, 2003
Valérie MICHEL, *Recherches sur les compétences de la communauté européenne*, 2003

Jean-Claude PLANQUE
Docteur en droit
Chargé d'enseignement à l'Université de Lille II
Membre du Laboratoire d'Etudes et de Recherches
Appliquées au Droit Privé

LA DÉTERMINATION DE LA PERSONNE MORALE PÉNALEMENT RESPONSABLE

Préface d'Alain Prothais

Professeur à l'Université de Lille II
Directeur de l'Institut de criminologie de Lille

L'Harmattan
5-7, rue de l'École-Polytechnique
75005 Paris
FRANCE

L'Harmattan Hongrie
Hargita u. 3
1026 Budapest
HONGRIE

L'Harmattan Italia
Via Bava, 37
10214 Torino
ITALIE

ISBN : 2-7475-4070-7

A Emmanuelle,

Mon épouse

PREFACE

par Alain PROTHAIS

Agrégé des Facultés de droit
Professeur à l'Université de Lille II
Directeur de l'Institut de criminologie

Lorsque Jean-Claude PLANQUE a choisi d'approfondir la responsabilité pénale des personnes morales, c'était un sujet quasiment neuf. Il s'agit en effet de l'une des principales, sinon la principale, des innovations du Code pénal entré en vigueur le 1er mars 1994. Le dispositif légal, sis essentiellement à l'article 121-2, a fait, lors des travaux préparatoires, l'objet d'intéressantes discussions relatives à ses termes qui ont retenu l'attention des premiers commentateurs, mais il reste fort succinct surtout comparativement aux bouleversements juridiques qu'il entraîne.

La doctrine, qui s'est montrée très largement favorable à la création de cette responsabilité pénale nouvelle, n'a pas véritablement fait précéder celle-ci de toute la réflexion théorique indispensable. L'on est donc confronté à beaucoup d'interrogations capitales postérieurement à l'adoption légale auxquelles il importe maintenant de fournir des réponses.

Quant à la jurisprudence, il fallait attendre. Jean-Claude PLANQUE a mis en œuvre tous les trésors d'énergie et d'ingéniosité du jeune chercheur enthousiaste pour obtenir au plus tôt les informations les plus précises sur les premières poursuites, les premières décisions judiciaires. Celles des juges du fond se révélèrent souvent décevantes, très pragmatiques mais juridiquement difficiles à interpréter. Enfin, les premiers arrêts de la Cour de cassation arrivèrent, mais soit ils répondent à des questions techniques relativement limitées, soit ils paraissent fort simplificateurs concernant des problèmes essentiels.

Donc, l'auteur a travaillé dans un contexte particulier présentant à la fois bien des difficultés mais aussi certains avantages. Les insuffisances du droit positif et de la pratique lui laissaient une liberté plus grande de réflexion personnelle. Très vite, en effet, il a compris que s'ouvrait ainsi pour le droit pénal un domaine nouveau, considérable et inconnu, la perspective d'un renouvellement, d'un ressourcement. Notre droit pénal étant intégralement conçu pour les personnes physiques et exclusivement pour elles, il allait falloir reconsidérer toutes ses composantes pour qu'il puisse s'appliquer aux personnes morales. Cette responsabilité nouvelle était entièrement à construire.

Jean-Claude PLANQUE aborde son sujet sous l'angle de « la détermination de la personne morale pénalement responsable », ce qui permet de traiter des principaux aspects de celui-ci en cherchant à préciser, dans un premier temps, quelles sortes de personnes morales sont susceptibles d'être concernées et dans un second temps, parmi celles-ci, laquelle remplit les conditions pour être effectivement déclarée responsable pénalement, c'est-à-dire en déterminant 1° quelle personne morale, puis 2° laquelle est responsable.

Il peut ainsi étudier non seulement le domaine de cette nouvelle responsabilité qui pose encore plus de questions qu'il n'a été envisagé lors de son adoption, mais aussi les règles de mise en jeu de cette responsabilité particulière afin de pouvoir spécifier quelle personne morale est finalement responsable pénalement et donc affiner la « détermination » de celle-ci. Quant à l'identification des groupements responsabilisables, il débusque nombre de difficultés, d'incohérences insoupçonnées. Il fait volontiers preuve de liberté d'opinion sur des points sujets à controverse comme ceux relatifs à la personnalité morale de fait ou aux limites de la responsabilité pénale des personnes publiques (Etat compris). Quant aux conditions de cette nouvelle forme de responsabilité, il explore méthodiquement les questions les plus délicates telles celle de la faute de la personne morale et celle de la « répartition des responsabilités » entre personnes physiques et personnes morales pour les mêmes faits. Dans son entreprise de revisitation du droit pénal pour les besoins des personnes morales, il ne néglige pas des aspects encore peu étudiés comme la tentative ou l'irresponsabilité.

De manière générale, il ne se contente pas d'exercer tout l'esprit critique nécessaire mais il s'attache à formuler des propositions d'amélioration de rédaction des textes existants, propositions particulièrement précises et soignées qui méritent assurément de retenir l'attention de qui se soucie des indispensables perfectionnements législatifs parce que ce sont, semble-t-il, les premières à aller aussi loin dans la réflexion constructive en la matière.

Son idée directrice est d'œuvrer à la « construction d'un véritable droit pénal des personnes morales » avec « la même rigueur que pour les personnes physiques ». Aussi ne craint-il pas de dire clairement son refus de la tentation d'un droit pénal au rabais pour les personnes morales, d'une « simple responsabilité de substitution » pour laquelle il n'y aurait pas lieu d'être aussi vigilant que pour les personnes physiques.

Relativement à la difficulté cruciale, celle de la dualité de conceptions possibles de cette responsabilité pénale nouvelle, il exprime sa préférence pour la responsabilité propre de la personne morale par opposition à la solution de simplification dite de « responsabilité par ricochet », vers laquelle semble pencher la Cour de cassation. Du fait même de l'instauration de la responsabilité pénale des personnes morales, se trouve posé le problème fondamental, insuffisamment maîtrisé par le législateur, des rapports de celle-ci avec celle des personnes physiques agissant au nom et pour le compte d'un être moral. Jean-Claude PLANQUE s'est efforcé de clarifier les différentes possibilités de cumul ou non des responsabilités, de coaction ou de complicité.

De surcroît, la matière se révèle fort mouvante, car en quelques années, les idées ont déjà beaucoup évolué. Le législateur a institué cette responsabilité nouvelle avec certaines réserves, se traduisant notamment par la non généralisation de la répression à toutes les infractions ou le souci de ne pas déresponsabiliser les personnes physiques en condamnant les personnes morales à leur place. Mais aujourd'hui, les incriminations nouvelles sont presque systématiquement spécifiées applicables aux personnes morales et les incriminations anciennes, écartées initialement, viennent aussi massivement d'être déclarées reprochables aux êtres moraux (Loi n°2001-504 du 12 juin 2001). On assiste en quelque sorte à une banalisation de la responsabilité pénale des personnes morales plus rapide qu'on ne pouvait l'imaginer.

Surtout, lors de l'élaboration de la loi du 10 juillet 2000 « tendant à préciser la définition des délits non intentionnels », bien des réticences semblent avoir disparu au point qu'en cas d'imprudence, la responsabilité pénale des personnes morales soit souhaitée au lieu de celle des personnes physiques. Ainsi la dépénalisation est expressément réservée par le législateur à ces dernières (Art. 121-3 al. 4 C. pén.). Cela a du reste des conséquences juridiques imprévues. Désormais la personne morale est punissable pour imprudence dans des cas où la personne physique la représentant ne l'est pas. Cela ne vient-il pas contredire le système de la « responsabilité par ricochet » et conforter ceux qui, comme Jean-Claude PLANQUE, optent pour une responsabilité pleine et véritable et donc propre de la personne morale ? Au moins peut-on constater combien le droit positif se montre hésitant sur les fondements mêmes de celle-ci.

Il est donc inévitable que certaines des positions prises par l'auteur ne soient pas agréées par tous, mais son travail, en ce qu'il ouvre les bons débats, s'avère précieux pour tous ceux qui s'intéressent à cette responsabilité nouvelle. D'ailleurs, par les nombreuses informations qu'il réunit, tant dans les développements, la bibliographie et les annotations que dans les multiples annexes, tables et index qu'il comporte, il peut être, a-t-il été observé, considéré comme un instrument de référence, une vraie recherche, l'un des premiers, si ce n'est le premier, de cette ampleur sur le sujet. Il ne s'adresse pas uniquement aux pénalistes ou aux spécialistes de droit de la responsabilité, il revêt des aspects importants de droit commercial et de droit public notamment, ainsi que de théorie générale du droit, et au delà du cercle des juristes, il concerne tous ceux qui participent au fonctionnement d'une personne morale, société, association ou autre. Dès lors, son style délibérément didactique témoigne d'une sollicitude particulière pour le lecteur afin de l'aider à s'aventurer plus aisément dans un univers pour le moins complexe.

Certes, tout n'est pas définitivement résolu, bien des éléments continueront à évoluer, mais le mérite d'un tel ouvrage n'est-il pas de contribuer d'emblée à faire prendre pleinement conscience que la détermination de la personne morale pénalement responsable est aussi importante que celle de la personne physique car cela engage des valeurs et des principes essentiels ?

PLAN SOMMAIRE

Introduction

PREMIERE PARTIE :

UNE NOUVELLE SORTE DE RESPONSABLE

SECONDE PARTIE :

UNE NOUVELLE FORME DE RESPONSABILITE

TITRE 1 :L'infraction reprochée

Chapitre 1: La réalisation de l'infraction reprochée

Chapitre 2: La spécialité de l'infraction reprochée

TITRE 2 :L'attribution de la responsabilité pénale

Chapitre 1: La répartition des responsabilités entre participants à l'infraction

Chapitre 2: Les causes d'irresponsabilité pénale

Conclusion

Annexes
Index chronologique des principales décisions judiciaires
Bibliographie sommaire
Index alphabétique des matières
Table analytique des matières

Liste des principales abréviations

A : Générales

A.C.P. : ancien code pénal
actu. : actualité
al. : alinéa
art. : article
C. fam. : code de la famille et de l'aide sociale
Cass. civ. : arrêt de l'une des trois chambres civiles de la Cour de cassation
Cass. com. : arrêt de la chambre commerciale de la Cour de cassation
Cass. crim. : arrêt de la chambre criminelle de la Cour de cassation
Cass. soc. : arrêt de la chambre sociale de la Cour de cassation
C. civ. : code civil
C.E : arrêt du Conseil d'Etat.
C.G.I : code général des impôts
ch. acc. : chambre d'accusation
Ch. : chambre
chron. : chronique
coll. : collection
comm. : commentaire
Cons. Const. : Conseil constitutionnel
C. pén. : code pénal
C. proc. pén. : code de procédure pénale
C. route : code de la route
C. rur. : code rural
C . sant. pub. : code de la santé publique
C. trav. : code du travail
doctr. : doctrine
éd. : édition
inf. rap. : informations rapides
jur. : jurisprudence
L .P.F. : livre des procédures fiscales
n° : numéro
obs. : observations
Ord. : ordonnance
p. : page

Req. : arrêt de la chambre des requêtes de la Cour de Cassation
s. : et suivant (es)
somm. comm. : sommaires commentés
Soc. : arrêt de la chambre sociale de la Cour de Cassation
spéc. : spécialement
T.C. : tribunal des conflits
T. civil : jugement d'un tribunal civil
T. corr. : jugement de tribunal correctionnel
T.G.I : jugement de tribunal de grande instance
T. pol. : jugement de tribunal de police

B :Latines

Adde. : Addendum
Cf : conférez, rapportez vous à
contra : en sens contraire
ibidem : au même endroit, même référence
in : dans
in fine : à la fin
infra : au dessous
op. cit. : dans l'ouvrage cité
supra : au dessus

C : Revues et périodiques

AJDA : Actualité juridique de droit administratif
ALD : Actualité législative Dalloz
Bull. : Bulletin des arrêts de la Cour deCassation, chambre criminelle
Bull. civ. : Bulletin des arrêts de la Cour de Cassation, chambres civiles
D. : Recueil Dalloz
D.P. : Dalloz Périodique
Dr. pén. : Droit Pénal (éditions techniques)
Gaz. Pal. : Gazette du palais
J.-Cl. pénal : Juris-classeur de droit pénal
JCP : Juris-classeur périodique, la semaine juridique édition générale
JCP E. : Juris-classeur périodique, la semaine juridique édition entreprise
JCP N. : Juris-classeur périodique, la semaine juridique édition notariale
JOLY : Bulletin Joly des sociétés

Rec. : Recueil LEBON
RD pén. crim. : Revue de droit pénal et de criminologie
RD pub. : Revue de droit public
Rép. Pén. D. : Répertoire pénal Dalloz
RFDA : Revue française de droit administratif
RJDA : Revue de jurisprudence de droit administratif
RJS : Revue de jurisprudence sociale
Rev. pénit. : Revue pénitentiaire et de droit pénal
Rev. sc. crim. : Revue de science criminelle et de droit pénal comparé
Rev. soc. : Revue des sociétés
RID pén. : Revue internationale de droit pénal
RTD civ. : Revue trimestrielle de droit civil
RTD com. : Revue trimestrielle de droit commercial
S. : Recueil Sirey
Vie jud. : La vie judiciaire

INTRODUCTION

1 - Le 20 janvier 1992, un Airbus de la compagnie Air Inter s'écrase sur le mont Sainte Odile. On dénombrera quatre vingt sept victimes et seulement neuf rescapés. Ce type de catastrophe provoque un émoi considérable dans l'opinion publique. Mais, rapidement, cet émoi laisse la place à la question de savoir qui est responsable de ce drame.

La mise en cause de deux ou trois personnes physiques, dont le rôle dans la survenance de l'accident est loin d'être évident et qui se trouvent poursuivies plus en raison de leur fonction que d'une véritable participation à la réalisation du drame, ne peut que laisser perplexe.

De même, la condamnation du seul conducteur du train suite à la collision ferroviaire de la gare de Lyon a soulevé des interrogations sur la poursuite des véritables responsables et a amené le sentiment que la personne physique désignée comme coupable n'était qu'un «bouc émissaire » ou un «lampiste ».

Dans des circonstances moins dramatiques et moins médiatisées, on peut s'interroger sur l'opportunité de condamner un dirigeant d'entreprise pour des faits de pollution qui se sont déroulés sans qu'il intervienne voire en son absence.

2 - N'est il pas plus raisonnable de mettre en cause la structure qui semble à l'origine des faits plutôt que les personnes physiques qui sont chargées de la représenter ou qui la font fonctionner ?

En d'autres termes, la responsabilité pénale des personnes morales semble pouvoir apporter une solution satisfaisante pour l'ensemble des hypothèses s'approchant de celles qui viennent d'être évoquées.

C'est sans doute la raison qui explique l'importante médiatisation de l'introduction de la responsabilité pénale des personnes morales dans notre droit lors de la réforme du Code pénal[1] et des premières condamnations frappant des personnes morales[2].

Cette médiatisation était si forte que certains ont cru voir de la responsabilité pénale des personnes morales dans des décisions qui ne faisaient référence qu'à une classique responsabilité civile. Ainsi, dans l'affaire dite de «l'aérosol explosif », on a pu lire dans la presse que «la Cour d'appel a déclaré pénalement responsable la société Reckitt et

---

[1] E. PLOUVIER, Les entreprises et le nouveau Code pénal, *Le Monde* du 12 janvier 1993, p. 32.

[2] *Le Monde*, 11 février 1996, p.8.

Coleman »[3]. Or, il ne peut en aucun cas s'agir de responsabilité pénale puisque les faits en question sont antérieurs à l'entrée en vigueur du Code pénal de 1994.

3 - Néanmoins, depuis le 1er mars 1994, le droit pénal français admet la responsabilité pénale des personnes morales. L'idée d'associer ces deux notions peut, de prime abord, paraître étrange. En effet, comment peut-on appliquer le droit pénal, par essence destiné aux êtres de chair et de sang, aux personnes morales qui sont par nature des êtres invisibles et immatériels ?

En faisant l'historique rapide de la possibilité pour les groupements de commettre des infractions et d'être réprimés (I), il apparaîtra que ce problème est très ancien et que la reconnaissance de la responsabilité pénale des groupements a toujours soulevé de vives critiques. Le Code pénal, en adoptant cette possibilité de réprimer les personnes morales, n'a pas échappé à ces critiques même si de nombreux éléments rendaient cette adoption nécessaire (II).

Le législateur a adopté ce principe par un texte brut[4] et qui laisse une place très importante à la jurisprudence qui doit l'interpréter et dégager les grands principes de son application. C'est ce qui permet de dire que la responsabilité pénale des personnes morales est une friche juridique où la doctrine a un rôle fondamental à jouer (III).

I] L'historique de la responsabilité pénale des personnes morales

4 - Pour se convaincre de la difficulté d'admettre l'idée selon laquelle un groupement peut commettre une infraction comme le ferait une personne physique, il suffit d'examiner la perception de cette question depuis le droit romain jusqu'à la réforme récente du Code pénal.

- Le droit romain

5 - La première difficulté en droit romain fut d'admettre la notion même de personne morale. En effet, pour qu'une opération juridique soit possible et existe, il fallait nécessairement des actes matériels,

---

[3] A. LEMAITRE, «qui me rendra mon visage ?», *Le Parisien libéré*, 15 décembre 1995, p.15.
[4] Art. 121-2 C. pén.

visibles. Or, cette exigence ne pouvait être satisfaite par un groupement incapable d'agir sans l'intervention de ses membres.

La situation va évoluer à partir de l'admission, par le droit romain, de la notion de représentation. La représentation vise à ce qu'un acte réalisé par une personne puisse produire des effets sur une autre.

On considère alors que l'acte de la majorité des membres du groupement peut être imputé au groupement lui-même. Il est alors possible de voir la naissance de la notion de personne morale. Néanmoins, pour le droit romain la personne morale n'est qu'une fiction, incapable d'une volonté propre, et ce n'est que par commodité que l'on admet que des actes peuvent lui être imputés.

Pourtant, selon MESTRE[5], le droit romain tirait, en matière de délit, toutes les conséquences de la reconnaissance de l'existence des *universitas* en disant que si la majorité des membres d'un groupement commet une infraction, celle-ci doit être imputée au groupement[6]. MESTRE relève d'ailleurs certains textes de droit romain qui semblent reconnaître expressément l'existence de cette responsabilité des groupements[7].

Il semble donc possible d'admettre que le droit romain reconnaissait la possibilité pour les groupements de commettre des infractions et d'être punis à ce titre. Ce sont ensuite les glossateurs qui, au Moyen âge, reprirent l'étude des textes du droit romain.

- Les glossateurs

6 - L'étude du droit romain par les glossateurs est fondée uniquement sur les textes sans tenir compte du milieu dans lequel ils étaient appliqués, ce qui fausse leur analyse. L'examen du problème relatif aux groupements reste très superficiel et l'idée majeure qu'ils développent est que le groupement ne peut pas être différencié des individus qui le composent.

Les glossateurs en déduisent donc que l'acte des membres est l'acte du groupement. En matière délictuelle, ils admettent ainsi que le délit commis par les membres du groupement est le délit du groupement. Mais, à cause de ce manque de connaissance des institutions romaines et

---

[5] A. MESTRE, *Les personnes morales et le problème de leur responsabilité pénale*, Thèse, Paris 1889, p.34.

[6] Bon nombre d'auteurs ont néanmoins développé des idées opposées, pour des exemples voir A. MESTRE, *ibidem*.

[7] A. MESTRE, *op. cit*,. p.34.

de leur volonté de transposer tel quel le droit romain, ils se sont trouvés dans l'impossibilité de mettre en place un véritable système juridique de la personnalité morale.

• Le droit canonique

7 - Le but poursuivi par les artisans du droit canonique était de construire un système juridique à partir des écritures saintes, des conciles et des décrétales du pape. L'idée force du droit canonique était que les individus comme les groupements ont une existence propre et indépendante de l'Etat. De là découlait le principe selon lequel les groupements sont dotés d'une existence propre.

Cette idée fut en premier lieu développée pour l'Eglise elle-même mais, très vite, les canonistes furent frappés par les nombreuses ressemblances entre l'Eglise et bon nombre d'autres groupements. Ces recherches amenèrent les canonistes, pour la première fois, à distinguer la notion de personne de celle d'individu.

Mais, le caractère fictif du groupement était toujours affirmé et c'est très logiquement qu'Innocent IV, en déduisait que le groupement ayant un caractère fictif, n'a pas de capacité délictuelle.

Cette logique juridique était prise en défaut par les faits. En effet, on assistait à l'époque à des condamnations de villes qui, par exemple, avaient abrité des criminels ou des exilés. Sous la pression des faits, les successeurs d'Innocent IV durent reconnaître que le groupement, malgré son caractère fictif, est doté de capacité délictuelle.

C'est ainsi que la responsabilité pénale des groupements fit son entrée dans le droit canonique. Un acte, donc un délit, pouvait être imputé à un groupement dès lors que cet acte avait été décidé à la majorité des membres et dans les formes statutaires.

Le manque de précision de la théorie dégagée par les canonistes amène à certains illogismes notamment en ce qui concerne les peines, puisqu'ils reconnaissaient une capacité délictuelle au groupement qui restait néanmoins fictif tout en admettant la possibilité que la peine prononcée contre le groupement puisse rejaillir sur ses membres[8].

Les post-glossateurs tentèrent de remédier à ces difficultés en essayant d'apporter une analyse plus précise.

---

[8] Par exemple en cas d'insuffisance d'actif du groupement, on admettait qu'une partie de l'amende soit payée par les membres du groupement.

• Les post-glossateurs

8 - Ils s'appuient sur le droit canon et sur les travaux des premiers glossateurs et montrent la volonté d'affiner les différentes théories dégagées. Ainsi, les post glossateurs admettent que le groupement peut agir, même si cela est difficile et donc reconnaissent que le groupement peut commettre un délit.

Ayant senti la difficulté de concilier le caractère fictif du groupement avec la possibilité de lui imputer des actes, voire des délits, les post glossateurs vont s'efforcer d'apporter une analyse logique et cohérente. L'explication retenue sera celle développée par BARTOLE[9] qui résout la difficulté en expliquant que, d'un point de vue social, le groupement a bien un caractère fictif. Mais, juridiquement, le groupement existe vraiment et cela justifie que l'on puisse, juridiquement donc, lui imputer un délit.

Dès lors, les post glossateurs admettent largement la possibilité de punir les groupements. Ceux-ci sont alors traités comme les personnes physiques avec les quelques particularités procédurales qui s'imposent et un système permettant de transformer les peines impossibles à appliquer à un groupement.

• L'ancien droit français

9 - Les légistes français se sont naturellement appuyé sur les travaux de leurs prédécesseurs et ont repris les principes qu'ils avaient tentés de dégager en ce qui concerne la capacité délictuelle des groupements.

Le système des peines arbitraires en vigueur à l'époque a permis un important développement de la responsabilité pénale des êtres moraux en évitant le problème des peines impossibles à infliger à un groupement. On trouve d'ailleurs bon nombre d'exemples de condamnations de villes ou villages[10].

Notamment sous l'influence des criminalistes italiens, l'ancien droit français considérait donc la capacité délictuelle des groupements comme un principe acquis. L'Ordonnance de 1670 en est l'illustration puisqu'elle prévoit expressément la procédure qui est à suivre dans les procès contre les groupements tels que les villes, bourgs ou villages. Cette ordonnance, qui est un code d'instruction criminelle, contient

---

[9] Voir A. MESTRE, thèse préc., p.93.

[10] A. MESTRE, *op. cit.*, p.109 et s.

donc un principe de droit pénal, celui de la responsabilité des groupements.

L'analyse s'affine et on constate une augmentation de l'intérêt porté à la notion de volonté du groupement. Cette volonté existe dès lors que le délit a été consenti par le conseil qui est l'organe délibérant lui donnant naissance. Dans le même temps, est admis le principe selon lequel, outre la condamnation du groupement, il faut condamner individuellement les personnes sans qui le groupement n'aurait jamais pu commettre d'infraction.

La Révolution va apporter un coup d'arrêt au développement de la responsabilité pénale des personnes morales. En effet, la négation de l'existence des corps et corporations par les révolutionnaires fait que l'idée de capacité délictuelle des groupements et la possibilité de leur infliger des sanctions est totalement abandonnée. C'est ainsi que le droit pénal français abandonne le principe de responsabilité pénale des personnes morales.

- Le Code pénal de 1810 et ses évolutions

10 - Lors de la rédaction du Code pénal, c'est tout à fait naturellement que le texte a été conçu et mis au point pour s'appliquer exclusivement aux personnes physiques. Ce code ne fait aucune allusion à la capacité délictuelle des groupements et à leur possible responsabilité. La jurisprudence en a fait une application rigoureuse rappelant régulièrement qu'une personne morale ne pouvait pas subir de peine[11].

La responsabilité pénale des personnes morales n'a fait sa réapparition en droit pénal qu'en 1945 où une ordonnance rendait pénalement responsables, les entreprises de presse qui avaient collaboré avec l'ennemi[12]. Il s'agissait là d'un texte de circonstances visant un domaine et des infractions déterminés et dont l'application fut très limitée[13]. Il est donc impossible de parler à propos de ce texte, dont l'application dans le temps était forcément restreinte, de réintroduction de la responsabilité pénale des personnes morales.

---

[11] Pour un exemple : Cass. crim. 26 novembre 1963, Gaz.Pal. 1964, 1, p.189.

[12] Ordonnance n°45-920 du 5 mai 1945 relative à la poursuite des entreprises de presse, d'édition, d'information et de publicité coupables de collaboration avec l'ennemi, J.O du 6 mai 1945, p.2571 ; D.1945, lég., p.98.

[13] Pour un exemple d'application V. C.A. Dijon 20 mai 1946, D.1947, jur., p.253 note PONSARD.

Néanmoins, à la faveur des travaux de réforme du Code pénal, la question de la responsabilité pénale des personnes morales a été posée. En effet, le projet de réforme, datant de 1934[14], retenait déjà l'introduction de cette responsabilité des êtres moraux. Tous les projets qui lui ont succédé reprirent cette volonté de rendre les personnes morales responsables pénalement. Mais, il aura fallu attendre le Code pénal entré en vigueur le 1er mars 1994 pour que ce principe de responsabilité soit intégré dans notre droit pénal.

Cette nouveauté, même si elle se révélait nécessaire à la modernisation du droit pénal, n'a pas échappé à de nombreuses critiques.

II] Un concept nécessaire mais critiqué

11 - L'introduction de la responsabilité pénale des personnes morales a suscité bon nombre de critiques. Ses opposants ont, d'une part, repris les critiques classiquement employées mais ont, d'autre part, développé des critiques propres au texte adopté par le législateur.

On peut aujourd'hui se dispenser de développer les arguments classiquement invoqués contre la responsabilité pénale des personnes morales. Les traits principaux sont d'une part que l'être moral est fictif et dénué de volonté propre ce qui l'empêche d'être un sujet du droit pénal. D'autre part, la personne morale se voit dotée de la personnalité morale dans un but bien précis qui ne peut pas être la commission d'infraction. Enfin, l'inadaptation des peines serait un obstacle à la responsabilité pénale des personnes morales.

12 - Les critiques dirigées précisément contre le nouveau texte entré en vigueur en 1994 semblent, elles, mériter une attention plus soutenue. La première critique est que cette adoption du principe de responsabilité des personnes morales risque de dénaturer le droit pénal[15]. Pour ces auteurs, le droit pénal est réduit à un droit de la sanction et le même résultat pouvait être obtenu à l'aide de dispositifs existant dans d'autres

---

[14] Avant projet MATTER.

[15] Ph. CONTE et P. MAISTRE DE CHAMBON, *Droit pénal général*, Armand Colin, 4ème édition 1999, n°367.

branches du droit[16]. La réforme, selon ces auteurs, serait non seulement inutile mais serait aussi nuisible pour le droit pénal.

D'autres auteurs se demandent si cette réforme était vraiment nécessaire dans le contexte actuel. En effet, ils relèvent que l'introduction de cette responsabilité des personnes morales va faire gonfler le nombre de dossiers pénaux devant être traités par les magistrats qui sont déjà submergés[17]. Dans le même ordre d'idées, Monsieur LOMBOIS s'étonne de l'adoption de cette réforme car elle se trouve en opposition complète avec la tendance actuelle qui est à la dépénalisation. Or, il lui semble illogique, au moment où existe une volonté de diminuer le nombre d'infractions, d'en augmenter le nombre potentiel par l'adoption de cette responsabilité pénale des personnes morales[18].

Une autre critique porte sur la difficulté de compréhension et de mise en œuvre des textes. Il est intéressant de noter que même des auteurs favorables à l'adoption de cette réforme considèrent que le texte adopté par le législateur est «une œuvre encore bien imparfaite »[19]. En effet, alors que le législateur s'était fixé comme but d'adopter un texte simple et accessible, le résultat semble loin des espérances puisque sa rédaction donne «d'ores et déjà lieu à des divergences d'interprétation dont les enjeux sont multiples »[20].

L'ensemble des dispositions relatives à la responsabilité pénale des personnes morales est, selon ces auteurs, trop complexe et manque de cohérence ce qui représente un danger pour les nouveaux sujets de droit pénal puisque cela ne permet pas d'assurer une sécurité juridique suffisante[21]. Cette complexité qui rend le nouveau texte difficile à appliquer pourrait même être à l'origine d'une utilisation très restreinte

---

[16] R. MERLE, Rapport de synthèse in *La responsabilité pénale des personnes morales : évolution ou révolution ?*, Entretien de Nanterre, JCP 1994, éd. E., suppl. n°5.

C. GAVALDA, L'anonymat du droit des affaires et la responsabilité pénale des personnes morales, Petites Affiches 6 octobre 1993, n°120, p.57.

[17] P. LE CANNU, Les sanctions applicables aux personnes morales en raison de leur responsabilité pénale, Petites Affiches 6 octobre 1993, n°120, p.16.

[18] C. LOMBOIS, Rapport de synthèse, Petites Affiches 6 octobre 1993, n°120, p.48.

[19] J. MOULY, La responsabilité pénale des personnes morales, Petites Affiches 6 octobre 1993, n°120, p.33

[20] M. FAVERO, Responsabilité des personnes morales et responsabilité pénale des dirigeants : responsabilités alternatives ou cumulatives ?, Petites Affiches 8 décembre 1995, n°147, p. 15.

[21] J. LAUTOUR, Quelques réflexions d'un homme d'entreprise *in Le nouveau Code pénal : enjeux et perspectives*, Coll. Thèmes et commentaires, DALLOZ 1994.

des nouvelles dispositions qui, en plus, présenteraient un intérêt pratique très limité[22].

Il ne s'agit bien sûr ici que d'un échantillon des nombreuses critiques faites à l'adoption de la responsabilité pénale des personnes morales. A l'opposé, les défenseurs de ce nouveau principe ne manquaient pas d'arguments favorables à son adoption et montrant sa nécessité. Sans en faire l'étalage complet, il convient de rappeler les principaux.

13 - En premier lieu, c'est le développement important des personnes morales qui rend leur responsabilité pénale nécessaire. Le nombre de groupements est en constante augmentation mais aussi leur taille. Or, comme le précisait déjà MESTRE, «la puissance du groupe est en raison inverse de la puissance individuelle de ses membres »[23]. Les personnes morales sont donc devenues des agents extrêmement puissants qui, on le sait depuis longtemps, génèrent de la délinquance notamment dans certains domaines tels que la finance, l'économie ou l'environnement[24].

Cette délinquance appelle naturellement une réponse sociale qu'un droit pénal ne reconnaissant pas la responsabilité des groupements est incapable d'apporter puisque dans la plupart des cas, ces infractions sont commises dans l'intérêt du groupement. L'adoption de cette responsabilité pénale doit permettre aux entreprises de «comprendre que le risque est plus grand que le profit »[25].

La réforme devrait donc permettre de faire peur et de faire reculer certains types de délinquance. De plus, elle pourrait résoudre des difficultés pratiques en permettant d'imputer l'infraction à la personne morale en évitant ainsi le «syndrome du lampiste », la condamnation de la personne physique qui détient le pouvoir mais qui peut être totalement étrangère aux faits ou encore l'abandon des poursuites en raison de la dilution des responsabilités.

L'adoption de la responsabilité pénale des personnes morales présente également un intérêt purement pratique : dans la majeure partie

---

[22] L. VICHIEVSKY, Bilan sommaire de la répression à l'encontre des personnes morales, Rev. sc. crim. 1996, p.289.

[23] A. MESTRE , thèse préc..

[24] A. COEURET, RTD Civ. 1992, p.825.

[25] *L'entreprise face au risque pénal*, La lettre des juristes d'affaires, Actes du colloque du 26 septembre 1995.

des cas, la personne morale est plus solvable que les personnes physiques qui sont chargées de la diriger[26] et sa condamnation au pénal est susceptible d'améliorer l'indemnisation des victimes de l'infraction.

14 - L'étude du droit comparé n'est pas étrangère à l'adoption du principe de responsabilité pénale des groupements par la réforme du Code pénal. En effet, si certains Etats tels que l'Allemagne[27]ou l'Italie[28] ne connaissent pas ce type de responsabilité, il en va autrement notamment dans les pays anglo-saxons. En effet, les Etats Unis[29] comme l'Angleterre[30]admettent l'idée qu'une personne morale puisse se voir imputer une infraction et être punie à ce titre. Mais aussi, plus près de nous, la Belgique a récemment adopté la responsabilité pénale des personnes morales en lui reconnaissant un champ d'application très large[31]. De plus, la question de l'introduction de cette responsabilité est posée dans de nombreux états voisins[32].

C'est donc aussi en considération de ces éléments que le législateur a finalement adopté le principe de responsabilité des personnes morales puisque, comme le souligne Monsieur BOCCON-GIBOD, il s'agit «d'un mouvement de fond qui dépasse largement les frontières de notre pays »[33].

15 - Enfin, le dernier élément à signaler est que l'adoption de la responsabilité pénale des personnes morales correspond à la volonté de rétablir une certaine logique juridique. En effet, les personnes morales tiennent une place toujours croissante d'un point de vue économique mais aussi juridique. Ainsi, il semble injuste d'admettre qu'elles

---

[26] D. BOCCON-GIBOD, *La responsabilité pénale des personnes morales (Présentation théorique et pratique)*, Editions ESKA, p.7.

[27] H. JUNG, La responsabilité pénale des personnes morales en droit allemand, Petites Affiches 6 octobre 1993, n°120, p.77.

[28] M.S. SPOLIDORO, Droit pénal et personnes morales en Italie, Petites Affiches 6 octobre 1993, n°120, p.79.

[29] A. VASSEUR, *Droit des Etats Unis*, Précis DALLOZ, 2ème édition 1994.

[30] Th. L'HOMME, La responsabilité pénale des personnes morales en droit anglais, R.D.P.C. 1995, p.44.

[31] Loi belge du 4 mai 1999 instaurant la responsabilité pénale des personnes morales. Texte reproduit en annexes.

[32] A. PEZARD, Le cumul des sanctions pénales et administratives des personnes morales en droit des affaires, Petites Affiches 6 octobre 1993, n°120, p.65.

[33] D. BOCCON-GIBOD, *La responsabilité pénale des personnes morales (Présentation théorique et pratique)*, Editions ESKA, p.42.

puissent se constituer partie civile, c'est-à-dire déclencher l'action publique, être reconnue comme victime d'infraction[34], sans risquer de tomber sous le coup de la loi pénale lorsqu'elles commettent des faits répréhensibles[35]. La réforme a donc tiré les conséquences logiques de la place prise par les personnes morales dans notre système juridique.

Mais, s'agissant d'un domaine nouveau, le législateur ne pouvait pas régler dans ce texte la totalité des questions qui se posent et il a préféré en laisser le soin à la doctrine et à la jurisprudence, ce qui permet de dire que la responsabilité pénale des personnes morales est une friche juridique.

III]La responsabilité pénale des personnes morales : une friche juridique

16 - La première chose qui surprend lorsque l'on examine cette nouveauté qu'est la responsabilité pénale des personnes morales est le très faible nombre de textes régissant cette matière[36]. En effet, l'étude statistique du Code pénal montre qu'il ne contient que 26 articles relatifs à cette question dans sa partie législative et seulement 4 dans sa partie réglementaire. De plus, si on exclut les textes relatifs aux peines et à leur exécution, il ne reste que le seul article 121-2 qui pose le principe de responsabilité en disant que « *Les personnes morales, à l'exclusion de l'État, sont responsables pénalement, selon les distinctions des articles 121-4 à 121-7 et dans les cas prévus par la loi ou le règlement, des infractions commises, pour leur compte, par leurs organes ou représentants.*

Toutefois, les collectivités territoriales et leurs groupements ne sont responsables pénalement que des infractions commises dans l'exercice d'activités susceptibles de faire l'objet de conventions de délégation de service public.

---

[34] Par exemple la jurisprudence admet qu'une personne morale puisse être victime d'une dénonciation calomnieuse V. Cass. crim. 22 juin 1999, Dr. pén. 1999, comm. n° 147 note M. VERON. La CEDH admet qu'une personne morale peut être victime d'une violation de domicile :CEDH, 16 avril 2002, JCP G. 2002, I, 153, n°11.

[35] M.E. CARTIER, *in La responsabilité pénale des personnes morales : évolution ou révolution ?*, Entretiens de Nanterre, JCP 1994, éd. E, suppl. n°5.

[36] Nous ne parlons pas ici des textes incriminateurs prévoyant la possible responsabilité pénale des personnes morales mais uniquement des textes visant la mise en œuvre de cette responsabilité.

La responsabilité pénale des personnes morales n'exclut pas celle des personnes physiques auteurs ou complices des même faits, sous réserve des dispositions du quatrième alinéa de l'article 121-3. ».

C'est donc ce seul texte qui établit le régime de responsabilité des personnes morales en ayant pour tâche à la fois d'en poser le principe et d'en fixer les limites et les modes de mise en œuvre. Monsieur WALLON, relève d'ailleurs l'existence d'une «sorte de dichotomie » [37] entre l'apparente simplicité de ce texte et l'importance du nombre de questions qui sont posées par la doctrine.

Il faut noter que le même phénomène se retrouve pour la procédure pénale qui nécessitait des adaptations qui ont été réalisées par la loi d'adaptation[38] mais, les textes sont là encore réduits au minimum ce qui fait dire à certains auteurs que des difficultés majeures risquent d'apparaître en pratique[39].

17 - Il est étonnant de constater ce nombre très réduit de textes pour introduire une matière totalement nouvelle qui était «l'innovation la plus attendue et la plus discutée»[40] du Code pénal et qui créait une nouvelle famille de délinquants dont le particularisme n'a plus à être démontré[41].

Cette absence de balisage précis de la responsabilité pénale des personnes morales ajoutée au fait qu'il s'agit d'un concept nouveau et encore mal connu entraîne deux conséquences majeures.

18 - En premier lieu, on note que les initiatives judiciaires restent relativement rares. D'après les données issues du casier judiciaire des personnes morales, au 27 mars 1997, trois ans après l'entrée en vigueur du texte, on dénombrait 42 condamnations inscrites au casier[42]. En janvier 1998, on atteignait la centaine de décisions devenues

---

[37] P. WALLON, La responsabilité pénale des personnes morales, Rev. pénit. 1996, p.268.

[38] Loi n°92-1336 du 16 décembre 1992 dite loi d'adaptation.

[39] Th. DALMASSO, *Responsabilité pénale des personnes morales (évaluation des risques et moyens de défense)*, LITEC, 1996.

[40] H. SEILLAN, Le nouveau Code pénal et la santé/sécurité du travail, ALD 1995, p.209.

[41] P. COULOMBEL, *Le particularisme de la condition juridique des personnes morales en droit privé*, Langres Imprimerie Moderne, 1950. D'autant que le législateur a soumis certaines personnes publiques à cette nouvelle responsabilité ce qui amène des difficultés qui leur sont propres.

[42] Renseignements recueillis auprès du service du casier judiciaire national. Pour plus de détails voir annexe 3.

définitives[43] et ce chiffre était de 571 au 15 avril 2000[44]. Même si le mouvement semble s'accélérer légèrement, le nombre de condamnations reste faible. De plus, on remarque que la plupart émane des juridictions parisiennes.

Et on constate encore, dans l'actualité, l'existence de faits qui permettraient de mettre une personne morale en cause et pour lesquels seules des personnes physiques sont poursuivies. On trouve un exemple récent dans les manifestations paysannes accompagnées de violences et de destructions de marchandises ou de matériels. Lorsque des poursuites sont engagées, elles visent uniquement des responsables syndicaux, personnes physiques.

Or, quand ces actions se déroulent sur l'ensemble du territoire avec les mêmes revendications, on peut estimer qu'il existe une politique globale décidée par le syndicat qui devrait alors être poursuivi. Au lieu de cela, on constate que seules des responsables personnes physiques sont poursuivies[45] avec le risque d'attiser la colère des adhérents et de transformer les chefs condamnés seuls, en « martyrs ».

19 - L'autre conséquence du manque de précision des textes instituant la responsabilité pénale des personnes morales est que certaines décisions rendues se révèlent bizarres. C'est ainsi, qu'une décision de première instance avait cru pouvoir condamner une personne morale pour des faits antérieurs à l'entrée en vigueur de la réforme. La juridiction sentant sans doute la difficulté avait retenu la culpabilité de la personne morale mais l'avait dispensée de peine[46]. Même si cette décision a été infirmée par la Cour d'appel de Douai[47], elle révèle l'absence de connaissance du mécanisme de cette nouvelle responsabilité.

Dans le même ordre d'idées, on peut noter une décision condamnant une personne morale pour abandon de famille. Outre le fait que l'on ne

---

[43] Circulaire Crim-98-1/F1 du 26 janvier 1998, commentée par J.-H. ROBERT et A. MARON, Cent personnes morales pénalement condamnées, Dr. pén. 1998, chron. n°22.

[44] *Cf.* Annexe 3.

[45] Pour un exemple voir le cas de monsieur BOVE, *Le Monde* du 1er septembre 1999, p.7.

[46] T. corr. Béthune 12 novembre 1996, inédit.

[47] C.A. Douai 25 mars 1997, inédit et dans une autre espèce Cass. crim. 23 février 2000, Dr.pén. 2000, comm. n°85.

comprenne pas bien comment l'infraction est réalisable, la répression de celle-ci ne prévoit pas la responsabilité pénale des personnes morales[48].

Il faut d'ailleurs signaler, à la décharge des tribunaux de première instance, que le législateur lui-même a parfois des difficultés avec cette responsabilité nouvelle. Ainsi, dans une loi du 18 décembre 1998[49], il rend imputable aux personnes morales une infraction[50] que la même loi définit comme «le fait, pour un directeur d'établissement privé [...] ». Le directeur visé dans le texte est forcément une personne physique, le législateur voulait viser l'établissement lui-même mais par un manque de dextérité n'a pas pu atteindre ce but.

On peut aussi citer l'article 17-1 de l'ordonnance de 1986 qui était issu de la loi d'adaptation du Code pénal[51] et qui rendait les ententes et les abus de domination économique imputables aux personnes morales et que le législateur a abrogé avant même son entrée en vigueur car il ne correspondait pas aux exigences de l'article 121-2 du Code pénal[52].

20 - Ce manque de précision des textes et ces hésitations représentent un risque important. En effet, si la doctrine et la jurisprudence ne s'attachent pas à clarifier le concept de responsabilité pénale des personnes morales, la réforme tombera dans l'oubli et en restera à ses balbutiements sans avoir pu démontrer tout son potentiel. C'est cette crainte qu'exprime Monsieur BAYLE en disant que la jurisprudence pourrait transformer ce texte en «tigre de papier ou en fusil de bois »[53].

Cette absence de développement de la responsabilité des êtres moraux serait d'autant plus regrettable que celle-ci pourrait permettre de résoudre ou d'atténuer certains problèmes actuels. Pour n'en citer qu'un exemple, il semble que la responsabilité pénale des collectivités

---

[48] J.-H. ROBERT et A. MARON, Cent personnes morales pénalement condamnées, Dr. pén. 1998, *chron.*. *n*°22.

[49] Loi n°98-1165 du 18 décembre 1998 tendant à renforcer le contrôle de l'obligation scolaire, J.O. 22 décembre 1998 ; JCP 1999, III, 20006.

[50] Art. 5 de la loi préc.

[51] Loi n°92-1336 du 16 décembre 1992.

[52] L'infraction pouvait être commise sans l'intervention d'un organe ou d'un représentant. V. F. DEKEUWER-DESFOSSEZ, La responsabilité pénale des personnes morales à la lumière de l'article 17-1 de l'ordonnance du 1er décembre 1986 relative à la concurrence, JCP 1994, éd. E, I, 356.

[53] M. BAYLE, L'incidence de la réforme en droit de l'environnement, Petites Affiches 6 octobre 1993, n°120, p.40.

territoriales, bien utilisée et proposant des solutions simples à mettre en œuvre, soit de nature à apporter des améliorations au régime de responsabilité pénale des élus locaux qui se plaignent de voir leur responsabilité personnelle trop facilement engagée[54]. C'est d'ailleurs une des solutions qu'avait proposé la commission chargée d'un rapport sur la responsabilité pénale des décideurs publics[55] et que le législateur a repris dans la loi relative à la définition des délits non intentionnels[56].

21 - Il semble que le législateur, en instaurant la responsabilité pénale des personnes morales, ait, volontairement, laissé le soin à la jurisprudence de préciser les modalités d'application de la réforme. Mais, il s'agit d'une tâche énorme puisque cette nouveauté pose des questions qui dépassent même le cadre du droit pénal. En effet, l'ensemble du droit est concerné. Ainsi, le droit civil est concerné puisque, les personnes morales devenant sujets du droit pénal, pourrait se poser la question de la violation de la présomption d'innocence qui est visée par le Code civil[57]. Même si l'on s'en tient aux aspects pénaux, la jurisprudence a un rôle fondamental à jouer puisque ce sont les solutions qu'elle donnera qui décideront «s'il y a élargissement de la répression ou oubli de la notion et si l'exemple français pourra rayonner à l'extérieur»[58].

22 - La difficulté majeure est sans doute que le législateur, en adoptant cette réforme, l'a traitée moins comme une théorie que comme une casuistique[59]. La jurisprudence se retrouve donc confrontée au fait que les règles de fond et de procédure qui ont été développées pour les délinquants personnes physiques sont difficiles, voire impossibles à transposer aux personnes morales. Elle devra donc concilier les concepts pénaux, civils, commerciaux et plus généralement tous les concepts dégagés dans les différentes branches du droit avec les impératifs de la

---

[54] On a pu entendre parler du «blues » des maires.

[55] Groupe d'étude sur la responsabilité pénale des décideurs publics. Rapport remis au Garde des Sceaux le 16 décembre 1999.

[56] Loi n° 2000-647 du 10 juillet 2000 tendant à préciser la définition des délits non intentionnels, J.O du 11 juillet 2000, p.10484 ; D. 2000, Lég. 325 ; JCP 2000, III, 20330.

[57] H. BUREAU, La présomption d'innocence devant le juge civil- 5 ans d'application de l'article 9-1 du Code civil, JCP 1998, I, 116.

[58] B. BOULOC, La responsabilité pénale des entreprises en droit français, RID pén. 1994, p.669.

[59] C. LOMBOIS, Rapport de synthèse, Petites Affiches 6 octobre 1993, n°120, p.48.

répression des personnes morales tout en respectant les principes généraux du droit pénal[60].

En fait, il convient «d'oublier les schémas traditionnels et de reconstruire sur des fondements nouveaux »[61] des théories adaptées à la spécificité des personnes morales et rendant leur responsabilité pénale claire et accessible.

23 - Le travail laissé à la jurisprudence est un chantier gigantesque puisque c'est l'ensemble du droit pénal qui doit être revu pour donner naissance à un droit pénal propre, spécifique aux personnes morales[62]. Il faut donc tenter une théorisation de ce nouveau droit pénal afin de permettre à la jurisprudence de mener à bien cette lourde tâche.

24 - Les peines et la procédure applicables aux êtres moraux ayant fait l'objet d'une attention plus soutenue de la part du législateur, il semble plus urgent de s'attacher au mécanisme même de cette responsabilité pénale nouvelle en s'efforçant de déterminer la personne morale pénalement responsable c'est à dire de définir et donc de délimiter les conditions de responsabilité de celle-ci. La question intéressant les praticiens comme les théoriciens de savoir qu'elle est précisément la personne morale susceptible d'être déclarée pénalement responsable se dédouble naturellement. D'abord, qui peut être pénalement responsable ? Ensuite, quand celui-ci est effectivement responsable ? Le Code pénal de 1994, en instaurant la responsabilité pénale des personnes morales a, en effet, à la fois créé une nouvelle sorte de responsable (1ère partie) et une nouvelle forme de responsabilité (2de partie).

---

[60] Car contrairement à ce que l'on a pu lire, les personnes morales doivent bénéficier des même garanties que les personnes physiques. *contra* Cl. MOULOUNGUI, L'élément moral dans la responsabilité pénale des personnes morales, R.T.D.Com. 1994, p. 441 ;Y. GUYON, Droits fondamentaux et personnes morales de droit privé *in Les droits fondamentaux*, A.J.D.A. 1998, n° spécial, p.142.

[61] M.E. CARTIER, Rapport *in La responsabilité pénale des personnes morales : évolution ou révolution ?*, Entretiens de Nanterre, JCP 1994, éd.E, suppl. n°5.

[62] P. LE CANNU, Les sanctions applicables aux personnes morales en raison de leur responsabilité pénale, Petites Affiches 6 octobre 1993, n°120, p.16.

PREMIERE PARTIE :

UNE NOUVELLE SORTE DE RESPONSABLE

25 - La volonté d'introduire une responsabilité pénale des groupements est apparue lors des travaux de réforme du code pénal. Ainsi, en 1934 le projet MATTER envisageait déjà de rendre certains groupements pénalement responsables.

La première des difficultés est de déterminer quels sont exactement les groupements qui seront susceptibles de voir leur responsabilité pénale engagée en cas d'infraction.

En effet, la menace pénale doit-elle peser sur tous les groupements ou faut-il la limiter à ceux dont l'existence est reconnue par la loi ? Cette responsabilité pénale doit-elle toucher les groupements quelle que soit leur activité ou se limiter à certains domaines ?

Cette difficulté apparaît très nettement en examinant les différents avant-projets de réforme du Code pénal qui optent pour des solutions différentes. Par exemple, l'avant projet de 1978 prévoyait que seuls les « groupements dont l'activité est de nature commerciale, industrielle ou financière »[1] encouraient une responsabilité pénale. Mais, celui de 1983, comme celui de 1986 qui est à l'origine du Code pénal de 1994, retiennent la notion de « personne morale ».

L'article 121-2 du Code pénal déclare « les personnes morales » pénalement responsables sans plus de précision. Se pose donc la question de savoir ce qu'il faut inclure dans cette catégorie. La notion de personne morale est employée régulièrement par la loi mais sans jamais faire l'objet d'une définition précise.

Lorsque l'on cherche à déterminer quels sont les groupements qui sont susceptibles de se voir appliquer cette nouvelle responsabilité pénale, on s'aperçoit que certaines situations sont apparemment claires (Titre 1) mais que de nombreuses autres demeurent floues (Titre 2).

---

[1] Art. 37 de l'avant projet de 1978.

TITRE 1:

Les situations apparemment claires

26 - La notion de personne morale est couramment employée par la loi pour désigner des groupements répondant à certaines exigences plus ou moins précises. Les textes relatifs à ces groupements visent à imposer certaines conditions à leur reconnaissance ou encore à préciser certaines prescriptions légales lorsqu'elles doivent s'appliquer à des êtres moraux.

Il existe des personnes morales dans les deux grandes branches du droit, c'est à dire en droit privé et en droit public. L'application de la responsabilité pénale des personnes morales ne fait donc pas de doute pour ces groupements qui sont qualifiés de personne morale par la loi.

Suivant la distinction classique entre le droit privé et le droit public, qui est ici déterminante, nous examinerons d'abord la situation des groupements de droit privé qui se voient attribuer la personnalité morale par la loi lorsqu'ils obéissent à certaines obligations (Chapitre 1).

En ce qui concerne le droit public, le problème est plus complexe. En effet, le Code pénal distingue les collectivités territoriales et les autres personnes morales de droit public. Or, cette distinction et les conditions qui s'y attachent laisse planer un certain nombre de questions non résolues par le texte. C'est pourquoi nous n'envisagerons, dans le cadre des situations clairement envisagées par la loi, que les personnes publiques non territoriales (Chapitre 2).

Chapitre 1:

Les groupements de droit privé personnalisés par la loi

27 - Il existe, en droit privé, une multitude de groupements auxquels la loi reconnaît la personnalité morale. Les exigences légales mises à la reconnaissance de cette personnalité morale diffèrent selon la nature du groupement. S'il est vrai que ces conditions d'acquisition de la personnalité morale pourraient être supposées connues, il semble néanmoins nécessaire d'en faire un bref rappel car d'une part, la matière intéresse également des non-juristes (responsables d'associations, dirigeants d'entreprises...) et d'autre part, ces régles sont à l'origine de certaines limitations apportées à l'application de la responsabilité pénale des personnes morales.

Ces différences s'expliquent en grande partie par la divergence de but poursuivi par ces divers groupements. On opère traditionnellement une distinction entre les groupements dont le but est de faire des profits et ceux qui poursuivent un but plus philanthropique.

C'est parce que les conditions de reconnaissance de la personnalité morale varient selon ce critère du but poursuivi mais aussi parce que le rapport de ces deux types de groupements avec le droit pénal risque d'être différent, que nous distinguerons les groupements à caractère industriel, commercial ou financier (Section 1) des groupements à but non lucratif (Section 2).

Section 1 :

Les groupements à caractère industriel, commercial ou financier

28 - Ces groupements étant dotés de la personnalité juridique par la loi, leur responsabilité pénale ne fait pas de doute pendant leur existence. Néanmoins, des interrogations apparaissent en ce qui concerne le point de départ de leur existence et le moment de leur disparition.

C'est pourquoi, il faut d'abord s'intéresser à l'obtention de la personnalité morale par ces groupements qui équivaut à leur naissance (§1) puis à la question de leur disparition et aux conséquences sur la responsabilité pénale (§2).

§1: L'obtention de la personnalité morale

29 - En ce qui concerne les groupements à caractère économique, quand la loi attribue la personnalité morale, elle exige qu'un certain nombre de formalités soient accomplies et que certaines pièces soient fournies à l'appui de la demande. Ce sont ces formalités et leur contrôle qu'il convient d'examiner (A) avant de voir précisément quand naîtra la personnalité morale (B).

A] Les conditions

30 - Les conditions que devra remplir le groupement pour se voir accorder la personnalité morale seront identiques quel qu'il soit dès lors que la loi subordonne la personnalité morale à l'inscription au Registre du Commerce et des Sociétés, ce qui est le cas pour l'ensemble des groupements dont nous traitons ici.

Les textes en vigueur[64] posent des exigences diverses (1) dont la réalisation est soumise à un certain contrôle(2).

1) Les exigences

31 - La demande d'immatriculation, faite après l'accomplissement des formalités de constitution de la personne morale[65], doit comporter

---

[64] C'est le Décret n°84-406 du 30 mai 1984 relatif au registre du commerce et des sociétés qui fixe l'ensemble des modalités.

certaines mentions obligatoires à défaut desquelles elle sera rejetée, elle doit aussi être accompagnée de certaines pièces justificatives.

a) Les mentions obligatoires

32 - Ces mentions peuvent être séparées en trois groupes:

D'une part, on trouve ce que l'on pourrait appeler " l'état civil " de la personne morale, c'est à dire son identification. Il s'agit de l'ensemble des éléments qui caractérisent la personne morale dont l'immatriculation est demandée et qui seront ses signes extérieurs d'existence, notamment envers les tiers.

Il s'agira bien entendu en premier lieu du nom de la personne morale et plus exactement de sa dénomination sociale. Si les fondateurs ont décidé d'utiliser un sigle, il devra également être précisé dans la demande. En second lieu, il faudra mentionner l'adresse du siège social de la personne morale. Ces renseignements devront être accompagnés de la nature de la ou des activités que va exercer la personne morale ainsi que sa durée de vie.

D'autre part, la demande va contenir des renseignements sur son régime juridique. Il s'agira d'abord de la forme sociale retenue par les fondateurs de la personne morale. Ce sera aussi le montant du capital social de celle-ci ; il faudra également préciser quelle sera la date de clôture de l'exercice social qui a été retenue.

Enfin, la demande d'immatriculation doit comporter des renseignements relatifs aux personnes qui composent l'être moral en cause. Ainsi pour les sociétés en nom collectif ou en commandite, il faudra fournir le nom et l'adresse des associés en nom ou des commandités. Il peut aussi s'agir des nom, prénom et adresse des membres du conseil d'administration ou de surveillance, des personnes ayant le pouvoir d'engager la personne morale envers les tiers (en précisant si elles peuvent le faire seules ou non)... Dans le même ordre d'idées, en cas de fusion ou de scission, il faudra préciser la raison sociale de chacune des sociétés ayant participé à l'opération.

---

[65] Enregistrement, dépôt des statuts au greffe du tribunal de commerce... Sur l'ensemble de ces formalités voir par exemple Mémento Francis Lefebvre, *Sociétés Commerciales*, n°265 et s.

b) Les pièces à fournir

33 - Les premières pièces à déposer sont celles qui vont attester de la réalisation des différentes formalités relatives à la constitution. Il s'agira du récépissé qui atteste de la remise au greffe des actes constitutifs, de la copie de la demande de publication de l'avis de constitution dans un journal d'annonces légales, des statuts, des actes de nomination des membres des organes et en cas de fusion ou de scission, les extraits d'immatriculation de chacune des sociétés ayant participé à l'opération.

En deuxième lieu, devront être fournies les pièces relatives aux personnes ayant des fonctions au sein des organes sociaux. Il s'agit d'attester de l'identité de la personne en question ainsi que de sa filiation[66], ces documents devront être accompagnés d'une attestation de l'intéressé selon laquelle il ne s'est vu infliger aucune condamnation ou sanction l'empêchant de gérer ou de diriger une personne morale.

En troisième lieu, il faut joindre à la demande des documents qui viennent justifier de la réalité de l'établissement, c'est à dire attestant de la jouissance du local où est situé le siège social et des locaux où l'activité est réalisée (bail, titre de propriété, engagement de location...).

Enfin, il faudra fournir des pièces relatives au fonds exploité, tels que les diverses autorisations ou licences obligatoires pour l'exploitation mais également différents documents variant selon le mode d'exploitation[67].

L'ensemble de ces déclarations et de ces pièces à fournir avec la demande d'inscription vont faire l'objet d'un contrôle qu'il convient de signaler même succinctement.

2) Le contrôle avant l'immatriculation

34 - Pendant un temps, ce contrôle se faisait par une déclaration de conformité qui émanait des fondateurs de la personne morale (a), avec la

---

[66] Ce pourra être un extrait d'acte de naissance, une fiche d'état civil ou tout autre document fournissant les renseignements nécessaires, par exemple la copie de la carte d'identité et une déclaration de l'intéressé relative à sa filiation.

[67] Par exemple en cas de location-gérance, il faut fournir une copie du contrat de location-gérance.

suppression de cette déclaration, le rôle de contrôle confié au greffier du tribunal de commerce s'est accentué (b).

a) La suppression de la déclaration de conformité

35 - La loi sur les sociétés[68] prévoyait une déclaration de conformité. Elle devait être effectuée par les fondateurs et les premiers membres des organes de contrôle, de gestion et d'administration. Ces derniers devaient détailler l'ensemble des opérations de constitution de la société et attester que celle-ci avait été réalisée conformément aux lois et règlements en vigueur.

En cas de déclaration erronée, des sanctions pénales étaient prévues[69] à l'encontre des déclarants. Ce système ne permettait en réalité aucun contrôle puisque le greffier ne pouvait pas exiger les pièces justificatives du déroulement régulier de la constitution. C'est sans doute une des raisons de la suppression de la déclaration de conformité au profit d'un véritable contrôle a priori de la constitution des sociétés par le greffier du tribunal de commerce[70].

b) Le contrôle par le greffier du tribunal de commerce

36 - La demande d'immatriculation de la société est présentée au greffier du tribunal de commerce à qui la loi confie désormais le contrôle de la régularité de la constitution.

Son rôle sera donc de vérifier que la constitution s'est faite en respect de l'ensemble des lois et règlements en vigueur. Il opérera ce contrôle grâce aux pièces fournies à l'appui de la demande[71].

Le greffier dispose d'un délai de cinq jours pour examiner la demande qui lui est faite, au-delà de ce délai, il y aura inscription

---

[68] Art. 6 ancienne rédaction de la loi n° 66-537 du 24 juillet 1966.

[69] On peut noter que ces dispositions pénales n'ont pas été abrogées (Art. 480 de la loi du 24 juillet 1966) bien qu'elles n'aient plus à recevoir application.

[70] Loi n°94-126 du 11 février 1994 qui modifie l'article 6 de la loi du 24 juillet 1966.

[71] *Cf. supra* p.44

d'office au registre. Durant ce délai, le greffier pourra rejeter la demande d'immatriculation, il devra alors notifier ce refus au demandeur en précisant la raison du refus. Le greffier pourra, par exemple refuser en cas de défaut d'un document, il mettra alors le demandeur en demeure de le fournir.

37 - En cas de contestation, le demandeur peut saisir le juge chargé du registre du commerce et des sociétés. Le juge pourra également dispenser le demandeur de fournir un document qu'il serait dans l'impossibilité de se procurer.

38 - Le groupement[72] immatriculé au registre du commerce et des sociétés est donc une structure qui correspond aux exigences du législateur, dont les caractéristiques sont bien connues. Cela facilite d'autant l'admission de la responsabilité pénale de cette structure, facilement identifiable, dont les organes sont nommément désignés et sur le patrimoine de laquelle il sera aisé de faire peser une sanction. Pourtant, il convient encore de connaître le moment précis de la naissance de la personnalité morale avec les interrogations qui en découlent.

B] La naissance de la personnalité morale

39 - Le moment de la naissance de la personne morale est une donnée importante en droit commercial. Il a donné lieu à discussion. Avec l'adoption de la responsabilité pénale des personnes morales cette question retrouve son acuité. En effet, ce ne sont que les faits postérieurs à cette naissance qui pourront donner lieu à condamnation.

C'est pourquoi, il convient d'abord d'examiner la question du point de vue du droit des sociétés (1) pour ensuite voir quelles sont les conséquences en droit pénal(2).

---

[72] Il convient de rappeler que ce ne sont pas les seules sociétés qui doivent être inscrites au R.C.S. V. Art.1er du décret 84-406 du 30 mai 1984 relatif au R.C.S qui indique l'ensemble des groupements qui doivent être immatriculés.

1) Les solutions en droit des sociétés

40 - La loi est claire en ce qui concerne le moment de la naissance de la personne morale, pourtant, il n'est pas interdit de s'interroger pour savoir si les solutions qui sont posées sont conformes à la réalité.

a) Les réponses légales

41 - La règle en la matière semble très simple, la loi dit que la personnalité morale naît au moment de l'immatriculation. La loi relative aux sociétés commerciales[73], dans son article 5 indique que « Les sociétés commerciales jouissent de la personnalité juridique à dater de leur immatriculation au registre du commerce et des sociétés » [74], et le Code civil[75] précise lui aussi que la personnalité morale naît au moment de l'immatriculation.

42 - Pourtant, cette règle connaît certaines exceptions pour les sociétés civiles professionnelles. Ces dernières doivent, bien sûr, être immatriculées, mais la naissance de la personnalité morale est subordonnée à l'agrément ou à la titularisation exigée par la loi relative aux sociétés civiles professionnelles[76].

43 - En ce qui concerne les autres types de groupement entrant dans la catégorie qui nous intéresse, la règle est aussi celle de la naissance de la personnalité morale lors de l'immatriculation. Ainsi, la loi relative au groupement d'intérêt économique[77] précise dans son article 3 que le groupement ne jouit de la personnalité morale et de sa pleine capacité seulement a compter de l'immatriculation. Les mêmes dispositions sont prises en ce qui concerne les groupements européens d'intérêt

---

[73] Loi n°66-537 du 24 juillet 1966.
[74] Pour une critique de cette disposition légale : M. DAGOT, Un texte contestable: l'article 5 de la loi du 24 juillet 1966 sur les sociétés commerciales, D. 1974, chron., 241.
[75] Art.1842 al.1er C. civ.
[76] Art.6 de la loi n°66-879 du 29 novembre 1966.
[77] Loi n°67-821 du 23 septembre 1967.

économique[78]. Malgré ces dispositions très claires, il est possible de se demander si la personne morale ne naît pas avant l'immatriculation.

b) Les interrogations

44 - Depuis l'entrée en vigueur de la loi de 1966, la simple volonté des personnes ayant décidé de faire naître une société, démontrée par la signature des statuts ou la tenue d'une assemblée générale constitutive ne suffit plus à faire naître l'être moral. Cette naissance est soumise à une « formalité extérieure aux associés »[79]: l'immatriculation.

Pourtant, ce système n'est peut-être qu'artificiel et l'immatriculation n'est elle pas la révélation d'une personnalité morale préexistante ?[80] Cette interrogation est d'autant plus légitime que l'on sait que tant que la liquidation d'une société n'est pas clôturée, sa radiation du registre du commerce et des sociétés n'entraîne pas la disparition de sa personnalité morale[81], ce qui tendrait à montrer que l'inscription au registre du commerce et des sociétés ne commande pas l'existence de la personnalité morale puisqu'elle subsiste malgré sa radiation.

45 - C'est ainsi que, même s'il finit par écarter cette thèse, BASTIAN souligne qu'il serait possible de reprendre une vieille distinction entre la personnalité morale intérieure et la personnalité morale extérieure développée par THALLER. La première serait acquise dès la signature des statuts alors que la seconde n'apparaîtrait qu'avec l'immatriculation[82].

Cette thèse pourrait être appuyée par le fait que la loi de 1966 dit que la société jouit de la personnalité morale à compter de

---

[78] Art 1er de la loi n°89-377 du 13 juin 1989 relative au G.I.E.

[79] D. BASTIAN, La situation des sociétés commerciales avant leur immatriculation au registre du commerce et des sociétés, *Etudes de droit commercial à la mémoire d'Henri CABRILLAC*, p.25.

[80] Monsieur DAGOT relève ce caractère artificiel en notant que la loi exige des actes de la société avant son immatriculation qui est censée lui donner naissance. M. DAGOT, Un texte contestable: l'article 5 de la loi du 24 juillet 1966 sur les sociétés commerciales. D. 1974, chron., 241.

[81] Cass. com. 23 novembre 1976, D. 1977, I.R, 166 obs. HONORAT ;Rev. Soc. 1977, 461 note MABILAT.

[82] D. BASTIAN, *op. cit.*, p.26.

l'immatriculation, ce qui peut amener à penser que l'existence de la personnalité morale diffère de sa jouissance.

Mais, l'étude approfondie de la question amène le même auteur à repousser cette thèse au profit de l'idée selon laquelle avant l'immatriculation, il existe une société qui est parfaite mais dénuée de personnalité morale[83].

L'ensemble de ces questions ne reste pas sans conséquences en ce qui concerne la responsabilité pénale de la personne morale et plus particulièrement le point de départ de cette responsabilité.

2) Les conséquences sur la responsabilité pénale

46 - Si on s'en tient aux règles qui viennent d'être exposées, la première conséquence est que le groupement jouit d'une parfaite impunité du point de vue pénal jusqu'au jour de son immatriculation.

Ainsi, quels que soient les faits commis, qu'ils constituent ou non une infraction imputable aux personnes morales, le groupement ne pourra pas être poursuivi pour ces faits si au moment de leur commission il n'était pas inscrit au registre du commerce et des sociétés.

47 - Pourtant, on sait que certains actes, ou certains engagements passés avant l'immatriculation peuvent être repris à son compte par la personne morale une fois l'immatriculation réalisée. Ces actes repris par la personne morale sont réputés avoir été passés par elle[84].

Qu'en est-il des infractions pénales? Une infraction commise par un fondateur « pour le compte » de la société en formation, donc avant l'immatriculation, peut-elle être reprise par la personne morale et ainsi lui être imputée? Ainsi, que se passera-t-il si un des fondateurs commet un vol de fichier clients ou un vol de plan qui profitera à la personne morale ou encore si un fondateur engage du personnel dans des conditions contraires à la dignité humaine ?

---

[83] D. BASTIAN, *op. cit.*, p.29.

[84] Art.5 de la loi 66-537 du 24 juillet 1966 relative aux sociétés commerciales. Art.3 de l'Ord. du 23 septembre 1967 relative au G.I.E; Art.1843 du C. Civ.

Comme le démontre Madame URBAIN-PARLEANI[85], la reprise en tant que telle ne peut pas entraîner la responsabilité pénale de la personne morale car la reprise d'engagements délictueux n'entre pas dans le champ d'application de la loi[86].

Pourtant, un acte passé ou commis par un fondateur pourra néanmoins déboucher sur la mise en jeu de la responsabilité pénale de la personne morale. La mise en cause de la personne morale se fera différemment selon la nature de l'infraction considérée.

48 - Dans le cas d'une infraction instantanée telle que le vol de document, il est indéniable qu'il est impossible de poursuivre la personne morale pour l'infraction elle-même puisqu'au moment de sa commission le groupement n'était pas encore doté de la personnalité morale[87]. Mais, si après son immatriculation, la personne morale utilise le produit du vol et que les conditions posées par le Code pénal sont remplies[88], on pourra la poursuivre pour recel[89]. Le recel étant une infraction autonome on pourra poursuivre la personne morale pour le recel du produit de n'importe quelle infraction commise par les fondateurs et dont elle bénéficie après son immatriculation[90].

49 - Dans le cas d'une infraction continue, la situation est simple. Il peut d'abord s'agir d'une infraction qui n'est pas imputable aux personnes morales et seules les personnes physiques, en l'occurrence les fondateurs, peuvent être condamnées[91].

Dans l'hypothèse inverse et si la personne morale a repris des actes passés par les fondateurs, il pourra y avoir mise en jeu de sa responsabilité. En effet, la reprise ne constitue pas une infraction mais l'exécution des actes passés par les fondateurs est punissable puisqu'il y a « réitération constante de la volonté coupable »[92]. On peut illustrer

---

[85] I. URBAIN-PARLEANI, Les limites chronologiques à la mise en jeu de la responsabilité pénale des personnes morales, Rev. soc. 1993, p.239, spéc. n°4 et s.

[86] C.A. Paris, 4ème Ch.B, 24 février 1977, JCP 1977, II, 18957 note CHARTIER; D. 1978, 32 note BOUSQUET; Rev. soc. 1978, 471 note D. RANDOUX.

[87] Sauf à recourir à la notion de personnalité morale de fait. *cf infra* p.129.

[88] Art. 321-1 du C. pén.

[89] Le recel est rendu imputable aux personnes morales par l'article 321-12 du C. pén.

[90] Que cette infraction soit ou non imputable aux personnes morales

[91] Si l'infraction est réitérée après l'immatriculation seuls les dirigeants personnes physiques pourront être poursuivis.

[92] J. PRADEL, *Traité de droit pénal,* CUJAS 1999, n°400.

cette hypothèse avec l'exemple cité par Madame URBAIN-PARLEANI[93] :un des fondateurs engage du personnel dans des conditions contraires à la dignité humaine[94]. Si la personne morale reprend ces engagements, elle pourra être poursuivie pour la commission de cette infraction qui est imputable aux personnes morales[95].

Ainsi, même si, en théorie, les infractions commises par les fondateurs ne peuvent pas entraîner la responsabilité pénale de l'être moral, elle peuvent être à l'origine de poursuites après l'immatriculation.

50 - Les inégalités entre les différents groupements constituent la seconde conséquence de l'application des règles du droit des sociétés relatives à la naissance de la personnalité morale. En effet, la première inégalité tient à la nature de l'activité du groupement puisque comme, on l'a souligné, la règle de la naissance lors de l'immatriculation reçoit certaines exceptions en ce qui concerne des groupements exerçant des activités réglementées, c'est ainsi le cas des sociétés civiles professionnelles qui seront pénalement responsables à partir de l'obtention des agréments requis pour l'exercice de la profession.

Face donc à deux groupements aux structures identiques, à l'organisation identique, tous deux ayant achevé leur période de formation, on aura un point de départ de la responsabilité pénale qui sera différent pour les deux sociétés pour l'unique raison qu'elles exercent des activités différentes. Ainsi, en cas d'infraction, l'un des groupements pourra être poursuivi et condamné et l'autre ne sera pas inquiété car, étant en attente des agréments, il n'est pas encore doté de la personnalité morale.

51 - Le second type d'inégalité semble encore plus frappant. En effet, le point de départ de la responsabilité pénale, s'il est dicté par l'immatriculation, sera déterminé par la rapidité ou la lenteur des fondateurs à procéder à celle-ci. On pourrait donc imaginer deux sociétés de même forme sociale, exerçant des activités similaires, dont la création est simultanée mais pour l'une, l'immatriculation est

---

[93] I. URBAIN-PARLEANI, Les limites chronologiques à la mise en jeu de la responsabilité pénale des personnes morales, Rev. Soc. 1993, p.239.

[94] Art. 225-13 et 225-14 du C. pén.

[95] Art. 225-16 du C. pén.

immédiate alors que pour l'autre, les fondateurs attendent plus longtemps et commencent l'activité avant l'immatriculation.

Si une infraction est commise, la première société sera pénalement responsable alors que la seconde ne pourra pas l'être alors que la seule différence entre les deux est l'accomplissement plus ou moins rapide d'une formalité administrative par les fondateurs.

On met ainsi en évidence les problèmes que poserait l'application pure et simple des règles de droit des sociétés en droit pénal. Et, s'il est certain qu'un groupement jouissant de la personnalité morale au sens de ces règles est pénalement responsable, il est nécessaire que le droit pénal, dans les hypothèses extrêmes, sache dégager ses propres critères[96]comme cela se fait dans d'autres domaines[97]. Il ne semble pas, en effet, opportun que la possibilité de poursuivre un groupement ne dépende que de l'obtention d'autorisations administratives ou du bon vouloir de ses fondateurs.

§2: La responsabilité pénale en cas de dissolution

52 - Que ce soit le résultat de la volonté des associés, de la survenance du terme, ou d'une décision de justice, il peut arriver que la personne morale soit dissoute[98]. Dans ce cas, s'ouvre de façon systématique, la liquidation puisque ces deux notions sont étroitement liées par la loi[99] et qu'il est impossible de décider de la dissolution en précisant que la liquidation n'a pas lieu d'être ou qu'elle sera réalisée plus tard[100].

Qu'en est-il de la personnalité morale? La loi précise qu'elle subsiste pendant la période de liquidation, il nous faudra donc d'abord étudier cette période de survie (A) avant de s'intéresser à l'application du droit pénal durant ce temps (B).

---

[96] *Cf* le problème de la personnalité morale de fait, *infra* p.129.

[97] Par exemple en droit fiscal, le Conseil d'Etat a décidé qu'une société anonyme, non immatriculée, devait être soumise à l'impôt sur les sociétés en raison de son caractère apparent (C.E 25 janvier 1989, Droit Fiscal 1989, n°1064).

[98] Sur les causes de dissolution des sociétés commerciales V. par exemple LAMY, *Sociétés commerciales*, n°1277 et s.

[99] Art. 1844-8 al.1er du C. civ.

[100] Cass. com. 24 octobre 1989, JCP 1990, II, 21453 note Y. GUYON.

A] La survie de la personnalité morale pendant la liquidation

53 - Que ce soit dans le Code civil ou la loi relative aux sociétés commerciales, les textes prévoient qu'en cas de dissolution, la personnalité morale subsiste pendant la période de liquidation[101].

Cette période de survie[102] ne permet pas à la personnalité morale de subsister indéfiniment car il s'agit d'une « phase de transition »[103] visant à protéger tant l'entreprise elle-même que ceux qui se trouvaient en relation avec elle. Si les textes fixent la fin de cette survie à la publication de la clôture de la liquidation, la jurisprudence a étendu cette période, il faut donc s'arrêter sur son étendue dans le temps (1).

Ensuite, si la personne morale survit à sa dissolution, il nous faut savoir quelle pourra être son activité durant cette période (2).

1) La durée de la période de survie de la personnalité morale

54 - En ce qui concerne le point de départ de cette période, la question est simple: la loi prévoit que la période de liquidation s'ouvre dès la décision de dissoudre l'être moral et ce, quelle que soit la cause de la dissolution[104].

La jurisprudence est venue rappeler ce principe avec beaucoup de vigueur en affirmant notamment que les associés d'une société ayant voté sa dissolution ne peuvent décider, même à l'unanimité, de ne pas nommer de liquidateur[105]. La seule exception à ce principe est la société unipersonnelle qui n'entraîne pas de liquidation à sa dissolution, la

---

[101] Pour ce qui concerne les problèmes liés au redressement et à la liquidation judiciaire V. Y. CHAPUT, Les sanctions et les personnes morales en redressement judiciaire, Rev. Soc. 1993, p.358 et s.

[102] L'art. 1844-8 C. civ. précise que « la personnalité de la société subsiste pour les besoins de la liquidation jusqu'à la publication de la clôture de celle-ci », l'art. 391 al.2 de la loi du 24 juillet 1966 que « La personnalité morale de la société subsiste jusqu'à la clôture de celle-ci » et l'art. 15 de l'Ord. du 23 septembre 1967 pose la même règle pour les groupements d'intérêt économique.

[103] A. BOUILLOUX, La survie de la personnalité morale pour les besoins de la liquidation, Rev. Soc. 1994, p.393 et s.

[104] Art. 391 al.1er de la loi de 1966 précitée.

[105] Cass. com. 24 octobre 1989, Rev. Soc. 1990, p.264 note VIDAL; JCP 1990, II, 21453 note Y. GUYON

dissolution impliquant la disparition immédiate de la personnalité morale[106].

C'est donc à partir de la décision de dissoudre que l'être moral entre dans sa phase de survie.

55 - La détermination de la fin de cette période de survie est plus délicate puisque la jurisprudence dans un souci de réalisme a allongé celle-ci au-delà de la limite fixée par la loi.

En effet, les textes fixaient la fin de la période de liquidation à la publication de la clôture de celle-ci. Le mérite de cette solution est la facilité d'identifier la date grâce au critère formel.

Mais rapidement, s'est posée la question de savoir si la personnalité morale ne subsistait pas au-delà de cette limite formelle notamment quand des dettes étaient encore en suspens. Selon une première interprétation, la loi interdisait une telle survie, alors qu'un autre courant de pensée soutenait que la nécessité de respecter la réalité des faits obligeait à maintenir la personnalité morale jusqu'à ce qu'il n'y ait plus aucune dette sociale.

La Cour de cassation s'est prononcée sans ambiguïté et de façon continue pour le respect de la réalité[107]. C'est ainsi qu'elle décide que la personnalité morale subsiste tant que des droits ou obligations à caractère social subsistent[108]. Cette jurisprudence permet de sauvegarder les intérêts de la personne morale elle-même en lui permettant d'ester en justice pour récupérer une créance découverte tardivement[109], mais aussi ceux des anciens actionnaires en leur évitant d'être condamnés pour la personne morale dissoute[110] ou encore de protéger les tiers contre une dissolution et une liquidation trop rapide[111].

---

[106] La jurisprudence rappelle même que dans le cadre d'une E.U.R.L, il ne peut y avoir ouverture d'une période de liquidation succédant à la dissolution (C.A . Douai, 2ème Ch., 14 novembre 1996, *in* A. VIANDIER et J. -J. CAUSSAIN, Chronique de droit des sociétés, JCP 1997, I, 4012, n°1.

[107] Même si certaines juridictions refusent d'appliquer cette solution et continuent d'affirmer que la clôture de la liquidation met fin à la personnalité morale. Pour un exemple :C.A. Paris, 2ème Ch. B, 27 janvier 1988, JOLY 1988, p.272.

[108] Cass. civ. 3, 13 mai 1986, pourvoi n°85-10.691

[109] Cass. soc. 28 février 1990, pourvoi n°87-42.363

[110] Cass. soc. 6 novembre 1991, pourvoi n°88-44.237

[111] Cass. soc. 17 décembre 1992, pourvoi n°88-44.405

Ainsi, la personnalité morale survit tant qu'existent des dettes à caractère social qui ne sont pas liquidées[112] ; la durée de cette survie est « soumise à la réalité des faits et non à de simples règles de forme »[113].

56 - Quelle sera l'attitude du juge pénal face à cette période de liquidation? La réponse s'impose d'elle même. Si la loi dit que la personnalité morale subsiste durant cette période, la responsabilité pénale qui y est liée subsiste également.

En ce qui concerne la durée de cette période de survie de la personnalité morale, on peut penser que le juge pénal reprendra la jurisprudence qui vient d'être exposée car elle correspond à la réalité des faits et que l'autonomie du droit pénal n'aura pas à se manifester en la matière.

Une question plus complexe sera celle de savoir quels actes pourront entraîner une responsabilité pénale durant cette période, pour y répondre[114], il faut auparavant voir quelles sont les modalités pratiques de la survie de la personne morale.

2) Les modalités de survie de la personnalité morale durant la liquidation

57 - La dissolution de la société signifie soit que le terme mis à celle-ci est survenu, soit que les associés ont décidé d'y mettre fin, soit enfin que l'autorité de justice a décidé de faire disparaître cette personne morale. De là découle que même si la personne morale doit survivre le temps d'être complètement liquidée, elle ne peut jouir des mêmes pouvoirs que lorsqu'elle fonctionnait normalement.

Quels sont les termes de cette limitation? La réponse nous est simplement fournie par les textes qui précisent que ce sont « les besoins de la liquidation » qui motivent la survie de la personnalité morale[115]. Donc, si un acte excède le champ d'action réservé au groupement, la

---

[112] Pour d'autres exemples : A. BOUILLOUX préc.

[113] A. BOUILLOUX *op. cit.*

[114] *Cf* p.57.

[115] Art. 391 al.2 de la loi de 1966, art. 1844-8 du C. civ. et art. 15 de l'Ord. du 23 septembre 1967.

personnalité morale disparaît. C'est dès lors le sens précis de l'expression « pour les besoins de la liquidation » qu'il faut rechercher.

58 - Il est naturellement impossible de dresser une liste exhaustive des actes qui peuvent être accomplis durant la période de survie car « pas plus qu'il n'existe des actes relevant par nature de la période de formation, il n'existe des actes relevant par nature de la liquidation »[116].

La solution semble donc consister en un examen attentif de la finalité de chaque acte passé par la personne morale durant la période de liquidation pour déterminer si cet acte vise à faciliter cette liquidation[117]. Comme le souligne M. BOUILLOUX, il faut rechercher si l'acte en question est un acte « préparatoire » à la liquidation[118].

On peut illustrer cette analyse par deux exemples. Le premier exemple porte sur la vente d'une partie de l'outil de production de la personne morale. Cet acte semble par nature correspondre aux besoins de la liquidation, pourtant il faudra vérifier que sa finalité est bien celle-là car si le matériel est vendu dans le but d'en acquérir un autre pour moderniser et continuer la production, on sort des besoins de la liquidation.

A l'opposé, le fait de continuer la production semble, a priori, ne pas correspondre aux besoins de la liquidation. Pourtant, si cette continuation d'activité a pour but de maintenir l'outil de production en état de fonctionnement pour permettre sa revente, on se trouve dans le cadre des besoins de la liquidation.

Il faut donc procéder à l'examen approfondi de chacun des actes accomplis pour savoir si la personnalité morale subsiste. Cette recherche est encore compliquée par le fait que l'on peut avoir une conception plus ou moins large des besoins de la liquidation.

Dans ce domaine la subjectivité est très importante et on peut regretter l'absence de règles précises qu'elles soient d'origine légale ou même prétorienne. En tout état de cause, il semble que ces actes « préparatoires » à la liquidation peuvent donner lieu à la commission d'infractions. C'est par exemple le cas lorsqu'il y a continuation de l'activité dans le but de maintenir l'outil de production en état. La

---

[116] A. BOUILLOUX, *op. cit.*

[117] M. COPPER-ROYER dans sa note sous Cass. civ. 16 juin 1952 dit que deux actes du même type pourront recevoir des qualifications opposées si leurs finalités respectives diffèrent (D. 1953, p.41).

[118] A. BOUILLOUX, *op. cit.*

question qui se fait jour en matière de responsabilité pénale des personnes morales est donc de savoir comment le droit pénal pourra s'appliquer durant cette période floue.

B] L'application du droit pénal pendant la période de liquidation

59 - Le Code pénal fait un parallèle entre le décès des personnes physiques et la dissolution des personnes morales[119]. On pourrait donc en déduire que la dissolution, mettant fin à la vie de la personne morale, met fin à toutes possibilités de poursuites pénales au même titre que le décès pour les personnes physiques[120].

Mais, si le décès met fin de façon instantanée à l'existence et à la capacité juridique de la personne physique, la disparition de la personne morale s'étend sur une période de temps plus ou moins longue durant laquelle la personnalité morale subsiste et qui pourrait s'apparenter à l'ouverture de la succession d'une personne physique[121]. Les deux situations sont donc assez différentes, il faudrait plutôt comparer le décès à la fin de la période de liquidation de la personne morale.

C'est pourquoi la plupart des auteurs qui traitent de cette question, s'accordent à dire que la responsabilité pénale subsiste tant que la personnalité morale subsiste pour les besoins de la liquidation[122], sans que les dispositions du Code pénal[123] relatives à l'exécution des peines soient un obstacle[124].

Si le principe de la subsistance de la responsabilité pénale semble s'imposer, il apparaît nécessaire de s'interroger sur sa portée exacte (1). De plus, la responsabilité pénale de la personne morale, dans cette

---

[119] Art. 133-1 du C. pén.

[120] Art. 6 du C. proc. pén.

[121] F. DESPORTES et F. LE GUNEHEC, *Le nouveau droit pénal*, ECONOMICA, spéc. n°590.

[122] Par exemple Y. GUYON, Quelles sont les personnes morales de droit privé susceptibles d'encourir une responsabilité pénale ?, Rev. Soc. 1993, p.235, spéc. n°4.; Th. DALMASSO, *Responsabilité pénale des personnes morales*, LITEC 1996, spéc. n°4.

[123] Art. 133-1 du C. pén.

[124] I. URBAIN-PARLEANI, Les limites chronologiques à la mise en jeu de la responsabilité pénale des personnes morales, Rev. Soc. 1993, p.239, n°12 et s.

période particulière qu'est la fin de vie de celle-ci, soulève des questions relatives à sa mise en œuvre (2).

1) L'étendue de la responsabilité pénale durant la liquidation

60 - Quelles sont les infractions qui peuvent entraîner la responsabilité pénale d'une personne morale durant sa liquidation?

La première frontière à tracer est celle qui sépare les actes commis avant la décision de dissoudre la personne morale et ceux qui lui sont postérieurs et donc commis pendant la période de liquidation.

L'acte commis par la personne morale avant sa dissolution est commis alors qu'elle dispose de sa pleine capacité et d'une liberté d'action totale. Cet acte peut être une infraction comme ce peut être un acte commercial tel que la signature d'un contrat.

S'il s'agit d'un contrat, on admet tout à fait que celui-ci soit exécuté durant la période de liquidation. Ainsi, par exemple, si la personne morale a reçu le paiement, elle fournira la prestation qui y est attachée.

Ainsi, tous les actes ayant une origine antérieure à la dissolution peuvent s'achever durant la période de liquidation. S'il s'agit d'actes constituant une infraction à la loi pénale, il en ira de même, c'est-à-dire que les poursuites consécutives à la commission de l'infraction ayant eu lieu pendant la vie de la société et entamées avant la dissolution pourront s'achever pendant la liquidation. Mais, il faut pousser le raisonnement à son terme et admettre que des poursuites peuvent être engagées durant la période de liquidation pour des faits antérieurs puisque cet engagement des poursuites n'est que la conséquence d'un acte commis pendant la vie de la société.

61 - Cette analyse est confirmée par le Code pénal qui précise que « [...] la dissolution de la personne morale [...]empêche[nt] ou arrête[nt] l'exécution de la peine. Toutefois, il peut être procédé au recouvrement de l'amende et des frais de justice ainsi qu'à l'exécution de la confiscation [...] après la dissolution de la personne morale jusqu'à la clôture des opérations de liquidation. »[125].

---

[125] Art. 133-1 C. pén.

En effet, il faut déduire de ce texte que d'une part la poursuite des faits délictueux n'est pas empêchée ou arrêtée par la dissolution, et ce d'autant que l'article 6 du Code de procédure pénale mettant fin aux poursuites en cas de décès pour les personnes physiques n'a pas été modifié pour inclure le cas des personnes morales en liquidation[126].

D'autre part, il démontre, si besoin était, que la personnalité morale subsiste aussi sur le plan pénal durant la période de liquidation puisqu'il permet le recouvrement des amendes et l'exécution des confiscations[127]. Il faut enfin préciser que le législateur parle d'arrêt de l'exécution des peines et non d'arrêt des poursuites.

Les dispositions précitées s'expliquent, en réalité, par le fait que, à l'exception de l'amende et de la confiscation, les peines prévues pour les personnes morales ne sont pas compatibles avec la finalité de la période de liquidation[128]. Ainsi, par exemple, il serait absurde de condamner une personne morale « finissante » à une interdiction de souscrire des marchés publics ou à une interdiction de chéquier. C'est la seule explication à donner à ce texte et il ne faut certainement pas en déduire une quelconque impossibilité de poursuivre la personne morale en liquidation.

62 - La seconde distinction qu'il convient d'opérer concerne les actes commis pendant la durée de la période de liquidation. Certains auteurs soulignent que la personnalité morale survit durant cette période et donc que toute infraction commise peut donner lieu à des poursuites pénales[129]. D'autres ajoutent, qu'exceptionnellement, en cas de dissolution instantanée[130], il ne peut plus y avoir de responsabilité pénale[131] puisqu'il y a disparition immédiate de la personnalité morale et donc aucune période de survie.

Si logique que puisse être ce raisonnement, il fait fi de la restriction légale selon laquelle la personnalité morale ne survit que « pour les besoins de la liquidation ». Il fait donc abstraction du fait qu'un acte

---

[126] Th. DALMASSO, *La responsabilité pénale des personnes morales*, LITEC, n°4.

[127] La Circulaire du 14 mai 1993 précise d'ailleurs que ces dispositions sont prises, en ce qui concerne la personne morale, en application des règles du droit commercial relatives à la liquidation des biens d'une personne morale.

[128] I. URBAIN PARLEANI, *op. cit.*, n°14.

[129] F. DESPORTES et F. LE GUNEHEC, *op. cit.*, n°590.

[130] Par exemple en cas de fusion.

[131] Th. DALMASSO, préc., n°5.

commis avec une autre finalité que la liquidation[132] ne permet pas la subsistance de la personnalité morale et donc interdit toute responsabilité pénale[133].

On ne saurait s'accorder avec une doctrine qui prônerait l'irresponsabilité pénale des personnes morales en liquidation au motif que la survie de la personnalité morale se fait pour les besoins de la liquidation et que la commission d'infraction n'entre pas dans ce domaine.

Pour autant, il est contestable d'affirmer qu'il y a responsabilité pénale pour toutes les infractions commises pendant la liquidation car « l'infraction est, par hypothèse, liée à des actes destinés à défaire le groupement, à permettre sa liquidation »[134].

63 - Il nous semble plus juste de dire que la responsabilité pénale de la personne morale subsiste pendant la liquidation mais est limitée aux actes en rapport avec celle-ci[135]. Lorsqu'une infraction sans rapport avec la liquidation est commise on ne pourra poursuivre que les personnes physiques auteurs de l'infraction.

Ainsi, si les actes constitutifs de l'infraction sont sans rapport avec la liquidation, il n'y a pas subsistance de la personnalité morale, il y a donc impossibilité d'imputer l'infraction à un être moral.

Par exemple, si l'activité est continuée après la dissolution sans que cela soit nécessaire à la liquidation et qu'un accident survient à cause du non respect d'un règlement relatif à la sécurité du travail, on ne pourra imputer aucune infraction à la personne morale. En effet, la continuation d'activité étant sans rapport avec la liquidation, il n'y a pas survie de la personnalité morale et donc la responsabilité pénale de ce groupement est impossible à mettre en jeu.

Cette analyse est confortée par le fait que la jurisprudence déclare que si la personne morale en liquidation poursuit son activité sans procéder à sa liquidation elle devient une société de fait[136], donc dénuée

---

[132] Sur le sens à donner à l'expression « pour les besoins de la liquidation » *Cf.* supra p.55.

[133] Sauf à recourir à la notion de personnalité morale de fait.

[134] I. URBAIN-PARLEANI, *op. cit.*, n°15.

[135] J. –Fl. ESCHYLLE, Les conditions de fond de la responsabilité pénale des personnes morales en droit du travail, Droit Social 1994, p.638, n°10.

[136] C.A. Paris, 4ème Ch., 29 octobre 1990, JOLY 1991, p.41 note J. DERRUPE.

de personnalité morale ce qui interdit de lui imputer une infraction pénale[137].

A l'opposé, dès lors que l'infraction est commise lors d'opérations ayant pour finalité la liquidation de la personne morale, la responsabilité pénale de celle-ci pourra être engagée. Par exemple, une personne morale ayant la fabrication de produits chimiques comme activité pourrait voir sa responsabilité pénale engagée si elle se débarrassait de façon illicite des déchets provenant de l'arrêt de sa production[138].

64 - Une dernière question mérite attention, ces infractions commises durant la liquidation et en rapport avec celle-ci, permettent-elles des poursuites postérieures à la publication de la clôture de la liquidation? Il semble qu'une réponse positive s'impose par référence à la jurisprudence civile selon laquelle la personnalité morale survit jusqu'à ce que la liquidation soit complètement terminée[139], c'est à dire jusqu'à ce qu'il ne reste plus aucune « dette sociale » en suspens.

L'infraction pouvant être considérée comme une « dette sociale » au sens large, elle peut entraîner la survie de la personnalité morale, que ce soit pour la fin des poursuites déjà entamées ou pour le déclenchement de l'action publique pour des faits antérieurs à la liquidation mais découverts tardivement.

Si la survie de la personnalité morale en cas d'infraction se comprend facilement et débouche sur une mise en jeu de la responsabilité pénale, il ne faut pas nier l'existence de quelques difficultés de mise en œuvre.

2) Les problèmes de mise en œuvre de la responsabilité pénale pendant la liquidation

65 - La mise en œuvre de la responsabilité pénale d'une personne morale durant la période de liquidation pose deux problèmes principaux.

---

[137] Sauf à admettre la personnalité morale de fait, mais ce serait de toute façon une autre personne morale et pas celle en liquidation.

[138] Loi n°75-633 du 15 juillet 1975 dont l'art.24-1 (issu de la loi n°92-1336 du 16 décembre 1992) prévoit la responsabilité pénale des personnes morales.

[139] Sur ce point *Cf supra*.p.53.

Le premier, lié aux exigences posées par l'article 121-2 du Code pénal, est celui de savoir qui aura la qualité d'organe ou de représentant de la personne morale (a). Le second concerne l'intérêt réel de telles poursuites (b).

a) Qui peut engager la responsabilité pénale de la personne morale en liquidation?

66 - En d'autres termes, qui a, durant la liquidation, la qualité d'organe ou de représentant de la personne morale finissante pouvant engager la responsabilité pénale de celle-ci et la représenter devant les juridictions ?

Au moment de la dissolution, les organes qui dirigeaient la personne morale disparaissent et perdent la totalité de leurs pouvoirs. Il en va de même pour les représentants puisque dans la plupart des cas ils tiennent leurs pouvoirs de représentation des organes dissous.

La dissolution débouche obligatoirement sur la nomination du liquidateur. Celui-ci a pour mission de mener à bien cette liquidation ; pour ce faire, il devient le représentant de la personne morale qui subsiste. C'est donc lui qui pourra engager la responsabilité pénale de la personne morale, et aussi qui représentera la personne morale si des poursuites sont engagées contre elle. Si le liquidateur délègue tout ou partie de ses pouvoirs, on appliquera les mêmes règles que celles applicables en dehors de la liquidation[140].

67 - Plus complexe semble être le cas où des poursuites ont lieu après la clôture de la liquidation. En effet, selon la loi, les associés constatent la clôture de la liquidation, donnent quitus de sa gestion au liquidateur et le déchargent de son mandat[141]. A partir de ce moment, le liquidateur perd tous ses pouvoirs de représentation de la personne morale[142].

On se trouve face à une question qui s'est déjà posée devant les juridictions civiles puisque quand elles décident de rouvrir la liquidation et donc de faire réapparaître la personnalité morale, il n'y a plus de

---

[140] *Cf infra.* p.254.

[141] Art. 397 de la loi n°66-537 du 24 juillet 1966.

[142] Cass. com. 15 mai 1984, Rev. Soc. 1985, p.91 note J.-P. SORTAIS.

représentant[143]. La solution très tôt adoptée par la Cour de cassation a été de dire que le demandeur à l'action devait solliciter la nomination d'un mandataire ad hoc[144].

68 - C'est une solution analogue qu'il faut préconiser en droit pénal, et ce d'autant que la loi prévoit expressément le cas où la personne morale n'a pas ou plus de représentant et prévoit les modalités de la nomination d'un mandataire ad hoc[145] en précisant que la demande doit être faite à l'initiative du ministère public, du juge d'instruction ou de la partie civile[146].

Mais se profile alors la seconde question relative à la mise en œuvre de cette responsabilité pénale durant la liquidation: quelle est l'utilité de poursuites contre une personne morale qui est moribonde et soit est appelée à disparaître soit a déjà disparu et ne constitue plus qu'une coquille vide?

b) L'intérêt de poursuivre une personne morale en liquidation

69 - On peut en effet s'interroger sur l'intérêt de ces poursuites. Ainsi, dans la plupart des cas, la liquidation est intervenue en raison de difficultés financières de la société, c'est pourquoi il est possible de se demander si la société en liquidation ne serait pas un « moribond infortuné assailli par ses créanciers »[147], ce qui rend nul l'intérêt de toutes poursuites. Toutefois, l'argument principal en faveur de la nécessité de ces poursuites est que l'ordre public ayant été troublé, il est nécessaire de faire application de la loi pénale.

70 - Néanmoins la question du manque d'intérêt des poursuites de la personne morale en liquidation dû à l'absence de biens est posée avec

---

[143] *Cf.* A. BOUILLOUX, La survie de la personnalité morale pour les besoins de la liquidation, Rev. Soc. 1994, 393, spéc. p.402 et s.

[144] Cass. com. 12 avril 1983, Rev. Soc. 1984, p.303 note C.H. GALLET.

[145] Art. 706-43 du C. proc. pén.

[146] Pour plus de détails sur la nomination de l'administrateur ad hoc, voir Th. DALMASSO, *La responsabilité pénale des personnes morales*, *op. cit.*, n°40 et s.

[147] J. Fl. ESCHYLLE, Les conditions de fond de la responsabilité pénale des personnes morales en droit du travail, Droit Social 1994, p.638, n°10 *in fine*.

encore plus d'acuité lorsqu'il s'agira de poursuivre l'être moral après la clôture de la liquidation. Dans ce cas, la totalité des actifs de la personne morale a été vendue et partagée, il ne reste plus que la personnalité morale que l'on fait revivre pour les poursuites mais qui n'est plus que le fantôme de la personne morale originelle.

De plus, certains auteurs font une analyse des textes[148] selon laquelle seules les amendes ou confiscations prononcées avant la dissolution pourraient être exécutées pendant la liquidation[149]. Ce qui réduirait tout intérêt de poursuivre, sauf celui de permettre aux dirigeants de ne pas être condamnés personnellement pour les faits commis durant la liquidation, si le ministère public décide de poursuivre seulement l'être moral.

71 - Cette analyse ne nous semble pas tout à fait juste parce qu'elle assimile dissolution et décès ce qui, on l'a déjà montré, est abusif[150] et qu'il est préférable de mettre en parallèle le décès et la fin réelle de la période de liquidation. Ainsi, on peut exécuter les peines d'amende et de confiscation jusqu'à l'extinction de toutes les « dettes sociales » et prononcer ces mêmes peines en répression d'infractions commises pendant la liquidation.

Pour se convaincre de l'intérêt qu'il peut y avoir à poursuivre une personne morale après sa dissolution, il semble qu'il faille se tourner vers la situation des victimes de l'infraction. En effet, on sait que l'un des buts de l'introduction de la responsabilité pénale des personnes morales était d'améliorer le sort de la victime notamment en facilitant son indemnisation. Or, en cas de condamnations pénales après la dissolution, les dommages et intérêts alloués à la victime présentent le caractère de dette sociale, ce qui n'est pas indifférent à son sort.

D'abord, si on se situe encore avant la liquidation des biens de la personne morale, la victime pourra demander à substituer une liquidation judiciaire à la liquidation amiable qui risque de léser ses intérêts.

Ensuite, si la liquidation et le partage ont déjà eu lieu sans que certains actifs aient été réalisés, ceux-ci restant la propriété de l'être

---

[148] Art. 133-1 du C. pén.

[149] Mémento Pratique Francis Lefebvre, *Sociétés Commerciales*, n°457-1.

[150] L'article 133-1 du C. pén. a uniquement pour but d'éviter l'exécution de peines qui n'ont plus d'intérêt durant la liquidation.

moral, ils pourront être vendus pour permettre le paiement des dommages et intérêts.

Enfin, la victime pourra, dans la limite du délai de cinq ans fixé par la loi sur les sociétés, remettre en cause le partage ayant eu lieu entre les anciens associés pour obtenir le paiement des sommes allouées à titre de dommages et intérêts

72 - Pour conclure sur cette question, il faut rappeler que les poursuites pénales durant la période de liquidation sont possibles, mais avec un intérêt qui peut parfois paraître limité même si la victime peut, grâce à elles, voir une amélioration de son sort par rapport à des poursuites visant les seules personnes physiques auteurs de l'infraction.

A cet égard, il est à noter que le Tribunal correctionnel de Paris[151], dans une hypothèse de personne morale dissoute et liquidée au jour de l'audience, s'est prononcé en faveur de l'inutilité des poursuites à l'encontre de l'être moral. En effet, il ne retient que la responsabilité pénale des dirigeants de l'association et déclare que celle-ci étant dissoute et liquidée on ne peut exercer de poursuites à son encontre puisqu'elle « n'a plus d'existence légale ». Mais, les faits constatés étant d'une faible gravité on peut se demander si ce n'est pas là l'explication du refus de poursuivre l'être moral liquidé.

La Chambre criminelle ne semble pas plus favorable à la possibilité de poursuivre une personne morale après sa « disparition ». En effet, elle affirme que l'absorption « fait perdre son existence juridique à la société absorbée » et qu'ainsi les poursuites à l'encontre de la société absorbante sont impossibles même s'il y a eu transmission universelle des droits, biens et obligations de la société absorbée[152]. Pourtant, il ne faut pas forcement déduire de cet arrêt, un refus absolu de la Cour de cassation de poursuivre une personne morale après sa dissolution. D'une part cette solution est critiquable puisqu'elle peut constituer un encouragement à la fraude[153]. D'autre part, dans les hypothèses de fusions ou de scissions, la solution est fondée sur le principe de

---

[151] T. corr. Paris, 15ème Ch., 4 mai 1998, D.1999, jur., p.15 note E. POISSON-DRONCOURT.

[152] Cass. crim. 20 juin 2000, Bull. n°237, p.702 ; D. 2001, p.853 note H. MATSOPOULOU et p. 1608 obs. E. FORTIS ;Petites Affiches 13 mars 2001, p.19, M. –J. COFFY de BOISDEFFRE.

[153] GAMET L., Le principe de personnalité des peines à l'épreuve des fusions et scissions de sociétés, JCP 2001, I, 345.

personnalité des peines qui empêche de faire peser des actes imputés à une personne morale sur une autre au *motif qu'elles ne formeraient plus* qu'une seule entité juridique. Par contre, en cas de dissolution pure et simple, il s'agit de poursuivre la même personne morale que l'on fait revivre pour les besoins de l'action pénale comme on la fait revivre pour les besoins de la liquidation.

Il faut noter que cette question des poursuites après la « disparition » de l'être moral s'avère commune aux deux sortes de personne morale, mais en règle générale, il importe de distinguer les deux.

Section 2:

Les personnes morales de droit privé à but non lucratif

73 - La question de savoir si ces groupements allaient encourir ou non une responsabilité pénale a été assez âprement discutée. Les sénateurs étaient plutôt enclins à les exclure du champ d'application du nouveau texte. Leur responsabilité a finalement été retenue d'une part en vertu du principe d'égalité devant la loi pénale et sans doute aussi, comme le dit un partisan de cette position, car « n'importe quel type de groupement peut commettre des crimes et des délits »[154]. Il convient donc d'abord d'examiner le principe même de la responsabilité pénale de ces groupements de droit privé à but non lucratif (§1), avant de s'arrêter sur le fait que certains de ces groupements bénéficient d'une protection particulière (§2).

§1: Le principe même de responsabilité pénale de ces groupements

74 - Il est d'abord utile de rappeler à quelles conditions la loi accorde la personnalité morale à ces groupements (A) pour ensuite se

---

[154] J. –J. HYEST *in Le nouveau code pénal: enjeux et perspectives*. Coll. thèmes et commentaires, Dalloz 1994.

demander si les personnes morales de droit privé à but non lucratif possèdent réellement un pouvoir de délinquance qui justifie qu'elles soient assujetties au droit pénal (B).

A] L'attribution de la personnalité morale par la loi

75 - Il s'agit donc de savoir comment la loi attribue la personnalité morale aux groupements de droit privé à but non lucratif. L'expression « personne morale de droit privé à but non lucratif » recouvre en réalité plusieurs types d'êtres moraux, qui acquièrent la personnalité morale par des voies parfois très différentes. En effet, contrairement aux personnes physiques, il est possible de classer les personnes morales dans différentes catégories où les règles applicables diffèrent[155].

C'est pourquoi nous étudierons tour à tour les conditions d'obtention de la personnalité morale en ce qui concerne les associations (1), les partis politiques (2) les congrégations (3), et les fondations reconnues d'utilité publique (4) qui représentent l'essentiel des groupements de droit privé à but non lucratif.

1) Les associations

76 - Les associations sont soumises à la loi du 1er juillet 1901 qui fixe les modalités de formation des associations ainsi que leurs règles de fonctionnement. La loi commence par préciser que « l'association est la convention par laquelle deux ou plusieurs personnes mettent en commun d'une façon permanente leurs connaissances ou leur activité dans un but autre que de partager des bénéfices »[156].

Le principe posé par la loi est celui de la liberté d'association :les groupements répondant à la définition citée se forment « librement sans autorisation ni déclaration préalable »[157]. Mais le même article ajoute

---

[155] C. LOMBOIS, Petites Affiches, 6 octobre 1993, n°120, p.48 et s.

[156] Art. 1er de la loi du 1er juillet 1901.

[157] Art. 2 de la loi de 1901 précitée.

que pour jouir de la personnalité civile, l'association doit remplir certaines conditions prévues par l'article 5 de la loi.

77 - C'est ainsi que, selon cet article, l'association pour devenir une personne morale doit être déclarée auprès de la préfecture de son siège social. La déclaration doit contenir, outre deux exemplaires des statuts, les noms, adresses et nationalités des personnes physiques qui exercent une fonction d'administration, enfin la création doit faire l'objet d'une publication au Journal Officiel.

Il faut noter que cette déclaration ne fait l'objet d'aucun contrôle préalable. Si elle contient l'ensemble des mentions requises, l'association est déclarée et jouit de la personnalité morale.

Il faut encore signaler qu'il existe des associations reconnues d'utilité publique[158]qui jouissent d'une capacité juridique plus large mais au regard du droit pénal, il n'existe aucune différence.

La conséquence logique des exigences de l'article 5 de la loi devrait être qu'une association n'ayant pas été déclarée à la préfecture ne peut pas être pénalement responsable puisqu'elle ne jouit pas de la personnalité civile.

78 - Néanmoins, malgré ce texte, la jurisprudence, se fondant sur l'arrêt de 1954 en matière de personnalité morale[159], reconnaît parfois qu'une association non déclarée peut tout de même être poursuivie en justice[160], ceci afin de préserver les intérêts des personnes qui sont victimes de ces groupements non déclarés. Donc la jurisprudence leur accorde la personnalité morale alors que les conditions légales ne sont pas réunies.

On peut dès lors penser que le juge pénal, s'inspirant de cette jurisprudence, pourra soumettre une « association de fait » au droit pénal en cas d'infraction. Il prendra alors en compte la réalité des faits plutôt que le seul accomplissement de formalités administratives. Il lui reviendra alors de poser les critères permettant d'identifier ces associations qui existent en fait mais sans s'être vu attribuer la personnalité civile par la loi[161].

---

[158] Art. 10 et s. de la loi de 1901 précitée.

[159] Cass. civ., 2ème, 28 janvier 1954, D.1954, jur., p.217 note G. LEVASSEUR ;JCP 1954, II, 7978; Droit Social 1954, p.16.

[160] C.A. Poitiers 15 juin 1960, D. 1961, p.111.

[161] Sur l'éventualité d'une responsabilité pénale de ces groupements voir p.129.

2) Les partis politiques

79 - La Constitution française de 1958 est très claire en ce qui concerne les partis politiques puisqu'elle pose que « les partis et groupements politiques concourent à l'expression du suffrage. Ils se forment [...] librement [...] »[162]. Il n'est donc pas possible de soumettre la création d'un groupement de ce type à une déclaration ou un contrôle préalable.

Le législateur, voulant reprendre ce principe constitutionnel a décidé que la formation de ce type de groupement est bien entendu libre mais en plus, elle entraîne la naissance d'un être moral[163].

80 - Ainsi, la naissance de la personnalité morale et de la responsabilité pénale qui y est attachée se produit dès la formation du groupement. On peut noter que cette règle permet d'éviter tous les problèmes relatifs à la responsabilité pénale durant la période de formation.

C'est ce particularisme qui fait que les groupements politiques se voient dotés de la personnalité morale par la loi alors qu'ils ne sont pas tenus « pour leur fonctionnement de recourir à un cadre juridique »[164].

Enfin, il faut relever que la personnalité est complète puisque le législateur a précisé le contenu de cette personnalité morale dans la loi[165].

Les partis politiques sont donc pénalement responsables dès le moment de leur création et pendant toute leur existence. La seule question susceptible de se poser est celle de savoir ce qui se passerait si le parti était dissout dans l'unique but d'échapper à des poursuites pénales. Il semble qu'une fois encore l'efficacité du droit pénal pourrait nécessiter le recours à la notion de personne morale de fait[166].

---

[162] Article 4 de la Constitution du 4 octobre 1958.

[163] Art.7 de la loi n°88-227 du 11 mars 1988 relative à la transparence financière de la vie politique.

[164] Réponse du ministre de l'intérieur, J.O.A.N, débats, 2 janvier 1989, p.64.

[165] Loi du 11 mars 1988 précitée Art.7 *in fine*.

[166] *Cf infra* p.129.

3) Les congrégations

81 - C'est une loi de 1942[167], modifiant la loi sur les associations, qui est venue poser le principe selon lequel les congrégations doivent, pour jouir de la personnalité morale, demander leur reconnaissance légale. Cette reconnaissance prend la forme d'un décret pris après avis du Conseil d'Etat. Le défaut de reconnaissance n'empêche pas l'existence de la congrégation mais elle ne possède pas la qualité de personne morale et ne peut pas, a priori, être soumise au droit pénal[168].

4) Les fondations reconnue d'utilité publique

82 - La fondation est une personne morale qui est créée pour accomplir une œuvre d'intérêt général, charitable ou désintéressée[169].

La personnalité morale de la fondation naît automatiquement lors de la reconnaissance d'utilité publique qui se fait par un décret en Conseil d'Etat[170]. Ainsi, c'est un acte émanant de l'autorité administrative qui fait naître cette personnalité morale[171].

Si la reconnaissance d'utilité publique est retirée, la personne morale disparaît automatiquement: la fondation est une personne morale dont l'existence est soumise au pouvoir exécutif[172].

Bien qu'a priori, les fondations, comme les congrégations évoquées plus haut, auront peu de rapport avec le droit pénal, elles y seront soumises. Pourtant, l'intérêt en semble restreint puisque le gouvernement possède le pouvoir de mettre fin à la vie de cette personne morale quand bon lui semble, ce qui représente un pouvoir de sanction très important.

---

[167] Loi du 8 avril 1942 modifiant la loi de 1901, Dalloz 1942, lég. p.105; J.O 17 avril 1942, p.1446.

[168] Sauf la réserve déjà exprimée en ce qui concerne les « associations de fait ».

[169] G. CORNU, *Vocabulaire juridique*, PUF 2001.

[170] Art. 18 de la loi n°87-571 du 23 juillet 1987 relative au développement du mécénat.

[171] Pour plus de détails sur les fondations Cf. S. LANNEREE, *Les associations de la loi de 1901 et les fondations*, Editions du puit, p.150 et s.

[172] C'est pourquoi, en cas de retrait de la reconnaissance d'utilité publique, la notion de personne morale de fait sera plus difficile à admettre.

83 - Il faut constater à l'issue de cet aperçu des conditions d'attribution de la personnalité morale aux groupements de droit privé à but non lucratif, que celle-ci se fait très facilement et, dans la plupart des cas, sans contrôle préalable. Ceci est sans doute de nature à expliquer le développement considérable de ce type de personnes morales.

Mais ce nombre représente-t-il vraiment une menace à l'ordre public au point de soumettre ces groupements au droit pénal? Cela revient à se poser la question de savoir si ces groupements sont susceptibles de troubler l'ordre public ou plus exactement s'ils ont une véritable capacité à commettre des infractions.

B] Le pouvoir de délinquance de ces groupements

84 - Il s'agit ici de déterminer ce que peut être ce pouvoir de délinquance ; il est bien sûr impossible de dresser une liste exhaustive des infractions pouvant être commises par ce type d'être moral, il faudra donc procéder par l'étude d'exemples. La jurisprudence étant rare nous nous appuierons le plus souvent sur des faits qui se sont déroulés sous l'empire de l'ancien Code pénal en les confrontant aux nouveaux textes ou sur des hypothèses reposant sur des faits purement fictifs.

La commission d'infraction par une personne morale de droit privé à but non lucratif pourra se faire lors de l'accomplissement du but fixé (1) mais pourra aussi survenir dans un domaine qui excède celui qui était initialement fixé pour la réalisation de l'objet de la personne morale (2).

1) La délinquance en rapport avec l'activité statutaire

85 - Dans cette hypothèse, une infraction sera commise pour le compte de la personne morale à but non lucratif, à l'occasion de la recherche du but qui a été fixé lors de sa création. Deux cas sont envisageables: l'infraction peut être commise au cours du fonctionnement « normal » de la personne morale (a), mais elle peut aussi résulter d'une volonté trop forte de réaliser son but, caractérisée par l'emploi de moyens répréhensibles (b).

a) L'infraction commise au cours du fonctionnement normal

86 - Le premier exemple est tiré d'une décision rendue par le Tribunal correctionnel de Valenciennes[173]. A l'occasion d'un tournoi organisé par un club de football sur le terrain municipal, un des enfants participant est tué par la chute d'un but mobile mal arrimé[174].

A l'époque des faits, octobre 1992, la responsabilité pénale des personnes morales n'est pas encore entrée en vigueur. Seules les personnes physiques sont poursuivies: le maire de la commune, deux de ses adjoints et le président du club sont reconnus coupables d'homicide involontaire.

Quelle serait la situation sous l'empire des textes actuels? Il faut d'abord signaler que devant la multiplication des accidents de ce type, les pouvoirs publics sont intervenus pour fixer des règles de sécurité plus précises[175]. Ce texte prévoit des sanctions pénales en cas de violation des règles qu'il édicte[176] mais ne retient pas la responsabilité pénale des personnes morales[177].

Pourtant, aujourd'hui en cas d'accident, il pourrait y avoir des poursuites à l'encontre des personnes morales pour homicide involontaire[178]. Pour des faits similaires à ceux exposés, le club de football, ainsi que la commune pourraient se voir poursuivis si les exigences de l'article 121-2 du Code pénal étaient remplies..

Il s'agit bien ici du cas d'une infraction commise lors du fonctionnement normal de la personne morale :organisation de tournois par le club et mise à disposition des équipements par la commune.

87 - Le deuxième exemple est tiré de faits qui se sont déroulés sous l'empire des textes nouveaux. Une association d'aide aux toxicomanes proposait une « salle de shoot » où les personnes dépendantes pouvaient s'injecter des produits de substitution[179]. Suite à un séjour dans cette

---

[173] T. corr. Valenciennes 10 avril 1995, inédit.
[174] *Cf. Nord Eclair*, mardi 11 avril 1995, p.3.
[175] Décret n°96-495 du 4 juin 1996 fixant les exigences de sécurité auxquelles doivent répondre les cages de but de football, de handball, de hockey sur gazon en salle et les buts de basket-ball, J.O 8 juin 1996; JCP 1996, III, 68008.
[176] Art. 8 du Décret précité.
[177] Sur le principe de spécialité *cf* p.293.
[178] Art. 221-6 C. pén. rendu applicable aux personnes morales par l'art. 221-7 C. pén.
[179] *Le Monde*, 14 novembre 1995, p.13.

salle, une jeune toxicomane était tombée dans le coma. Le parquet a déclenché l'ouverture d'une information judiciaire pour « facilitation de l'usage de stupéfiants »[180] à l'encontre de la personne morale.

Il ne fait pas de doute que l'association en mettant cette structure à la disposition des toxicomanes accomplit la mission qu'elle s'est fixée, c'est à dire l'aide et le soutien aux personnes dépendantes. Pourtant, il semble que les éléments constitutifs de l'infraction de « facilitation de l'usage des stupéfiants » soient réalisés[181]. Dans ce cas l'infraction est encore commise lors de l'accomplissement du but qui était fixé par les fondateurs de la personne morale et qui figure dans ses statuts.

b) Les infractions commises pour l'accomplissement du but

88 - En ce qui concerne l'association d'aide aux toxicomanes, on pourrait certes soutenir que la création de cette « salle de shoot » était excessive. Mais, dans les hypothèses suivantes, la personne morale va délibérément commettre une infraction pour permettre ou faciliter la réalisation de son but.

Nous sommes notamment dans le domaine de prédilection des groupements à but idéologique. Le premier type d'exemple qui vient à l'esprit est celui des sectes. En effet, le but premier du groupement est de faire prospérer une philosophie ou une croyance, mais le recours à certaines techniques pour atteindre ce but peut constituer des infractions.

Ainsi, on peut imaginer qu'un mouvement sectaire qui commet des escroqueries ou des abus de confiance au préjudice de ses membres, se voit poursuivi pour ces faits[182] ou encore pour des faits d'extorsion[183].

Un rapport sur les sectes précisait qu'il est inutile de légiférer à ce propos car « l'essentiel est d'utiliser pleinement les dispositions existantes [*notamment le droit pénal*], leur application systématique et

---

[180] Art. 222-37 C. pén. rendu applicable aux personnes morales par l'art. 222-42 C. pén.

[181] L'information ouverte n'apportera peut être pas de réponse car il semble que l'association ait été dissoute pour mettre fin aux poursuites.

[182] Art. 313-1 à 313-4 C. pén. applicable aux personnes morales selon l'art. 313-9 C. pén.

[183] Art. 312-1 C. pén. applicable aux personnes morales selon l'art. 312-15 du C. pén.

rigoureuse devant permettre de lutter efficacement contres les dérives sectaires »[184].

89 - Trois ans après la remise de ce rapport, le législateur a quand même adopté un texte particulier relatif à la prévention et la répression des mouvements sectaires portant atteinte aux droits de l'homme[185]. Il faut remarquer que cette loi contient de nombreuses dispositions visant à rendre un certain nombre d'infractions imputables aux personnes morales[186] ce qui contribue à démontrer, si besoin était, que certains groupements à but non lucratif peuvent avoir une réelle capacité délictuelle.

90 - Le second exemple peut être pris dans les groupements politiques ou idéologiques. Si lors d'une réunion des membres, se déroulent des faits d'incitation au racisme et à la discrimination raciale, des poursuites pour provocation non publique à la discrimination, à la haine ou à la violence raciales[187] pourraient être entreprises

91 - Cette approche criminologique rapide montre bien que le droit pénal - spécialement la responsabilité pénale des personnes morales - doit s'appliquer en la matière car les groupements en question ont un véritable pouvoir de délinquance.

Dans les exemples cités, les infractions sont commises dans le but de faire prospérer la pensée ou la croyance et donc pour la réalisation du but initial, même si les moyens utilisés en sont très éloignés. Mais, certains groupements vont encore plus loin et commettent des infractions dans des domaines complètement différents de leur activité statutaire.

---

[184] Rapport GUYARD, 2 juillet 1998, doc. ass. nat. n°1039.

[185] Loi n° 2001-504 du 12 juin 2001 tendant à renforcer la prévention et la répression des mouvements sectaires portant atteinte aux droits de l'homme et aux libertés fondamentales, J.O. 13 juin 2001; JCP 2001, III, 20511.

[186] Le chapitre II contient des dispositions qui rendent notamment imputables aux personnes morales l'empoisonnement, les tortures et actes de barbarie, les menaces, le harcèlement sexuel, l'abandon de famille.

[187] Art. R625-7 du C. pén. applicable aux personnes morales.

2) La délinquance hors de l'activité statutaire

92 - La situation typique est celle de la personne morale de droit privé à but non lucratif qui a une activité autre que celles prévues dans les statuts. L'exemple le plus révélateur de cette situation en est celui de l'association[188] qui intervient dans le domaine commercial. Cette situation semble se développer de plus en plus puisque certains auteurs se demandent si la forme associative ne pourrait pas être une structure juridique de l'entreprise au même titre que les diverses structures sociétaires proposées par la loi[189].

Il faut remarquer que le nombre des associations déclarées en France est de 700 000 et que chaque année il s'en créé 65 000[190]. Ce nombre est proche de celui des sociétés de capitaux[191], même si beaucoup d'entre elles sont de petites associations, ces chiffres donnent une idée de l'importance du phénomène associatif.

93 - Le problème de l'activité commerciale des associations vient du fait que la jurisprudence a admis de telles activités et est même allée jusqu'à dire qu'une association peut rechercher des bénéfices tant qu'elle ne les redistribue pas[192].

De ce fait, certaines associations ont une activité commerciale comme activité principale, d'ailleurs le nombre de personnes qui sont employées par des associations est très important[193]. Après une étude approfondie, Monsieur DELGA conclut qu'« une association peut[...] postérieurement à sa création, constituer le revêtement juridique d'une entreprise »[194].

Partant de là et sachant qu'une association est soumise à beaucoup moins de contraintes que les structures habituelles de l'entreprise, il est évident que les associations dont il s'agit ont un pouvoir de délinquance

---

[188] Ou les personnes morales assimilées telles que congrégations, fondations, ...

[189] J. DELGA, L'association structure juridique possible de l'entreprise?, *Vie Jud.* n°2615, 26 mai 1996, p.1 et 2616, 2 juin 1996, p.7.

[190] *Vie Jud.* n°2614, 19 mai 1996, p.3.

[191] J. DELGA, *op. cit.*

[192] C.A. Besançon 8 janvier 1969, Gaz.Pal 1969, jur., p.304.

[193] 1 300 000 personnes sont employées par 120 000 associations, mais 0,3 % des associations emploie 80 % de ces effectifs.

[194] J. DELGA, *op. cit.*

au moins égal aux êtres moraux à but lucratif[195] et qu'en conséquence, il est logique qu'elles soient soumises à la même responsabilité pénale.

Ainsi, une association qui emploie des salariés et qui néglige le respect de certaines règles d'hygiène et de sécurité du travail pourra, en cas d'accident survenu à un de ses employés, être condamnée pour blessures ou homicide involontaire.

94 - Il résulte de cette évocation du pouvoir de délinquance des personnes morales de droit privé à but non lucratif que la responsabilité pénale des personnes morales a bien vocation à s'appliquer à celles-ci, tant aux très grosses structures qui se rapprochent des entreprises sociétaires qu'aux petites associations[196]. Mais, certains de ces groupements, en raison de leur activité, bénéficient de certaines règles de protection qu'il convient d'examiner.

§2: Les règles de protection applicables à certains de ces groupements

95 - Le Code pénal consacre une section entière aux développements relatifs aux peines applicables aux personnes morales[197]. La peine de principe est l'amende, qui peut être prononcée dans tous les cas[198].

Certaines peines, elles, ne peuvent être prononcées que si la loi le prévoit et ne sont pas applicables à certaines personnes morales de droit privé à but non lucratif.

Nous commencerons par nous intéresser à la détermination de cette protection particulière dont bénéficient certains groupements (A) avant d'examiner les difficultés d'application du système mis en place par le législateur (B).

---

[195] Même parfois supérieur du fait du nombre réduit de contraintes qui pèsent sur elles.

[196] Evitant parfois ainsi la condamnation de personnes physiques (*Cf.* exemple du club de football)

[197] Art. 131-37 à 131-49 du C. pén.

[198] Art. 131-37 du C. pén.

A] La nature de cette protection

96 - Comment protéger efficacement les groupements politiques, les syndicats et les organes de représentation du personnel? C'est la question qui s'est posée au législateur lors de l'adoption du nouveau texte. Plusieurs solutions étaient envisageables, c'est ce que nous expliquerons (1) avant de voir celle qui a été retenue (2).

1) La multiplicité de solutions possibles

97 - Sans prétendre en faire la liste complète, nous présenterons quelques unes des solutions qui s'offraient aux rédacteurs du texte pour répondre au besoin de protection de certains groupements.

La première solution qui s'impose à l'esprit est l'immunité totale des groupements que l'on veut protéger des risques liés à la responsabilité pénale des personnes morales. Cette solution avait d'ailleurs été évoquée lors des travaux parlementaires en ce qui concerne l'ensemble des personnes morales de droit privé à but non lucratif. Le Sénat était plutôt partisan de cette solution.

C'est d'ailleurs celle-ci qui a été retenue pour écarter l'Etat du champ d'application de la responsabilité pénale nouvelle[199]. En revanche pour les personnes morales à but non lucratif, elle fut écartée non seulement pour respecter le principe d'égalité devant la loi mais surtout en raison du réel potentiel de ces groupements à commettre des infractions[200].

98 - Une autre solution aurait pu consister en l'adoption d'un domaine restreint pour la responsabilité pénale des groupements à protéger. On aurait pu imaginer de ne pas rendre imputables aux groupements à protéger, les infractions en rapport avec leur activité.

Cette technique, employée ultérieurement par le législateur dans une loi demeurant en dehors du Code pénal, a été déclarée contraire à la constitution par le Conseil constitutionnel.

---

[199] L'art. 121-2 du C. pén. précise que les personnes morales sont pénalement responsables « à l'exclusion de l'Etat ». Sur cette irresponsabilité pénale de l'Etat voir *infra* p.89.
[200] *Supra* p.71.

En effet, la difficulté de protéger certaines personnes morales s'est à nouveau posée lors de la réforme du droit des étrangers[201]. La loi avait créé une immunité concernant l'aide à l'entrée, à la circulation et au séjour irrégulier en France d'étrangers pour les associations et les fondations lorsque l'assistance à de tels étrangers résidant irrégulièrement en France fait partie de leur objet. Cette immunité était accordée aux associations qui auraient figuré dans un arrêté du Ministre de l'intérieur. Le Conseil Constitutionnel[202] a déclaré cette mesure contraire à la constitution[203].

Outre le refus apparent de cette technique par le juge constitutionnel, le législateur ayant déjà cru bon d'instaurer un principe de spécialité qui n'est pas exempt de tout reproche[204], il aurait sans doute été mal venu d'ajouter un système créant un sous-ensemble de spécialité plus restreinte. En effet, cela serait venu compliquer excessivement l'application des textes relatifs à la responsabilité pénale des personnes morales.

99 - Une troisième solution était envisageable consistant en l'application de règles spéciales relatives aux poursuites. Ainsi, par exemple, des garanties de procédure visant à accroître les droits de la défense ou à empêcher l'emploi de certains moyens d'investigation. Mais cette solution, outre sa complexité[205], ne semble pas à même de procurer une protection suffisante permettant d'assurer la liberté totale d'action qui est nécessaire à ce type de groupements.

100 - On peut, enfin, évoquer la possibilité de recourir à des règles de compétence spéciales destinées à protéger ces personnes morales. Cette possibilité était double. En effet, il pouvait d'abord s'agir de règles visant à regrouper l'ensemble des dossiers relatifs à ces personnes morales devant certaines juridictions. Cette technique a déjà été retenue

---

[201] Loi n°98-349 du 11 mai 1998, J.O 12 mai 1998 ; JCP 1998, III, 20080.

[202] Cons. Const. 5 mai 1998, déc. n°98-399DC, J.O 5 mai 1998 ; RFDA 1998, p.620 ; RD publ. 1998, p.1015.

[203] N. GUIMEZANES, La loi du 11 mai 1998 relative à l'entrée et au séjour des étrangers en France et au droit d'asile, JCP 1998, I, 180, spéc. n°4.

[204] *Infra* p.293.

[205] D'autant que le législateur s'est contenté de retoucher les règles du C. proc. pén. manifestement inapplicables aux personnes morales, laissant le reste à l'appréciation des juges.

par le législateur français notamment pour les infractions en matière économique et financière[206].

Cela permet de centraliser un certain type de dossiers devant des juridictions composées de magistrats spécialement formés et donc mieux informés des problèmes posés[207]. Cette solution n'a pas non plus été retenue.

Une autre possibilité en matière de compétence était de créer des juridictions spéciales, chargées de connaître des affaires concernant les personnes morales en question. L'aménagement de ces juridictions serait à même d'apporter la sécurité escomptée. C'est ce système qui est en vigueur pour les mineurs[208]. Cette solution est néanmoins assez complexe à mettre en œuvre et n'a pas été choisie ici par le législateur.

Aucune de ces solutions n'a finalement prévalu, pourtant une protection des groupements en question devait être assurée. Le législateur a préféré réaliser celle-ci en soumettant ces personnes morales au droit commun mais en empêchant le prononcé de certaines peines à leur encontre.

2) L'impossibilité légale de prononcer certaines peines

101 - Etant donné les spécificités attachées aux personnes morales, le législateur, en matière de peine, a dû adapter et innover[209]. C'est ainsi qu'il a notamment créé une peine de dissolution[210] qui s'apparente à la peine de mort[211] et une peine de placement sous surveillance judiciaire[212].

---

[206] Art. 704 et s. du C. proc. pén.

[207] Dans le projet de loi sur les droits des malades et la qualité du système de santé adopté le 6 octobre 2001, le législateur retient cette technique pour les infractions relatives à la santé et à l'alimentation : Doc. Ass. Nat. n°3258.

[208] Art. 1er de l'Ord. n°45-174 du 2 février 1945 relative à l'enfance délinquante, à laquelle renvoie l'art. 122-8 du C. pén.

[209] P. LE CANNU, Les sanctions applicables aux personnes morales en raison de leur responsabilité pénale, Petites Affiches 6 octobre 1993, p.16 et s.

[210] Art. 131-39 1° du C. pén.

[211] Ce qui fait qu'un journal économique a titré « Peine de mort rétablie pour les entreprises » (*Cote Desfosses* du 18 janvier 1983) et que des auteurs ont pu relever que les personnes morales encourent des peines plus sévères que les personnes physiques car l'amende est

Ces deux peines sont très sévères puisque la première met fin purement et simplement à la personne morale et que la seconde constitue une immixtion judiciaire dans la gestion. Comme le souligne Monsieur LE CANNU, il s'agit de « peines majeures »[213]. C'est pourquoi le législateur a décidé d'empêcher leur application aux groupements auxquels il entendait apporter une protection particulière.

102 - Ainsi, la dissolution, qui ne peut être prononcée qu'à des conditions très strictes puisqu'elle n'est applicable que si la personne morale a été créée dans le but de commettre des infractions ou si elle a été détournée de son objet initial, ne peut être infligée ni aux groupements et partis politiques ni aux organes de représentation du personnel.

Si, par exemple, un parti politique révolutionnaire ou réactionnaire appelle à prendre les armes contre l'autorité de l'Etat, ce qui constitue une infraction pénale[214], il pourra être poursuivi devant les juridictions pénales mais la peine de dissolution ne pourra être prononcée contre lui.

Pourtant, s'il a été créé dans le but de porter atteinte à l'autorité de l'Etat, il remplit les conditions exigées par le texte pour encourir la peine de dissolution, c'est sa qualité « politique » qui le met à l'abri de ce châtiment.

La raison principale qui a poussé le législateur à écarter cette peine est la volonté de respecter les grands principes constitutionnels[215] et plus spécialement les libertés politique et syndicale. En effet, faire peser le risque de dissolution sur ces groupements entrave l'exercice de ces libertés, et ce d'autant que cette peine a un caractère définitif et imprescriptible[216].

103 - La mise sous surveillance judiciaire est aussi une peine très lourde car elle est attentatoire à la liberté de gestion de la personne

---

quintuplée et la peine de mort rétablie (J. –Fl. ESCHYLLE, Les conditions de fond de la responsabilité pénale des personnes morales en droit du travail. Droit Social 1994, p.638).

212 Art. 131-39 3° du C. pén.

213 P. LE CANNU, Les sanctions applicables aux personnes morales en raison de leur responsabilité pénale, Petites Affiches 6 octobre 1993, p.16 et s.

214 Art. 412-8 du C. pén. applicable aux personnes morales en application de l'article 414-7 du C. pén.

215 Sur l'absence de contrôle du texte par le Conseil constitutionnel voir p.84.

216 P. LE CANNU, Les sanctions applicables aux personnes morales en raison de leur responsabilité pénale, Petites Affiches 6 octobre 1993, p.16 et s.

morale. Lorsque cette « administration judiciaire pour cause d'infraction pénale »[217] est prononcée il y a immixtion judiciaire dans la gestion de l'être moral. En effet, le tribunal qui prononce cette mesure doit désigner un administrateur et fixer les contours de sa mission[218].

Cet administrateur doit, au moins tous les six mois, faire un rapport de son activité au juge de l'application des peines qui pourra, s'il l'estime nécessaire, saisir la juridiction de jugement afin qu'elle prononce une nouvelle peine[219] ou qu'elle lève la mesure de mise sous surveillance[220].

Cette immixtion judiciaire dans la gestion de la personne morale n'étant pas compatible avec la liberté politique et syndicale, le législateur a écarté l'application de cette mesure pour les groupements et partis politiques. Cela signifie que les organes de représentation du personnel peuvent se voir condamnés à cette peine.

On peut se demander pourquoi le législateur n'a pas écarté la mise sous surveillance judiciaire pour ces organes de représentation du personnel. Il semble qu'il faille déduire de ce choix que le législateur a considéré que l'existence de ces organes est nécessaire et obligatoire, ce qui l'a amené à empêcher leur dissolution, mais qu'une immixtion judiciaire dans leur gestion n'est pas une atteinte suffisamment grave aux libertés pour l'écarter de l'éventail des peines applicables.

Après avoir vu quels sont les moyens retenus par la loi pour apporter la protection nécessaire à certains groupements de droit privé à but non lucratif, il faut s'intéresser à la mise en œuvre de cette protection et en particulier aux questions qu'elle suscite.

B] La mise en œuvre de cette protection

104 - Le principe posé par le texte semble clair: les groupements politiques et syndicaux ainsi que les organes de représentation du personnel ne peuvent être soumis à certaines peines. Mais, si on replace

---

[217] Ph. DELEBECQUE, Les sanctions de l'article 131-39 3°, 5°, 6° et 7°, Rev. Soc. 1993, p.349.

[218] Son contenu variera notamment en fonction de la nature de l'infraction reprochée à la personne morale.

[219] Notamment si le comportement de la personne morale ne s'améliore pas.

[220] Art. 131-46 du C. pén.

ce principe dans son contexte qui est celui de la responsabilité pénale des personnes morales avec toutes les zones d'ombre qui l'accompagne, on est obligé de se poser certaines questions (1). De plus, il faudra se demander si la règle d'interdiction de certaines peines ne devrait pas être appliquée à d'autres personnes morales que celles expressément visées par le texte (2).

1) Les questions suscitées par la mise en œuvre de la protection

105 - Nous traiterons essentiellement de deux questions engendrées par le texte. Il s'agit d'abord de celle de savoir précisément qui bénéficie du régime spécial instauré par le dernier alinéa de l'article 131-39 du Code pénal ; nous rechercherons donc le sens précis à donner aux expressions légales employées. Ensuite, il nous faudra nous poser la question de savoir si les objectifs qui étaient ceux du législateur en instaurant cette protection sont atteints, en particulier si le respect des principes constitutionnels est assuré.

a) Qui bénéficie de ce régime?

106 - Le Code pénal emploie les expressions: « partis ou groupements politiques », « syndicats professionnels », « institutions représentatives du personnel »[221]. Quels en sont les contours précis?

L'expression « syndicat professionnel » est très claire puisqu'on peut en donner comme définition: « Le groupement [doté de la personnalité morale] constitué par des personnes qui exercent une même profession, ou des professions connexes ou similaires, pour l'étude et la défense des droits ainsi que des intérêts matériels et moraux [...] des personnes visées par les statuts »[222].

107 - Les « institutions représentatives du personnel » ne posent pas beaucoup plus de problèmes ; ce sont les personnes morales dont la

---

[221] Art. 131-39 C. pén. *in fine*.
[222] R. GUILLIEN et J. VINCENT, *Lexique de termes juridiques*, Dalloz 12ème éd. 1999.

fonction est la représentation du personnel. Or ces institutions sont créées par la loi et figurent en tant que telles dans le Code du travail. Il s'agit essentiellement du comité d'entreprise[223], il peut aussi s'agir du comité de groupe[224].

Pour ce dernier, la question de sa possible responsabilité pénale est problématique. En effet, la loi qui instaure ce comité de groupe ne lui attribue pas expressément la personnalité morale, ce qui pourrait faire penser que ce type de groupement est écarté de la réforme et n'encourt aucune responsabilité pénale. Mais, la jurisprudence civile lui a néanmoins reconnu la personnalité civile[225], on peut donc imaginer que le juge pénal pourrait reprendre à son compte l'analyse faite par la Cour de cassation pour dire que, malgré le silence de la loi, le comité de groupe possède l'ensemble des attributs de la personnalité morale et se trouve, de ce fait, pénalement responsable[226].

108 - En revanche, l'expression « partis et groupements politiques » semble poser plus de problèmes de délimitation. Il ne s'agit pas d'une expression nouvelle, elle a déjà été employée à plusieurs reprises, notamment dans les lois contre la corruption[227] ou relatives au financement des campagnes électorales[228].

Que représente la notion de « partis et groupements politiques »? Il semble qu'il faille répondre que les partis sont les êtres moraux[229] qui se disent politiques et mènent une action connue dans le milieu politique, c'est-à-dire les formations politiques « classiques » ou encore les clubs de pensée.

---

[223] Art. L431-1 et s. du C. trav.

[224] Art. L439-1 et s. du C. trav.

[225] Cass. soc. 23 janvier 1990, JCP 1990, II, 21529 note NEVOT; Droit Social 1990, p.322 note J. SAVATIER.

[226] Sur cette question voir les développements relatifs à la personnalité morale de fait p.129.

[227] Loi n°93-122 du 29 janvier 1993 relative à la prévention de la corruption et à la transparence de la vie économique et des procédures publiques, J.O. du 30 janvier 1993 ; JCP 1993, III, 65957.

[228] Loi n°88-227 du 11 mars 1988 relative à la transparence financière de la vie politique. J.O du 12 mars, p.3290.

[229] Il s'agira toujours de personnes morales car la loi du 11 mars 1988 précitée précise dans son article 7 que les groupements et partis politiques se créent librement et bénéficient de la personnalité morale.

Le « groupement » lui serait la personne morale qui aurait une activité principale sans rapport apparent avec la politique mais qui ne serait qu'une façade ou un prétexte à une activité de type politique.

Le problème que pose cette interprétation très large est que le juge dispose alors d'une liberté d'appréciation très importante. En effet, dans le cas d'un groupement, c'est lui qui devra décider si oui ou non il y a une activité politique.

Pourtant, c'est cette solution que nous retiendrons dans la mesure où c'est celle qui respecte au mieux la volonté du législateur de protéger la liberté politique[230] quelle que soit la forme d'expression employée.

109 - Une fois encore la responsabilité pénale des personnes morales pose un problème d'interprétation. L'idée de protection qui a conduit le législateur à la rédaction de ce texte est tout à fait louable mais le texte qui en découle, ici par la grande liberté d'interprétation qu'il laisse, ne correspond pas à la précision et la rigueur qui sont requises en droit pénal. Reste maintenant à savoir si les mesures de protection en question parviennent au but escompté.

b) La protection est-elle suffisante?

110 - Les dispositions de l'article 131-39 du Code pénal relatives aux groupements politiques, syndicaux et aux institutions de représentation du personnel parviennent-elles au but fixé par le législateur, c'est-à-dire le respect des libertés reconnues et protégées par la constitution?

Le législateur voulait concilier le respect de l'égalité des citoyens devant la loi commandant d'admettre la responsabilité pénale des groupements à but non lucratif d'une part, et celui du libre exercice des libertés politiques et syndicales notamment dans le cadre de ces groupements d'autre part.

On peut se demander si le texte, cette « œuvre encore bien imparfaite »[231], y parvient. La question peut être posée car, même si on

---

[230] Circ. du 14 mai 1992.

[231] J. MOULY, La responsabilité pénale des personnes morales et le droit du travail, Petites Affiches 6 octobre 1993, n°120, p.33.

se trouve dans un domaine sensible où les oppositions sont très importantes, le texte définitif du Code pénal nouveau n'a pas été soumis au contrôle du Conseil constitutionnel[232]. Ce qui est regrettable puisqu'il s'agissait de modifier le droit répressif qui est le lieu de prédilection de mise en jeu des libertés. Cette absence de contrôle peut être attribuée au fait que l'opposition de l'époque ne voulait pas avoir l'air de critiquer ce texte plus consensuel que conflictuel et que la majorité ne voulait pas prendre de risques[233].

111 - En ce qui concerne le principe d'égalité devant la loi pénale, est-il suffisant que toutes les personnes morales de droit privé à but non lucratif soient pénalement responsables? On peut se demander si le fait d'instaurer un régime particulier pour certaines d'entre elles ne constitue pas une violation de ce principe. En fait, il faut reconnaître que cette technique est nécessaire pour permettre le respect des deux principes constitutionnels à la fois.

112 - Reste néanmoins la question de savoir si les peines qui demeurent applicables aux groupements et partis politiques[234] ne sont pas de nature à porter atteinte aux principes constitutionnels en jeu. Pour certaines peines, une réponse négative s'impose d'elle même, il en est ainsi de l'exclusion des marchés publics ou de l'interdiction de faire appel public à l'épargne[235].

A l'opposé, des peines telles que la confiscation[236] ou l'interdiction de certaines activités[237] peuvent être de nature à entraver l'exercice des libertés politiques. En effet, si la confiscation porte sur un moyen essentiel d'action ou de fonctionnement du groupement, elle s'apparente à une dissolution puisqu'au lieu d'être dissout par la décision de condamnation, celui-ci disparaîtra de lui-même. Semblable raisonnement peut être mené pour l'interdiction d'exercer une activité (notamment économique) qui représente la seule source de revenus du groupement.

---

[232] H. LECLERCQ, *Le nouveau Code Pénal.* Editions du Seuil coll. Points; p.11.
[233] F. DESPORTES et F. LE GUNEHEC, *Le nouveau droit pénal,* ECONOMICA, n°90.
[234] Art. 131-39 2°, 4°, 5°, 6°, 7°, 8°, 9° du C. pén.
[235] Art. 131-39 5° et 6° du C. pén.
[236] Qui est aussi prévue en matière délictuelle et pour les contraventions de 5ème classe: Art. 131-42 du C. pén.
[237] Art. 131-39 8°, 2° du C. pén.

A l'examen même rapide de cette question, on s'aperçoit que le contrôle du Conseil constitutionnel n'aurait pas été superflu et aurait peut être permis de parvenir à un texte plus clair et plus précis.

Bien que le système mis en place par le dernier alinéa de l'article 131-39 du Code pénal souffre de certaines imperfections, il permet d'assurer une relative protection aux groupements qu'il vise. Mais, on est forcément amené à se demander si, au-delà de ces groupements, il n'existe pas d'autres personnes morales, que le texte n'envisage pas expressément mais qui mériteraient aussi une protection particulière. Se pose alors la question de savoir si la protection prévue par ce texte ne pourrait pas être étendue à ces autres groupements.

2) La possibilité d'extension de la protection à d'autres groupements

113 - Dans certaines circonstances de fait déterminées, il arrive que la loi elle-même déduise de celles-ci la création ou l'existence d'un groupement doté de la personnalité morale et lui reconnaisse certains pouvoirs ou lui confie certaines tâches.

Ces personnes morales sont soumises au droit pénal et peuvent donc engager leur responsabilité pénale en commettant des infractions. L'ensemble des peines encourues par les personnes morales peuvent être prononcées à leur encontre. La question qui se pose alors est de savoir si la dissolution de ce type de groupement doit être possible.

114 - Le syndicat de copropriétaires fournit un parfait exemple de ce type de situation. En effet, la loi précise que lorsqu'il y a « un immeuble bâti ou un groupe d'immeubles bâtis dont la propriété est répartie, entre plusieurs personnes, par lots comprenant chacun une partie privative et une quote-part de partie commune »[238], on se trouve face à une copropriété. Le même texte prévoit que « la collectivité des copropriétaires est constituée en un syndicat qui a la personnalité civile »[239].

---

[238] Art 1er de la loi n°65-557 du 10 juillet 1965 fixant le statut de la copropriété des immeubles bâtis.

[239] Art. 14 de la loi précitée.

Le syndicat de copropriétaires est, sans aucun doute possible, sujet de droit pénal. Mais, la juridiction qui aurait à connaître d'infractions commises par un tel syndicat de copropriétaires pourrait-elle prononcer une peine de dissolution ?

Deux raisons principales pousseraient à répondre par la négative. La première est la similitude entre ce type de personnes morales et celles pour lesquelles la peine de dissolution est écartée puisqu'elles sont toutes nées de dispositions légales et non d'une volonté privée.

La seconde raison est plus pragmatique :la loi fonde tout un système sur l'existence de cette personne morale. Par exemple, l'ensemble du fonctionnement de la copropriété repose sur l'existence du syndicat de copropriété et de sa personnalité morale (action en justice, travaux, contrats, etc.). Si on le dissout, la copropriété devient impossible à gérer.

Pourtant, le Code pénal nous rappelle que « la loi pénale est d'interprétation stricte » [240] donc le juge ne pourra pas, par un raisonnement par analogie, appliquer le régime dérogatoire prévu par le dernier alinéa de l'article 131-39 du Code pénal à des personnes morales qui ne sont pas expressément visées.

115 - Face à cette constatation, on peut regretter que le législateur n'ait pas cru bon de faire bénéficier ces personnes morales issues de la loi d'un régime visant à empêcher leur dissolution[241]. Monsieur LE CANNU va plus loin et dit qu'il faut ajouter aux personnes morales ne pouvant être dissoutes citées par l'article 131-39 du Code pénal, « les personnes morales accessoires, qui résultent légalement d'une situation déterminée »[242].

Ces personnes morales que la loi fait naître de la constatation de l'existence de certains faits peuvent donc se voir appliquer la peine de dissolution. Hormis une modification de l'article 131-39 du Code pénal[243], il n'existe aucune solution à ce problème. En attendant il faut compter sur la sagesse des juges qui auraient à connaître de tels dossiers.

---

[240] Art. 111-4 du C. pén.

[241] F. DESPORTES et F. LE GUNEHEC, Responsabilité pénale des personnes morales (champ d'application, conditions de la responsabilité), J.-Cl. Pénal, 1994, Art. 121-2, spéc. n°23.

[242] P. LE CANNU, Les sanctions applicables aux personnes morales en raison de leur responsabilité pénale, Petites Affiches 6 octobre 1993, p.16.

[243] Voir annexe I: proposition de rédaction de l'article 131-39 C. pén. dernier alinéa.

Si les personnes morales de droit privé qui, a priori, ne semblaient pas poser beaucoup de problèmes d'après l'article 121-2 du Code pénal, en soulèvent tant, que va-t-il en être des personnes morales de droit public dont l'abord semble plus complexe ?

Chapitre 2:

Les personnes publiques non territoriales

116 - Le projet de réforme du Code pénal excluait les personnes morales de droit public du champ d'application de la responsabilité pénale. Pourtant, un amendement parlementaire les y a intégrées notamment pour respecter le principe d'égalité devant la loi pénale.

Nous traiterons ici de l'ensemble des personnes morales de droit public, à l'exception des collectivités territoriales car leur situation est plus problématique, en particulier quant à la détermination des actes pouvant donner lieu à des poursuites pénales[244].

L'Etat est la seule personne morale à qui la loi accorde une impunité totale en l'excluant du domaine de la nouvelle responsabilité. Cette exclusion mérite un examen approfondi (Section 1) précédant l'étude des particularités de répression applicables aux personnes morales de droit public (Section 2).

Section 1:

L'exclusion de la répression de l'Etat

117 - Le refus de la responsabilité pénale de l'Etat ressortait déjà depuis longtemps de la jurisprudence qui, si elle admettait la possibilité de condamner l'Etat à des dommages et intérêts, était farouchement opposée au prononcé d'une sanction pénale[245].

Le Code pénal actuel, admettant la responsabilité des personnes morales de droit privé comme de droit public a pris soin d'en écarter l'Etat[246].

---

[244] Sur la responsabilité pénale des collectivités territoriales voir *infra* p.179.

[245] Cass. crim. 11 août 1848, S. 1848, jur, p.739 est considéré comme le premier arrêt qui rejette clairement la responsabilité pénale de l'Etat.

[246] Art.121-2 al.1 du C. pén.

Cela mérite assurément réflexion , il importe donc de voir quelles sont les *motifs qui ont été donnés* à cette exclusion (§1) avant de montrer qu'elle peut, à certains égards, être très contestable (§2).

§1: La justification de cette exclusion

118 - Cette exclusion se présentant comme la seule exception faite au principe de la généralité de la responsabilité pénale des personnes morales, il faut se demander quels sont les arguments avancés au soutien de cette position (B), mais auparavant nous montrerons combien cette exclusion de l'Etat doit être justifiée parce qu'elle heurte certains grands principes du droit (A).

A] La nécessité de justifier l'exclusion

119 - On pourrait, a priori, se demander si la recherche d'une *justification* au principe d'exclusion de l'Etat posé par l'article 121-2 du Code pénal est indispensable. Mais il y a les vives critiques dont fait l'objet la mise en œuvre de la responsabilité pénale des personnes publiques, des auteurs allant jusqu'à dire que « ce principe [...] a été posé sans être véritablement pensé, et établi sans se voir vraiment discuté [...] »[247] ou encore, à propos de l'exclusion de l'Etat, que « l'inégalité de traitement instituée entre l'Etat et les collectivités territoriales se justifie difficilement »[248].

Surtout, la nécessité d'étudier ses fondements découle de ce que l'exclusion de l'Etat du champ d'application de la responsabilité pénale des personnes morales se heurte à certains principes fondamentaux du droit. Plus précisément, elle entraîne une rupture de l'égalité des citoyens devant les charges publiques (1) ainsi qu'une rupture de l'égalité devant la justice pénale (2).

---

[247] E. PICARD, La responsabilité pénale des personnes morales de droit public: fondements et champs d'application, Rev. Soc. 1993, p. 261.

[248] C. MONDOU, Responsabilité pénale des collectivités territoriales, AJDA 1993, p.539.

1) La rupture de l'égalité des citoyens devant les charges publiques

120 - Le principe d'égalité devant les charges publiques a été affirmé tant par le Conseil d'Etat[249] que par le Conseil constitutionnel selon lequel ce principe est « contenu » ou « formulé » dans la déclaration des droits de l'homme de 1789[250].

121 - En quoi l'exclusion de l'Etat peut-elle constituer une violation de ce principe d'égalité?

Pour le comprendre il faut s'interroger sur la portée d'une peine infligée à une personne publique. La peine sera infligée par le juge pénal en raison d'une infraction, celle-ci étant révélatrice d'un mauvais fonctionnement ou d'un fonctionnement anormal du service public.

Quelle que soit la nature de cette peine, décidée conformément aux prescriptions de l'article 131-39 du Code pénal qui empêche le prononcé de certaines peines à l'encontre des personnes publiques, elle va se répercuter sur l'usager du service[251].

En effet, si c'est une peine d'amende, son paiement sera répercuté soit sur la redevance perçue pour ce service, soit sur le montant des taxes. Si la peine diminue les possibilités du service ou atteint sa qualité, c'est encore l'usager qui en supportera la charge.

Ainsi le poids de la peine pesant sur l'usager est en rapport avec l'activité de service public, c'est donc bien une charge publique.

122 - Pour mettre en lumière la rupture de l'égalité devant les charges publiques il suffira d'examiner un exemple. Prenons trois cantines, deux sont gérées par des collectivités territoriales et la troisième dépend d'un ministère.

Une infraction est commise dans l'une des cantines gérées par les collectivités territoriales ainsi que dans celle du ministère. Si des poursuites pénales sont engagées, elles ne seront possibles qu'à l'encontre de la collectivité territoriale puisque le ministère dépend de l'Etat qui n'est pas pénalement responsable.

---

[249] C.E Ass. 19 février 1960, Fédération algérienne des syndicats de défense des irriguants, Rec. p . 129.

[250] Cons.Const. 27 décembre 1973, « taxation d'office », Rec. p.25 et Cons. Const 17 janvier 1979, « Conseil des Prud'hommes »; Rec., p.23.

[251] E. PICARD, *op. cit.*, spéc. p.272.

Examinons la situation des usagers de ces cantines. Pour ceux qui fréquentent la cantine de la collectivité locale où il n'y a pas eu d'infraction et ceux qui fréquentent celle du ministère il n'y a aucun changement. A l'inverse pour ceux de la cantine gérée par la collectivité poursuivie et condamnée, il y aura une répercussion sur le service ou sur son coût.

La différence peut être admise en ce qui concerne les usagers des cantines des collectivités locales puisque les situations diffèrent: dans un cas il y a eu infraction et pas dans l'autre. Mais à l'opposé, les usagers de la cantine du ministère et de celle gérée par la collectivité ayant commis une infraction se trouvent dans une situation strictement identique, dans les deux cas il y a eu infraction.

Pourtant, seuls ceux qui utilisent les services de la cantine de cette collectivité locale verront une modification dans le service public. Or, c'est bien ce type de situation qui est qualifié de rupture de l'égalité devant les charges publiques puisque le Conseil constitutionnel admet une différence de traitement uniquement si elle est « justifiée par la différence des situations »[252].

Outre le fait d'occasionner une rupture de l'égalité devant les charges publiques, l'exclusion de l'Etat de la responsabilité pénale des personnes morales porte aussi atteinte au principe de l'égalité devant la justice.

2) L'atteinte au principe d'égalité devant la justice

123 - Ce principe de l'égalité devant la justice est un principe constitutionnel. Il découle du texte même de la constitution qui dispose que la France « assure l'égalité devant la loi de tous les citoyens [...] »[253], mais aussi du « bloc de constitutionnalité » comprenant le préambule de la Constitution de 1946 la déclaration des droits de l'homme de 1789 auxquels le préambule de la constitution actuelle fait référence. On peut citer notamment l'article 6 de la déclaration des droits de l'homme de 1789 qui précise que « la loi est la même pour tous, soit qu'elle protège, soit qu'elle punisse ».

---

[252] Cons. Const. 27 décembre 1973 et 17 janvier 1979 précitées.

[253] Art.2 de la Constitution du 4 octobre 1958.

Or, il ne fait aucun doute que lorsque les textes visent « les citoyens » ou lorsqu'ils emploient l'expression « pour tous », ils comprennent les personnes physiques comme les personnes morales qui sont des sujets de droit.

Ce principe d'égalité devant la loi peut se traduire par le fait que la loi doit régir toutes les situations semblables de la même façon. Ainsi, des actes constituant la même infraction pénale doivent être jugés de la même façon quel que soit leur auteur.

124 - L'exclusion générale de l'Etat de la responsabilité pénale des personnes morales constitue une violation de ce principe. En effet, des faits commis par une personne morale ne seront pas appréhendés de la même façon selon qu'ils auront été commis par l'Etat ou par une autre personne morale.

Pour s'en convaincre il suffit d'examiner deux exemples:

125 - Etudions d'abord le cas d'un accident du travail entraînant le décès de la victime lequel serait consécutif à l'irrespect d'un règlement relatif à la sécurité du travail. Il faut rappeler, qu'en elle-même, la violation du règlement ne peut pas donner lieu à responsabilité pénale d'une personne morale étant donné le peu de textes qui la retient en droit du travail[254], qui fait partie du « potentiel considérable d'interventions futures »[255].

Mais, les infractions dites « générales » contenues dans le Code pénal peuvent être imputées à la personne morale. Ainsi en cas de décès, elle pourra être poursuivie pour homicide involontaire[256]devant les juridictions pénales.

Si l'accident a lieu dans l'atelier d'un établissement public, ce dernier pourra être poursuivi et condamné par le tribunal correctionnel. Si le même accident, avec les mêmes causes et les mêmes effets se produit dans l'atelier d'une préfecture ou d'un ministère, les poursuites seront impossibles car l'Etat n'est pas pénalement responsable.

---

[254] Monsieur MOULY, pourtant partisan du principe de spécialité posé par l'article 121-2 du C. pén. déplore cet état de faits (J. MOULY, La responsabilité pénale des personnes morales et le droit du travail, Petites Affiches 6 octobre 1993, n°120, p.33).

[255] M. BAYLE, L'incidence de la réforme en droit de l'environnement, Petites Affiches 6 octobre 1993, n°120, p.40.

[256] Art. 221-6 du C.pén. rendu applicable aux personnes morales par l'art. 221-7 du C. pén.

126 - Le second exemple vise le cas d'une pollution provenant du mauvais fonctionnement d'une installation d'épuration. Si cette installation est sous l'autorité d'une collectivité territoriale, celle-ci pourra être poursuivie et condamnée pour ces faits alors que si l'installation dépend de l'Etat, le juge pénal est incompétent. Donc, pour des faits identiques, les deux personnes morales en cause ne sont pas traitées à égalité par la loi pénale.

Ces deux exemples montrent bien que l'exclusion de la responsabilité pénale de l'Etat vient heurter le principe d'égalité devant la justice, outre celui d'égalité devant les charges publiques. Voilà qui montre bien a quel point la justification de cette exclusion doit être solide et c'est pourquoi il importe d'explorer les arguments avancés par les partisans de cette exclusion.

B] Les arguments invoqués en faveur de l'exclusion

127 - Les problèmes de justification de cette exclusion générale de la responsabilité pénale de l'Etat n'ont échappé ni au législateur, ni à la doctrine favorable à cette solution[257]. C'est ainsi que les deux arguments qui sont le plus souvent mis en avant sont la souveraineté de l'Etat et le fait que celui-ci détient le monopole de punir et qu'il ne peut donc pas se punir lui-même. Nous examinerons donc successivement chacun de ces arguments.

1) L'argument tiré de la souveraineté de l'Etat

128 - C'est la justification donnée par les parlementaires[258], pour qui reconnaître la possibilité d'une responsabilité pénale de l'Etat constituait une atteinte à sa souveraineté. Si la plupart des auteurs reprend cet argument de la souveraineté c'est en général pour dire que si

---

[257] Il est à noter que dans son ensemble, la doctrine a accueilli favorablement cette exclusion.

[258] Ph. MARCHAND, Rapport sur la réforme du Code pénal, Doc. AN n°896, 1ère session ordinaire 1989-91, p.121.

« intuitivement, ce fondement peut paraître satisfaisant [...], à l'examen il se révèle insuffisamment élaboré »[259].

La première raison qui montre l'insuffisance de ce fondement est qu'il a été évoqué pour repousser l'idée d'une responsabilité civile de la puissance publique. Or, la reconnaissance de la responsabilité civile de l'Etat dans bon nombre de domaines tel, par exemple, celui de l'éducation[260], n'a eu aucune répercussion sur sa souveraineté [261].

129 - Le seconde critique que l'on peut adresser à l'argument tiré de la souveraineté est que « l'Etat n'est plus souverain à tous égards »[262]. En effet, certains organes ou certaines activités de l'Etat sont soumis à un contrôle et peuvent donner lieu à des condamnations qui peuvent être prononcées par des tribunaux de l'ordre judiciaire. Poussant le raisonnement encore plus loin, Monsieur PICARD relève que même la loi, activité souveraine s'il en est, « se voit désormais subordonnée à un contrôle de constitutionnalité »[263].

130 - Au vu de ces différents éléments, il semble difficile d'affirmer que la souveraineté de l'Etat puisse expliquer son irresponsabilité pénale. En effet, comment expliquer que l'Etat ne soit pas pénalement responsable pour ses activités où toute idée de souveraineté est écartée ? En quoi la souveraineté de l'Etat l'empêche d'être condamné pour homicide involontaire si un de ses agents trouve la mort au cours d'un accident du travail dû au non respect des règlements relatifs à la sécurité du travail ? La question est d'autant plus pertinente que dans une situation semblable une collectivité locale peut être soumise au droit pénal.

Devant le manque évident de solidité de l'argument issu de la souveraineté, les auteurs désireux de soutenir le bien-fondé de l'irresponsabilité pénale de l'Etat se sont vus contraints de rechercher une autre justification dans le monopole étatique de la répression.

---

[259] E. PICARD, La responsabilité pénale des personnes morales de droit public: fondements et champ d'application, Rev. Soc. 1993, p.261.

[260] Loi du 5 avril 1937, D. 1938, lég., p.41.

[261] F. DESPORTES et F. LE GUNEHEC, *op. cit.*, spéc. n°583.

[262] E. PICARD, *op. cit.*, p.275. Dans le même sens : J. JORDA, La responsabilité pénale des personnes morales de droit public à la lumière de la jurisprudence, Gaz. Pal. 11 février 2001, p.4.

[263] E. PICARD, *op. cit.*

2) L'argument tiré du monopole étatique de la répression

131 - Selon les tenants de cette théorie, « l'Etat est exclu parce qu'il a le monopole de la puissance publique et donc de la répression »[264]. Pour eux, l'Etat étant celui qui édicte les règles de droit pénal et assure leur respect par la répression, il ne peut y être soumis.

Développant cette analyse, ces auteurs relèvent que reconnaître la responsabilité pénale de l'Etat aurait conduit à ce que celui-ci aurait fixé l'incrimination, aurait enfreint cette loi, aurait été poursuivi par le ministère public qui dépend de lui, aurait été jugé par les juridictions pénales[265], et enfin aurait versé une amende à son Trésor Public. Ainsi, la sanction n'en n'est plus une dès lors que l'appauvrissement n'existe pas[266] et ces auteurs en concluent que « la soumission de l'Etat au droit pénal aurait eu des conséquences pratiques ridicules »[267] ou encore qu'il serait « déraisonnable que l'Etat soit responsable devant lui-même »[268].

132 - Monsieur PICARD[269], pourtant partisan de l'irresponsabilité pénale de l 'Etat, écrit que cette analyse n'est pas suffisante car l'Etat, par le biais du Conseil d'Etat ou du Conseil constitutionnel s'auto-sanctionne déjà[270]. Il ajoute même que c'est le propre de l'Etat de droit que de s'auto-sanctionner afin d'éviter toute forme de dérives et d'excès.

Il constate enfin que le fondement de l'irresponsabilité pénale de l'Etat tiré du monopole du droit de punir est insuffisant car ce monopole n'appartient pas uniquement à l'Etat. En effet, toute personne

---

[264] P. COUVRAT, La responsabilité pénale des personnes morales, un principe nouveau, Petites Affiches 6 octobre 1993, n°120, p.13.

[265] *Qui bien qu'étant indépendantes n'en sont pas moins une émanation de l'Etat.*

[266] F. GARTNER, L'extension de la répression pénale aux personnes publiques, RFDA 1994, p.126.

[267] F. GARTNER, *op. cit.*

[268] H. SEILLAN, Le nouveau Code pénal et la santé/sécurité du travail, ALD 1995, p.209.

[269] E. PICARD, La responsabilité pénale des personnes morales de droit public: fondements et champ d'application, Rev. Soc. 1993, p.261.

[270] Monsieur FERRIER dit que le Conseil d'Etat et le Conseil constitutionnel sont fort utiles pour la protection des libertés mais que la répression pénale de l'Etat constitue indéniablement un pas supplémentaire (B. FERRIER Une grave lacune de notre démocratie: l'irresponsabilité pénale des personnes administratives, Rev. sc. crim. 1983, p.395).

détenant une autorité réglementaire dispose d'une partie de ce monopole. C'est, par exemple, le cas du maire qui a le pouvoir de prendre des arrêtés qui, en cas de violation, peuvent servir de base à des poursuites pénales.

Donc, la commune, par l'intermédiaire des pouvoirs reconnus au maire, détient une part du monopole du droit de punir. En toute logique, les communes auraient du être écartées du champ d'application de la responsabilité nouvelle. Or, le Code pénal admet la responsabilité de ce type de personnes publiques.

C'est pour l'ensemble de ces raisons que l'auteur, par une analyse plus approfondie, tente de démontrer que cet argument du monopole peut néanmoins servir de justification à l'irresponsabilité pénale de l'Etat.

133 - En premier lieu, il soutient que l'assimilation entre les sanctions infligées par le Conseil d'Etat ou le Conseil constitutionnel et les sanctions pénales n'est pas exacte. Pour lui, l'Etat de droit se trouve dans l'obligation de se sanctionner lui-même seulement si la sanction « est nécessaire au rétablissement ou à la garantie des droits des sujets de droits »[271], ce qui n'est pas le cas en droit pénal puisque la sanction ne présente plus d'intérêt sauf celui de satisfaire la demande de justice des victimes des faits. Néanmoins, on pourrait lui objecter que l'un des buts de la condamnation pénale étant d'éviter la réitération des infractions, les poursuites pénales à l'encontre de l'Etat sont de nature à garantir les droits des citoyens.

En second lieu, il soutient que si le maire, par exemple, détient une partie du monopole de la répression c'est qu'en fait ce monopole est lié à la puissance publique et à l'exercice de ses prérogatives et que donc la « discrimination selon les personnes publiques n'était pas la bonne méthode » puisque l'on confond la puissance publique avec la notion de personne publique, or les prérogatives de puissance publique ne sont qu'un aspect de l'activité de la personne publique. Il termine en disant que le législateur a eu l'intuition de l'impossibilité de sanctionner la puissance publique même si cela ne s'est pas traduit par une disposition assez précise dans le nouveau texte.

---

[271] E. PICARD, La responsabilité pénale des personnes morales de droit public: fondements et champ d'application, Rev. Soc. 1993, p.261.

Ainsi, on constate que même les auteurs qui sont favorables à l'exclusion de l'Etat, rencontrent des difficultés pour la justifier. Ces difficultés allant d'ailleurs en s'accentuant si l'on compare le sort de l'Etat à celui réservé aux collectivités locales. C'est pourquoi, nous allons maintenant montrer que la solution actuelle est fortement contestable et essayer de voir quelles modifications il faudrait apporter au texte pour parvenir à un résultat plus satisfaisant.

§2: Une exclusion critiquable

134 - Dans sa rédaction actuelle, le texte ne permet pas la mise en œuvre de la responsabilité pénale de l'Etat. Comme nous venons de le montrer, ce choix est difficile à justifier. C'est pourquoi, il faut revenir sur les points de contestation (A). Il sera alors possible de se demander, dans l'optique d'une modification éventuelle des textes, comment pourrait s'organiser une responsabilité pénale de l'Etat (B).

A] Les points de contestation

135 - L'irresponsabilité pénale de l'Etat peut être contestée sur deux points principaux. Dans un premier temps il faut bien montrer que cette exclusion révèle une confusion entre plusieurs notions, tant dans la rédaction du texte que dans les raisonnements visant à justifier cette irresponsabilité pénale (1). De plus, cette exclusion pure et simple de l'Etat est également critiquable car l'Etat peut en fait très bien commettre des infractions au même titre que d'autres personnes morales de droit public ou de droit privé (2).

1) La confusion des notions

136 - Le Code pénal dispose que l'ensemble des personnes morales « à l'exclusion de l'Etat »[272]encourt cette responsabilité pénale nouvelle. Le texte vise donc « l'Etat » sans donner aucune autre précision.

Quelle définition peut-on donner à cette notion « d'Etat »? On s'aperçoit immédiatement que cela n'est pas aisé et que ce vocable peut désigner plusieurs choses différentes. Ainsi, l'Etat peut être « la personne morale titulaire de la souveraineté » ou encore « l'ensemble des organes politiques, des gouvernants par opposition aux gouvernés »[273].

En fait, l'Etat n'est il pas l'amalgame d'une foule de sous-ensembles qui fonctionnent de façon distincte derrière une façade d'unité que l'on nomme Etat? Bien sûr, il est très difficile d'isoler chacun de ces sous-ensembles. Par exemple, la distinction entre les deux sous-ensembles que forment le gouvernement et l'administration n'est pas simple[274]. D'autant que dans le sous-ensemble gouvernement on peut encore discerner un certain nombre de nouvelles structures: les ministères… La difficulté est encore accrue par le fait que le contour des sous-ensembles évolue avec les critères retenus.

137 - S'il est besoin de se convaincre de ce que l'Etat est formé de sous-ensembles relativement autonomes, il suffit de prendre un exemple précis de la manifestation de cette autonomie.

La taxe sur la valeur ajoutée est perçue par l'Etat. S'il est une entité unique, il n'a pas à acquitter de T.V.A puisqu'il y aurait alors deux opérations qui s'annuleraient mutuellement. Pourtant, pour certaines activités, l'Etat est assujetti[275] au paiement de cette taxe. Ce qui prouve que le ministère des finances et l'organe soumis à cet impôt sont bien deux sous-ensembles différents.

Le raisonnement peut même être poussé plus loin,. Si pour une raison quelconque, la taxe n'est pas acquittée, il y aura lieu à un redressement fiscal. Ce redressement, opéré par le ministère des finances, sera notifié à l'organe qui aurait dû acquitter cette taxe. Ce qui

---

[272] Art. 121-2 al.1 du C. pén.

[273] R. GUILLIEN et J. VINCENT, *Lexique de termes juridiques*, Dalloz, 12ème ed. 1999.

[274] R. CHAPUS, *Droit administratif général*, tome 1, Montchrestien, 13ème ed. 1999, n°201.

[275] Article 256 B du C.G.I qui vise entre autres les télécommunications et les transports de biens.

prouve bien qu'il y a une relative indépendance entre les différentes composantes de l'Etat.

D'ailleurs, cette analyse fragilise encore davantage l'argument tiré du monopole de punir. L'Etat est en effet titulaire du monopole de la levée de cette taxe et il en est lui-même redevable dans certains domaines. Par analogie, cela permet de dire que le fait de détenir le monopole de la répression n'est pas un obstacle dirimant à la soumission de l'Etat au droit pénal.

138 - Dès lors, quelle était exactement la volonté du législateur qui a formulé l'article 121-2 du Code pénal?

Il voulait éviter qu'une responsabilité pénale ne vienne entraver l'action de base de « l'Etat », c'est-à-dire les activités que l'on pourrait qualifier de « régaliennes ». Ce sont en fait, les activités qui mettent en jeu des prérogatives de puissance publique[276].

On comprend très bien que certaines activités telles que la police ou l'élaboration des textes de lois, doivent être exclusives de toute responsabilité pénale étatique afin d'éviter de paralyser toute forme d'action d'intérêt général et de ce point de vue, les diverses justifications données paraissent tout à fait acceptables

Le législateur, en visant « l'Etat », est parvenu à son but puisque ces activités sont exclues du champ d'application de la responsabilité pénale. Mais, il a du même coup écarté de cette responsabilité bon nombre d'activités qui devraient pouvoir être l'objet de poursuites pénales dans la mesure où elles sont exercées par l'Etat dans des conditions similaires à celles des personnes morales de droit privé ou des autres personnes publiques.

Pour conclure, on peut dire que le législateur, voulant protéger certaines activités à tout prix, a employé le mot Etat et est ainsi parvenu au but qu'il s'était fixé. Mais, ce faisant, il a mis sur un même plan des activités qui n'avaient rien de commun, ignorant ainsi bon nombre de domaines où « l'Etat » peut commettre des infractions. Pour s'en convaincre, il suffit de revenir sur la possibilité de voir ces infractions se réaliser.

---

[276] Monsieur CHAPUS définit la prérogative de puissance publique comme « un pouvoir de décision destiné à satisfaire l'intérêt général » (R. CHAPUS, *Droit administratif général*, n°594).

2) La réalité des faits

139 - Nous ne chercherons pas ici à délimiter précisément les activités ou les composantes de l'Etat[277] qui sont susceptibles de commettre des infractions[278], nous nous bornerons à constater que l'Etat, peut effectivement accomplir des faits qui constituent des infractions[279] quand ils sont commis par une personne morale de droit privé ou par une autre personne publique.

Pour bien démontrer cette possibilité de commettre des faits qui seraient susceptibles d'être qualifiés d'infractions, nous verrons d'abord quels sont les facteurs qui sont de nature à faciliter la commission de ces faits (a) avant d'en donner quelques exemples (b).

a) Facteurs favorables à la commission d'infractions

140 - Il faut d'abord revenir sur l'idée de sous-ensembles qui, réunis, forment l'Etat. En effet, ces sous-ensembles sont l'équivalent des organes d'une personne morale de droit privé. Leur nombre est considérable, et le nombre de décisions et d'actes qui en sont issus l'est encore plus. Cela augmente d'autant les risques de commission de faits qualifiables d'infractions. Ce phénomène est encore accentué par le fait que le nombre très élevé de sous-ensembles ne permet pas un contrôle précis de chaque action entreprise.

141 - Ensuite, la multitude des domaines d'activités des diverses composantes de l'Etat peut aussi constituer un facteur de délinquance. En effet, l'Etat exerce aussi bien des activités régaliennes de police, de

---

[277] L'emploi du vocable « Etat » étant générique, en réalité il s'agit de certaines des composantes de l'Etat.

[278] Pour des exemples d'infractions qui pourraient être imputées à l'Etat *cf infra* p.102.

[279] Monsieur FERRIER dit que « notre esprit se rebelle à admettre qu'une collectivité publique, notamment l'Etat [...] puisse se rendre coupable d'un acte aussi gravement antisocial qu'une infraction pénale. Et pourtant, qu'une collectivité publique [...] puisse commettre les abus et les excès de pouvoir les plus manifestes et les plus préjudiciables aux individus, [...] aucun observateur ne saurait en douter » (B. FERRIER, Une grave lacune de notre démocratie: l'irresponsabilité pénale des personnes administratives, Rev. sc. crim. 1983, p.395).

justice, de défense, de législation que des activités de gestion d'une cantine ou d'une crèche lorsque, par exemple, un ministère dispose de tels équipements pour ses employés[280].

Dans certains cas, l'Etat agit exactement de la même façon qu'une personne morale de droit privé, et il faut admettre qu'il a, alors, une capacité délictuelle au moins équivalente.

142 - La troisième raison qui peut expliquer que l'Etat est à même de commettre des infractions réside dans le fait que nombre de personnes, de par leur fonction, prennent des décisions ou accomplissent des actes qui ont d'importantes répercussions sur les tiers, c'est-à-dire les administrés. En effet, chacune d'elles agit alors comme représentant de l'Etat. Encore une fois, comme pour les activités et comme pour les composantes de l'Etat, le nombre élevé d'agents restreint énormément la possibilité de contrôle et facilite donc la commission de faits répréhensibles.

143 - Enfin, et sans que la liste soit exhaustive, l'Etat dispose de moyens considérables ce qui constitue évidemment encore un facteur favorable de plus à la commission d'infractions.

D'ailleurs, il faut bien relever que l'adoption de la responsabilité pénale des personnes morales en général à été justifiée notamment par le fait que celles-ci disposent de moyens très importants[281]. Or, l'Etat disposant de moyens gigantesques est, au même titre que les êtres moraux visés par le Code pénal, un délinquant potentiel.

Pour l'ensemble de ces raisons, l'Etat peut être à l'origine de faits qui pourraient être qualifiés pénalement. Pour s'en convaincre il suffira d'en présenter quelques exemples.

b) Exemples de faits qualifiables pénalement

144 - En règle générale, il ne sera pas question ici de prendre des cas extrêmes et, comme on a pu le faire pour les personnes morales de droit

---

[280] Ce type d'équipements peut aussi être réservés en priorité aux employés tout en étant accessibles au public.

[281] Exposé des motifs du projet de loi portant réforme du Code pénal de 1986.

privé, d'envisager la commission par l'Etat d'infractions extrêmement graves telles que le trafic de stupéfiants[282] ou la commission d'actes de terrorisme[283].

En fait, si la responsabilité pénale de l'Etat devait être admise, il semble qu'elle trouverait à s'appliquer plutôt pour réprimer des infractions d'imprudence plutôt que des infractions volontaires, même si cette hypothèse ne peut pas être totalement écartée[284].

Nous nous contenterons de prendre trois exemples, tirés de situations simples et pouvant se rencontrer dans la vie quotidienne.

145 - Le premier exemple vise l'installation de chauffage d'un immeuble appartenant à l'Etat et qui, par défaut d'entretien et de réglages, rejette dans l'atmosphère des fumées polluantes. Il s'agit d'une atteinte à l'environnement qui, en tant que telle, est punissable[285].

Si l'Etat a omis volontairement de faire procéder à l'entretien de l'installation, il devrait y avoir lieu à poursuites pénales. Il serait d'autant plus opportun que l'Etat puisse être poursuivi dans ce cas précis que le Code pénal érige l'équilibre du milieu naturel et de son environnement en intérêts fondamentaux de la nation[286] et que la poursuite de ce type d'infractions fait partie des priorités fixées aux parquets[287].

146 - Le second exemple peut être relevé dans le domaine de la sécurité du travail. L'Etat, comme chacun sait, emploie un nombre très important de personnes ; en tant qu'employeur il doit respecter la réglementation d'hygiène et de sécurité.

Le non respect de cette réglementation elle-même n'entraîne pas de responsabilité pénale des personnes morales ; En revanche, les blessures ou le décès survenu à cause de la violation de ces règles peuvent donner lieu à condamnation d'une personne morale[288].

---

[282] Art.222-34 et s. C. pén. imputables aux personnes morales selon l'art.222-42 C. pén.
[283] Art. 421-1 et 421-2 C. pén. imputables aux personnes morales selon l'article 422-5 C. pén.
[284] Voir l'exemple cité p.85.
[285] Loi 95-101 du 2 février 1995 art.81.
[286] Art. 410-1 du C. pén.
[287] Rép. Min. n°27555, JOAN Q., 27 novembre 1995, p.5061.
[288] Par exemple l'homicide involontaire incriminé à l'article 221-6 C. pén. est imputable aux personnes morales selon l'art.221-7 C. pén.

Or, il est tout à fait imaginable qu'une personne se blesse ou décède lors d'un accident qui serait consécutif au non respect de dispositions relatives à la sécurité et qui serait imputable à l'Etat lui-même en raison, par exemple, de la mauvaise organisation du service ou du défaut de mise aux normes de sécurité de certains équipements. Il est indéniable que, dans ce genre de situations la responsabilité pénale de l'Etat apparaît souhaitable.

147 - Le troisième exemple pourrait être choisi dans le domaine de la discrimination[289]. Imaginons que l'on soit en mesure de démontrer que l'Etat opère des distinctions selon les origines ou la race, par exemple, lors de l'attribution d'avantages sociaux.

Si l'on peut apporter la preuve que ces agissements ne sont pas le fait d'un ou plusieurs agents de l'Etat, poussés par des motifs idéologiques, mais le résultat de l'application d'une politique générale émanant de l'Etat lui-même, il serait judicieux de pouvoir poursuivre celui-ci devant le juge pénal afin de réprimer ces actes de discrimination.

Pourtant, dans l'état actuel des textes, toute responsabilité pénale de l'Etat est exclue. On l'a vu, l'admission d'une telle responsabilité pose de nombreuses questions, c'est pourquoi nous allons maintenant essayer de voir comment pourrait s'opérer une réforme des textes qui permettrait de parvenir au but en répondant aux diverses interrogations.

B] Les solutions envisageables

148 - Dans sa rédaction actuelle, le texte fait obstacle à toute forme de responsabilité pénale de l'Etat. L'évolution ne peut donc venir que de la modification du texte. Cette entreprise de modification de l'article 121-2 du Code pénal[290] n'est pas totalement utopique puisqu'en matière de responsabilité pénale des êtres moraux ne dit-on pas que « de

---

[289] Art. 225-1 C. pén. rendu applicables aux personnes morales par l'art. 225-4 du même code.
[290] *Cf.* Annexe 2 pour une nouvelle rédaction de l'article 121-2 du C.pén.

nouvelles étapes doivent êtres franchies, de nouvelles adaptations opérées »[291] ?

La preuve en est que le rapport MASSOT, relatif à la responsabilité pénale des élus, propose, entre autres solutions, d'élargir la responsabilité pénale des personnes morales à l'Etat[292]. Il faut également noter que lors des débats relatifs à la modification de la définition des délits non intentionnels[293], la question de l'introduction de la responsabilité pénale de l'Etat a été posée, pour être repoussée à plus tard en raison de sa complexité[294].

Dans l'optique d'une telle modification légale[295], les questions qui se posent sont les mêmes que celles qui se sont posées pour les collectivités territoriales voire pour l'ensemble des personnes publiques: quel domaine pour cette responsabilité? (1) et en cas d'infraction, comment punir? (2). Mais, en raison de la spécificité de l'Etat, il faudra aussi se poser la question de savoir quelle juridiction pourrait être compétente pour statuer sur sa responsabilité pénale (3).

1) La détermination du domaine de la responsabilité pénale de l'Etat

149 - On a déjà souligné l'étendue très importante des activités de l'Etat, leur nombre est bien trop élevé pour pouvoir en faire une liste précise et désigner celles qui pourraient donner lieu à responsabilité pénale.

Il faut donc rechercher un critère légal permettant de retenir entre les diverses activités, celles pour lesquelles l'Etat pourrait engager sa responsabilité pénale.

---

[291] J. F. ESCHYLLE, Les conditions de fond de la responsabilité pénale des personnes morales en droit du travail, Droit social 1994, p.638.

[292] Groupe d'étude sur la responsabilité pénale des décideurs publics. Rapport au Garde des Sceaux du 16 décembre 1999, p.37.

[293] J.O. débats, Sénat, 28 janvier 2000, p. 401 et s.

[294] *Cf* par exemple l'intervention de Monsieur MAUROY, J.O. débats, Sénat *op. cit.* p.409 et s.

[295] Dès 1996, le Conseil d'Etat précisait déjà qu'une telle modification est possible sans qu'il soit porté atteinte à la séparation des pouvoirs. Conseil d'Etat, *La responsabilité pénale des agents publics en cas d'infractions non intentionnelles,* La documentation française, Collection les études du C.E., Paris 1996, p.96 et s.

Ne pourrait-on pas, par souci de simplicité, reprendre le critère que la loi retient en ce qui concerne les collectivités locales? Cette solution a été proposée en doctrine[296]. Ainsi, l'Etat serait pénalement responsable pour l'ensemble de ses activités pouvant faire l'objet d'une délégation de service public[297].

Malgré sa simplicité, cette solution ne semble pas celle qu'il convient de retenir. En effet, outre le fait que l'Etat et les collectivités locales sont des personnes publiques aux structures très différentes, ce sont surtout les violentes critiques faites au texte[298] qui justifieraient qu'il soit écarté. Le manque de clarté de l'expression « délégation de service public » ainsi que les difficultés de mise en œuvre apparaissant lors de son application aux collectivités territoriales[299] finissent de convaincre de l'efficacité toute relative de ce critère.

150 - Pour mener à bien la recherche d'un critère permettant d'identifier les domaines d'activité à l'occasion desquels l'Etat doit pouvoir engager sa responsabilité pénale, il faut, au préalable, fixer clairement les objectifs à atteindre.

Le premier d'entre eux est d'éviter que la responsabilité pénale n'entrave le fonctionnement de l'Etat et ce tout particulièrement dans les domaines où il est le seul à pouvoir intervenir.

Mais, dans le même temps, il doit encourir une responsabilité pénale similaire à celle des personnes morales de droit privé, sans que l'existence des prérogatives de puissance publique augmente le risque pénal auquel il est exposé[300].

Cela revient à dire que l'Etat ne doit encourir aucune responsabilité pénale lorsque sont utilisées des « prérogatives d'autorité »[301]. Ainsi, on

---

[296] C. MONDOU, Responsabilité pénale des collectivités locales, AJDA 1993, p.539.

[297] Cf. Art.121-2 al. 2 C. pén.

[298] Monsieur GUIRIMAND reproche notamment que l'adoption de ces dispositions se soit faite sans qu'il y ait « de débats préalables approfondis » (La responsabilité pénale des personnes morales. La mise en œuvre du nouveau dispositif, Droit Social 1994, p.647).

[299] *infra* p.180.

[300] Il ne faut pas comme le craint Madame LEPAGE-JESSUEA que la responsabilité pénale des personnes publiques soit plus importante que celles des personnes privées à cause des prérogatives publiques (Ouverture du Colloque *« Responsabilité pénale des maires et des élus »*. Petites Affiches 15 février 1995, n° spécial, p.1).

[301] J. –H. ROBERT, La responsabilité pénale des personnes morales et des chefs d'entreprise, personnes physiques, Droit des sociétés, août-septembre 1990, p.1.

imagine mal que l'Etat[302] puisse être pénalement responsable lors de l'exécution de sa mission de police. Par exemple , il semble évident que l'Etat ne doit pas pouvoir être pénalement poursuivi lorsqu'une perquisition est restée infructueuse. En effet, adopter une solution différente risquerait d'aboutir à la paralysie de l'activité de maintien de l'ordre public qui, par nature est dévolue à l'Etat.

151 - Pour autant, cela ne signifie pas que l'Etat ne devrait encourir aucune responsabilité pénale dès lors que l'on se trouve dans le cadre d'une activité susceptible d'entraîner l'utilisation de prérogatives de puissance publique.

En effet, il peut, en s'abstenant d'utiliser ces prérogatives de puissance publique, créer un danger ou causer un dommage à autrui . Dans ce type d'hypothèses, il semble souhaitable que l'Etat puisse être poursuivi, au même titre qu'une personne morale de droit privé qui aurait, par sa négligence, causé un dommage ou mis la vie d'autrui en danger.

Il pourrait, par exemple, en être ainsi dans l'hypothèse où l'Etat omettrait d'entretenir ou de réparer une route dont il a la charge et que ce comportement soit la cause d'un accident ou soit de nature à faire courir un risque grave aux usagers de cette voie publique.

152 - Enfin, quand l'Etat gère des équipements, qu'ils soient réservés à l'usage exclusif de ses agents ou accessibles à tous, il doit pouvoir être pénalement poursuivi dès lors que l'activité en question pourrait être accomplie dans des conditions semblables par une personne privée.

Pour conclure, on peut dire que l'Etat devrait être pénalement responsable lorsqu'il agit dans un domaine où les personnes privées peuvent agir avec des moyens similaires ou lorsqu'en s'abstenant d'user de ses pouvoirs, l'Etat commet des faits qualifiés infractions par la Code pénal[303]. Reste que si la responsabilité pénale de l'Etat était admise, il faudrait encore déterminer les peines qui lui seraient applicables en cas de condamnation.

---

[302] Ou même une autre personne publique.

[303] Pour un exemple de rédaction possible du texte de l'article 121-2 C.pén. *cf* Annexe 2.

2) Le problème de la peine applicable

153 - La première difficulté est le risque de heurter le principe de personnalité des peines. Même les partisans de la responsabilité pénale des personnes publiques, et en particulier de l'Etat, s'accordent à reconnaître que ce risque est important notamment car l'Etat est une personne morale nécessaire[304].

De ce fait, si une peine lui est infligée, elle va forcément rejaillir sur les citoyens. On peut objecter que la peine prononcée contre une personne morale rejaillit de façon obligatoire sur des personnes physiques mais il faut relever que cela est plus choquant dans le cas présent.

En effet, la personne physique membre d'une personne morale de droit privé a décidé son appartenance à l'être moral en connaissance de cause, ce qui n'est pas le cas du citoyen en ce qui concerne l'Etat.

C'est pourquoi le premier objectif de cette recherche de peines susceptibles d'être prononcées à l'encontre de l'Etat sera d'éviter ce type de conséquences.

Le second objectif sera de satisfaire l'ensemble des intérêts mis en jeu, tant du côté de la victime que de celui de l'ordre public. C'est-à-dire que lorsque l'Etat commet une infraction, celle-ci doit être poursuivie afin que le coupable soit désigné et puni mais aussi que la victime puisse être indemnisée plus facilement.

154 - Une fois ces éléments pris en compte, il faut rappeler que l'objectif des peines qui pourraient être prononcées à l'encontre de l'Etat n'est pas l'amendement du condamné mais plutôt l'intimidation afin d'éviter que l'infraction ne se renouvelle[305].

L'Etat étant une personne publique, on peut se demander si les peines à lui infliger pourraient être les mêmes que celles prévues pour les collectivités locales[306]. Une fois encore, la transposition à l'Etat des textes relatifs aux collectivités locales ne nous semble pas une solution idéale. En effet, le système des peines applicables aux collectivités

---

[304] B. FERRIER, Une grave lacune de notre démocratie: L'irresponsabilité pénale des personnes administratives, Rev. sc. crim. 1983, p.395.

[305] B. BOULOC, Généralités sur les sanctions applicables aux personnes morales, Rev. Soc. 1993, p.327.

[306] Cf. Art.131-37 C. pén.

locales comme aux autres personnes publiques ne se révèle pas très adapté[307] et il s'avérerait encore moins efficace pour l'Etat[308].

Pour tenter d'apporter une réponse à la question des peines qui pourraient être infligées à l'Etat, les investigations doivent être menées dans trois directions: les peines existantes (a), des peines nouvelles (b) et enfin, entre ces deux extrêmes, des peines dérivant de dispositions en vigueur et adaptées au cas particulier de l'Etat (c).

a) Les peines existantes

155 - Si on examine le Code pénal on peut déjà écarter la dissolution et la mise sous surveillance judiciaire puisque, de façon pertinente, le texte pose que ces peines ne sont pas applicables aux personnes publiques « dont la responsabilité pénale est susceptible d'être engagée »[309].

Pour les autres peines, la nature publique de l'Etat rend leur application inutile ou la met en contradiction avec le but initialement fixé. Pour s'en convaincre, il suffit de prendre deux exemples. L'amende prononcée contre l'Etat se révélerait inutile puisque l'Etat se paierait une amende à lui-même.

Le second exemple est celui de la fermeture d'établissement. Cette peine, à la considérer comme possible[310], heurte de plein fouet le principe de personnalité des peines puisque cela toucherait avant tout les administrés.

156 - Pourtant, parmi l'arsenal répressif destiné aux personnes morales mis en place par le Code pénal, une peine semble être applicable: la publication ou la diffusion du jugement[311].

Le résultat de cette sanction est de faire savoir que le prévenu a été condamné pour tels faits. L'application de cette peine est tout à fait

---

[307] *Infra* p.121.

[308] B. FERRIER, Une grave lacune de notre démocratie: l'irresponsabilité pénale des personnes administratives, Rev. sc. crim. 1983, p.395.

[309] Art. 131-39 C. pén.

[310] En effet, certains établissements de l'Etat on un caractère obligatoire qui empêcherait d'appliquer la peine de fermeture.

[311] Art. 131-39 9° C. pén.

adaptée à l'Etat puisqu'elle permet de respecter l'ensemble des objectifs qui ont été fixés.

En effet, une peine est prononcée, un coupable est désigné et donc il y a satisfaction de la victime à qui on reconnaît son bon droit, il y a aussi réparation du trouble à l'ordre public qui avait été provoqué par l'infraction. De plus cette peine ne se répercute pas sur les citoyens, au contraire, elle peut leur être utile en les incitant à la vigilance afin de dénoncer toute réitération de l'infraction.

La publication ou la diffusion de la décision semble donc la seule peine actuellement prévue pour les personnes morales qui puisse présenter un intérêt dans le cadre de la reconnaissance de la responsabilité pénale de l'Etat. Il faut donc se demander s'il est possible d'imaginer des peines totalement nouvelles.

b) Les peines totalement nouvelles

157 - Monsieur LE CANNU regrettait que le législateur soit resté en deçà des possibilités qu'offrait la réforme en matière de peine[312]. Plus spécialement il propose la faculté de « prescrire à la personne morale coupable des injonctions positives »[313]. Pour lui, ce type de peine aurait une utilité sociale au moins égale à celle des peines envisagées par le Code pénal.

Pourrait-on imaginer de telles peines infligées à l'Etat[314]? Cela semble tentant d'autant que l'Etat par sa puissance pourrait mettre des moyens très importants à la disposition de l'intérêt général, son image pourrait ainsi ressortir « lavée »[315].

Le juge pénal pourrait alors déclarer l'Etat coupable d'une infraction et l'obliger à mener une action d'intérêt général. Par exemple, l'Etat serait reconnu coupable d'homicide involontaire suite à un accident de la route imputable au mauvais entretien de la voirie et condamné à refaire un certain nombre de routes.

---

[312] Ainsi, le travail d'intérêt général ne peut pas être infligé à une personne morale.

[313] P. LE CANNU, Dissolution, fermeture d'établissement et interdiction d'activités, Rev. Soc. 1993, p. 348.

[314] Ou à tout autre personne publique.

[315] P. LE CANNU, Dissolution, fermeture d'établissement et interdiction d'activités, Rev. Soc. 1993, p. 348..

Avec ce type de sanction, la condamnation sert l'intérêt général et donc les citoyens ne sont pas frappés par ricochet et même ils bénéficient d'une amélioration.

158 - Pourtant, se pose la question de savoir si le juge pénal, après s'être vu accorder le droit d'interpréter certains actes administratifs[316], pourrait se voir autoriser à donner des injonctions à l'Etat.

Le juge administratif s'était interdit, par une jurisprudence constante[317], de condamner l'administration à des obligations de faire ou de ne pas faire. Mais, s'il n'avait pas ce pouvoir c'est qu'il se le refusait pour des raisons d'opportunité. La doctrine a critiqué cette jurisprudence « excessive » car dans un état de droit, « l'administration s'habituerait aux injonctions comme elle s'est habituée à l'annulation de ses décisions »[318]. Ces critiques ont débouché sur un texte légal donnant un pouvoir d'injonction au juge administratif[319].

L'injonction pourrait donc constituer une peine pouvant être infligée à l'Etat, à condition que les pouvoirs d'injonction du juge pénal soient limités de façon à ce qu'il ne puisse faire acte d'administration et obliger l'Etat à prendre des actes tels que des nominations ou des autorisations. En fait, l'injonction adressée à l'administration par le juge pénal devrait avoir l'intérêt général comme seule finalité et ne jamais servir un intérêt particulier.

Après avoir examiné la possibilité de mettre en œuvre de nouvelles peines, il faut se tourner vers des systèmes existants et voir dans quelles mesures pourraient en dériver des peines applicables à l'Etat.

c) L'adaptation de mécanismes existants

159 - Le Code pénal permet au juge de déclarer le prévenu coupable et dans le même temps, soit d'ajourner le prononcé de la peine, soit de

---

[316] Art. 111-5 C. pén.

[317] C.E. 4 novembre 1983, Noulard, Rec. P.451.

[318] R. CHAPUS, *Droit administratif général*, tome 1, MONTCHRESTIEN, 13ème éd. 1999, spéc. n°887.

[319] Loi n°95-125 du 8 février 1995 relative à l'organisation et à la procédure civile, pénale et administrative. JCP 1995, III, 67294 et A. CAMMILERI, Le pouvoir d'injonction des juges administratifs: une révolution avortée?, JCP 1997, I, 3992.

dispenser le prévenu de toutes autres peines que la confiscation des objets dangereux ou nuisibles[320].

Un système dérivé de ces dispositions légales pourrait parfaitement convenir pour réprimer des infractions commises par une personne publique et plus spécialement l'Etat. C'est surtout le cas de la dispense de peine[321] : sa mise en œuvre à l'encontre de l'Etat pourrait constituer une solution quasi idéale au problème de la peine applicable. Il suffirait de modifier le texte afin de supprimer la condition liée au reclassement du prévenu qui ne semble pas correspondre à la nature particulière de l'Etat.

La meilleure solution, et la plus logique, serait d'ajouter un alinéa à l'article énonçant les peines applicables aux personnes morales qui préciserait que lorsque l'Etat est poursuivi, le juge peut se contenter de le déclarer coupable sans prononcer de peine dès lors que le trouble a cessé et que la victime a été indemnisée du préjudice subi.

160 - En effet, les divers intérêts en présence seraient satisfaits sans que les grands principes du droit pénal ne soient heurtés. En premier lieu, il y a une réaction sociale face à l'atteinte à l'ordre public puisque des poursuites sont engagées et qu'un coupable est désigné. Ce qui est confirmé par la jurisprudence de la Chambre criminelle qui a eu l'occasion de rappeler que la dispense ou l'ajournement de la peine nécessite une déclaration de culpabilité[322].

En second lieu l'intérêt de la victime est également satisfait puisque le coupable désigné par la juridiction doit, pour être dispensé de peine, avoir déjà indemnisé la victime.

Le principe de personnalité des peines qui est mis en avant par les détracteurs de la responsabilité pénale des personnes morales et plus spécialement par les opposants à une responsabilité de l'Etat, est respecté puisque la simple dispense de peine ne fait rejaillir aucune conséquence sur les administrés.

Enfin, le principe d'égalité devant les juridictions serait respecté puisqu'enfin toutes les personnes morales de droit public comme de droit privé seraient pénalement responsables.

Mais, il faut encore se demander quelle juridiction pourrait, dans le cadre de cette responsabilité pénale, être compétente pour juger l'Etat.

---

[320] Art. 132-58 et s. C. pén.

[321] Art. 132-59 du C. pén.

[322] Cass. crim. 28 juin 1995, JCP 1996, II, 22576 note A. DEKEUWER.

3) Le choix de la juridiction compétente

161 - Si l'on admet que l'Etat peut commettre des infractions pénales et qu'il peut être condamné à ce titre comme les personnes morales de droit privé, il faut s'interroger sur la juridiction susceptible de se prononcer sur cette responsabilité pénale.

En effet, il y a un risque évident d'enfreindre le principe de séparation des pouvoirs qui veut que le pouvoir judiciaire ne puisse pas intervenir sur le pouvoir exécutif.

Il faut donc examiner les différentes possibilités afin de dégager la plus satisfaisante. Pour ce faire, on se demandera si la responsabilité pénale de l'Etat pourrait relever de la compétence du juge administratif (a), d'une juridiction à composition mixte (b) ou tout simplement du juge pénal (c).

a) Le juge administratif

162 - Les juridictions administratives sont, depuis leur création, le juge naturel de l'administration et possèdent des pouvoirs importants puisqu'elles peuvent annuler ou réformer ses actes.

Peut-on pour autant admettre que ces juridictions administratives se voient attribuer le contentieux de la responsabilité pénale de l'Etat ? Une réponse négative s'impose puisque sont exceptées du domaine de compétence du juge administratif, les décisions des autorités administratives dans les « matières réservées par nature à l'autorité judiciaire »[323].

Or, l'exécution du service public de justice judiciaire fait bien partie de ces domaines, donc la justice pénale, comme la justice civile ne peut pas être rendue par le juge administratif sous peine d'enfreindre ouvertement le principe de séparation des pouvoirs.

---

[323] R. CHAPUS, *op. cit.*, n°831.

b) Une juridiction mixte

163 - Faut-il alors créer une juridiction particulière chargée de statuer sur la responsabilité pénale de l'Etat et qui serait composée à la fois de magistrats de l'ordre judiciaire et de l'ordre administratif ?

Il existe une juridiction de ce type dans l'organisation juridictionnelle française, c'est le Tribunal des conflits. Or, cette juridiction, à cause du principe de séparation des pouvoirs, n'a pas pour mission de trancher les litiges qui semblent être de la compétence des deux ordres ou d'aucun des deux mais seulement de trancher la question de savoir à quel ordre de juridiction le litige doit être dévolu.

Ceci nous amène à penser qu'une juridiction de ce type n'est pas de nature à résoudre la question de la compétence pour la responsabilité pénale de l'Etat. En effet, cela reviendrait à créer une juridiction de jugement qu'il serait impossible de classer dans l'un ou l'autre des deux ordres de juridiction, ce qui s'oppose aux exigences découlant du principe de séparation des pouvoirs.

De plus, l'aspect pratique permet d'écarter définitivement cette solution puisqu'elle déboucherait sur la mise en place d'une nouvelle juridiction, avec toutes les difficultés que cela engendre, pour traiter un nombre d'affaires qui semble devoir rester très faible.

c) Les juridictions de « droit commun »

164 - Il semble que la solution la plus simple et la plus réaliste soit de laisser le contentieux de la responsabilité pénale de l'Etat à son juge « naturel » : le juge pénal. Mais, dans ce cas, y a-t-il atteinte au principe de séparation des pouvoirs ?

Il faut commencer par rappeler que le principe de séparation des pouvoirs s'oppose à ce que le pouvoir judiciaire puisse juger les actes de l'administration, c'est pour cela qu'a été créée la juridiction administrative et qu'elle a reçu compétence exclusive pour annuler ces actes. Or, en matière de responsabilité pénale de l'Etat, il ne s'agit pas de juger les actes émanant de l'administration, c'est-à-dire leur validité et leur force juridiques mais son action, c'est-à-dire des faits, lorsque ceux-ci sont constitutifs d'une infraction.

D'ailleurs la soumission de l'action de l'Etat, et plus généralement de l'administration, aux juges judiciaires n'est pas systématiquement prohibée par le principe de séparation et de nombreux exemples existent. On peut évoquer la responsabilité civile de l'Etat dans certains domaines où la loi attribue l'ensemble d'un contentieux au juge judiciaire, c'est-à-dire pour certains délits civils[324], intervenus dans l'action de l'administration, et donc pourquoi pas pour des délits pénaux.

Enfin, il faut noter que si le contentieux de la responsabilité pénale de l'Etat n'était pas de la compétence du juge pénal, il faudrait obligatoirement modifier le Code pénal afin que les autres personnes publiques soient jugées par la même juridiction que l'Etat car s'il y a atteinte à la séparation des pouvoirs dans un cas, elle existe pour toutes les personnes publiques pénalement responsables, spécialement les collectivités territoriales.

C'est pourquoi, si la responsabilité pénale de l'Etat devait être admise, c'est le juge pénal qui devra être compétent.

On constate donc que les questions soulevées par une éventuelle responsabilité pénale de l'Etat ne sont pas insolubles. En effet, les activités susceptibles de donner lieu à cette responsabilité peuvent être définies de façon relativement précise et des peines adaptées aux spécificités de l'Etat et de sa mission peuvent être prononcées par le juge pénal le particularisme des peines se posant du reste pour toutes les personnes publiques.

Section 2:

La particularité de répression des personnes publiques

165 - Le Code pénal vise « les personnes morales, à l'exclusion de l'Etat »[325], les autres personnes morales de droit public peuvent donc être pénalement responsables. Celles-ci sont soumises, à l'exclusion des

---

[324] Il en va ainsi des accidents de véhicules à moteur pour lesquels le juge judiciaire est compétent même lorsqu'un véhicule de l'administration est en cause. Loi du 31 décembre 1957.

[325] Art.121-2 al. 1er C. pén.

collectivités territoriales[326], à la même responsabilité pénale que les personnes morales de droit privé.

Mais, la nature particulière de ces personnes morales et plus spécialement des missions qu'elles remplissent, fait qu'il est impossible de les traiter exactement comme les personnes morales de droit privé.

C'est pourquoi, le législateur, tout en les soumettant à la responsabilité pénale, a tenu compte de leur spécificité notamment en adaptant la liste des peines pouvant être prononcées à leur encontre.

Il faut donc déterminer quelles sont les personnes morales qui peuvent bénéficier de ce régime particulier (§ préliminaire) faisant que l'application de certaines peines est écartée (§1). Mais, nous verrons que les peines pouvant être prononcées à l'encontre de ces personnes morales de droit public se révèlent, pour la plupart, inadaptées ou totalement inefficaces (§2).

§ préliminaire : La notion de personnes morales de droit public

166 - Le dernier alinéa de l'article 131-39 du Code pénal précise que « les peines définies aux 1° et 3° ci dessus ne sont pas applicables aux personnes morales de droit public dont la responsabilité pénale est susceptible d'être engagée [...]». Quelles sont les personnes morales visées par ce texte ?

L'Etat ne pouvant pas encourir de responsabilité pénale et les collectivités territoriales faisant l'objet d'un traitement particulier[327], il faut s'accorder à dire que le texte vise essentiellement les établissements publics, qu'ils soient industriels et commerciaux ou administratifs mais aussi les groupements d'intérêt public auxquels s'ajoutent les ordres professionnels.

167 - En ce qui concerne les entreprises nationalisées, il faut admettre qu'il s'agit de personnes morales de droit public puisqu'elles sont des prolongements de l'Etat.

---

[326] Art. 121-2 al.2 C. pén.

[327] Néanmoins, les restrictions sur les peines étudiées dans la présente section s'appliquent aussi aux collectivités territoriales puisqu'elles sont des personnes morales de droit public.

Dans le même ordre d'idées, il est possible de se demander comment classer les sociétés d'économie mixte. En effet, il s'agit de sociétés qui sont caractérisées par l'association financière entre des personnes de droit privé et des personnes de droit public. Ces sociétés empruntent généralement leur statut juridique au droit commercial ce qui permet de se demander si elle ne doivent pas être considérées comme relevant du droit privé.

Mais, si, par leur forme, elles se rapprochent des personnes morales de droit privé, elles sont toujours soumises au contrôle exclusif de l'administration[328]ce qui oblige à les considérer comme étant des personnes morales de droit public.

Enfin, lorsque qu'une personne publique confie l'exécution d'un service public à une personne morale de droit privé, faut-il considérer celle-ci comme étant devenue une personne publique au sens du Code pénal ? La réponse doit être négative car même si elle se voit confier des prérogatives de puissance publique afin de mener à bien la mission qui lui a été déléguée, elle l'exécute en son nom propre et reste donc, au regard du droit pénal, une personne morale de droit privé à laquelle les limitations fixées par l'article 131-39 du Code pénal ne sauraient s'appliquer.

En effet, la dissolution n'a pas à être écartée car si elle est prononcée, il suffira à la personne publique délégante soit de s'acquitter elle-même de l'exécution du service public soit de trouver un nouveau délégataire. La même remarque peut être faite en ce qui concerne la mise sous surveillance judiciaire puisque si la personne publique refuse l'immixtion judiciaire dans la gestion du service public, il lui suffit de la reprendre à son compte ou de changer de cocontractant.

Après avoir précisé le champ d'application des limitations fixées par la loi, il faut déterminer quelles sont les peines qui sont écartées en dégageant les raisons qui expliquent qu'elles ne puissent pas s'appliquer aux personnes morales de droit public.

---

[328] Qui doit toujours y être majoritaire.

§1: Les peines écartées par la loi

168 - Le Code pénal pose la liste des peines qui peuvent être infligées aux personnes morales[329] et écarte certaines d'entre elles lorsque le condamné est une personne morale de droit public. Nous ne reviendrons que brièvement sur cette exclusion puisqu'elle a été abordée lors de nos développements relatifs à certaines personnes morales de droit privé qui se voient accorder une protection semblable à celle des personnes publiques[330].

Nous verrons donc quelles sont les motivations qui ont poussé le législateur à écarter l'application de la peine de dissolution (A) et la mise sous surveillance judiciaire (B) pour les personnes publiques encourant une responsabilité pénale.

A] L'exclusion de la peine de dissolution

169 - La peine de dissolution, comme nous avons déjà pu le souligner, est la plus lourde des sanctions puisqu'elle s'apparente à la peine de mort. Le but est l'élimination totale, on pourrait presque dire physique, de la personne morale ayant commis une infraction.

Le caractère sévère et définitif de cette peine a d'ailleurs poussé le législateur à en limiter l'application à des cas très précis. Le texte exige en effet que la personne morale ait été créée dans le but de commettre l'infraction ou ait été détournée de son objet pour commettre une infraction d'une particulière gravité[331].

170 - La première raison qui permet de comprendre l'exclusion de cette peine pour les personnes publiques est qu'il est difficile d'imaginer l'une de celles-ci soit créée dans le but de commettre une infraction ou que son l'objet soit détourné pour accomplir des méfaits. Les conditions

---

[329] Art. 131-39 du C. pén.

[330] Pour ce qui concerne l'exclusion de certaines peines pour les syndicats et les groupements politiques : *supra* p.79.

[331] L'article 131-39 1° C. pén. exige que dans ce cas l'infraction soit « un crime ou un délit puni en ce qui concerne les personnes physiques d'une peine d'emprisonnement supérieure à cinq ans ».

posées par le législateur semblent plutôt concerner les personnes morales de droit privé.

De plus, le type de mission qui est confié aux personnes publiques explique aussi que la peine de dissolution ne leur soit pas applicable[332]. En effet, elles ont une activité d'intérêt général, si le droit pénal permettait leur dissolution il porterait atteinte à l'intérêt général, ce qui est en contradiction avec sa mission de protection.

Enfin, la plupart des personnes morales de droit public ont un caractère obligatoire, leur existence ne doit pas et ne peut pas être remise en cause pour quelle que raison que ce soit. Ainsi, on n'imagine pas qu'une commune soit dissoute et en tout état de cause, elle devrait être remplacée par une autre qui serait en fait identique. Seules les personnes physiques qui la composent peuvent être écartées et remplacées[333].

C'est donc tout à fait logiquement que les personnes publiques ne peuvent être dissoutes. Mais leurs particularités font également que le juge pénal ne peut pas décider d'une immixtion dans leur gestion même sous forme de surveillance : la mise sous surveillance judiciaire n'est donc pas applicable aux personnes publiques.

B] L'exclusion de la mise sous surveillance judiciaire

171 - La mise sous surveillance judiciaire est une des nouvelles peines qui figurent dans le Code pénal[334] dans l'arsenal répressif destiné aux personnes morales. Elle consiste en la désignation, par le juge pénal, d'un tiers étranger à la personne morale[335] qui aura une mission de surveillance de celle-ci.

---

[332] F. GARTNER, L'extension de la répression pénale aux personnes publiques, RFDA 1994, p.126.

[333] Une illustration de ce caractère obligatoire peut être trouvée dans C.E. 5 mars 1948, Marion, D.1949, p.147; S.1948, 3, 53 note J. –P. CALON, disant que sont légaux des actes administratifs pris par un comité d'habitants en raison du départ des autorités administratives en mai 1940.

[334] Art. 131-39 3° du C. pén.

[335] Le choix de cette personne se fait selon les modalités de l'art. R131-35 du C.pén.

Régulièrement un rapport de la surveillance doit être fait au juge de l'application des peines qui peut saisir le tribunal soit pour mettre fin à la surveillance soit pour prononcer une autre peine.

La plupart des auteurs soulignent que la mission du tiers désigné par la décision doit se limiter à une mission de surveillance[336] et ne peut en aucun cas être une mission de gestion, même restreinte, de la personne morale.

Même si la mission doit être limitée à de la surveillance, le législateur a, de façon très pertinente, écarté l'application de cette peine en ce qui concerne les personnes publiques.

172 - Le caractère saugrenu qu'aurait eu l'application de cette peine aux personnes publiques apparaît clairement lorsque l'on imagine sa mise en œuvre par exemple à l'encontre d'une commune: Suite en effet à une infraction commise par le maire ou le conseil municipal pour le compte de la commune, le juge pénal ayant prononcé une peine de mise sous surveillance judiciaire, un tiers[337] serait nommé et chargé de surveiller les décisions prises au nom de la commune et d'en faire rapport au juge de l'application des peines lequel aurait alors le pouvoir de saisir le tribunal correctionnel qui pourrait, lui, mettre fin à la mesure ou décider de prononcer une autre peine voilà qui paraît surprenant dans le cadre de l'exercice de la démocratie locale.

173 - Le bien-fondé de l'exclusion de cette peine repose donc sur deux idées. En premier lieu il est choquant d'imaginer que la gestion d'une personne publique puisse être « surveillée » et ce davantage, si l'on imagine que le tiers chargé de la surveillance pourrait être une personne privée.

En second lieu, et cela semble l'argument décisif, cette peine amènerait à ce que le juge de l'application des peines d'abord, puis le tribunal correctionnel, portent un jugement sur la gestion de la personne publique et sa volonté d'empêcher la réitération de l'infraction. Or, il y

---

[336] Th. DALMASSO, *Responsabilité pénale des personnes morales*, LITEC 1996, n°89 et les réf. citées.

[337] Nous ne développerons pas les problèmes qui seraient liés à la désignation de ce tiers en raison du caractère politique de la gestion d'une commune.

aurait dans ce cas de figure atteinte au principe constitutionnel de séparation des pouvoirs[338].

C'est donc de façon tout à fait justifiée que le législateur a pris le soin d'écarter la dissolution et la mise sous surveillance judiciaire. Ces peines n'ont pas été retenues parce qu'elles étaient, juridiquement, impossible à appliquer à l'encontre de personnes morales de droit public sans heurter les grands principes du droit.

174 - Mais, à aucun moment, le législateur ne s'est penché sur la question de savoir si les peines subsistantes et susceptibles d'être prononcées contre une personne publique sont adaptées et présentent une utilité suffisante.

Or, on s'aperçoit que ces peines, prévues à l'origine pour frapper des personnes morales de droit privé, se révèlent, pour la plupart, inadaptées aux personnes morales de droit public ou ne présentent aucune utilité réelle à être prononcées à l'encontre de celles-ci.

§2: Les peines inadaptées ou inefficaces

175 - La plupart des peines prévues pour les personnes morales et qui sont applicables aux personnes publiques s'avèrent inefficaces en raison de la spécificité de ces dernières[339]. Pour s'en convaincre, il suffit de passer en revue l'ensemble de ces peines pour dégager les éléments qui les rendent inefficaces ou inadaptées lorsqu'elles frappent des personnes morales de droit public.

---

[338] Le même reproche ne peut pas être adressé au principe même de la responsabilité pénale des personnes publiques puisque le juge pénal va alors juger les faits qui sont le résultat de la gestion et non, comme ici pour la mise sous surveillance judiciaire, la gestion elle même.

[339] Intervention du Garde des Sceaux lors de l'examen de la proposition de loi sur la définition des délits non intentionnels devant le Sénat, J.O. débats, Sénat, 28 janvier 2000, p. 408.

1) L'amende

176 - L'amende[340], dont le maximum est porté à cinq fois[341] celui applicable aux personnes physiques[342], peut sembler une peine efficace contre les personnes publiques. Pourtant, à l'examen, l'incohérence se manifeste.

Cette « incohérence de principe »[343] apparaît lorsqu'on approfondit le système. En effet, l'amende qui sera prononcée contre la personne publique sera inscrite dans le budget comme une dépense de fonctionnement. Or, les dépenses de fonctionnement sont financées pour partie par des subventions provenant de l'Etat et pour le reste par les ressources tirées des redevances et de la fiscalité locale.

La critique principale est que l'Etat va reprendre une partie de ce qu'il a attribué sous forme de subventions ce qui rend l'amende sans intérêt. De plus, elle revêt un caractère injuste car elle pèsera sur le citoyen[344].

2) L'interdiction d'exercer une activité professionnelle

177 - Cette peine vise à éviter la réitération de l'infraction en empêchant le condamné de continuer l'activité en question. Quelle application en donner pour les personnes publiques?

Les personnes publiques sont soumises au principe de spécialité[345] ; donc si une infraction est commise au cours de l'exécution de l'activité normale de la personne morale, pourra-t-on l'empêcher de continuer cette activité?

---

[340] Le principe de l'amende pour les personnes morales est posé par l'article 131-37 1° C. pén.

[341] Art. 131-38 C. pén.

[342] Certains auteurs s'étonnent de ce facteur de multiplication qui pourrait signifier que le trouble causé par une personne morale est cinq fois plus grave que celui causé par une personne physique (F. GARTNER, L'extension de la répression pénale aux personnes publiques, RFDA 1994, 126).

[343] F. GARTNER, *op. cit.*

[344] B. FERRIER, Une grave lacune de notre démocratie: L'irresponsabilité pénale des personnes administratives, Rev. sc. crim. 1983, p.395.

[345] Sauf l'Etat qui, actuellement, n'est pas pénalement responsable.

A l'évidence la réponse est négative puisqu'il s'agit d'une mission d'intérêt général qui ne pourra être accomplie par aucune autre personne publique. Ainsi, le Conseil général s'est vu confier, par la loi de décentralisation de 1983, la mission de vaccination. Si une infraction était relevée dans l'exercice de cette mission[346], il serait hors de question de pouvoir interdire cette activité puisqu'aucune autre personne publique n'aurait capacité pour le faire alors que celle ci est primordiale et répond à un impératif de santé publique. On pourrait multiplier ce type d'exemples.

Si maintenant il s'agit d'une activité qui n'entre pas dans les compétences de la personne publique, l'interdiction pourrait être prononcée mais ne présenterait alors aucun intérêt puisque de toute façon la personne publique en question n'avait pas la capacité d'accomplir cette activité. Ainsi, il est inutile d'interdire à une commune d'accomplir une mission qui revient normalement au conseil général, sous prétexte qu'elle a commis une infraction en dépassant sa capacité d'action.

Cette peine d'interdiction se révèle donc parfaitement inadaptée en ce qui concerne les personnes publiques.

3) La fermeture de l'un des établissements de l'entreprise

178 - Ici encore le but est d'essayer d'éviter la réitération de l'infraction, mais une fois encore, cette peine ne peut viser que les personnes morales de droit privé. En effet, le texte[347] vise l'établissement « de l'entreprise ». Cette peine ne peut donc pas s'appliquer aux collectivités territoriales car celles-ci ne peuvent pas être qualifiées d'entreprises ; en ce qui concerne les autres personnes publiques, la peine semble difficilement applicable en raison de problèmes liés à l'inaliénabilité du domaine public[348].

---

[346] Voir à ce propos le problème de la double vaccination. (*Nord Eclair*, 7 janvier 1996, p.3).
[347] Art. 131-39 4° C. pén.
[348] F. GARTNER, *op. cit.*, spéc. p.149.

4) L'exclusion des marchés publics

179 - La peine d'exclusion des marchés publics[349] interdit au condamné de « participer directement ou indirectement a tout marché conclu par [...] [350] une personne publique ». Cette interdiction vise donc le fait de répondre à un appel d'offres.

Pour autant, une personne publique condamnée à une telle peine pourra toujours lancer des appels d'offres et conclure les contrats qui lui sont nécessaires[351]. L'exclusion des marchés publics, si elle constitue une peine très grave pour certaines personnes morales de droit privé, se montre inefficace à l'encontre des personnes publiques car il est très rare qu'elles concluent des marchés publics entre elles.

5) L'interdiction de faire appel public à l'épargne

180 - L'appel public à l'épargne est un moyen de financement qui est déjà assez rare chez les personnes morales de droit privé puisque c'est le fait de certaines grandes sociétés anonymes. En ce qui concerne les personnes publiques, leurs ressources proviennent de subventions, redevances et autres revenus de nature fiscale.

En tout cas, les personnes publiques n'ont jamais recours à ce moyen de financement. Cette peine se montre une fois de plus inefficace à l'encontre des personnes publiques, qui pourront toujours avoir recours aux prêts auprès des établissements bancaires et de crédits qui ne sont pas visés par l'interdiction.

---

[349] Art. 131-39 5° C. pén.

[350] Art. 131-34 C. pén.

[351] Monsieur GARTNER dans l'article précité dit que la seule limite est que la personne condamnée devra s'assurer que le contrat en cause ne soit pas inclus dans un réseau de partenariat entre collectivités car ce type de contrat lui serait interdit ce qui se révèle choquant puisque l'intérêt général ne tire aucun avantage de l'isolement d'une collectivité.

6) L'interdiction d'émettre des chèques

181 - En fait, le texte vise les chèques, autres que les chèques de banque, et l'utilisation des cartes de paiement[352]. Si cette peine peut être prononcée contre une personne morale de droit public, elle ne présente quasiment aucun intérêt puisque les moyens de paiement visés par le texte ne sont pas ceux habituellement employés par les comptables publics.

7) La confiscation

182 - Il s'agit de la « confiscation de la chose qui a servi ou qui était destinée à commettre l'infraction ou de la chose qui en est le produit »[353]. La confiscation pourra poser de sérieux problèmes en se heurtant au principe d'inaliénabilité. De plus, le fait de retirer quelque chose à la personne publique ne peut qu'être préjudiciable aux usagers.

8) L'affichage ou la diffusion du jugement

183 - Cette peine[354] semble la moins inefficace de celles que nous venons de passer en revue. En effet, elle permet de porter à la connaissance de tous les faits qui ont été reprochés à la personne morale ainsi que la peine prononcée en répression.

Une telle mesure est également destinée à inciter ceux qui ont affaire à la personne morale à la prudence. Pourtant, si cette peine peut se révéler extrêmement pesante pour une personne privée dans la mesure où elle risque de faire fuir la « clientèle »[355], on peut s'interroger sur son efficacité réelle à l'encontre d'une personne publique. En effet, dans la plupart des cas, le choix ne sera pas possible car la personne publique

---

[352] Art. 131-39 7° C. pén.

[353] Art. 131-39 8° C. pén..

[354] Art. 131-39 9° C. pén..

[355] Au sens large car il pourra s'agir des membres ou partenaires d'une association ou de toute autre personne morale.

n'aura pas à subir de concurrence. La publication du jugement ne conservera que sa valeur d'*incitation* à la prudence.

184 - Le prononcé de la peine, comme le souligne Monsieur BOULOC est « une tâche délicate qui va s'imposer au juge »[356], mais elle se révèle encore plus délicate lorsque le prévenu est une personne publique. En effet, comme on vient de le voir, l'arsenal répressif est mal adapté au particularisme de celle-ci.

Quelle alternative pour le juge qui voudrait éviter de prononcer une peine inefficace? La solution semble passer par un système où la personne publique ferait l'objet d'une simple déclaration de culpabilité, assortie d'une condamnation à des dommages et intérêts[357]. On retrouve ici le système qui a été proposé en doctrine et qui représente « une sanction suffisante et au fond la seule vraiment appropriée »[358].

Après cette étude de ce que nous qualifiions de situations clairement envisagées par la loi, on s'aperçoit que les zones d'ombre et les interrogations sont nombreuses. Mais, cette impression d'imprécision est encore plus forte lorsque l'on aborde les domaines sur lesquels le texte reste muet, ce que nous nommons les situations floues.

---

[356] B. BOULOC, Généralités sur les sanctions applicables aux personnes morales, Rev. Soc. 1993, p.327.

[357] *Cf* les développements relatifs à ce système à propos de l'Etat p.111.

[358] B. FERRIER, Une grave lacune de notre démocratie: l'irresponsabilité pénale des personnes administratives, Rev. sc. crim. 1983, p.396.

TITRE 2:

Les situations demeurant floues

185 - Si dans les situations que le texte vise de façon relativement claire, se révèlent à un examen approfondi certaines difficultés voire certaines obscurités, dans d'autres situations, où la loi ne s'exprime pas du tout ou pas assez explicitement, on se trouve alors face à des situations vraiment floues.

En premier lieu, et en opposition avec les personnes morales qui sont expressément reconnues par la loi, se pose la question de savoir comment le droit pénal doit appréhender les groupements qui se forment en dehors des cadres légaux établis. La pertinence de cette question apparaît encore mieux à la lumière du nombre de groupements et d'entités de toute nature qui foisonnent dans notre société[359].

Tout groupement qui réunirait certaines caractéristiques à définir peut-il être considéré comme une personne morale et de ce fait encourir une responsabilité pénale? Dans les autres branches du droit, la question se pose de la même façon. C'est la question de la personnalité morale de fait (Chapitre 1).

En second lieu, le texte rend pénalement responsables les collectivités territoriales pour les activités pouvant donner lieu à une délégation de service public. Ici, les personnes morales en question sont bien identifiées mais c'est l'une des conditions essentielles mises à leur responsabilité qui est floue.

En effet, la notion d'activité délégable n'est pas précisément définie que ce soit par des textes ou par la jurisprudence. Il sera donc difficile de savoir quand une collectivité territoriale pourra être poursuivie pénalement. De plus, la notion d'activité délégable risque de déboucher sur des situations incohérentes. Ces deux raisons font que la responsabilité pénale des collectivités territoriales reste un domaine assez flou (Chapitre 2).

---

[359] Ch. FREYRIA, La personnalité morale à la dérive, *Mélanges BRETON et DERRIDA*, Dalloz, Paris 1991, p.121.

Chapitre 1:

La question de la personnalité morale de fait

186 - La question de la personnalité morale de fait se pose dans les diverses branches du droit tant à cause du développement des groupements à caractère professionnel que de la multiplication des mouvements associatifs : « bon nombre de groupements s'abstiennent de respecter la moindre formalité de publication pour vivre commodément en marge de la légalité »[360].

Pour mieux appréhender la notion de personne morale de fait, il faudra dans un premier temps examiner le concept lui-même (Section 1). Par la suite, il conviendra de dégager les critères qui permettraient au juge pénal de dire qu'un groupement non personnifié par la loi, constitue une personne morale de fait (Section 2).

Section 1:

Le concept de personnalité morale de fait

187 - La jurisprudence a découvert ce concept de personnalité morale de fait lorsqu'un groupement ne se voyait pas attribuer la personnalité morale par la loi en raison par exemple d'un défaut de formalité. Pourtant, tout groupement ne peut pas être traité comme une personne morale. C'est pourquoi il nous faut d'abord revenir sur l'utilisation de ce concept en jurisprudence (§1), avant de voir pourquoi il se révèle nécessaire en droit pénal (§2).

---

[360] Ch. FREYRIA, *op. cit.*

§1: Son utilisation en jurisprudence

188 - Les juridictions, face à un groupement qui n'est pas personnifié par la loi, vont, après examen, soit décider que ce dernier ne peut être considéré comme une personne morale (A) soit qu'en raison de certains attributs, il convient de faire application de la personnalité morale de fait (B).

A] Les rejets de la théorie de la personnalité morale de fait

189 - Il s'agit pour nous de montrer que parfois, face à des groupements non personnifiés par la loi, la jurisprudence refuse de prendre en compte la réalité du groupement. Celui-ci se verra alors dans l'impossibilité d'intenter une action en justice en son nom propre mais ne pourra pas non plus se voir attrait devant une juridiction.

Toute action en justice devra donc être menée par ou à l'encontre d'une ou plusieurs personnes physiques composant le groupement. Si une infraction pénale est commise, seule la responsabilité pénale des personnes membres du groupement pourra être recherchée.

Loin de prétendre faire une analyse exhaustive de la jurisprudence rendue en la matière, nous nous limiterons à montrer que le refus d'appliquer la théorie de la personnalité morale de fait trouve principalement son explication dans trois raisons: la précision de la loi sur les sociétés (1), l'existence d'un autre moyen pour parvenir au but (2), le refus absolu de donner une existence juridique quelconque au groupe de sociétés (3).

1) La précision de la loi sur les sociétés

190 - Certaines décisions touchent en effet au domaine des sociétés en formation, le problème étant de savoir si on peut reconnaître une personnalité morale à cet être en formation.

La loi sur les sociétés précise que la personnalité morale ne s'acquiert qu'à compter de l'immatriculation au registre du commerce et des sociétés[361]. La Chambre commerciale de la Cour de cassation fait donc une application stricte de cette solution, mais la théorie développée par les pourvois mérite d'être examinée.

L'illustration peut être trouvée dans l'étude approfondie d'un arrêt rendu le 12 février 1991 par la Chambre commerciale de la Cour de cassation[362]. Nous rappellerons d'abord les faits de l'espèce (a), puis nous analyserons la thèse du pourvoi (b) qui n'a pas infléchi la position de la Chambre commerciale (c).

a) Les faits

191 - La société anonyme Transports Verdier est mise en redressement judiciaire. La société AEM présente un plan de cession dans lequel elle propose la création d'une société nouvelle à qui elle concéderait un contrat de location gérance à l'issue duquel la société créée rachètera les actifs pour un prix donné.

Le tribunal avalise le plan de cession, un contrat de location gérance est donc passé entre la société en formation et la société AEM. A la fin de la période de location gérance , la société locataire gérante fait savoir qu'elle ne sera pas en mesure de racheter les actifs.

L'administrateur judiciaire entame une action contre la société AEM. Celle-ci est condamnée à exécuter la cession, le jugement valant vente. La décision est confirmée en appel et la société AEM se pourvoit en cassation.

b) La thèse développée par le pourvoi

192 - La société AEM soutient qu'elle ne peut être tenue pour responsable du refus d'exécution des obligations par la société nouvelle puisqu'elle n'était que son mandataire. Selon le pourvoi, la société AEM

---

[361] Art. 5 al. 1er de la loi du 24 juillet 1966 relative aux sociétés commerciales.

[362] Cass. com. 12 février 1991, Bull. Civ. IV, n°73, p.50.

n'est que mandataire car elle a pris les engagements au nom de la société nouvelle qui, même non immatriculée, existait déjà.

Au soutien de cette affirmation, le pourvoi rappelle que la loi relative aux sociétés commerciales[363] donne un effet rétroactif aux actes passés pendant la période de formation et repris par la société après son immatriculation. Le pourvoi en

déduit que la personne morale existe avant l'immatriculation puisqu'elle est tenue par des actes passés « en son nom » et donc que ce texte pose l'existence rétroactive des sociétés.

c) La solution retenue par la Chambre commerciale

193 - La Chambre commerciale rappelle les termes de l'alinéa 1er de l'article 5 de la loi sur les sociétés commerciales selon lequel la personnalité morale n'est acquise qu'à compter de l'immatriculation. Elle ajoute qu'il est sans effet que les engagements puissent avoir un caractère rétroactif.

C'est sur le même fondement que s'appuie la Chambre commerciale pour déclarer irrecevable l'appel interjeté par une société anonyme en cours de formation alors même que cette société avait été régulièrement partie à la procédure en question[364].

Dans d'autres domaines les juridictions refusent parfois de faire application de la personnalité morale de fait car il existe un autre moyen pour le demandeur d'obtenir satisfaction.

2) L'existence d'un autre moyen de satisfaire l'intérêt du demandeur

194 - La jurisprudence a souvent appliqué la théorie de la personnalité morale de fait à des associations non déclarées afin que

---

[363] Art. 5 al.2 de la loi du 24 juillet 1966.

[364] Cass. com. 7 juin 1994, Rev. Soc. 1995, p.38.

l'action du demandeur contre elles soit recevable et qu'elles aient la possibilité de se défendre[365].

Pourtant, dans certains cas, les tribunaux déclarent une action de ce type irrecevable motifs pris de l'absence de personnalité morale du groupement. Il ne s'agit pas, comme on pourrait le croire, d'une jurisprudence qui met fin à l'admission de la personnalité morale de fait. Pour s'en convaincre, il suffit de voir dans quel cas la jurisprudence adopte cette position.

On peut tirer grand enseignement de la décision rendue le 2 novembre 1994 par la 1ére Chambre civile de la Cour de cassation[366]. Dans cette espèce, un particulier avait assigné la section locale d'une association professionnelle. La Cour d'appel n'a pas tenu compte du fait que la section locale ne disposait pas de la personnalité morale, faute pour elle d'être déclarée. Pour ce faire, la Cour avait dit que la section locale était une « représentation » de la personnalité morale accordée à l'organisation principale.

La première Chambre de la Cour de cassation n'a pas partagé ce point de vue et a cassé l'arrêt au motif que seuls les groupements dotés de la personnalité morale peuvent être assignés en justice, les juges du fond n'ayant pas caractérisé l'existence de la personnalité morale de la section locale.

En fait, il ne faut pas analyser ce type de décisions comme des rejets de la personnalité morale de fait. Si les tribunaux déclarent alors l'action irrecevable, c'est à cause du défaut de personnalité morale, mais c'est aussi parce qu'il existe une autre solution pour le demandeur.

En effet, la personnalité morale de fait est retenue dans la plupart des cas pour permettre à un tiers de faire valoir ses droits à l'encontre du groupement. La reconnaissance de la personnalité morale de fait est le seul moyen pour y parvenir[367].

Lorsque la jurisprudence refuse de faire application de la théorie de la personnalité morale de fait, il apparaît que le demandeur dispose d'une autre voie pour faire prospérer sa demande. En l'espèce, il lui suffit d'assigner l'association à son siège central pour que son action soit recevable et qu'il puisse avoir une chance d'obtenir satisfaction.

Ainsi, le refus des juridictions de reconnaître la personnalité morale est dicté par l'absence de nécessité de recourir à la théorie de la

---

[365] *Cf. infra* les cas d'application p.136.

[366] Cass. civ. 1ère, 2 novembre 1994, Rev. Soc. 1995, p.82 note M. JEANTIN.

[367] *Cf.* les décisions citées *infra* pour les applications de la personnalité morale de fait.

personnalité morale de fait pour que le demandeur puisse faire valoir ses droits et exposer ses demandes.

Enfin, les groupes de sociétés constituent un troisième domaine dans lequel se rencontre le refus de consacrer la personnalité morale de fait. Mais, les hésitations et l'incertitude qui règnent en jurisprudence sur les groupes de sociétés ne facilitent pas l'analyse.

3) Le cas particulier du groupe de sociétés

195 - Comme en atteste une doctrine très fournie, le groupe est « une notion tout à fait incontournable »[368]. Pourtant, la difficulté de déterminer des règles précises pour tracer exactement les contours du groupe n'est sans doute pas étrangère à la négation de sa personnalité morale. En jurisprudence, on constate que lorsqu'on se trouve en présence d'un groupe de sociétés, il ne sera pas fait application de la personnalité morale de fait, même si cette position peut être vivement critiquée.

196 - On peut citer deux exemples:

D'abord, il faut évoquer les situations dans lesquelles la question soumise aux juridictions est celle de savoir si, lorsque plusieurs sociétés forment un groupe, la société dominante est ou non tenue des obligations pesant sur une des sociétés dominées.

C'est cette question que tranche la Chambre commerciale le 24 mai 1982[369]. Dans cette espèce, une société du groupe avait signé un contrat d'exclusivité avec une autre société. La société dominée respectait l'exclusivité alors que la société mère exerçait son activité sans égard pour le contrat. Le cocontractant de la filiale assigne la société mère pour faire reconnaître une violation du contrat d'exclusivité.

La Chambre commerciale déclare que la société mère et sa filiale constituent des personnes morales distinctes « en dépit de leur appartenance au même groupe de sociétés » et casse l'arrêt d'appel qui avait accueilli favorablement les prétentions de la société cocontractante.

---

[368] M. PARIENTE, *Les groupes de sociétés*, LITEC 1993.

[369] Cass. com. 24 mai 1982, Rev. Soc. 1983, p.361 note J. BEGUIN.

197 - Le second exemple est tiré du droit des contrats. Le contrat passé avec un groupe peut il avoir une efficacité? La réponse nous est notamment donnée par la décision du tribunal de grande instance de Paris du 7 mars 1986[370]. Monsieur Prost avait conclu un contrat d'édition avec le groupe " Presses de la Cité " ; suite à un désaccord, la validité de ce contrat est remise en cause par le pilote automobile.

La décision relève que le groupe est constitué d'une société reliée par des participations à d'autres personnes morales, que de ce fait, il est dénué de toute personnalité morale. La juridiction en déduit que le groupe n'a pas la capacité de conclure des contrats et donc que le contrat en question n'est pas valable[371], la Cour de cassation, dans une autre espèce, s'est récemment prononcée dans le même sens[372].

198 - Ces décisions sont doublement critiquables. D'abord elles nient la réalité des groupes de sociétés alors qu'une partie de la doctrine semble dire que la jurisprudence, notamment pénale, a reconnu implicitement la personnalité morale du groupe[373]. Ensuite elles se heurtent à la jurisprudence ayant accordé la personnalité morale au comité de groupe[374] ainsi qu'à la volonté du législateur qui a accordé la personnalité morale au comité d'entreprise européen[375], lors de la transposition d'une directive européenne[376] relative aux entreprises et groupes de taille communautaire.

Certains auteurs vont jusqu'à dire que ce type de décisions, quel que soit le fondement retenu, qui nient l'existence du groupe est devenu désespérément classique et que si, en droit, elles ne sont pas contestables, elles illustrent la nécessité de traiter du groupe en tant que tel[377]. Pourtant la jurisprudence ne semble pas s'infléchir et, au

---

[370] T.G.I Paris, 3ème Ch., 7 mars 1986, D. 1988, Somm. comm., p.208.

[371] Nous ne reviendrons pas sur le caractère choquant de ce type de solution.

[372] Cass. Com. 2 avril 1996, JCP 1997, II, 22803 note J.P. CHAZAL.

[373] Ch. FREYRIA, La personnalité morale à la dérive, *Mélanges BRETON et DERRIDA*, Dalloz, Paris 1991, p.121.

[374] Cass. soc. 23 janvier 1990, D.1990, inf. rap., 44; JCP 1990, II, 21529 note NEVOT; RJS 1990, p.64, conclusions PICCA; Droit Social. 1990, p.322, note SAVATIER.

[375] Art. L.439-14 du C. trav. al.1er issu de la loi n° 96-985 du 12 novembre 1996.

[376] Directive n°94-45/CE du 22 septembre 1994 relative à l'institution d'un comité d'entreprises européen dans les entreprises et les groupes de dimension communautaire.

[377] A. VIANDIER et J.J. CAUSSAIN, Chronique d'actualité de droit des sociétés, JCP 1999, I, 102, spécialement n°11.

contraire, emprunte dorénavant la même voie en ce qui concerne les groupes d'associations[378].

Ces cas précis de rejet de la théorie de la personnalité morale de fait ne doivent pas faire oublier qu'à l'opposé, de nombreuses décisions reconnaissent une certaine forme de personnalité morale à des groupements qui ne remplissent pas les conditions posées par la loi pour l'obtention de la personnalité morale.

Il nous faut donc étudier cette jurisprudence que certains qualifient de « compréhensive »[379], qui nous semble surtout réaliste, afin de mieux en cerner les contours et de déterminer son utilité en droit pénal.

B] Les applications de la personnalité morale de fait

199 - Lorsqu'il est question de la personnalité morale de fait, on évoque l'arrêt de principe de 1954[380]. S'il est le premier à prendre position en termes très clairs en faveur de la personnification de groupements qui ne se sont pas vu attribuer la personnalité morale par la loi, il a été précédé par quelques décisions qui se prononçaient en faveur de la personnalité du même type de groupements.

Même si ces décisions s'expriment en termes moins nets que celle de 1954, leur étude se révèle nécessaire dans la mesure où elles représentent l'annonce du courant jurisprudentiel. C'est pourquoi nous commencerons par revenir sur ces premières décisions (1) avant d'examiner plus en détail l'arrêt de 1954 (2) pour ensuite voir quelles applications furent faites de cette jurisprudence (3).

---

[378] C. CHAMPAUD, Les groupes d'associations, *Vie Jud.* 6 février 1995, n°2548, p.1 et les références citées.

[379] M. JEANTIN note sous Cass. civ. 1ère, 2 novembre 1994, Rev. Soc. 1995, p.82.

[380] Cass. civ. 2ème, 28 janvier 1954, D. 1954, jur., p.217. note G. LEVASSEUR; JCP 1954, II, 7978; Droit Social 1954, p.16.

1)Les décisions annonciatrices

200 - La première de ces décisions est celle rendue par la chambre des requêtes de la Cour de cassation le 23 février 1891[381]. En effet, il semble que cette décision soit la première à reconnaître la personnalité morale à un groupement alors que la loi était restée muette sur ce point.

La solution n'a plus guère d'intérêt pratique aujourd'hui puisqu'elle tranche la question de savoir si les sociétés civiles avaient ou non la personnalité morale. La loi en vigueur à l'époque[382], contrairement à la loi de 1966, ne se prononçait pas sur ce point.

Pourtant, cette décision mérite d'être signalée comme le point de départ d'une évolution jurisprudentielle, mais il ne faut pas lui accorder plus que cette valeur anecdotique notamment en raison du caractère laconique de l'arrêt qui se contente d'affirmer que les sociétés civiles sont des personnes morales.

201- Les autres décisions émanent des juridictions du fond. Ainsi, celle rendue par le Tribunal civil de Meaux le 23 avril 1952[383] peut retenir notre attention. Dans cette espèce, une dame était entrée dans une congrégation religieuse et y avait travaillé durement pendant plusieurs années. Suite à une maladie grave, elle est exclue de la congrégation sans aucune ressource.

Elle assigne donc la prieure générale ès qualités pour obtenir une indemnisation. Celle-ci répond que l'action est irrecevable car la congrégation n'étant pas déclarée, elle n'a pas la personnalité civile et donc il est impossible de l'assigner ès qualités.

Le tribunal civil rejette l'argument et déclare l'action recevable aux motifs que la congrégation non déclarée, si elle n'a pas la personnalité civile, doit être considérée comme une association de fait. Or ce type de groupements doit pouvoir être attrait devant les juridictions afin de protéger les tiers.

202 - C'est avec une motivation semblable que la Cour d'appel de Rennes[384] déclare recevable l'action d'une personne qui avait mis des

---

[381] Cass. req. 23 février 1891, D.1891, 1, p.337; S.1892, 1, p.73.

[382] Loi du 24 juillet 1867.

[383] T. civil Meaux, 23 avril 1952, D. 1952, p.431.

[384] C.A. Rennes, 1ère Ch., 2 février 1953, JCP 1953, II, 7449;

pièces d'or en dépôt dans une autre congrégation non déclarée. La Cour d'appel, infirmant le jugement de première instance[385], déclare que la congrégation, démunie de personnalité morale, peut, néanmoins, être assignée au travers de la supérieure prise ès qualités[386].

203 - Ce que nous retiendrons de ces décisions c'est la volonté affichée de permettre l'action des tiers, car comme le souligne René SAVATIER, cette jurisprudence « désire d'abord protéger les tiers »[387]. La Cour d'appel de Rennes ne masque pas son analyse en déclarant: « il n'est pas admissible que ladite congrégation puisse exciper de son défaut de personnalité civile [...] »[388].

Et c'est avec la même finalité que le Tribunal civil de Meaux affirme qu'il ne faut pas que le groupement en question « puisse se prévaloir du vice de sa constitution pour échapper aux actions dirigées contre [lui] »[389].

Si l'on essaie de transposer ce raisonnement au droit pénal, il est possible de dire que l'ordre public, qui fait partie de l'intérêt général, est protégé par l'application des textes pénaux. Il faut donc éviter que des vices de constitution ne puissent être mis en avant pour éviter la sanction pénale. En effet, dans ce type de situations, le vice de constitution risque non seulement de paralyser la réaction sociale face à une infraction mais aussi de rendre difficile voire impossible l'indemnisation de la victime. Pour éviter ces conséquences fâcheuses ne faudrait-il pas adopter des solutions similaires à celles qui viennent d'être évoquées?

Pourtant, les décisions en question restent très laconiques et ne pourraient suffire pour respecter le principe de légalité puisqu'elles n'opèrent pas une véritable construction de la théorie de la personnalité morale de fait. Pour espérer un résultat plus satisfaisant il convient donc de se tourner vers la décision de 1954 qui attribue clairement la personnalité morale à un groupement qui n'en était pas doté par la loi.

---

[385] T. civil Lannion, 9 mai 1950, D. 1951, p. 230 note R. SAVATIER ; JCP 1952, II, 6274 note LIET-VEAUX.

[386] Il faut noter que le même type de décision existe en ce qui concerne des sociétés de fait, par exemple Cass. req., 24 juillet 1933, S. 1934, 1, 294.

[387] R. SAVATIER, note sous T. civil Lannion 9 mai 1950, préc.

[388] C.A. Rennes, 1ère Ch., 2 février 1953, préc.

[389] T. civil Meaux, 23 avril 1952, préc.

2) L'arrêt de principe du 24 janvier 1954

204 - C'est le premier arrêt[390] qui dit en termes clairs et précis qu'un groupement que la loi n'a pas doté de la personnalité morale constitue une personne morale à part entière. En l'espèce, il s'agissait du comité d'établissement qui, par opposition au comité d'entreprise ne se voyait pas personnifié par la loi. La portée de cette décision va bien au-delà du seul droit du travail et intéresse l'ensemble des branches du droit[391].

Cet arrêt commence par affirmer que la création des personnes morales n'est pas un monopole de l'Etat et que ce sont les groupements qui remplissent certaines conditions qui doivent se voir attribuer la personnalité morale. Bien sûr, l'éventualité du refus par la loi en considération de motifs de haute police est rappelée.

205 - Monsieur LEMOINE, dans ses conclusions[392], précise que trois conditions doivent être réunies pour qu'il y ait un groupement à même de se voir reconnaître la personnalité morale.

La première condition est l'existence d'intérêts licites, dignes d'être juridiquement reconnus, il ne nous appartient pas ici de rechercher le sens précis de cette expression.

La deuxième condition est liée à ces intérêts. Ils doivent avoir entre eux un certain lien, pouvoir être rattachés à un même sujet. Cette condition n'a pas été reprise de façon explicite par l'arrêt mais semble néanmoins nécessaire.

Enfin, le groupement doit être doté de moyens d'expression qui lui permettent de faire savoir ce qu'exige la satisfaction des intérêts réunis au sein du groupement.

Pour Monsieur LEMOINE, « lorsque des intérêts réunissent ces conditions, ils constituent par le fait même, une personnalité juridique qui existe par elle-même, sans qu'il puisse être question de l'intervention de qui que ce soit pour la créer »[393]. La reconnaissance de cette personnalité n'est donc que la constatation de l'existence d'un

---

[390] Cass. civ. 2ème, 28 janvier 1954, D. 1954, jur., p.217. note G. LEVASSEUR; JCP 1954, II, 7978; Droit Social 1954, p.16.

[391] G. LEVASSEUR, note sous Cass. civ. 2ème, 28 janvier 1954, préc.

[392] Conclusions sur Civ. 2ème, 24 janvier 1954, JCP 1954, II, 7978.

[393] LEMOINE conclusions précitées sur Civ. 2ème, 24 janvier 1954.

certain nombre de faits auxquels on attribue des conséquences juridiques.

206 - Reprenant la thèse développée dans les conclusions de l'avocat général, la deuxième chambre civile de la Cour de cassation reconnaît que le comité d'établissement dispose de la personnalité morale puisque celle-ci appartient « à tout groupement pourvu d'une possibilité d'expression collective pour la défense d'intérêts licites, dignes, par suite, d'être juridiquement reconnus et protégés »

La jurisprudence disposait à partir de cet arrêt d'une possibilité de reconnaître la personnalité morale à un groupement sans que la loi ait eu à intervenir. Voyons donc comment cette jurisprudence a été appliquée par la suite.

3) Les applications ultérieures

207 - A la suite de l'arrêt de 1954, il était raisonnable de se demander d'abord si cette jurisprudence allait trouver à s'appliquer à nouveau et si elle resterait cantonnée au droit du travail.

Aujourd'hui, il est possible de répondre que la décision de 1954 est bien un arrêt de principe[394]. D'ailleurs la Cour de cassation l'a repris en plusieurs occasions, que ce soit en droit du travail (a) ou dans d'autres domaines (b).

a) La personnalité morale de fait en droit du travail

208 - La Chambre sociale de la Cour de cassation a, par deux fois, repris la notion de personnalité morale de fait pour personnifier des institutions ou des groupements qui ne s'étaient pas vus accorder expressément d'existence juridique par la loi qui les créait.

Une première décision reconnu la personnalité morale à un syndicat non déclaré[395] qui, théoriquement, n'avait pas d'existence juridique.

---

[394] Pourtant, Michel JEANTIN soutient qu'il faut remettre en cause la portée réelle de cette jurisprudence : M. JEANTIN, *Droit des Sociétés*, Ed. Montchrestien, 3ème éd. , 1994.

[395] Cass. soc. 21 juillet 1986, Rev. Soc. 1987, p.43 note Y. GUYON.

Une autre vise le comité de groupe. Cette institution a été créée par la loi, pour répondre aux problèmes posés par l'application de la loi relative au comité d'entreprise[396] au sein des groupes. Cette loi[397], ne dit rien en ce qui concerne l'attribution de la personnalité morale au comité de groupe qu'elle instaure.

A l'occasion d'un litige entre la direction d'un groupe et le comité de groupe relatif à une mesure ayant pour effet de modifier la composition du groupe, la Chambre sociale a reconnu la personnalité morale du comité de groupe et partant, sa capacité à ester en justice.

Cette décision[398], qui conforte l'arrêt de la Cour d'appel de Paris[399], semble moins motivée que l'arrêt de 1954. Les commentateurs l'attribuent au fait qu'il s'agit d'un arrêt de rejet[400]ou encore au fait qu'il était évident que le comité de groupe était un sujet de droit donc une personne morale[401].

Enfin, la Chambre sociale a encore eu recours à la notion de personnalité morale de fait à propos des comités d'hygiène, de sécurité et des conditions de travail[402]. Ici encore les textes étaient silencieux sur la capacité juridique de cet organisme.

La décision reprend cette fois l'attendu de principe de l'arrêt de 1954 pour reconnaître la personnalité morale du groupement en question. La motivation plus précise que dans la décision de 1990 est, sans doute, à attribuer au fait qu'il s'agissait d'un arrêt de cassation.

Le droit du travail, par les décisions qu'il fournit peut passer pour « la terre d'élection privilégiée »[403] de la personnalité morale de fait. Pourtant, se serait oublier que celle-ci est présente dans de nombreuses décisions touchant d'autres branches du droit.

---

[396] Art. L.431-1 et s. du C. trav.

[397] Loi n°82-915 du 28 octobre 1982, JCP 1982, III, 53341, (Art. L.439-1 et s. du C. trav.).

[398] Cass. soc. 23 janvier 1990, Bull. IV, n°20, p.13 ;JCP 1991, II, 21529 note M. NEVOT; Rev. Soc. 1990, p.444, note R. VATINET.

[399] C.A. Paris, 1ère Ch. A, 10 juin 1986, JCP 1986, II, 20678 note A. VIANDIER.

[400] M. NEVOT, note préc.

[401] R. VATINET note préc.

[402] Cass. soc. 17 avril 1991, JCP éd. E 1991, II, 229 note H. BLAISE.

[403] G. COUTURIER, *Droit du travail*, tome 2.

b) La personnalité morale de fait dans les autres branches du droit

209 - Il ne s'agit pas de recenser la totalité des décisions ayant eu recours à la notion de personnalité morale de fait mais, plus modestement, de montrer à travers quelques exemples que la jurisprudence de 1954 ne se cantonne pas au droit du travail.

On peut tout d'abord rappeler que cette jurisprudence s'est appliquée en matière commerciale. En effet, par une décision du 17 janvier 1956[404], la masse des créanciers de la faillite est considérée comme une personne morale. Cette décision reprend celle de 1954 sans le préciser. Le commentateur y voit une nouvelle voie d'application de cette jurisprudence.

C'est ensuite la Cour d'appel de Poitiers qui décide qu'une association non déclarée possède la personnalité morale[405]. En l'espèce, il s'agissait d'une fédération internationale de sport. La décision se fonde sur l'existence dans les faits de la personne morale et aussi sur la nécessité de protéger les tiers.

C'est encore une Cour d'appel qui a dû se prononcer sur la possibilité d'attraire en justice la fédération régionale d'un syndicat alors qu'elle n'avait pas respecté les modalités de la loi de 1901.

La Cour d'appel déclare qu'il faut accorder au groupement une personnalité morale passive afin de permettre la protection des tiers et éviter que le groupement échappe à sa responsabilité en arguant de ses vices de constitution.

Enfin, rappelons que la Chambre sociale de la Cour de cassation a admis qu'une action en responsabilité soit menée contre un syndicat qui n'était pas encore déclaré au moment des faits[406]. Monsieur GUYON, dans son commentaire, soulignait que longtemps on avait cru que la jurisprudence de 1954 ne s'appliquerait plus mais que cette décision montre qu'elle est encore d'actualité[407], ce qui fut confirmé par les décisions ultérieures.

---

[404] Cass. civ. 17 janvier 1956, D. 1956, jur., p.265 note R. HOUIN.

[405] C.A. Poitiers, 15 juin 1960, D.1961, p.111 note P. ESMEIN.

[406] Cass. soc. 21 juillet 1986, Rev. Soc. 1987, p.43 note Y. GUYON.

[407] Y. GUYON note préc.

210 - Pourtant, il faut se demander si cette jurisprudence pourrait être reprise et utilisée par le juge pénal. En effet, la notion de personne morale lui était, jusqu'à la réforme du Code pénal, quasiment étrangère, sauf dans de rares cas où était alléguée une violation du domicile d'un être moral[408], ce qui ne l'a jamais amené à se prononcer sur les conditions d'existence de la personnalité morale.

La plupart des auteurs ayant relevé la difficulté engendrée par la notion de personne morale[409], posent la question de savoir si la jurisprudence dégagée dans l'arrêt de 1954 et ceux qui l'ont suivi, sera reprise par le juge pénal ou si ce dernier se sentira tenu par exemple par la loi commerciale[410]. En fait, cette question de l'utilisation de la théorie de la personnalité morale de fait par le juge pénal se dédouble.

En effet, on peut se demander, d'une part, si face à un groupement pour lequel la personnalité morale de fait a déjà été reconnue en jurisprudence, le juge pénal reprendra l'analyse à son compte pour retenir la responsabilité pénale de ce groupement. D'autre part, on peut aussi se demander si le juge pénal fera application de cette théorie de la personnalité morale de fait pour retenir la responsabilité pénale de groupements n'ayant jamais fait l'objet de décisions antérieures.

Si le juge pénal veut recourir à la personnalité morale de fait, il peut le faire grâce au principe de l'autonomie du droit pénal qui lui permet de ne pas être tenu par le sens donné à des concepts extra pénaux[411] par les autres branches du droit. Le recours à l'autonomie du droit pénal est tout à fait envisageable en matière de responsabilité pénale des personnes morales.

211 - Il est bien sûr impossible de savoir aujourd'hui avec certitude si le juge répressif reprendra ou non la notion de personnalité morale de fait puisque cette responsabilité pénale nouvelle n'en est encore qu'à ses balbutiements[412].

---

408 Pour un exemple : T. corr. Evreux, 17 janvier 1984, Gaz.Pal.1984, 2, somm., 342, note DOUCET.

409 Par opposition à celle de groupement utilisée dans l'avant projet de Code pénale de 1978.

410 Par exemple H. SEILLAN, Le nouveau Code Pénal et la santé/sécurité du travail, ALD 1994, p.209 et s.

411 J. PRADEL, *Traité de droit pénal*, CUJAS 1999; n°199 et s. et les références citées.

412 Le nombre de poursuites et de décisions reste encore très limité comme le rappelle L. VICHNIEVSKY *in* Bilan sommaire de la répression à l'encontre des personnes morales, Rev. sc. crim. 1996, p.289 et s.

Il est néanmoins possible d'apporter quelques éléments de réponse. Le premier argument pour écarter la personnalité morale de fait est de dire que le Code pénal impose au juge le principe d'interprétation stricte[413], mais ce principe ne signifie pas que le juge n'ait plus la possibilité de rechercher la signification réelle d'un texte lorsque cela se révèle nécessaire.

Des auteurs opposés à la reconnaissance d'êtres moraux de fait disent que l'appliquer serait contraire à la volonté du législateur[414]. Il est vrai que l'ordonnance de 1945 relative aux délits de presse, qui peut être considérée comme l'ancêtre de la responsabilité pénale des personnes morales, visait à la fois les personnes morales de droit et de fait[415].

Pour répondre à ces arguments, on peut objecter d'une part que si le législateur, qui connaît la jurisprudence relative à la personnalité morale, avait voulu restreindre le champ d'application, il aurait utilisé les notions de capacité civile ou aurait précisé que la personnalité morale devait être accordée par la loi. D'autre part, en ce qui concerne l'ordonnance de 1945, il faut prendre en compte le fait qu'elle a été adoptée dans une période particulière de méfiance qui explique sans doute la grande précision du législateur lors de la rédaction du texte.

Les arguments qui s'opposent à l'application de la personnalité morale de fait par le juge pénal ne semblent donc pas si pertinents qu'il a été affirmé. D'ailleurs, il est important de signaler que le droit pénal a déjà eu à s'appliquer à des personnes qui n'étaient pas des sujets de droit au sens commun du terme.

En effet, la personne qui se voyait condamnée à la mort civile[416], n'était plus sujet de droit mais restait néanmoins soumise au droit pénal, ce qui s'explique par la nécessité absolue de la réponse sociale aux atteintes à l'ordre public et ce quel qu'en soit l'auteur.

Pour terminer sur ce point, il faut rappeler que la théorie de la personnalité morale de fait a été mise en place d'abord pour rendre possible l'action en justice afin de protéger des tiers[417]. Il serait donc logique qu'elle soit appliquée pour permettre d'une part la protection de

---

[413] Art. 111-4 C. pén.

[414] Th. DALMASSO, *La responsabilité pénale des personnes morales*, LITEC 1995.

[415] Ord. du 5 mai 1945 Relative à la poursuite des entreprises de presse, d'édition, d'information et de publicité coupables de collaboration avec l'ennemi, J.O 6 mai 1945 p.2571 ; D.45, lég., p.98.

[416] Abrogée en 1854.

[417] E. SAVAUX, La personnalité morale en procédure civile, RTD Civ. 1995, p.1.

l'ordre public qui est le but premier du droit pénal et aussi pour faciliter la réparation du préjudice subi par d'éventuelles victimes d'infractions commises par des groupements non personnifiés par la loi[418], d'autre part.

Si l'application de la théorie de la personnalité morale de fait par le juge pénal semble envisageable, reste néanmoins à démontrer en quoi elle est nécessaire.

§2: La nécessité du concept en droit pénal

212 - Avant de mener une recherche approfondie visant à dégager les critères que pourrait retenir le juge pénal pour décider si tel ou tel groupement est une personne morale et donc si ce groupement peut ou non être pénalement responsable, encore faut-il que la notion de personnalité morale de fait soit utile à la répression.

Il semble que cette utilité se dégage sur deux questions. La première est le souci de réalisme de la justice pénale. En effet, nombreux sont les groupements qui n'étant pas personnifiés par la loi n'en sont pas moins des répliques de personnes morales issues de la loi et tout aussi à même de commettre des infractions. C'est pourquoi, le droit pénal a besoin de réalisme (A).

La seconde est la nécessité d'éviter que la différence de traitement entre les groupements personnifiés par la loi et les groupements de fait, n'entraîne une désaffection pour les modes légaux de formation des groupements. Le recours à la personnalité morale de fait pourrait donc permettre d'éviter un refus des cadres légaux (B).

A] Remplir le besoin de réalisme

213 - L'autonomie du droit pénal est nécessaire à la répression. C'est cette nécessité qui en fixe les limites et les contours[419]. Le droit pénal se

---

[418] Puisqu'il semble que l'indemnisation des victimes était une des motivations du législateur quand il a adopté la responsabilité pénale des personnes morales.

[419] G. STEFANI et ses élèves, Quelques aspects de l'autonomie du droit pénal, Dalloz 1956.

doit donc d'adopter une conception large de la notion de personne morale.

En effet, les groupements sont aujourd'hui très nombreux. Parmi eux, on trouve ceux qui sont instaurés par la loi et d'autres qui sont des groupements « de fait ». Le droit pénal, pour pouvoir accomplir sa mission de répression, doit pouvoir tous les appréhender.

Il faut distinguer, d'une part, les groupements de fait qui sont des reproductions de groupements visés par la loi mais à qui il manque une formalité pour se voir reconnaître la personnalité morale (1) et d'autre part, les groupements qui ne sont pas calqués sur des schémas existants mais qui révèlent une organisation et un fonctionnement de nature à leur permettre la commission d'infractions(2).

1) Les groupements proches des structures légales

214 - Il s'agit de groupements qui, à cause d'un vice de constitution, ne peuvent se voir attribuer la personnalité morale par la loi. Pourtant, leur construction est identique à celle de groupements légaux.

Pour se convaincre que le droit pénal doit les retenir comme pénalement responsables, il suffira de prendre quelques exemples de groupements de ce type pour s'apercevoir que leur capacité criminogène est identique à celle des groupements reconnus par la loi et que les modes de fonctionnement sont très proches ou semblables à ceux qui se pratiquent dans les groupements « légaux ».

D'ailleurs, cette prise en compte correspond parfaitement à la volonté des rédacteurs du Code nouveau puisque l'exposé des motifs du projet de loi précise que le Code pénal doit prendre en compte les valeurs actuelles de notre société.[420]

---

[420] R. BADINTER, Exposé des motifs du projet de loi portant réforme du Code pénal.

a) L'association non déclarée

215 - Si plusieurs personnes se réunissent autour d'un projet quelconque sans avoir pour but de partager d'éventuels bénéfices[421], ils peuvent créer une association. Si celle-ci n'est pas déclarée à la préfecture, elle ne jouit en principe pas de la personnalité morale[422].

Pourtant, dans les faits, il y aura bien un groupement constitué qui désignera des organes ayant pour tâche de le représenter. L'association, bien que dépourvue de personnalité morale pourra ainsi ouvrir un compte en banque, faire des achats, des ventes[423] à l'instar d'une association déclarée en préfecture.

Si, au cours du fonctionnement de cette association de fait, une infraction est commise par les organes ou les dirigeants « pour le compte » de l'association[424], les suites données différeront selon la conception adoptée par le juge pénal.

S'il veut être conforme à la réalité, il devra reconnaître que le groupement en question existe bel et bien[425] et qu'en raison de son organisation celui-ci est une personne morale qui doit répondre des infractions commises « pour son compte » par ses dirigeants.

Dans le cas contraire, le juge pénal devra dire que, privé de personnalité civile, le groupement ne peut encourir de responsabilité pénale. Cette solution se révélerait particulièrement critiquable car la soumission au droit pénal dépendrait de la réalisation d'une formalité administrative.

Cette situation n'est pas un cas isolé puisque les mêmes interrogations se posent en ce qui concerne des groupements qui ressemblent beaucoup aux sociétés personnifiées par la loi.

---

[421] Art. 1er de la loi du 1er juillet 1901.

[422] Art. 5 de la loi du 1er juillet 1901.

[423] S. LANNEREE, *Les associations de la loi de 1901 et les fondations*, Le conseiller juridique pour tous, Editions du puits fleuri, 4ème éd., spéc. §160.

[424] Pour plus de précisions sur ces notions *cf* deuxième partie.

[425] Ce que ne nie pas la loi de 1901 qui, au contraire, admet l'existence des associations non déclarées.

b) Les groupements proches des formes sociétaires

216 - On peut d'abord évoquer le cas de la société en formation. La période de formation d'une société peut se définir comme la période séparant le moment où la décision de créer la société est prise par les associés et le moment où elle est effectivement immatriculée et devient une personne morale autonome. C'est la détermination du point de départ de cette période qui reste difficile à déterminer[426].

Le rapprochement avec la société de fait, qui peut se définir comme « une société qui a fonctionné en dépit d'une cause de nullité qui menaçait son existence »[427], est logique puisque la société en formation peut devenir une société de fait si son activité avant immatriculation dure trop longtemps ou si la société n'est jamais immatriculée[428].

Il faut encore citer la société créée de fait qui «résulte « du comportement de personnes qui ont participé ensemble à une œuvre économique commune dont elles ont partagé les profits et supporté les pertes »[429].

Enfin, fait partie de ces groupements proches des formes sociétaires, la sociétés en participation, qui est un « mode de collaboration économique par création d'une société sans personnalité morale, non soumise à publicité et pouvant demeurer occulte »[430].

217 - La loi n'a pas cru bon d'accorder la personnalité morale à ces groupements. Quelle attitude adoptera le juge pénal?

S'il s'en tient à la conception commercialiste de la personnalité morale, il se déclarera incompétent pour juger des faits commis par ce type de groupements. Pourtant, dans la plupart des cas, la structure, le fonctionnement, l'organisation sont tout à fait semblable à ce que l'on voit dans les sociétés personnifiées.

---

[426] LAMY, *Sociétés Commerciales*, n°336.

[427] R. GUILLIEN et J. VINCENT, *Lexique de termes juridiques, op. cit.*

[428] La jurisprudence dit qu'il y a passage à une société créée de fait lorsqu'il y a développement de façon durable et importante d'une activité dépassant l'accomplissement de simples actes nécessaires à la constitution de la société. A ce propos V. F. DEKEUWER-DEFOSSEZ, Rev. Soc. 1982, p.858 et les réf. citées.

[429] R. GUILLIEN et J. VINCENT, *op. cit.*

[430] R. GUILLIEN et J. VINCENT, *op. cit.*

218 - Le problème qui se pose, si l'on retient la personnalité morale de fait, sera celui de savoir à partir de quel moment le groupement a atteint une maturité suffisante pour encourir une responsabilité pénale.

Le premier élément de réponse est que, pour rendre possible l'utilisation de la personnalité morale de fait, il faut que les critères de son application soient extrêmement précis[431].

Le second élément de réponse est que le groupement doit pouvoir tomber sous le coup de la loi pénale dès qu'il est possible d'associer une infraction qui a été commise et l'action d'une personne ou d'une assemblée de personnes chargées de diriger le groupement et qui a agi au nom de celui-ci.

219 - Avec ces groupements, on se retrouve aux limites de la théorie de la personnalité morale de fait, ce qui pourrait donner la tentation de la rejeter. Pourtant, comment nier que dans certains cas, la société fonctionnera tout à fait normalement et de façon identique à une société immatriculée ?

C'est pourquoi, il est préférable que dans ce genre d'hypothèses ce soit le juge pénal lui-même qui tranche la question de l'existence d'une personne morale pénalement responsable en se fondant sur les faits plutôt que sur l'existence ou l'absence d'une simple formalité administrative sans influence sur la capacité du groupement à commettre des infractions.

Si la personnalité morale de fait peut et devrait être retenue dans les cas évoqués, il existe d'autre cas de groupements qui sont calqués sur une création légale mais à qui il manque une formalité, mais il nous est bien sûr impossible d'en dresser une liste exhaustive.

En outre, il existe des groupements qui sont originaux c'est-à-dire qui ne reprennent pas une forme d'organisation visée par la loi. Pourtant, certains de ces groupements possèdent une organisation tellement rigoureuse et disposent d'une puissance si importante qu'il semble nécessaire de leur reconnaître la personnalité morale afin de les soumettre au droit pénal. Encore une fois, pour se convaincre de cette nécessité il suffit de prendre quelques exemples.

---

[431] Sur ce point *cf.* p. 158.

2) Les groupements originaux

220 - Nous prendrons deux exemples de ce type de groupements. Le premier dans le domaine spirituel: la secte et le second dans le domaine économique: le groupe de sociétés.

a) Les mouvements sectaires

221 - Depuis déjà longtemps on s'interroge sur le problème des sectes et de leur appréhension par le droit. En 1985, un premier rapport avait été rédigé[432], onze ans plus tard un nouveau rapport s'intéresse à la question[433]. En ce qui nous concerne, il convient de retenir de ce dernier rapport que, selon son auteur, l'adoption de textes nouveaux n'est pas nécessaire et que la lutte doit être menée avec les moyens disponibles[434]. En effet, le rédacteur du rapport précise que « l'essentiel est de bien utiliser pleinement les dispositions existantes, leur application systématique et rigoureuse devant permettre de lutter efficacement contre les dérives sectaires ». Cinq ans après ce rapport, le législateur à néanmoins décidé d'adopter un texte particulier concernant la lutte contre les dérives des mouvements ce type[435].

Parmi les dispositions du nouveau texte, l'extension du domaine d'application de la responsabilité pénale des personnes morales tient une place importante[436]. Mais rares sont les mouvements sectaires qui apparaissent sous la forme d'associations déclarées ou sous toute autre forme légale. De plus, une lutte efficace contre les dérives sectaires impose de pouvoir poursuivre l'ensemble des groupements organisés qu'ils se soient ou non conformés à un modèle légal.

---

[432] Rapport VIVIEN 1985.

[433] Rapport GUYARD 1996.

[434] Néanmoins, pour un avis contraire voir, par exemple, la proposition de modification du Code pénal proposée par VIGOUROUX (R.) *Vie Jud.* n°2653, p.4.

[435] Loi n°2001-504 du 12 juin 2001 tendant à renforcer la prévention et la répression des mouvements sectaires portant atteinte aux droits de l'homme et aux libertés fondamentales, J.O. 13 juin 2001 ; JCP 2001, III, 20511.

[436] La loi précitée rend certaines infractions imputables aux personnes morales (empoisonnement, tortures, menaces, harcèlement sexuel, provocation au suicide...).

On retrouve donc encore cette nécessité de recourir à la personnalité morale de fait pour permettre une répression efficace. A priori, il ne sera pas trop complexe de déceler, à l'intérieur de ces groupements, la hiérarchie agissante pour déterminer quels sont les organes et les représentants.

En outre, la reconnaissance de la personnalité morale de ces groupements et partant, leur responsabilité pénale, serait à même d'assurer une répression plus efficace. En effet, dans les cas les plus graves, le juge pourrait recourir à la peine de dissolution du groupement[437], évitant ainsi que les poursuites n'aboutissent qu'à un remplacement des personnes physiques dirigeantes condamnées laissant ainsi au groupement la possibilité de poursuivre ses activités répréhensibles[438].

Pour renforcer encore la démonstration de la nécessité de la personnalité morale de fait en droit pénal, il reste à étudier le cas du groupe de sociétés.

b) Le groupe de sociétés

222 - Il n'est pas aisé, voire impossible de donner une définition précise de la notion de groupe de sociétés. En effet, elle recouvre un nombre trop important de réalités différentes. La constante est qu'il s'agit d'un groupement de sociétés qui est dirigé par une d'entre elles et que le nombre de ces structures est en perpétuelle augmentation depuis quelques années[439].

Dans la plupart des cas, le groupe représente une puissance très importante qui fait que « le groupe de sociétés est capable de commettre

---

[437] Il faut noter que l'article 1er de la loi du 12 juin 2001 précitée donne aussi au juge civil la possibilité de prononcer la dissolution civile de la personne morale lorsqu'elle a été condamnée pour certaines infractions.

[438] D'autant que l'article 18 de la loi complète l'article 434-43 C. pén. en instaurant des peines sévères (Trois ans d'emprisonnement et une amende de 45 000 euros) pour les personnes physiques qui participe « au maintien ou à la reconstitution, ouverte ou déguisée d'une personne morale dont la dissolution a été prononcée en application des dispositions du 1° de l'article 131-39 [...] ».

[439] N. CHABANAS et E. VERGEAUE, explosion du nombre de groupes d'entreprises, Affiches Parisiennes, 12 mai 1998, p.14. Selon cette étude, le nombre de groupes est passé, en France, de 1300 à 6700 entre 1980 et 1995.

des infractions au nom de l'intérêt collectif qu'il entend défendre »[440]. Le droit pénal aurait donc vocation à intervenir, mais par quel biais?

Le groupe est connu en droit pénal, tantôt comme révélateur d'une infraction[441] tantôt comme une cause d'irresponsabilité[442].

La responsabilité pénale instaurée par l'article 121-2 du Code pénal lui est-elle applicable? L'obstacle majeur est que bien qu'il soit composé de sociétés qui ont la personnalité morale, le groupe ne s'est pas vu personnifié par la loi[443].

La solution peut-elle consister en la condamnation du groupe par l'intermédiaire de chacune des sociétés qui le compose en recourant aux notions de complicité et de recel ?

La réponse doit être négative. En effet, ce type de solution se révèle nettement insuffisant. Tout d'abord, il sera quasiment impossible d'atteindre toutes les sociétés du groupe puisque les sociétés qui n'auront aucun lien avec l'infraction ne pourront être poursuivies. De plus, il existe un risque encore plus grave, c'est celui de voir les sociétés du groupe bénéficier d'une totale immunité en invoquant la contrainte, l'état de nécessité ou encore l'intérêt du groupe.

La seule solution pour éviter de « permettre aux agents économiques les plus puissants de se soustraire à la responsabilité pénale » est de recourir à la personnalité morale de fait pour dire que le groupe étant une personne morale est soumis au droit pénal. De plus, la jurisprudence, sans aller jusqu'à reconnaître l'existence d'une personnalité morale du groupe, semble de plus en plus encline à en faire une entité juridique[444].

Au travers des exemples qui viennent d'être développés, on aperçoit clairement la nécessité pour le juge pénal d'adopter une position fondée sur le réalisme en ayant recours à la personnalité morale de fait. Un autre argument plaide en faveur de celle-ci, c'est celui du souci d'éliminer le risque de refus des cadres légaux.

---

[440] M. PARIENTE, Les groupes de sociétés et la responsabilité pénale des personnes morales, Rev. Soc 1993, p.247.

[441] B. BOULOC, Droit pénal et groupes d'entreprises, Rev. Soc. 1988, p.181.

[442] Sur ce point voir C. FREYRIA et J. CLARA, De l'abus de biens sociaux et de crédit en groupe de sociétés, JCP éd. E 1993, I, 247.

[443] Cette reconnaissance de la personnalité morale par le législateur ne semble pas à l'ordre du jour (O. DOUVRELEUR, La réforme du droit des sociétés: où en est-on?, Petites Affiches 20 novembre 1996, n°140, p.21.

[444] Pour un exemple V. Cass. com. 4 mars 1997, Rev. Soc. 1997, p.554 note P. DIDIER.

B] Eviter le refus des cadres légaux

223 - La position du juge pénal par rapport à la responsabilité pénale des groupements de fait pourrait avoir une influence très importante sur les mentalités des fondateurs de groupements[445]. En effet, si les groupements de fait sont exclus du champ de cette responsabilité pénale, on risque d'assister à une véritable désaffection des formes légales de groupement. Nous commencerons par voir que ce risque de désaffection est bien réel (1) pour ensuite nous intéresser aux dangers qui seraient liés à une telle situation de refus des cadres légaux (2).

1) L'existence du risque

224 - Si le juge pénal s'en tient à une position minimaliste consistant à dire que le texte ne s'applique qu'aux groupements s'étant vu attribuer la personnalité morale par la loi, il y aura une impunité totale pour l'ensemble des groupements de fait.

En effet, si une instruction a été ouverte et porte sur des faits commis par un groupement de fait, le juge d'instruction rendra une ordonnance de non-lieu puisque le mis en cause n'est pas pénalement responsable.

Si, en l'absence d'instruction, l'affaire est portée directement devant une juridiction de jugement, celle-ci devra rendre une décision de relaxe motivée par l'absence de responsabilité pénale du prévenu.

Ainsi, tous les groupements de fait seront écartés de la responsabilité pénale sans même qu'il soit tenu compte de ce qu'ils peuvent avoir une organisation similaire à celles prévues pour les groupements personnifiés par la loi.

Imaginons deux groupements A et B, le premier est une société commerciale régulièrement constituée et immatriculée au Registre du commerce et des sociétés et jouissant donc de la personnalité morale[446].

---

[445] Sur l'influence de la responsabilité pénale des personnes morales sur le choix de la forme sociale pour un groupement V. J. AMAR, Contribution à l'analyse économique de la responsabilité pénale des personnes morales, Dr. pénal 2001, doct. n°37.

[446] Art. 5 de la loi du 24 juillet 1966 relative aux sociétés commerciales.

Le groupement B exerce le même type d'activités mais si toutes les étapes de la phase de création ont été accomplies, il manque l'immatriculation et donc B est dénué de personnalité morale au sens de la loi de 1966.

Si une infraction est commise, par exemple un vol de document chez un concurrent[447], les suites de l'infraction différeront selon le groupement.

La société A, immatriculée, bénéficie de la personnalité morale et c'est donc sans problème qu'elle pourra être poursuivie, jugée et enfin, si les faits sont établis et les conditions remplies, condamnée. Dans ce cas, les peines peuvent être lourdes puisque l'amende peut atteindre 225 000 euros[448] et la personne morale peut se voir interdire d'exercer une activité professionnelle en cas de circonstances aggravantes[449].

Ces peines peuvent être de nature à mettre la vie de la personne morale en péril que ce soit par le montant de l'amende qui la rend exsangue ou par l'interdiction d'exercer l'activité principale qui permettait sa survie[450].

Pour ce qui est du groupement B, la personne physique ayant commis le vol pourra être poursuivie et condamnée, mais le juge pénal devra relaxer le groupement malgré le rôle prépondérant qu'il a joué dans la commission de l'infraction. Ce dernier pourra donc continuer son activité sans être inquiété et sans subir de conséquences.

225 - Si ce genre d'hypothèse venait à se multiplier, permettant à des groupements « occultes » de mener leur activité sans avoir à craindre de sanctions pénales, on risque de voir se développer rapidement le nombre de ces groupements formés hors du cadre légal.

Ceci sera d'autant plus vrai dans des domaines où le risque de commettre des infractions pour le groupement est plus important qu'ailleurs, on peut par exemple penser à l'industrie chimique ou encore à tous les secteurs économiques qui risquent de mettre l'environnement en péril.

---

[447] Art. 311-1 C.pén., il faut noter que c'est un des exemples retenus par la Circulaire du 14 mai 1993.

[448] L'amende encourue par les personnes physiques étant de 45 000 euros (Art. 311-3 C. pén.).

[449] Art. 311-16 C. pén.

[450] Même si, en pratique, il semble que les juridictions pénales s'attachent à ne pas prononcer de peines qui puissent mettre la vie de la personne morale en péril.

226 - Ce développement des groupements de fait pourrait être accentué par le fait que l'absence de responsabilité pénale du groupement n'influe pas, en théorie, sur la situation des dirigeants. En effet, si la responsabilité du groupement excluait celle des dirigeants ou l'atténuait à coup sûr, ceux-ci seraient plus enclins à respecter les formes légales qui confèrent la personnalité morale au groupement.

En effet, le texte[451], loin de prévoir que la responsabilité de la personne morale exclut celle des personnes physiques, dispose au contraire expressément qu'elle « n'exclut pas celle des personnes physiques auteurs ou complices des mêmes faits »[452]. Un débat doctrinal s'est d'ailleurs ouvert sur le point de savoir si cette disposition rendait les deux responsabilités alternatives ou cumulatives[453].

Il sera alors tentant, pour les fondateurs d'un groupement, de ne pas choisir une forme légale et de mettre à sa tête un « homme de paille » qui assumera la responsabilité pénale en tant que personne physique, ce qui permet alors d'éviter quasiment tout risque en cas de poursuites pénales.

227 - Ce que l'on constate donc c'est que si le juge pénal ne prend pas en compte l'existence des groupements de fait, la balance entre les avantages et les inconvénients de se soumettre à une forme sociale proposée par la loi est faussée.

Le problème est que toutes les formes sociales actuellement connues ont été pensées sans la responsabilité pénale des groupements. Ce qui, à notre avis, constitue un sérieux encouragement pour le juge pénal à se forger ses propres critères de la personnalité morale.

Le risque de voir les fondateurs de groupements s'écarter des formes proposées par la loi est donc bien réel et pourrait provoquer des inconvénients majeurs pour les tiers en relation avec ces groupements.

---

[451] Art. 121-2 C. pén.

[452] Art. 121-2 al. 3 C. pén.

[453] *Cf. infra* p.374.

2) Les dangers attachés au refus des cadres légaux

228 - Le refus du juge pénal de prendre en compte les groupements de fait risque de porter préjudice aux personnes qui sont en rapport avec ces groupements. En effet, si le nombre des groupements de fait se développe, des problèmes de protection des tiers se feront jour (a). De plus, en cas d'infraction causant un dommage, la réparation sera plus aléatoire (b).

a) La protection des tiers

229 - L'une des raisons de l'attribution de la personnalité morale par la loi à certains groupements est la volonté de protéger les tiers qui entrent en rapport avec ces groupements. Cette protection, pourtant souhaitable, paraît dès lors bien aventureuse en cas de groupements de fait.

En premier lieu, il sera très difficile de connaître alors la santé financière exacte du groupement avec lequel on est en train de traiter. Au contraire, les groupements dotés de la personnalité morale sont tenus à certaines règles de dépôt des comptes qui permettent de se renseigner sur leur état financier. Pour certains, il existe même une obligation de tenir des comptes prévisionnels[454] visant à se faire une idée sur l'avenir proche de la personne morale.

En deuxième lieu, il sera impossible d'évaluer avec précision l'étendue des biens du groupement. Avec un groupement personnifié, il y a un patrimoine affecté à la personne morale qui peut être délimité avec précision.

En troisième lieu, le tiers risque de voir déclarer sans effets les engagements pris par le groupement. En effet, le tiers ayant face à lui un groupement dont la forme s'approche de celles prévues par la loi, par exemple par la loi sur les sociétés, pourra signer des contrats qui, selon le principe dégagé à propos des contrats passés avec les groupes de

---

[454] Cette obligation concerne l'ensemble des sociétés commerciales qui, à la fin de l'exercice ont employé plus de 300 salariés ou ont un chiffre d'affaires supérieur à 120 millions de Francs (Art. 340-1 de la loi de 1966).

sociétés, seront déclarés nuls et sans effets, ce qui porte gravement atteinte à la sécurité juridique.

Enfin, autre source d'insécurité juridique, les groupements de fait sont très « volatiles » puisque leur disparition n'est pas encadrée par la loi, contrairement aux groupements personnifiés qui sont tenus par les règles légales de liquidation. Le tiers traitant avec un groupement de fait est donc exposé au risque de le voir disparaître sans pouvoir faire état des accords passés avec lui.

Si ce genre d'inconvénients est déjà fort préoccupant, il est encore plus navrant de constater que le refus de prendre en compte les groupements de fait serait en outre susceptible de contrarier l'un des objectifs de la responsabilité pénale des personnes morales qui est de faciliter l'indemnisation des victimes d'infraction commise par un groupement.

b) L'indemnisation des victimes

230 - Le Code pénal de 1994 a retenu la responsabilité pénale des personnes morales ; certains auteurs disent que les raisons de l'introduction de cette responsabilité nouvelle sont inconnues et que celles qui sont avancées sont insuffisantes[455].

Pourtant, la majorité des auteurs semble s'accorder pour dire que la réforme a été introduite en partie pour rendre l'indemnisation des victimes plus simple et plus rapide[456]. En effet, la « personne morale offre aux victimes de meilleures garanties d'indemnisation qu'une personne physique »[457].

Si, à cause de l'absence de responsabilité pénale des groupements de fait, on assiste à leur multiplication, la victime de faits qui constituent une infraction rencontrera des difficultés d'indemnisation. En effet, s'il s'agit d'un groupement de fait que le juge ne veut pas poursuivre, il ne restera que les dirigeants personnes physiques pour être condamnés à

---

[455] C. LOMBOIS, Rapport de synthèse, Petites Affiches 6 octobre 1993, n°120, p.48.

[456] J.J. HYEST *in Le nouveau Code Pénal: Enjeux et perspectives*, Coll. thèmes et commentaires, DALLOZ, 1994. Spéc. p.47.

[457] J.J. HYEST, *op. cit*

des dommages et intérêts. En découlent des difficultés de recouvrement et surtout des risques d'insolvabilité.

On aboutirait alors à l'inverse de ce que voulait le législateur lorsqu'il a adopté la responsabilité pénale des groupements.

Force est donc de constater que cette personnalité morale de fait qui est parfois employée dans certaines branches du droit, se révèle nécessaire en droit pénal pour que l'introduction de la responsabilité pénale des personnes morales ne conduise pas à des effets contraires aux vues du législateur.

231 - Que ce soit pour répondre au besoin de réalisme ou pour éviter que les fondateurs de groupements ne se désintéressent des formes sociales légales, le juge pénal doit avoir recours à la notion de personne morale de fait.

Toute la difficulté résidera dans le fait qu'il faut concilier cet impératif avec les principes du droit pénal. Ainsi, il faut éviter au maximum les situations floues qui pourraient laisser place à l'arbitraire. C'est pourquoi, logiquement, notre prochaine étape sera de rechercher quels pourraient être les critères à retenir par le juge pénal pour élaborer sa propre notion de personne morale de fait.

Section 2:

Les critères de la personnalité morale de fait

232 - La base de la personnalité morale de fait est l'arrêt de 1954[458] déjà cité et toutes les décisions qui lui ont succédé[459] en reprenant une argumentation similaire. Selon cette jurisprudence, la personnalité morale n'est pas une création de la loi et doit, par suite, être attribuée à tout groupement « pourvu d'une possibilité d'expression collective pour la défense d'intérêts collectifs, dignes d'être juridiquement protégés »[460].

---

[458] Cass. civ., 2ème, 28 janvier 1954, D. 1954, jur., p.217. note G. LEVASSEUR; JCP 1954, II, 7978; Droit Social 1954, p.16.

[459] *Cf supra* p139.

[460] Cass. civ., 2ème, 28 janvier 1954, préc.

Cette définition a été élaborée par le juge civil dans le but de permettre l'accès aux prétoires pour les groupements en question. Elle ne peut être reprise intégralement par le juge pénal car « La capacité civile et la responsabilité pénale n'obéissent pas aux mêmes règles. Ici se manifeste le particularisme du droit pénal »[461]. Pour établir les critères, il faudra prendre en compte à la fois les conditions posées par le texte instituant la responsabilité pénale des personnes morales et le but du droit pénal qui est de réprimer les infractions, en essayant de concilier ces impératifs avec les grands principes du droit pénal.

En fait, il faut d'abord reprendre les critères de base donnés par la jurisprudence, c'est à dire se fonder sur l'activité du groupement, ce qui permet de mieux cerner le ou les buts poursuivis par ses membres ainsi que les moyens dont il dispose pour y parvenir (§1). Mais les exigences liées aux conditions de mise en œuvre de la responsabilité pénale des personnes morales font qu'il faudra aussi s'arrêter sur le fonctionnement interne du groupement, c'est-à-dire son organisation (§2).

§1: L'activité

233 - Il convient de commencer par une extrapolation des conditions qui sont posées par l'arrêt de 1954. A cet effet, il faudra d'abord s'intéresser à ce que la décision appelle « les intérêts » défendus par le groupement (A).

La seconde exigence de cet arrêt de principe est l'existence de moyens d'expression. Pour ce qui est du droit pénal, il nous semble préférable d'employer l'expression de moyens d'action qui est un peu plus large (B).

A] Les intérêts poursuivis par le groupement

234 - L'arrêt de 1954 dit que le groupement doit poursuivre des intérêts licites dignes d'être juridiquement protégés. La première

---

[461] H. DONNEDIEU DE VABRES, Les limites de la responsabilité pénale des personnes morales, RID pén. 1950, p.339.

question qui se pose est de savoir ce que représente concrètement la notion d'intérêt. C'est pourquoi il faut d'abord rechercher une définition de cette notion (1). Dans un deuxième temps, nous chercherons comment déterminer l'intérêt principal d'un groupement (2). Enfin, nous nous demanderons si en droit pénal, l'intérêt défendu par le groupement doit nécessairement être licite (3).

1)La définition de la notion d'intérêt

235 - Qu'est-ce qu'un intérêt défendu ou poursuivi par un groupement? D'après un dictionnaire de langue française, l'intérêt est « un sentiment de curiosité, de bienveillance à l'égard de quelqu'un ou de quelque chose »[462]. A la lumière de cette définition, il faut examiner ce que l'arrêt de 1954 et ceux qui lui ont succédé retiennent comme intérêts.

L'arrêt de 1954 relève que le comité d'établissement « coopère à l'amélioration des conditions de travail et de vie du personnel et assure le contrôle et la gestion des œuvres sociales de l'entreprise ».

Le 17 janvier 1956[463], la Cour de cassation reconnaît la personnalité morale à la masse des créanciers et précise que celle-ci assure la défense et la mise en œuvre des droits des créanciers sur un strict pied d'égalité.

La Cour d'appel de Poitiers relève dans sa décision reconnaissant la personnalité morale de la fédération internationale d'escrime, que celle-ci « favorise le développement des armes, fait respecter les définitions de l'amateur, détermine les règles d'organisation des épreuves internationales et étudie et règle les questions intéressant l'escrime »[464].

La Chambre sociale de la Cour de cassation note encore que le comité de groupe reçoit des informations sur l'activité, la situation financière et l'évolution de l'emploi dans le groupe et lui reconnaît la personnalité morale[465].

Enfin, la même juridiction accorde la personnalité morale au comité d'hygiène de sécurité et des conditions de travail après avoir remarqué

---

[462] Dictionnaire Larrousse.

[463] Cass. civ. 17 janvier 1956, D. 1956, p.265 note R. HOUIN.

[464] C.A. Poitiers 15 juin 1960, D. 1961, p.111, note P. ESMEIN.

[465] Cass. soc. 23 janvier 1990, Bull.V,n°20, p13 ;JCP 1990,II, 21529; Rev.Soc.90, 444.

qu'il « contribue à la protection de la santé et de la sécurité des travailleurs et à l'amélioration de leurs conditions de travail »[466].

236 - L'analyse de ces éléments nous amène à penser que les intérêts visés par la jurisprudence représentent le but poursuivi par le groupement. De façon plus précise, on peut dire qu'il s'agit de l'objet de ce groupement. En effet, l'objet étant défini comme « l'activité qu'une société, une association se propose d'exercer »[467], cela correspond parfaitement aux les éléments retenus par les juridictions.

Une fois cette notion d'intérêt cernée, reste à savoir comment se détermine l'intérêt principal d'un groupement.

2) La détermination de l'intérêt dominant du groupement

237 - Dans le cas des groupements qui respectent une forme légale, la question se résout très simplement puisque la loi exige la rédaction de statuts qui doivent obligatoirement comporter une mention relative à l'objet du groupement[468].

A l'inverse la question se révèle délicate lorsqu'il s'agit d'un groupement de fait. Deux situations doivent être envisagées:

Dans le premier cas, le groupement, bien que ne respectant pas l'ensemble des prescriptions légales se rapproche fortement d'un modèle légal et dispose par hypothèse de statuts. Il suffira alors de se référer a ces statuts pour savoir quel objet les fondateurs ont entendu donner au groupement.

Dans l'hypothèse d'un groupement plus informel et ne disposant pas de statuts, il faudra avoir recours à l'observation. C'est dire qu'il faudra, à partir des manifestations visibles du groupement déterminer au mieux ce qui est son objet.

Dans le cas où les activités du groupement sont nombreuses et diversifiées, soit il est possible d'en dégager une qui est plus importante que les autres, soit on retient les activités les plus habituelles.

---

[466] Cass. soc. 17 avril 1991, JCP éd. E 1991, II, 229 note H. BLAISE .

[467] R. GUILLIEN et J. VINCENT, *Lexique de termes juridiques*, DALLOZ, 12ème éd. 1999.

[468] Art. 2 de la loi du 24 juillet 1966 pour les sociétés et article 5 de la loi du 1er juillet 1901 pour les associations.

Outre l'identification de l'intérêt ou de l'objet du groupement , il faut se rappeler que la décision de 1954 et celles qui l'ont suivies précisent que ce ou ces intérêts doivent être licites. On peut se demander si le droit pénal nécessite la reprise de cette exigence.

3) La licéité de l'intérêt est-elle nécessaire?

238 - Il faut d'abord revenir sur les raisons qui ont poussé à l'adoption de cette condition de licéité de l'intérêt défendu par le groupement. L'arrêt de 1954 voulait permettre au groupement d'accéder à la vie juridique afin qu'il puisse être demandeur à une action visant à protéger les intérêts qu'il représentait.

On comprend dès lors que la Cour de cassation ait entendu limiter l'accès aux prétoires à des groupements ayant des intérêts licites. On imaginerait assez mal une jurisprudence qui permette l'accès à la justice à un groupement ayant des activités illicites.

Mais, en droit pénal la situation est totalement différente. En effet, les buts visés par la reconnaissance de la personnalité morale de fait sont presque à l'opposé de ceux qui se rencontrent dans la jurisprudence de 1954.

En effet, loin de permettre au groupement d'ester en justice, il s'agit ici d'identifier et de réprimer l'auteur d'une infraction qui a causé un trouble à l'ordre public. En outre, la mise en cause du groupement a aussi pour finalité de faciliter l'indemnisation des victimes de l'infraction. Enfin, dernière différence, le groupement se retrouve en position de défendeur à l'action.

239 - On peut alors se demander quelle analyse fera le juge pénal de cette notion d'intérêt licite s'il décide de recourir à la notion de personnalité morale de fait et plus précisément s'il reprendra cette exigence de licéité des intérêts défendus par le groupement.

Sans qu'il soit possible ici d'apporter une réponse définitive, laquelle reviendra à la jurisprudence, il y a tout de même deux idées qui pourraient contribuer à une amorce de solution.

240 - En premier lieu, il faut rappeler que l'infraction commise par le groupement le sera pour faciliter ou pour parvenir à son but[469]. Le rapport peut être plus ou moins direct entre l'infraction et le but. Ainsi lorsqu'un groupe terroriste commet un attentat[470], il existe un rapport direct avec la volonté de déstabilisation poursuivie par le groupement.

A l'opposé, le lien sera plus faible entre le but et l'infraction dans le cas d'un groupement condamné pour homicide[471] ou blessures involontaires[472] résultant d'un non respect de règlements de sécurité du travail commis dans un souci d'économie. Pourtant, dans la majorité des cas, ce souci d'économie trouvera sa source dans la volonté de consacrer un maximum de moyens à la réalisation du but principal du groupement.

Le but du groupement ou les intérêts qu'il défend ne sont donc, pour le droit pénal, que le mobile des infractions commises puisque le mobile est « la motivation subjective déterminant le délinquant à enfreindre la loi »[473].

Or, il est enseigné de façon constante qu'à quelques rares exceptions près[474], le mobile n'est pas un élément constitutif de l'infraction[475]. Donc, que le mobile soit licite ou non, l'infraction subsiste ; la question de la nécessité d'un but licite pour retenir la responsabilité pénale d'un groupement de fait se pose dès lors avec encore plus d'acuité.

241 - En second lieu, si l'on examine les textes relatifs à la responsabilité pénale des personnes morales, et plus spécialement les dispositions relatives aux peines applicables, on s'aperçoit que le Code pénal prévoit la dissolution pour « la personne morale [qui] a été créée ou, [...] détournée de son objet pour commettre les faits incriminés »[476].

Il s'agit bien dans ce cas de groupements, qui dès le départ ou par le biais d'une modification, ont un but illicite qui est celui de commettre

---

[469] Dans le cas contraire les conditions posées par l'article 121-2 C.pén. ne seraient pas réunies.

[470] Art. 421-1 C.pén. applicable aux personnes morales selon l'art.422-5 C. pén.

[471] Art. 221-6 C. pén. applicable aux personnes morales selon l'art.221-7 C. pén.

[472] Art.222-19 C. pén. applicable aux personnes morales selon l'art. 222-21 C. pén..

[473] R. GUILLIEN et J. VINCENT, *Lexique de termes juridiques*, déjà cité.

[474] Sur ces assouplissements au principe, voir par exemple J. –C. SOYER, *Droit pénal et procédure pénale*, L.G.D.J, 13ème éd. 1997, spéc. n°184 et s.

[475] J. PRADEL, *Traité de droit pénal*, n°500 et s. ; F. DESPORTES et F. LE GUNEHEC, *op. cit.*, n°477 et s. ; J.H. ROBERT, *Droit pénal général*, P.U.F, 4ème édition 1999, spéc. p.312.

[476] Art. 131-39 1° C. pén.

des infractions. Or, l'article 131-39 du Code pénal les vise, ce qui est logique car ils sont une menace constante pour l'ordre public.

Il faut donc en déduire que le caractère licite des intérêts défendus par le groupement n'a pas lieu d'être en droit pénal. Soutenir le contraire reviendrait à nier tout sens au 1° de l'article 131-39 du Code pénal.

De plus, en termes d'efficacité, cette analyse présente un intérêt majeur pour la répression en permettant éventuellement au juge pénal de poursuivre des bandes organisées, notamment en matière de trafic de stupéfiants, en cumulant la responsabilité pénale des différentes personnes physiques intervenant avec celle du groupement lui-même.

242 - Pour qu'un groupement de fait puisse être soumis à la responsabilité pénale, il faudra donc qu'il y ait un ou plusieurs intérêts licites ou non, poursuivis par ce groupement. En effet, il s'agit à la fois de la raison d'être du groupement et d'un des éléments qui montrent sa réalité et donc justifient l'existence de sa responsabilité pénale.

Pour autant, n'importe quel groupement qui défend un intérêt ne peut se voir pénalement poursuivi. Le groupement pour être reconnu comme une personne morale et être pénalement responsable devra posséder des moyens d'action. Ce sont les critères d'identification de ces moyens d'action qu'il nous faut maintenant rechercher.

B] Les moyens d'action

243 - Pour que le groupement soit pénalement responsable, il faut qu'il dispose de possibilités de poursuivre le but qu'il s'est fixé: ce sont les moyens d'action. En effet, on voit mal comment on pourrait déclarer un groupement responsable d'une infraction pénale si celui-ci ne dispose d'aucun moyen d'action ou d'expression puisqu'il serait alors dans l'impossibilité de commettre des infractions.

C'est pourquoi notre recherche des critères de la personnalité morale de fait passe par la recherche de ces moyens d'action. Il nous faut tenter de définir plus précisément ce que sont ces moyens d'action (1) avant d'insister sur la nécessité qu'ils soient bien réels (2).

1) Notion de moyens d'action

244 - Il s'agit en fait de dégager les traits caractéristiques du groupement sur le fondement desquels il est possible de dire qu'il dispose de moyens d'action.

Il est déterminant que le groupement ait, de quelque façon que ce soit, des ouvertures sur l'extérieur. En effet, il semble évident qu'il est impossible de vouloir soumettre un groupement complètement refermé sur lui-même et sans aucune relation avec l'extérieur à une quelconque responsabilité pénale. De tels groupements se trouvent dans l'impossibilité de commettre des infractions puisqu'ils ne participent pas à la vie sociale. En l'absence de toute possibilité d'action ou d'expression, il serait déraisonnable de soutenir que le groupement a pu troubler l'ordre public et doit donc être poursuivi pénalement.

245 - L'existence des moyens d'action révèle en réalité la capacité du groupement à commettre des infractions en poursuivant son but. Pour autant, il n'est pas nécessaire qu'il s'agisse de moyens d'action positifs sur l'extérieur, le simple fait de pouvoir avoir une action sur l'entourage est suffisant. Ce qui fait que, selon les groupements, l'identification des moyens d'action sera plus ou moins évidente, on peut le vérifier en prenant deux exemples :

Ainsi, imaginons un premier groupement qui « en vue de nuire à la défense nationale, [...] provoque à la désobéissance [...] des militaires ou des assujettis affectés à toute forme du service national »[477] par la diffusion d'un journal à ses membres ou par la fourniture d'instructions. Ce type de problème s'est déjà présenté avec les militants du F.L.N.K.S.[478]. Il est évident que ce groupement dispose de moyens d'action visibles et « actifs » c'est-à-dire positifs.

A l'opposé, on peut prendre l'exemple d'un groupement de personnes qui se réunissent pour discuter d'une question mais sans jamais organiser d'action, ni avoir d'autres activités que la réflexion.

Ce groupement n'est pourtant pas forcément dénué de moyen d'action au sens où nous l'entendons. En effet, la diffusion d'idées subversives, même si elle est réservée aux membres du groupement,

---

[477] Art. 413-3 C. pén. applicable aux personnes morales en vertu de l'article 414-7 C. pén.

[478] Front de Libération Nationaliste Kanak Socialiste.

constitue un moyen d'action « actif » qui peut servir à la commission d'infractions pénales.

En outre, ce groupement possède également des moyens d'action « passifs » qui découlent de son fonctionnement. Ainsi s'il dispose d'un local, un dysfonctionnement ou un défaut d'entretien du système de chauffage peut entraîner une pollution ou une intoxication de ses membres, faits susceptibles de constituer une infraction imputable à ce groupement.

246 - Les moyens d'action dont un groupement peut disposer sont donc extrêmement variés, pour le montrer, il suffit d'en prendre quelques exemples. On peut d'abord penser à l'emploi de violences comme pour les attentats commis par les groupes terroristes[479]. Il peut aussi s'agir de la possibilité de recourir à une personne physique pour commettre une infraction[480].

Mais le moyen d'action peut également être un moyen d'expression tel que la manifestation publique ou bien la publication ou la diffusion de documents qui sont des moyens d'intervenir sur l'extérieur et qui peuvent donner lieu à la commission d'infractions.

Enfin cela peut être, tout simplement, les moyens mis en œuvre pour le fonctionnement du groupement, comme on l'a vu dans le cas du système de chauffage polluant qui pourrait entraîner la responsabilité pénale du groupement.

Mais, pour pouvoir raisonnablement envisager une responsabilité pénale du groupement, encore faut-il que ces moyens d'action soient réellement ceux du groupement et pas ceux d'une ou de plusieurs personnes qui s'abriteraient derrière le groupement.

2) Réalité des moyens d'action du groupement

247 - Pour que la réalité des moyens d'action soit avérée, il faut en premier lieu que le groupement poursuive effectivement le but pour lequel il a vu le jour. En effet, il est impossible de parler de moyen

---

[479] Art. 421-1 et s. C. pén.

[480] Par exemple pour commettre un vol.

d'action, et encore plus de responsabilité pénale, pour un groupement qui aurait été formé et resterait en sommeil, sans avoir aucune activité.

Ce type de situation peut être courant pour les groupements de fait. Leur formation n'ayant pas respecté les formes légales, ils peuvent s'éteindre de la même façon, sans formalité, par la simple absence d'activité[481].

248 - La deuxième exigence relative à la réalité des moyens d'action concerne la vie du groupement. Celui-ci doit avoir une vie autonome par rapport à ses membres et par rapport à ceux qui sont à sa tête.

Cette indépendance permet que ce soit réellement le groupement qui mette en œuvre les moyens d'action. Il faut donc que les actes du groupement soient le reflet de la volonté de la collectivité de ceux qui y adhérent. En aucun cas le groupement ne doit être l'instrument d'une seule personne qui masquerait ses agissements derrière lui.

249 - Cette remarque nous permet de soulever le problème de l'entreprise unipersonnelle à responsabilité limitée[482] qui est une personne morale consacrée par la loi[483] mais qui a un associé unique. Il est particulièrement étonnant que l'application de la loi puisse amener à permettre à celui qui dirige ce type de personne morale de se retrancher derrière la personne morale pour mener son action.

Le plus étonnant est que, selon la solution donnée par la jurisprudence au problème du cumul de responsabilités[484], le gérant d'une entreprise unipersonnelle à responsabilité limitée pourrait voir la responsabilité de la personne morale engagée pour des agissements qui en réalité lui sont propres puisqu'il est l'unique dirigeant.

250 - Une fois l'identification des moyens d'action réalisée et leurs caractéristiques fixées, il convient de vérifier que l'organisation du groupement permet la mise en œuvre de ceux-ci de manière efficace. En effet, si l'existence de moyens d'action est nécessaire à la reconnaissance de la personnalité morale du groupement, on s'aperçoit

---

[481] Par opposition aux personnes morales respectant un modèle légal qui, tant qu'aucune des causes de dissolution ne survient, restent en vie.

[482] Instaurée par la loi n°85-697 du 11 juillet 1985 intégrée à la loi du 24 juillet 1966 relative aux sociétés commerciales.

[483] Art. 5 de la loi du 24 juillet 1966 relative aux sociétés commerciales.

[484] Sur la question du cumul de responsabilités voir *infra* p.374.

qu'ils existent dans la majorité des cas. C'est pourquoi, il faut qu'y soit associée une organisation répondant à certains critères pour envisager raisonnablement que le groupement soit une personne morale dont on peut engager la responsabilité pénale.

§2: L'organisation

251 - On vient de voir que pour que le groupement puisse être reconnu comme une personne morale de fait, il doit remplir certaines conditions relatives à son activité. Mais cela n'est pas suffisant, il faut encore que cette activité se déroule dans des conditions qui, sans être strictes, n'en sont pas moins nécessaires. C'est ce qu'exprimait DONNEDIEU DE VABRES en disant qu'une organisation est nécessaire mais que celle-ci n'est pas forcément « conforme aux prescriptions de la loi »[485].

En premier lieu, il faudra que l'organisation interne du groupement permette de savoir qui prend les décisions, qui a le pouvoir d'engager le groupement. Il faudra que les décisions soient prises selon un certain mode, ce qui nécessite une organisation hiérarchisée (A). En second lieu, pour qu'il puisse y avoir responsabilité pénale, il ne faut pas être face à un groupement dont l'organisation est en perpétuelle mutation, il faudra donc que l'organisation ait une durée de vie suffisante.(B).

A] La hiérarchisation

252 - Pour que le groupement puisse se voir reconnaître la personnalité morale, il faut donc que son organisation révèle une certaine hiérarchisation. Avant d'envisager comment pourra être organisée cette hiérarchie (2), il faut se demander en quoi une telle hiérarchisation est nécessaire à la reconnaissance de la personnalité morale de fait et partant d'une responsabilité pénale (1).

---

[485] H. DONNEDIEU DE VABRES, Les limites à la responsabilité pénale des personnes morales, RID pén. 1950, p.339.

1) La nécessité d'avoir un groupement hiérarchisé

253 - L'idée même de groupement implique l'existence d'une certaine forme de hiérarchie. En effet, le groupement est constitué par des membres qui poursuivent un but commun. Pour y parvenir, il est nécessaire qu'il y ait un minimum d'organisation au sein du groupement.

En l'absence de toute forme de hiérarchie, on se trouve face à un ensemble de personnes qui poursuivent un but semblable mais sans pouvoir unir efficacement leurs moyens. La hiérarchisation est un des éléments qui fait que le groupement peut avoir une vie autonome de celle de ses membres puisqu'elle permet de mettre en lumière la volonté réelle du groupement qui s'exprime par son entremise.

De plus, cette hiérarchisation est nécessaire en ce qu'elle va permettre d'élucider le processus de décision au sein du groupement. C'est grâce à elle que l'on peut voir comment on passe de la volonté de chacun des membres à la volonté du groupement exprimée par certains de ses organes.

En permettant de mettre à jour le processus de décision qui fonctionne au sein du groupement, la hiérarchisation permet aussi de déterminer quelles sont les personnes qui sont censées prendre des décisions au nom du groupement.

De façon plus précise, on pourra établir le rôle de chaque personne et de chaque organe en sachant de quels pouvoirs il dispose.

Or, ces informations sont fondamentales pour pouvoir vérifier que les exigences du Code pénal[486] sont respectées et plus spécialement si les notions retenues de représentant et d'organe[487] de l'être moral peuvent s'appliquer aux groupements en question.

Tout en étant bien convaincu de la nécessité de la hiérarchisation au sein du groupement pour pouvoir retenir une éventuelle responsabilité pénale à son encontre, il faut reconnaître qu'il sera pourtant impossible d'exiger un cadre aussi rigide que ce que l'on peut rencontrer avec des êtres moraux qui respectent une forme légale. Se pose donc la question

---

[486] Art. 121-2 du C. pén.

[487] Sur ces notions *Cf. infra* p.224.

de savoir comment devra s'entendre cette idée de hiérarchisation c'est-à-dire quels en sont les traits caractéristiques.

2) Les traits caractéristiques de cette hiérarchisation

254 - La situation la plus simple est celle où le groupement est calqué sur un des modèles légaux auxquels la personnalité morale est reconnue. Ce sera, par exemple, le cas lorsque les fondateurs du groupement avaient entendu créer une société anonyme et que pour des raisons diverses, l'immatriculation au registre du commerce et des sociétés n'est jamais intervenue.

En effet, le groupement fonctionnera alors selon les mêmes règles qu'une société inscrite et pour avoir une idée précise de l'organisation et de sa hiérarchisation, il suffira de se tourner vers les textes légaux[488] et les statuts afin d'en tirer les conséquences. Il sera ainsi facile de savoir qui fait office de président du conseil d'administration et qui détient le pouvoir d'engager le groupement.

A l'opposé, plus un groupement aura une organisation floue et s'écartant des différents modèles légaux, plus il sera difficile de déterminer s'il existe une hiérarchie suffisante pour retenir la responsabilité pénale du groupement[489]. Il sera de même très difficile dans ce genre d'hypothèse de déterminer quelles sont les personnes qui ont qualité pour engager le groupement et de satisfaire aux exigences de l'article 121-2 du Code pénal.

Dans ce cas, le juge devra déterminer, d'après les éléments à sa disposition et par l'observation du fonctionnement réel du groupement si la hiérarchisation est suffisante pour pouvoir envisager une responsabilité pénale.

Pour cela il faudra que, par un moyen quelconque, l'ensemble des membres du groupement ait désigné un ou plusieurs organes, une ou plusieurs personnes chargées d'agir pour le groupement, c'est-à-dire de mettre en œuvre la volonté commune.

---

[488] Art. 70 et s. de la loi du 24 juillet 1966 relative aux sociétés commerciales.

[489] Pierre FAIVRE remarquait déjà que « peu importe l'irrégularité du groupement, s'il possède un mode d'expression collective, mais l'organe sera plus difficile à saisir en l'absence de statuts publiés », in La responsabilité pénale des personnes morales, Rev. sc. crim. 1958, 547.

Les moyens de désignation de ces organes pourront être très divers. Il peut s'agir d'un vote de l'ensemble des membres selon des modalités et des règles fixées à l'avance. Mais il peut aussi s'agir de l'acceptation tacite de l'organisation par chacun des membres.

La tâche du juge sera grandement facilitée si, même en l'absence de respect de toutes les règles légales, le groupement dispose de statuts fixant les modalités de désignation et de fonctionnement des organes.

La limite extrême, pour laquelle il est impossible de dire qu'existe une personne morale de fait, est le cas où chacun des membres agit sans concertation préalable et sans que pouvoir ait été donné à certains.

255 - Ce sera donc au juge pénal de décider s'il existe une organisation suffisamment hiérarchisée pour permettre la mise en œuvre d'une volonté qui soit propre au groupement. En effet, pour pouvoir parler d'une responsabilité pénale du groupement, pouvoir lui imputer une infraction, il faut que se dégage une volonté propre à celui-ci[490] et qui ne soit pas celle de l'un des membres imposée à tous.

Une fois que le juge pénal aura déterminé l'existence de ces divers éléments, il devra encore, avant de lui reconnaître la personnalité morale de fait, s'assurer que le groupement en question n'est pas une réunion de courte durée entre un certain nombre de personnes. C'est pourquoi la dernière des exigences est que l'organisation du groupement possède une certaine permanence dans le temps.

B] La durée

256 - Le dernier des critères à vérifier pour qu'il puisse y avoir personnalité morale de fait est la durée. En effet, certains éléments du groupement doivent être constants pour que le droit pénal puisse s'appliquer.

La première question qu'il conviendra de poser sera celle de savoir pourquoi exiger une certaine durée (1). Ensuite il faudra se demander à quoi cette durée minimum doit s'appliquer (2), et enfin, s'il est possible de poser des limites précises à cette durée (3).

---

[490] Sur cette notion de volonté du groupement qui diffère de celle de ses membres, on pourra se reporter aux écrits sur la notion d'intérêt social pour les sociétés.

1) La nécessité de la recherche d'une certaine durée

257 - En premier lieu, le droit pénal ne peut prendre en compte que les groupements qui ont une certaine durée car il lui est impossible d'appréhender la réunion subite et éphémère de plusieurs individus. Ainsi, on imagine très bien que le droit pénal n'intervienne pas dans le cas où plusieurs personnes se réunissent à l'occasion d'une manifestation pour casser et voler et se séparent sans se connaître et sans se revoir même si une certaine forme de hiérarchie ou d'organisation a pu apparaître au moment de la commission des faits délictueux.

Dans un cas comme celui-ci, le droit pénal aura vocation à intervenir à titre individuel pour chacun des participants mais ne pourra pas appréhender le groupe tel qu'il a existé seulement au moment des faits.

258 - En second lieu, le droit pénal ne sera d'aucune utilité relativement à un groupement qui n'aura pas une durée de vie suffisante puisqu'il sera inutile voire impossible de prononcer une peine contre un groupement éphémère. Les détracteurs de la personnalité morale de fait en font un argument pour dire que le défaut de patrimoine de la personne morale de fait rend inutile toute sanction ou encore que l'exécution est impossible ou complexe[491].

Pourtant, certains auteurs[492] ont su montrer que des solutions peuvent être trouvées, telle que l'exécution sur un compte en banque ouvert au nom de la personne morale de fait, ou encore sur des biens qui ont été acquis, ou des immeubles loués au nom du groupement.

259 - Pour autant, ces solutions ne peuvent s'appliquer que pour un groupement ayant une existence suffisamment longue. En effet, on s'aperçoit, à la lecture du Code pénal, que les peines prévues pour les personnes morales[493], si elles peuvent s'appliquer aux êtres moraux de fait, nécessitent la durée.

Il en va ainsi pour l'amende et toutes les autres sanctions pécuniaires, puisque pour que la personne morale de fait possède un

---

[491] E. SAVAUX, La personnalité morale en procédure civile, RTD Civ. 1995, p.1

[492] P. ESMEIN, note sous C.A. Poitiers 15 juin 1960, D. 1961, p.111.

[493] Art. 131-37 et s. C. pén.

compte bancaire à son nom ou acquiert des biens ou loue des immeubles, il faut qu'elle ait une certaine durée de vie.

Il en est de même pour l'ensemble des sanctions non pécuniaires prévues par le Code pénal c'est ainsi par exemple qu'il semble inutile de condamner une personne morale de fait à la publication ou à la diffusion du jugement rendu[494] si à cause de sa durée de vie extrêmement brève, le groupement ne s'est pas fait connaître ou est resté très confidentiel.

Enfin, si le juge doit observer le fonctionnement du groupement pour déterminer certains éléments tels que l'organisation ou la hiérarchisation ou encore le processus de prise de décision[495], il faut que le groupement ait une durée de fonctionnement suffisante pour permettre une observation efficace. Dans le cas contraire, il lui est impossible de déterminer ces éléments avec suffisamment de précision.

2)Les éléments devant avoir une certaine durée

260 - Certains éléments peuvent varier sans que cela soit un obstacle à la reconnaissance de la personnalité morale de fait par le juge. Il en est ainsi par exemple de la composition du groupement. En effet, il est indifférent que certains des membres du groupement l'aient quitté ou que de nouveaux l'aient rejoint puisque c'est le groupement lui-même qui est appréhendé par le droit pénal et non ses membres.

De ce fait, la première chose qui doit persister pendant une certaine durée est le groupement lui-même. La vérification de cette exigence peut se faire de différentes façons. D'abord, de façon simple lorsque des éléments tangibles viennent attester de l'existence du groupement, c'est le cas lorsqu'il y a eu conclusion de contrats tels qu'une ouverture d'un compte en banque ou un bail.

Mais cela pourra également être des éléments tels que la tenue régulière de réunions ou encore la continuation de l'activité du groupement. Par exemple, dans le cas d'une société créée de fait, la persistance du groupement peut se déduire de la continuité de son activité.

---

[494] Art. 131-39 9° C. pén.

[495] *Cf. supra.* p.170.

261 - Le second élément qui doit persister est l'organisation interne du groupement, c'est à dire les personnes ayant le pouvoir de mettre en action la volonté du groupement. En effet, c'est grâce à cette persistance que l'on peut établir d'une part, s'il existe vraiment une volonté du groupement et d'autre part, si les conditions requises par le Code pénal[496] sont respectées.

Une fois déterminées les raisons pour lesquelles une certaine durée est nécessaire ainsi que les éléments qui doivent la respecter, il faut se demander quelle durée il convient de retenir.

3) Quelle durée retenir?

262 - Etant donné la grande diversité des groupements dont il est ici question, il est inconcevable de fixer une durée de vie minimale du groupement de façon stricte et précise. En effet, celle-ci variera en fonction du type même de groupement, de son fonctionnement ou encore de son mode de création.

Ainsi, si l'existence de statuts permet une détermination facile des personnes pouvant engager le groupement, une durée de fonctionnement assez courte pourra suffire. En revanche, lorsque le juge devra rechercher et déterminer les éléments sur lesquels il fondera sa décision, il ne fait pas de doute qu'il devra pouvoir examiner une période beaucoup plus longue.

Le fonctionnement du groupement influera également. En effet, une période plus étendue sera nécessaire si le groupement fonctionne de façon très discontinue alors qu'une période plus courte pourra suffire si le groupement fonctionne de manière ininterrompue.

En réalité, la durée exigée variera au cas par cas, puisqu'il faut qu'elle soit suffisamment longue pour que d'une part, une réelle volonté du groupement puisse naître et que d'autre part, lorsque cela s'avère nécessaire, le juge ait la possibilité de dégager les éléments indispensables à sa décision.

263 - Pour conclure sur la responsabilité pénale des personnes morales de fait, il faut en premier lieu rappeler que les enjeux relatifs à

---

[496] Art. 121-2 C. pén.

cette question sont très importants. En effet, outre le risque de désaffection des cadres légaux en cas de refus d'admettre la responsabilité pénale pour les êtres de fait[497], on pourrait se retrouver dans une situation où ne serait pas respecté le principe d'égalité devant la loi[498].

Il est d'ailleurs intéressant de constater que MESTRE avait déjà relevé l'importance que revêt l'admission de la responsabilité pénale des groupements qui ne sont pas reconnus par la loi. Il précisait en effet, que « le délit suppose une volonté exercée dans un sens contraire à la loi pénale; Or il est certain que cette méconnaissance de la loi pénale peut être l'œuvre d'une volonté reconnue ou non par l'Etat »[499].

Pourtant, force est de constater que même les personnes morales consacrées par la loi soulèvent des difficultés lorsqu'il s'agit de leur imputer une infraction[500], ce qui pourrait faire craindre que la jurisprudence veuille d'abord répondre à ces questions avant de résoudre le problème de la personnalité morale de fait.

Cette crainte est d'autant plus justifiée qu'il est constaté une certaine frilosité de la part des juridictions, non pas en raison du nombre assez faible de décisions, ce qui s'explique simplement par le temps de latence lors de l'entrée en vigueur d'un nouveau texte, mais à cause des peines prononcées. En effet, les tribunaux correctionnels ont eu recours à l'amende dans toutes leurs décisions de condamnation[501], sans utiliser ou presque les autres possibilités offertes par le Code pénal[502].

264 - Pour autant, la recherche des critères de la personnalité morale de fait en droit pénal devait être menée afin de bien fixer les moyens permettant de déterminer la réalité du groupement en question. Cette recherche se révélait d'autant plus nécessaire que l'utilisation de la personnalité morale de fait par le juge pénal « sacrifie aux exigences

---

[497] *Cf supra* p.153.

[498] C. LOMBOIS, Rapport de synthèse du colloque, Petites Affiches 1993, n°120, p.48.

[499] A. MESTRE, *Les personnes morales et le problème de leur responsabilité pénale*, Thèse, Paris, 1899.

[500] *Cf.* l'ensemble des développements du Titre 1.

[501] *Cf.* les statistiques dans l'annexe 3 confirmées par l'étude menée dans la circulaire Crim - 98-1-F1 du 26 janvier 1998 intitulée premier bilan de l'application des dispositions du nouveau Code Pénal concernant la responsabilité pénale des personnes morales.

[502] Art 131-39 C. pén.

d'un droit pénal réaliste, mais se heurte à des objections considérables »[503].

Or, certaines de ces objections sont écartées par l'adoption de critères suffisamment précis tels que ceux qui viennent d'être évoqués. De plus, certains auteurs qui hésitent sur la reconnaissance de la personnalité morale de fait en droit pénal[504], pourraient trouver dans ces critères une raison pour se prononcer en faveur de celle-ci.

265 - En la matière l'autonomie du droit pénal doit s'exercer pleinement. Sans qu'il soit nécessaire de revenir sur ce mécanisme[505], il faut rappeler que le droit pénal a su, depuis longtemps, se détacher des concepts adoptés par d'autres branches du droit, et spécialement du droit commercial[506], pour satisfaire aux besoins de la répression.

De plus, il est à noter que l'autonomie du droit pénal à l'égard du droit commercial a tellement de vigueur qu'elle peut même survivre à la volonté du législateur d'y mettre fin, comme c'est le cas en matière de fixation de la date de cessation des paiements pour l'infraction de banqueroute[507].

On peut même penser que l'autonomie du droit pénal est encouragée par le texte de l'article 121-2 du Code pénal puisque le législateur a fait beaucoup d'effort de définition dans la rédaction de ce code[508]. Le fait qu'il se soit contenté d'évoquer la notion de personne morale sans donner plus de précisions peut indiquer sa volonté de laisser aux juges le soin de déterminer exactement le champ d'application du texte en tenant compte, dans leur diversité, de toutes les situations qui peuvent se rencontrer en pratique.

---

[503] M. PUECH, *Droit pénal général*, LITEC, 1988.

[504] Voir, par exemple, Th. DALMASSO qui s'est d'abord prononcé en faveur de la responsabilité pénale des groupements de fait (La responsabilité des personnes morales, Petites Affiches 1993, n°138, p.10) puis adopte la position contraire dans son ouvrage *La responsabilité pénale des personnes morales*, LITEC, 1996.

[505] Sur ce point voir, par exemple, R. MERLE et A. VITU, *Traité de droit criminel,. Droit pénal général*, CUJAS, 7ème éd., 1998; R. VOUIN, Justice criminelle et autonomie du droit pénal, D.1947, chron. 81; F. ALT-MAES, L'autonomie du droit pénal : mythe ou réalité d'aujourd'hui ou de demain, Rev. sc. crim. 1987, p.347.

[506] M. CABRILLAC, L'indépendance du droit pénal à l'égard de quelques règles du droit commercial *in* G. STEFANI et ses élèves, *Quelques aspects de l'autonomie du droit pénal*, DALLOZ, 1956.

[507] A. DEKEUWER, Cessation des paiements, détournements d'actifs et pouvoir du juge pénal en matière de banqueroute, JCP 1993, éd. E, I, 420.

[508] F. DESPORTES et F. LE GUNEHEC, *Le nouveau droit pénal*, Economica.

266 - Pour terminer, il faut signaler qu'une partie de la doctrine, qui reste minoritaire, s'est prononcée en faveur de la responsabilité pénale des groupements de fait[509]. Les arguments avancés varient puisque pour certains, c'est la nécessité d'un droit pénal réaliste[510] qui dicte cette prise de position, alors que d'autres invoquent clairement l'autonomie du droit pénal[511], ajoutant même que l'expression « personne morale » employée par le texte ne pourrait avoir qu'une valeur énonciative[512]. Pour tous, il semble nécessaire que la réforme fasse naître une nouvelle notion de la personnalité morale à l'usage du juge pénal[513], afin de diminuer cette première série de situations floues, mais il s'en présente aussitôt une seconde relative aux collectivités locales.

---

[509] Par exemple Y. GUYON se prononce pour la responsabilité pénale des sociétés de fait *in* Quelles sont les personnes morales de droit privé susceptibles d'encourir une responsabilité pénale. Rev. Soc. 1993, p.235.

[510] M. PUECH, *Droit pénal général*, LITEC, 1988.

[511] M.E. CARTIER, *La responsabilité des personnes morales évolution ou révolution?* Entretiens de Nanterre, JCP 1994, éd. E, suppl. n°5, p.38.

[512] C. LOMBOIS, Rapport de synthèse, Petites Affiches 6 octobre 1993, n°120, p.48.

[513] C. LOMBOIS, *op. cit.*

Chapitre 2:

Les collectivités territoriales

267 - « Les collectivités territoriales et leurs groupements ne sont responsables pénalement que des infractions commises dans l'exercice d'activités susceptibles de faire l'objet de conventions de délégation de service public »[514]. C'est par cette formule que le Code pénal instaure la responsabilité pénale des collectivités locales[515].

Cette responsabilité est née d'une volonté des parlementaires de soumettre ces personnes publiques d'un type particulier au droit pénal. En effet, le projet de loi initial ne faisait aucune référence à cette question.

Certains auteurs ont déploré que les discussions parlementaires à ce sujet n'aient pas été plus approfondies[516], et n'aient pas permis de mettre en lumière que ce type de responsabilité pénale est plus de nature à poser des problèmes qu'à en résoudre[517].

Selon le texte, les collectivités territoriales ne sont pénalement responsables que pour les activités de service public délégables. A priori la formule semble simple, mais « les formules les plus simples recèlent parfois les difficultés d'interprétation les plus redoutables »[518].

---

[514] Art. 121-2 al.2 C. pén.

[515] Le Sénat lors de la discussion de la proposition de loi relative à la définition des délits non intentionnels avait supprimé cette limitation du champ d'application de la responsabilité pénale des collectivités territoriales (J.O. débats Sénat du vendredi 28 janvier 2000, p.401 et s). Cette modification a été définitivement repoussée en raison des nombreux inconvénients qu'elle engendrerait Loi n°2000-647 du 10 juillet 2000 tendant à préciser la définition des délits non intentionnels ; J.O. du 11 juillet 2000 ; JCP 2000, III, 20330. Sur ce texte V. J. SIMON, La loi du 10 juillet 2000 tendant à préciser la définition des délits non intentionnels :un premier pas vers la dépénalisation du droit ?, Petites Affiches 21 septembre 2001, p.4 et les références citées.

[516] D. GUIRIMAND, La responsabilité pénale des personnes morales (la mise en œuvre du nouveau dispositif), Droit Social 1994, p.647.

[517] F. GARDNER, L'extension de la répression pénale aux personnes publiques, RFDA 1994, p.126.

[518] C. RADE, L'article 1er de la loi du 5 juillet 1985 à la dérive, Petites Affiches 19 janvier 1996, n°9, p.12.

C'est ainsi que la notion même de délégation de service public pose un problème de définition, non en raison de sa nouveauté car l'expression a été souvent employée notamment par le législateur, mais plutôt à cause du flou qui entoure ses contours exacts et qui rend difficile la détermination du champ d'application du texte (Section 1).

De plus, la notion même de collectivité territoriale[519] associée à celle d'activité de service public pouvant faire l'objet de délégation pour dégager une éventuelle responsabilité pénale risque de déboucher sur des incohérences (Section 2).

Section 1:

Un champ d'application difficilement déterminable

268 - La notion de service public délégué n'est pas neuve puisque depuis longtemps la nécessité de ce type de contrat s'est faite sentir. Ce n'est que depuis la loi du 6 février 1992[520] qu'une dénomination spéciale lui a été attribuée[521].

Pendant longtemps les contours exacts de cette notion n'ont pas été recherchés[522]. Avec son utilisation par le législateur, que ce soit dans les textes relatifs à la question ou dans le code pénal, cette recherche s'avère indispensable.

La difficulté est que, malgré l'adoption d'une réglementation assez précise, la notion de délégation de service public n'a fait l'objet d'aucune définition suffisante (§1). Cette carence tant législative que jurisprudentielle nous oblige donc à essayer de dégager une définition plus précise de cette notion (§2).

---

[519] J. JORDA, La responsabilité pénale des personnes morales de droit public à la lumière de la jurisprudence, Gaz. Pal. 11 février 2001, p.10.

[520] Loi d'orientation n°92-125 du 6 février 1992, J.O du 8 février 1992, p.2064; ALD 1992, , p.168; spéc. art.52.

[521] B. AUBY et C. MAUGUE, Les contrats de délégation de service public, JCP 1994, I, 3743.

[522] AUBY (B.) et MAUGUE (C.) *op. cit.*.

§1: Absence de définition précise

269 - L 'expression « délégation de service public » n'est pas nouvelle, le législateur l'a d'ailleurs employée à plusieurs reprises. La difficulté provient du fait que si la notion est utilisée par la loi (A), elle n'a fait l'objet d'aucune définition précise (B).

A] Une notion utilisée par la loi...

270 - Les besoins des administrés se sont beaucoup développés, les collectivités locales ont dû faire face à cette demande. Le point de départ de cette évolution se situe dans les années soixante-dix, les collectivités locales ont alors eu recours aux contrats, ce fut le « phénomène contractuel »[523].

Nous étions déjà en présence de délégations de service public mais elles n'avaient pas encore reçu cette dénomination. Le nombre important de contrats de ce type a amené le législateur à intervenir en vue de lutter contre la corruption.

C'est à cette occasion que l'expression « délégation de service public » est apparue. La première loi à faire référence à cette notion, est une loi relative à l'administration territoriale de 1992[524].

Il faut d'ailleurs noter que cette loi ne fait qu'introduire la notion afin d'essayer de la distinguer des marchés publics et ne lui consacre que quelques mesures éparses[525]. Mais le législateur ne s'est pas arrêté là, et a repris son ouvrage toujours dans le but d'édicter des règles qui permettraient de réduire les risques de corruption lors de la réalisation de ce type d'opérations.

---

[523] L. RAPP, La loi du 6 février 1992 relative à l'administration territoriale, RFDA 1993, p.639.

[524] Loi n°92-125 du 6 février 1992, J.O. du 8 février 1992, p.2064; L. RAPP, l'esprit des lois face à celui du temps, RFDA 1993, p.639.

[525] L. RAPP, La loi du 6 février 1992 relative à l'administration territoriale. *Op. cit.*

271 - Il a réformé les règles relatives à la délégation de service public dans une loi du 29 janvier 1993[526]. Celle-ci consacre un chapitre entier aux délégations de service public et abroge les règles en vigueur jusqu'alors[527].

Le texte pose d'abord le principe de la publicité pour les délégations de service public. Cette procédure de publicité a pour but de permettre la présentation de plusieurs offres[528].

La collectivité territoriale dressera ensuite la liste des candidats qui seront autorisés à présenter une offre et parmi lesquels elle pourra choisir le cocontractant librement après négociation.

La loi oblige aussi à donner une durée précise à la délégation et indique les éléments à prendre en compte pour déterminer cette durée. La délégation peut être prorogée à certaines conditions énoncées par le texte[529].

Bien qu'instaurant une réglementation relativement détaillée des délégations de service public, le législateur n'a pas du tout pris soin de définir cette notion ni de poser les limites exactes du domaine d'application de la loi[530].

272 - En 1995, il s'intéresse de nouveau à l'encadrement des procédures de délégation de service public et vient donc modifier le texte précédemment en vigueur[531]. Cette loi vient obliger le délégataire à rendre un rapport annuel de l'activité[532]. Elle apporte également des précisions sur la vérification par les juridictions financières des comptes rendus par le délégataire[533].

Ce qu'il faut encore remarquer c'est que le législateur a consacré un chapitre entier aux « dispositions communes aux marchés publics et aux

---

[526] Loi n° 93-122 du 29 janvier 1993 relative à la prévention de la corruption et à la transparence de la vie économique et des procédures publiques (J.O. 30 janvier 1993) ; G. DROUOT, La loi du 29 janvier 1993 relative à la prévention de la corruption et à la transparence de la vie économique et des procédures publiques, ALD 1993, p.153.

[527] L'article 39 de la loi précitée abroge l'article 52 de la loi du 6 février 1992.

[528] Art. 38 de la loi du 29 janvier 1993 précitée.

[529] Art. 40 de la loi précitée.

[530] *Cf. infra* p.183.

[531] Loi n°95-127 du 8 février 1995 relative aux marchés publics et délégations de services publics, J.O. 9 février 1995 ; JCP 1995, III, 67298.

[532] Art. 2 de la loi précitée.

[533] Art. 3 de la loi précitée.

délégations de service public »[534]. Cela montre bien que les deux notions sont imbriquées alors que les règles qui les régissent sont différentes. On voit ainsi, encore une fois, que l'absence de définition précise peut être la source de nombreuses difficultés.

Le législateur est même allé plus loin puisque l'article 10 de la loi introduit la notion de délégation de service public dans les éléments constitutifs de l'infraction d'atteinte à la liberté d'accès et à l'égalité des candidats dans les marchés publics et les délégations de service public[535].

L'infraction peut donc être réprimée lorsque l'on se trouve en présence d'une délégation de service public.

En cas de poursuites, sur quels éléments le juge pénal devra-t-il se fonder pour décider s'il y a ou non délégation de service public et donc savoir si l'infraction est bien constituée?

Pour répondre à ces questions, comme à celles posées par l'application de la notion de délégation de service public en droit administratif, il faudrait une définition précise de la notion. Une recherche rapide nous permettra de constater la « non définition »[536] de la notion de délégation de service public.

B] ...sans avoir été définie

273 - S'agissant d'une notion légale, il nous faudra, en premier lieu, souligner l'absence de définition dans les différents textes qui régissent la délégation de service public (1). Dans un second temps, nous constaterons que la jurisprudence, qui est pourtant amenée à connaître des problèmes relatifs à l'exécution des délégations de service public, n'apporte pas non plus de définition précise (2).

---

[534] Chapitre II de la loi précitée.

[535] Art. 432-14 C. pén.

[536] D. LAURENT, Convention de délégation de service public et loi SAPIN. La transparence dans le brouillard, Petites Affiches 11 mars 1994, p.4.

1) L'absence de définition légale

274 - Lorsque l'on examine les différents textes qui traitent de la réglementation des délégations de service public, on s'aperçoit immédiatement que le législateur ne fait absolument aucune référence au sens des mots qui sont employés. Il s'agit bien d'une « non définition », qui, comme le fait remarquer Monsieur LAURENT[537], risque d 'engendrer des difficultés majeures.

On ne trouve pas non plus, à l'examen des textes, de délimitation du domaine d'application des règles énoncées. Pourtant, le nombre des techniques de délégation ne cesse de se multiplier. En effet, la concession, l'affermage et la régie directe ne sont plus les seuls modes de délégation de service public[538]. On assiste régulièrement à la naissance de nouveaux types de contrats qui, souvent, ressemblent à des marchés publics[539]. Malgré cela, le législateur n'a pas cru bon de préciser le champ d'application des dispositions relatives aux délégations de service public.

Enfin, on peut regretter, avec certains auteurs[540], que le législateur n'ait pas eu recours à la technique anglo-saxonne de la définition préalable qui consiste lors de la rédaction d'un texte légal, à commencer par donner une définition explicite de certaines des notions employées dans le texte. Du reste, cette technique n'est pas totalement étrangère au législateur français puisqu'il a déjà eu l'occasion d'y recourir lors de la rédaction de certains textes[541].

275 - Cette absence de définition légale est déjà relativement gênante en ce qui concerne le droit administratif, mais elle l'est plus encore avec l'introduction de la notion en droit pénal d'une part comme un des éléments constitutifs d'une infraction[542] et d'autre part comme une des

---

[537] D. LAURENT, *op. cit.*
[538] D. LAURENT, *op. cit.* spéc. p.8.
[539] L. RAPP, La loi du 6 février 1992 relative à l'administration territoriale, RFDA 1993, p.639.
[540] L. RAPP, *op. cit.*.
[541] Pour un exemple, voir la loi sur les télécommunications du 29 décembre 1990 dossier spécial *in* RFDA 1991, p.50.
[542] Art. 432-14 C. pén.

conditions d'existence de la responsabilité pénale des collectivités territoriales[543]

Monsieur RAPP explique que c'est la difficulté de regrouper les différentes techniques employées qui fait que le législateur a eu recours à une notion générique composée de termes si larges[544]. Dans ces conditions, on peut se demander s'il est possible de donner une définition précise de la notion. En cas de réponse négative, force serait de reconnaître que la notion de délégation de service public n'aurait pas dû être utilisée en droit pénal en raison de ce manque de précision.

Devant l'absence de définition légale, que Monsieur DOUENCE estime normale car donner des définitions et résoudre les problèmes à venir n'entre pas dans la fonction normative du législateur[545], il convient de se tourner vers la jurisprudence pour constater qu'elle n'a pas non plus fait œuvre de définition.

2) L'absence de définition jurisprudentielle précise

276 - La délégation de service public relevant à la fois du droit administratif et du droit pénal, il faut se tourner à la fois vers la jurisprudence administrative et vers la jurisprudence pénale.

En ce qui concerne les juridictions pénales, les décisions relatives à la mise en jeu de la responsabilité pénale des personnes publiques sont très rares[546]. Actuellement, seules les décisions rendues à propos de l'affaire du Drac[547] posent réellement le problème de savoir si l'activité en question pouvait ou non faire l'objet d'une délégation. Les seuls enseignements à tirer de ces décisions et de celle, plus récente, rendue par la Cour de cassation dans le même domaine[548] est que

---

[543] Art.121-2 al.2 du C. pén

[544] L. RAPP, La loi du 6 février 1992 relative à l'administration territoriale, RFDA 1993, p.639.

[545] J.C. DOUENCE, Les contrats de délégation de service public, RFDA 1993, p.936.

[546] *Cf.* annexe 3.

[547] T. corr. Grenoble 15 septembre 1997, Dr. pénal 1998, comm. n°5, p.10 ; C.A. Grenoble, Ch. corr. 12 juin 1998, Gaz. Pal., jur., p.460 ; Cass. crim. 12 décembre 2000, Bull. n°371 ; D. 2001, IR, 433 ; Gaz. Pal. 22-23 décembre 2000, note PETIT ; Rev. sc. crim. 2001, p.157, obs. MAYAUD ; Dr. pén., comm. 43, obs. VERON ; C.A. LYON 28 juin 2001, D. 2001, 2562.

[548] Cass. crim. 11 décembre 2001, D. 2002, IR, 373 ; JCP G. 2002, IV, 1251.

l'enseignement public n'est pas une activité délégable et ne peut donc pas entraîner la responsabilité pénale d'une collectivité territoriale. Pour autant, ces décisions ne s'aventurent pas à donner une définition de la notion d'activité pouvant faire l'objet d'une délégation de service public. Cela ne semble pas étonnant dans la mesure où le nombre de décisions de condamnation à l'encontre de personnes morales de droit privé est encore lui-même assez faible et n'apporte que très peu de réponses aux difficultés et aux questions mises à jour par la doctrine.

Le problème de l'interprétation de la notion par le juge pénal reste entier. On peut toujours se demander si celui-ci adoptera des critères qui lui seront propres et adaptés à la répression ou s'il se tournera vers la jurisprudence administrative[549].

277 - Dans ce dernier cas, la question est de savoir si la jurisprudence administrative est à même d'apporter une solution satisfaisante en matière de définition de la notion ou si, comme le soutient Monsieur GARTNER, la formule « prise globalement, n'a jamais eu de véritable signification pour les juges [...] »[550].

En réalité, la délégation de service public est une notion ancienne puisque des mécanismes de ce type ont été constatés depuis longtemps[551] par la jurisprudence mais c'est aussi une nouvelle notion car elle est dorénavant spécialement nommée ainsi et a fait naître un concept global[552].

La jurisprudence la plus ancienne n'est donc d'aucun secours pour donner une définition de la notion. Il restait dès lors au juge administratif à faire œuvre de définition. Malheureusement, l'attente est, pour l'instant, restée vaine. En effet, le juge administratif et plus particulièrement le Conseil d'Etat ne s'est pas encore prononcé sur ce problème de définition[553].

En réalité, le Conseil d'Etat n'a pas eu l'occasion de se prononcer en tant que juge mais a tout de même eu connaissance de la question par le

---

[549] F. GARTNER, L'extension de la responsabilité pénale aux personnes publiques, RFDA 1994, p.126.

[550] F. GARTNER, *op. cit.* spéc. p.134.

[551] Monsieur DOUENCE dit que l'on trouve, en jurisprudence, des traces de la naissance de la notion de délégation de service public même si celle-ci était restée innommée (J.C. DOUENCE, Les contrats de délégation de service public, RFDA 1993, p.936).

[552] J.B. AUBY et C. MAUGÜE, La notion et le régime de la délégation de service public. Quelques précisions du Conseil d'Etat, JCP 1996, I, 3941.

[553] J.B. AUBY et C. MAUGÜE, *op. cit.*

biais de la procédure de demande d'avis. Pour autant, ce n'est pas du côté de la jurisprudence que l'on peut trouver une définition précise de la notion.

277-1 La loi dite MURCEF du 11 décembre 2001[554] est venue définir la notion de délégation de service public. On peut d'ailleurs s'étonner de cet intérêt subit du législateur pour cette question qui ne semblait pas présenter de caractère urgent. L'article 3 de la loi précise que la délégation de service public « est un contrat par lequel une personne morale de droit public confie la gestion d'un service public dont elle a la responsabilité à un délégataire public ou privé, dont la rémunération est substantiellement liée aux résultats de l'exploitation du service. Le délégataire peut être chargé de construire des ouvrages ou d'acquérir des biens nécessaires au service ».
Le législateur voulait répondre, par cette définition, à un impératif de sécurité juridique. Cette intention était tout à fait louable, en particulier en droit pénal, puisque la notion de délégation de service public est à la fois un des éléments constitutifs de l'infraction figurant à l'article 432-14 du Code pénal et un élément à vérifier pour que la responsabilité pénale d'une collectivité territoriale puisse être engagée[555]. Malheureusement, la grande diversité des situations rencontrées en la matière a fait que la définition n'est qu'une reprise des critères qui commencaient à être dégagés par la jurisprudence. En effet, elle repose d'une part sur la nature de l'activité déléguée et d'autre part sur le mode de rémunération du délégataire.
L'administrativiste ne semble pas pouvoir trouver dans ce texte beaucoup de précision et semble même regretter que le législateur ait voulu figer des critères jurisprudentiels qui étaient encore en pleine évolution[556]. Pour le pénaliste, l'apport de cette définition semble tout aussi mince puisque d'une part, elle ne rèpond en rien à la question de savoir

[554] Loi n°2001-1168 du 11 décembre 2001, J.O. 12 décembre 2001, p.19703.
[555] Art. 121-2 al. 2 C. pén.
[556] M. UBAUD-BERGERON, Loi MURCEF : la définition législative des délégations de service public, JCP G. 2002, I, 125.

quelles sont les activités pouvant faire l'objet d'une délégation et d'autre part, elle retient le critère de la rémunération alors que les premières décisions du juge pénal montraient une tendance forte au rejet de celui-ci. Néanmoins, la Cour de cassation, par l'arrêt rendu le 3 avril 2002[557], semble avoir abandonné ses réticences envers le critère de la rémunération afin de respecter la définition nouvelle.
S'il existe dorénavant une définition légale de la notion de délégation de service public, force est de reconnaître qu'elle ne facilite en rien la tâche du juge pénal lorsqu'il doit rechercher si une activité, ayant donné lieu à des faits commis par une collectivité territoriale est susceptible de constituer une infraction, pouvait ou non faire l'objet d'une délégation de service public et partant engager la responsabilité pénale de la personne morale.

Il nous faut donc entreprendre de synthétiser les différents efforts doctrinaux et, avec l'aide des éléments apportés par les avis du Conseil d'Etat ainsi que par les décisions rendues par le juge pénal, essayer de dégager une définition relativement explicite de la notion de délégation de service public à l'usage exclusif du juge pénal[558].

§2: Tentative de définition

278 - A partir essentiellement des diverses études doctrinales relatives à cette notion, il va falloir tenter d'élaborer une définition suffisamment précise pour être opérationnelle de la délégation de service public.

On pourra mettre en lumière l'existence de critères d'identification certains (A), mais force sera de reconnaître que malgré tous les efforts, des imprécisions subsistent (B).

---

[557] Cass. crim. 3 avril 2002, Bull., n°77, p. 251.

[558] L'absence de précisions utiles dans la définition légale étant d'ailleurs source d'insécurité juridique pour les collectivités territoriales qui risquent d'être soumises à des interprétations différentes devant le juge administratif et devant le juge pénal : M. UBAUD-BERGERON, *op. cit.*, n°13.

A] Les critères d'identification de la délégation de service public

279 - En préambule, il faut signaler que le pénaliste, en ce qui concerne la responsabilité pénale des collectivités territoriales[559], se heurte au fait qu'il raisonne à l'inverse de la doctrine administrativiste.

En effet, en droit administratif, face à une situation donnée, il faut savoir s'il y a ou non délégation de service public. A l'opposé, face à une activité exercée par une collectivité territoriale, le pénaliste doit se demander s'il aurait pu y avoir délégation de service public. Cette différence de point de vue rend parfois l'interprétation de la doctrine un peu délicate.

La première remarque qui s'impose lorsque l'on cherche à identifier les critères de la délégation de service public c'est que les deux termes qui composent l'expression sont difficiles à définir séparément[560]. C'est sans doute la raison pour laquelle, même le rapporteur à l'Assemblée nationale[561] n'a pas pris le risque d'une définition.

Certains auteurs se sont même demandés si la meilleure définition ne serait pas une définition négative selon laquelle la délégation de service public serait tout contrat visant à confier un service public à une personne privée et qui n'entre dans aucune autre catégorie[562]. Il va de soi qu'une telle définition peut difficilement satisfaire le pénaliste.

Pour mener à bien la recherche de ces critères, il nous faudra d'abord écarter ceux qui sont totalement inopérants (1), pour ensuite montrer que l'élément caractéristique fondé sur la rémunération est plus que probable (2) et enfin s'arrêter sur les critères qui semblent certains (3).

---

[559] Lorsqu'il s'agit de l'infraction de l'article 432-14 du C. pén., le but est le même, c'est-à-dire savoir s'il y avait ou non délégation de service public puisqu'il s'agit alors d'un élément constitutif.

[560] C. HUGLO, Point de vue sur une notion très discutée: La délégation de service public, Petites Affiches 16 mai 1994.

[561] Rapport DURAND, Rapport ass. nat. n°2941.

[562] C. HUGLO, *op. cit.*

1) Les éléments inopérants

280 - Il faut donc rapidement énumérer quelques éléments qui ne sont pas à même de permettre d'identifier une délégation de service public[563] et voir s'il n'est pas possible d'en déduire des critères utiles au juge pénal.

Tout d'abord, la qualification donnée au contrat par les parties n'est pas déterminante puisque la qualification de délégation de service public ne dépend pas de la volonté des cocontractants.

Le statut du cocontractant est aussi sans intérêt, il peut s'agir d'une personne privée comme d'une personne publique[564]. Par conséquent, le fait que cette activité ne puisse être confiée qu'à une personne publique n'en fait pas, d'office, une activité insusceptible d'être déléguée et donc ne pouvant pas entraîner de responsabilité pénale de la collectivité territoriale.

Peu importe encore la façon de gérer le service. Le délégataire peut ou non le gérer à ses risques et périls, tout comme il peut ou non avoir à assumer les frais de premier établissement.

La nature administrative ou industrielle et commerciale du service public[565] ne peut pas non plus être considérée comme un critère fiable. Le pénaliste ne pourra donc pas s'appuyer sur la nature du service public pour savoir si une délégation aurait été possible ou non.

Face à ces éléments inopérants, la doctrine administrativiste, s'appuyant sur la jurisprudence, a dégagé un élément qui est probablement une des caractéristiques de la délégation de service public: la rémunération.

2) Un élément caractéristique probable: la rémunération

281 - L'idée du critère de la rémunération est issue de ce que le Conseil d'Etat a déclaré depuis longtemps que lorsque la rémunération

---

[563] V. B. AUBY et C. MAUGÜE, Les contrats de délégation de service public. JCP 1994, I, 3743.

[564] Par exemple, à propos de l'outillage portuaire voire réponse ministérielle n°387, J.O Sénat Q, 4 septembre 1997, *Vie Jud.* du 21 décembre 1997, n°33297, p.14.

[565] Sur la distinction V. R. CHAPUS, *Droit administratif général*, tome 1, Montchretien 13ème éd. 1999, n°645 et s.

est une somme payée par la personne publique, il y a un marché et non une délégation[566].

Il semble donc possible d'en déduire que lorsque la personne publique n'a pas rémunéré son cocontractant avec une somme globale, il peut y avoir une délégation. Ainsi, un certain nombre de modes de rémunération pourrait être alors employé, comme le paiement d'une redevance par les usagers ou encore une rémunération par la personne publique en rapport avec les résultats d'exploitation.

Certains auteurs se sont opposés à cette idée du critère de la rémunération et ont tenté de démontrer qu'il n'est pas exploitable[567]. Mais, le Conseil d'Etat[568] affirme que la délégation de service public se caractérise en partie par le fait que la rémunération du délégataire est en rapport avec les résultats d'exploitation du service[569].

282 - Cette dernière jurisprudence semble donc faire de la rémunération un critère plus que probable. Mais, peut-il être utile au pénaliste pour délimiter le champ d'action de la responsabilité pénale des collectivités territoriales?

On peut seulement en déduire que si l'activité en question ne se prête pas à ce type de rémunération, il ne peut pas y avoir délégation de service public et donc pas de responsabilité pénale de la collectivité territoriale. Or, il semble bien que quel que soit le service en question, il sera, dans la plupart des cas, possible de lier la rémunération aux résultats de l'exploitation.

De plus, le Tribunal correctionnel de Grenoble a eu l'occasion de se prononcer sur la question lors de l'affaire du Drac. En effet, la commune soutenait qu'elle n'encourait aucune responsabilité pénale du fait du mode de financement de l'activité en question qui en faisait une activité insusceptible d'être déléguée.

Le Tribunal repousse l'argument et répond que « le mode de rémunération est une caractéristique du contrat et non du service. Il est opérant lorsque la dévolution est effectivement réalisée. En revanche, il

---

[566] B. AUBY et C. MAUGÜE, *op. cit.* et la jurisprudence citée.

[567] C. CHENUARD-FRAZIER, La notion de délégation de service public, RD publ. 1995, p.175.

[568] C.E 15 avril 1996, Préfet des Bouches-du-Rhône, Req. n°168235.

[569] Pour une analyse précise de cette décision V. J.B. AUBY et C. MAUGÜE, La notion et le régime de la délégation de service public. Quelques précisions du Conseil d'Etat, JCP 1996, I, 3941, n°15.

ne saurait être utilement mis en œuvre pour apprécier, au regard de l'article 121-2 du Code pénal, si une activité dommageable qui, comme en l'espèce, est assurée en régie, aurait pu être gérée par délégation »[570]. La Cour d'appel de Grenoble[571], en confirmant le jugement de première instance, a également adopté ce raisonnement et a donc refusé d'admettre le mode de rémunération comme critère de la possibilité du recours à la délégation de service public[572]. Mais, la Cour de cassation, suite à l'adoption d'une définition légale de la délégation de service public[573], semble avoir finalement admis l'utilisation de ce citère.

En considérant la difficulté d'appliquer ce critère en droit pénal, il convient de passer en revue les autres critères, qualifiés de certains par la doctrine administrativiste, afin de déterminer lesquels peuvent permettre au pénaliste de fixer précisément les limites de la responsabilité pénale des collectivités territoriales.

3) Les éléments constitutifs certains

282 - Le premier de ces éléments certains est l'existence d'un contrat entre la personne publique et le délégataire. Il faut signaler que même si, bien souvent, on parle de convention de délégation de service public[574], il s'agit d'un contrat[575]. Cette exigence permet de déduire que sont écartées du domaine d'application de la responsabilité pénale des collectivités territoriales, l'ensemble des activités pour lesquelles les personnes publiques ne peuvent pas recourir à la méthode contractuelle.

283 - Le deuxième élément constitutif de la délégation de service public est qu'elle doit avoir pour objet de confier au délégataire une part plus ou moins importante de l'exécution d'un service public. Ce point

---

[570] T. corr. Grenoble 15 septembre 1997, Dr. pén. 1998, comm. n°5.

[571] C.A. Grenoble 12 juin 1998, Gaz. Pal. 1998, 2, 460 note S. PETIT.

[572] La Cour de cassation n'a pas tranché cette question puisque dans son arrêt du 12 décembre 2000 elle a cassé l'arrêt d'appel afin que la loi du 10 juillet 2000 relative à la définition des délits non intentionnels soit appliquée. Cass. crim. 12 décembre 2000, *op. cit.*

[573] *Cf. supra* n°277-1.

[574] C'est le cas par exemple de l'article 121-2 C. pén.

[575] B. AUBY et C. MAUGÜE, Les contrats de délégation de service public, JCP 1994, I, 3743.

est déjà plus intéressant dans l'optique du droit pénal puisqu'il faut que l'activité en question soit un service public[576].

Pour qu'une collectivité territoriale encoure une responsabilité pénale, il faudra donc d'abord que l'activité ayant donné lieu à une infraction soit un service public local. Cela signifie qu'il faut qu'existe un intérêt local qui se double d'une volonté de la personne publique, d'ériger l'activité en service public[577].

A l'examen de la jurisprudence du Conseil d'Etat, on s'aperçoit que la qualité de service public local est accordée assez largement même si des limites existent[578]. Dans certains cas, la reconnaissance de l'existence d'un service public local est même surprenante, c'est le cas en ce qui concerne l'exploitation de casinos[579].

Le juge pénal devra donc rechercher si l'activité est un service public ou non. Cette tâche pourrait se révéler assez complexe en raison de la difficulté de définir et de reconnaître les services publics[580]. Il pourra, à cette fin commencer par vérifier que la collectivité territoriale a bien reçu, par la loi, le pouvoir d'exercer cette activité, ce qui n'est pas évident en raison de la clarté toute relative des lois de décentralisation[581].

On peut prendre un exemple qui illustre parfaitement cette complexité: la gestion d 'un domaine forestier. En effet, si par un contrat la personne publique confie la gestion du domaine à une personne privée, il n'y a pas de délégation possible car ce n'est pas un service public. A l'opposé, si le contrat a pour but l'exploitation d'un puits de géothermie, il y a service public et donc une délégation est envisageable.

La conséquence est qu'une collectivité territoriale ne peut pas engager sa responsabilité pour la simple gestion du domaine forestier

---

[576] D'où les difficultés pour certaines activités telles que la gestion du domaine privé. Sur ce point *cf* infra p.207.

[577] D. LAURENT, Convention de délégation de service public local et loi SAPIN, Petites Affiches 11 mars 1994, p.4.

[578] Pour des précisions sur ce point V. D. LAURENT, *op. cit.*.

[579] Avis du C.E. du 4 avril 1995 cité par J.B. AUBY et C. MAUGÜE *in* La notion de délégation de service public. Quelques précisions du Conseil d'Etat, JCP 1996, I, 3941.

[580] J.M. PONTIER, *in* Sur la conception française du service public, exprime cette difficulté en disant: « en France, il n'est pas sûr du tout que l'on puisse dire comme cet auteur britannique [FEINTUCK] « qu'il s'agisse de service public ou d'éléphants, on peut les reconnaître sans peine, mais il est sans doute plus difficile d'en donner une définition » ».

[581] D. LAURENT, Convention de délégation de service public local et loi SAPIN, *op. cit.*

alors qu'elle le peut si, comme dans l'exemple, elle exploite un puits de géothermie[582].

Si ce critère de l'existence d'un service public n'est pas facile à mettre en œuvre, il constitue néanmoins une étape dans la recherche des activités au cours desquelles les collectivités territoriales peuvent engager leur responsabilité pénale.

284 - Enfin, le troisième élément caractérisant la délégation de service public, selon la doctrine publiciste, est qu'il faut une véritable délégation, c'est-à-dire que le délégataire soit totalement indépendant et responsable[583].

Pour le juge pénal cette exigence revient à se poser deux questions. En premier lieu, il faut savoir si la loi n'empêche pas la collectivité territoriale de se décharger totalement de l'activité en cause. En second lieu, il faut se demander si elle a la possibilité de faire peser toute la responsabilité de l'activité sur le délégataire.

285 - Si la recherche et l'adaptation au droit pénal des éléments caractéristiques de la délégation de service public permet une certaine avancée, les moyens d'identifier les activités pouvant donner lieu à une responsabilité pénale d'une collectivité territoriale restent peu nombreux et assez complexes[584].

En effet, à ce stade, les seuls éléments à la disposition du juge pénal sont que l'activité en question doit être un service public pouvant faire l'objet d'un contrat et que le cocontractant éventuel doit être totalement indépendant dans sa gestion et endosser seul la responsabilité liée à l'exécution de sa mission. Depuis peu, on peut y ajouter le critère fondé sur le mode de rémunération[585]. Cet ensemble reste trop imprécis pour permettre une identification aisée des activités pouvant donner lieu à responsabilité pénale d'une collectivité territoriale.

---

[582] A. LEVY, S. BLOCH et J.D. BLOCH, *La responsabilité pénale des collectivités territoriales, de leurs élus, de leurs agents*, Coll. Guides pratiques de l'administration territoriale, LITEC.

[583] B. AUBY et C. MAUGÜE, Les contrats de délégation de service public, JCP 1994, I, 3743.

[584] On peut le constater dans l'affaire du Drac, où s'est posée la question de savoir si la mise en place de « classes vertes » est ou non une activité délégable. *Cf. supra.*

[585] *Cf.* n°277-1.

Aux difficultés liées au faible nombre de critères mis à la disposition du juge pénal, s'ajoutent des imprécisions subsistantes portant sur ces critères.

B] Les imprécisions subsistantes

286 - Après avoir tenté une définition de la délégation de service public qui soit utile au juge pénal, il faut admettre que les critères restent peu nombreux et assez vagues. De plus, il subsiste des imprécisions.

La première d'entre elles est le sens à donner à la notion d'activité délégable. Il nous faudra donc constater que les éléments en notre possession ne permettent pas de cerner suffisamment la notion (1).

La seconde imprécision réside dans le sens à donner à la notion de délégation de service public. En effet, faut-il se cantonner à la notion employée dans les lois dites « anti corruption » ou adopter une conception plus large afin de mieux répondre aux exigences du droit pénal (2) ?

1) Détermination des activités délégables

287 - Il peut être bon de préciser pourquoi le législateur a retenu cette notion de délégation de service public. Il semble bien que sa volonté était de ne pas creuser un fossé trop important entre les collectivités territoriales et les personnes morales de droit privé.

En effet, le législateur a voulu soumettre les collectivités territoriales à la responsabilité pénale lorsqu'elles accomplissent des tâches qu'elles peuvent confier à des personnes privées qui encourent toujours une responsabilité pénale en cas d'infraction au cours de l'accomplissement de ce type d'activités.

Mais, de par l'avènement de ce critère, et, suite aux difficultés de définition de celui-ci, il faut s'interroger sur les activités[586] pouvant faire

---

[586] Il doit s'agir de service public, avec les difficultés d'identification déjà évoquées.

l'objet d'une délégation de service public et surtout sur la manière de les identifier.

Il existe des activités pour lesquelles la question de savoir si elles sont délégables ne se pose pas tant la réponse est évidente. Ce type d'activités se voit, dans la pratique, très souvent confié à un prestataire de services personne privée. Il en va ainsi, par exemple, pour la distribution de l'eau, le ramassage des déchets ou encore le service de cantine scolaire. Il s'agit d'ailleurs des exemples le plus souvent cités[587] comme des activités pouvant donner lieu à la responsabilité pénale d'une collectivité territoriale.

288 - Mais la situation n'est pas toujours aussi claire puisque certaines activités ne sont pas délégables. Il y a trois raisons qui font qu'une activité ne peut pas faire l'objet d'une délégation[588].

En premier lieu, les activités que les collectivités territoriales exercent pour et au nom de l 'Etat, ne peuvent pas être déléguées. Il s'agit, pour ne citer que les exemples les plus courants, du recensement militaire, de l'état civil ou encore de l'établissement des listes électorales.

La deuxième raison pouvant empêcher une délégation est l'existence d'une interdiction légale ou réglementaire de procéder par voie de délégation. Il en est ainsi en ce qui concerne l'instruction des autorisations et actes relatifs à l'occupation des sols[589]. Il faut ajouter, dans le même ordre d'idées que la délégation sera impossible lorsque le statut d'établissement public est requis pour exercer l'activité en question.

La troisième cause qui peut rendre la délégation d'une activité impossible est que celle-ci relève de l'exercice même d'une prérogative de puissance publique[590]. Les exemples types en sont l'exercice de la mission de police[591], ou l'exercice du droit de préemption. C'est

---

[587] Notamment par la Circulaire d'application du 14 mai 1993.

[588] Circ. du Ministère de l'intérieur du 7 août 1987 relative à la gestion par les collectivités locales de leurs services publics locaux; champ d'application et conditions d'exercice de la gestion déléguée de ces services, J.O. du 20 décembre 1987, p.14863 qui reprend un avis du C.E. du 7 octobre 1986.

[589] C. HUGLO, Point de vue sur une notion très discutée: la délégation de service public, Petites Affiches 16 mai 1994, n°58, p.12.

[590] C. HUGLO, *op. cit.*

[591] Pour plus de précisions sur ce point, V. J. MOREAU, De l'interdiction faite à l'autorité de police d'utiliser une technique d'ordre contractuel, AJDA 1965, p.3. Pour une illustration de

d'ailleurs parce qu'elles relèvent de l'exercice d'une prérogative de puissance publique que la Chambre criminelle décide que les activités d'enseignement ne sont pas susceptibles d'être déléguées et ne peuvent donc entraîner la responsabilité pénale d'une collectivités territoriale[592].

289 - Certains auteurs en ont déduit que, outre les activités que la loi empêche de déléguer et les activités exercées pour l'Etat, les collectivités locales ne peuvent pas déléguer les activités mettant en jeu des prérogatives de puissance publique[593]. Donc, selon eux, dès que des prérogatives de puissance publique existent, il s'agit d'une activité qui n'est pas délégable et la collectivité territoriale n'encourt aucune responsabilité pénale.

Si cette solution semble pratique, vu la bonne connaissance de la notion de prérogative de puissance publique, elle ne peut pas être accueillie favorablement[594]. En effet, l'existence de prérogatives de puissance publique n'est pas un obstacle automatique à la délégation. Bien au contraire, puisque le Conseil d'Etat utilise l'exercice de prérogative de puissance publique pour dire si une personne privée gère ou non un service public[595] qui, par définition, lui est délégué.

290 - En fait, il est difficile de distinguer les activités qui relèvent de l'exercice même d'une prérogative de puissance publique, qui sont seules à ne pas pouvoir être déléguées, de celles dont l'exercice peut nécessiter l'utilisation d'une telle prérogative de puissance publique.

---

l'impossibilité de déléguer le pouvoir de police et sur l'irresponsabilité pénale de la personne morale qui en découle : C.A. Amiens 9 mai 2000, Gaz. Pal. 9 juillet 2000, p. 32. Néanmoins cette impossibilité de déléguer le pouvoir de police du maire ne dispense pas l'exploitant, si l'activité à été déléguée, de sa responsabilité pénale en cas de méconnaissance des obligations de sécurité (Cass. crim. 14 mars 2000, Bull. n°114, p.340 ; D. 2000, I.R., p.154).

[592] Cass. crim. 12 décembre 2000, Bull. n°371 ; D. 2001, IR, 433 ; Gaz. Pal. 22-23 décembre 2000, note PETIT ; Rev. sc. crim. 2001, p.157, obs. MAYAUD ; Dr. pén., comm. 43, obs. VERON ; C.A. LYON 28 juin 2001, D. 2001, 2562. V. aussi Cass. crim. 11 décembre 2001, D. 2002, IR, p.373 ; JCP G. 2002, IV, 1251.

[593] F. DESPORTES et F. LE GUNEHEC, *Le nouveau droit pénal*, n°584 ; J.H. ROBERT, *Droit pénal général*, spéc. p. 365.

[594] A. LEVY, S. BLOCH et J.D. BLOCH, *La responsabilité pénale des collectivités territoriales, de leurs élus, de leurs agents*, Guides pratiques de l'administration territoriale, LITEC 1995.

[595] Par exemple CE 4 mars 1983, Association familiale rurale de circuit et de transport des élèves de la région du Maine, JCP 1984, II, 2211 note DEBOUY.

On se trouve donc encore dans une zone de flou où il est impossible de définir les notions assez précisément. De ce fait, le nombre d'activités pouvant donner lieu à une responsabilité pénale d'une collectivité territoriale « dépend de la jurisprudence administrative et de la volonté du législateur »[596].

L'imprécision est encore accentuée par le fait que certains auteurs se demandent si le sens à donner à la notion de délégation de service public est celui qui est issu des lois sur la corruption ou s'il faut lui donner un sens plus large qui convienne mieux à la répression.

2) Conception stricte ou large de la « délégation de service public »

291 - Certains auteurs ont semé le doute en disant, qu'en matière pénale, il ne fallait pas prendre l'expression « délégation de service public » dans le sens qui lui est donné dans les lois « anti-corruption »[597] mais dans un sens beaucoup plus large.

Il faut d'ailleurs signaler que les premières décisions rendues en matière de responsabilité pénale des collectivités territoriales étaient de nature à accentuer ce doute puisqu'elles ne reprenaient pas intégralement les critères dégagés par le juge administratif pour caractériser l'existence d'une délégation de service public et spécialement celui fondé sur le mode de rémunération[598].

Pour aboutir à la nécessité de prendre l'expression « délégation de service public » dans son sens le plus large, ces auteurs partent de l'idée que le législateur, en instituant un mode spécial de passation des délégations, a exclu les marchés publics de la notion de délégation de service public et que cela restreint considérablement le champ d'application de la responsabilité pénale des collectivités territoriales.

En effet, la responsabilité pénale se limite alors aux activités susceptibles de faire l'objet d'une concession, d'un affermage, d'une régie intéressée ou une gérance. Encore faut-il exclure les conventions

---

[596] C. MONDOU, Responsabilité pénale des collectivités territoriales, AJDA 1993, p.542.

[597] Pour une telle opinion voir A. LEVY, S. BLOCH et J.D. BLOCH, *La responsabilité pénale des collectivités territoriales, de leurs élus, de leurs agents*. op. cit. spéc.t n°25 et s. et les références citées.

[598] T. corr. Grenoble 15 septembre 1997 et C.A. Grenoble 12 juin 1998 déjà citées.

que la loi prévoit de ne pas soumettre à la procédure applicable aux délégations[599].

Partant de ces constatations, ces auteurs proposent de retenir la notion de délégation de service public au sens large c'est-à-dire qu'il y aurait responsabilité pénale des collectivités territoriales pour « toute infraction commise dans l'exercice d'une activité de service public susceptible de faire l'objet d'un marché public, quels qu'en soient la forme et le mode de passation. »[600].

Pour justifier cette position, les auteurs disent que ni les travaux parlementaires, ni la circulaire d'application ne précisent explicitement ou implicitement qu'il faut raisonner par analogie à la loi du 29 janvier 1993 et ajoutent que le Code pénal lui-même accorde toute liberté au juge pénal[601]. Ils concluent donc, que selon eux, le « législateur a entendu recourir à un terme générique qui vise de façon générale les activités susceptibles d'être déléguées par voie conventionnelle [...] »[602].

292 - Cette thèse est intéressante puisqu'elle permet d'avoir un champ d'application plus large de la responsabilité pénale des collectivités territoriales et de résoudre les problèmes de définition de la notion de délégation, rendant par là même plus facile l'identification des activités qui ne peuvent pas entraîner de responsabilité pénale.

De plus, au travers de différents exemples, les tenants de cette thèse montrent que la notion de délégation de service public n'est pas adaptée pour la détermination du champ d'application de la responsabilité pénale des collectivités territoriales car elle est à l'origine de situations choquantes.

Il en est ainsi lorsqu'une collectivité territoriale réalise elle-même des travaux de voirie. En cas d'accident mortel, sa responsabilité pénale ne pourra pas être engagée car il ne pouvait pas y avoir délégation de service public mais seulement passation d'un marché public.

---

[599] C'est le cas des opérations d'aménagement urbain prévus par les articles L300 et s. du Code de l'urbanisme que la loi du 9 février 1994 (J.O 10 février) exclu de la procédure instituée par la loi du 29 janvier 1993.

[600] A. LEVY, S. BLOCH et J.D. BLOCH, *op. cit.*

[601] Art. 111-5 C. pén.

[602] A. LEVY, S. BLOCH et J.D. BLOCH, *op. cit.*

293 - Si séduisant qu'il soit, ce raisonnement ne semble plus pouvoir être soutenu depuis l'entrée en vigueur de la loi du 8 février 1995[603]. En effet, cette loi, outre des précisions relatives à la procédure de passation des délégations de service public, contient une disposition pénale importante pour justifier cette analyse.

Ce texte[604] modifie la rédaction de l'article 432-14 du Code pénal qui incrimine les atteintes à la liberté d'accès et à l'égalité des candidats dans les marchés publics en y ajoutant les délégations de service public. Il ne fait donc aucun doute qu'ici, il est bien question de la notion visée dans les différentes lois « anti-corruption » puisque la rédaction de l'article en question découle de l'une de ces lois.

Or, on imagine assez mal qu'une telle expression soit utilisée deux fois dans le Code pénal avec un sens différent d'autant qu'il s'agit du même domaine. En effet, si l'on peut admettre l'autonomie du droit pénal, et même l'encourager[605], ce ne peut être que vis à vis d'autres branches du droit mais certainement pas au sein même du Code pénal.

C'est donc la notion de délégation de service public telle qu'elle est visée dans les lois « anti corruption » qui doit être utilisée. Néanmoins, force est de reconnaître que cette notion, retenue par les rédacteurs du Code pénal est peu adaptée et rend difficile la délimitation du champ d'application de la responsabilité pénale des collectivités territoriales[606].

Cette inadaptation apparaît de façon encore plus évidente lorsque l'on met en lumière les incohérences qui peuvent découler de sa mise en œuvre.

---

[603] Loi n°95-127 du 8 février 1995 relative aux marchés publics et délégations de service public, J.O du 9 février 1995; JCP 1995, III, 67298.

[604] Loi du 8 février 1995 *op. cit.*

[605] *Cf. supra* p.129.

[606] La définition de la délégation de service public issue de la loi MURCEF du 11 décembre 2001 n'a pas pu résoudre cette difficulté, *Cf. supra* n°277-1.

Section 2:

Les incohérences découlant de la rédaction du texte

294 - Il n'est bien sûr pas question de dresser une liste exhaustive de toutes les incohérences qui peuvent résulter de la rédaction de l'article 121-2, en matière de responsabilité pénale des collectivités territoriales.

Il s'agira plutôt de montrer que la soumission de la responsabilité pénale des collectivités territoriales à l'exercice d'une activité pouvant donner lieu à une délégation de service public ne répond pas convenablement aux exigences du droit pénal.

De plus, cela finira de démontrer que, contrairement à ce que soutiennent certains auteurs[607], il aurait été malvenu de soumettre la responsabilité pénale de toutes les personnes morales de droit public à ce critère.

Pour ce faire, nous explorerons deux domaines distincts qui mettent en évidence des incohérences flagrantes. En premier lieu, il s'agit des cas où une collectivité territoriale agit hors de ses compétences (§1). Puis, dans un second temps, nous nous intéresserons à la gestion de son domaine privé par la collectivité territoriale (§2).

§1: Le dépassement de pouvoir

295 - Les collectivités territoriales doivent agir en respect des pouvoirs qui leurs sont reconnus. Pourtant, on peut facilement imaginer des cas où, par erreur ou par négligence, une collectivité territoriale agit au-delà de ses pouvoirs.

Dans de telles hypothèses, comment le droit pénal peut-il recevoir application? Quelle sera l'influence du dépassement de pouvoir sur la responsabilité pénale de la collectivité territoriale?

Pour répondre à ces questions, il faudra d'abord s'arrêter sur la solution proposée par le droit administratif et sur ses conséquences en pénal (A). Nous démontrerons alors que l'impunité qui en découle est malvenue (B).

---

[607] F. DESPORTES et F. LE GUNEHEC, *Le nouveau droit pénal*, n°586.

A] La solution du droit administratif et ses conséquences en pénal

296 - Pour pouvoir analyser convenablement ce type de situations, il faudra se référer au droit administratif afin de voir comment il les traite. C'est ainsi que nous verrons que le droit administratif n'admet pas la délégation faite hors de ses compétences (1) pour ensuite rechercher les répercussions sur l'application du droit pénal (2).

1) L'impossibilité de déléguer hors de ses compétences

297 - Avant toute chose, il faut savoir comment il est possible d'identifier les compétences détenues par une collectivité territoriale. Pour ce faire, il faut d'abord rechercher quelles sont les compétences accordées par la loi aux collectivités territoriales en général.

La seconde étape est de savoir si la collectivité considérée est compétente « territorialement », c'est-à-dire si la compétence visée n'appartenait pas, en réalité, à une autre collectivité territoriale.

Ce que l'on peut remarquer c'est que les compétences des collectivités territoriales ont été fortement élargies par les lois de décentralisation de 1982. Cette augmentation de leur domaine de compétence fait d'ailleurs que les activités à l'occasion desquelles leur responsabilité pénale peut être mise en jeu sont, aujourd'hui, en nombre important.

C'est donc dans ces lois qu'il faudra rechercher les contours des compétences reconnues aux collectivités locales, avec les difficultés déjà rencontrées d'une interprétation souvent délicate de ces textes.

Néanmoins, cette recherche doit être effectuée de la façon la plus précise possible. En effet, même si cela paraît une évidence, il ne « peut y avoir délégation de service public dès lors qu'une collectivité publique ne peut déléguer plus de compétences qu'elle n'en a en tant que telle »[608].

---

[608] C. HUGLO, Point de vue sur une notion très discutée: la délégation de service public, Petites Affiches 16 mai 1994, p.12.

298 - Schématiquement, il existe trois cas dans lesquels la collectivité territoriale ne peut pas consentir de délégation de service public par défaut de compétence.

En premier lieu, elle ne peut pas recourir à la délégation de service public pour une activité qui ne lui est pas confiée par la loi. Ainsi, une commune ne peut pas déléguer une activité réservée à l'Etat.

En deuxième lieu, elle ne peut pas recourir à la délégation de service public si l'activité relève d'une autre collectivité territoriale. On peut illustrer cette idée simplement en disant qu'une commune ne peut pas déléguer le service public de ramassage des ordures ménagères d'une commune voisine.

En troisième et dernier lieu, la collectivité territoriale ne peut pas déléguer un service public pour lequel une délégation a déjà été consentie.

A partir de cette règle du droit administratif selon laquelle on ne peut pas déléguer une activité si on n'est pas compétent pour l'exercer, il nous faut voir quelle application peut en être faite en droit pénal.

2) Les conséquences en droit pénal

299 - Pour bien comprendre les conséquences sur l'application du droit pénal de l'impossibilité de déléguer hors de ses compétences, il faut revenir sur le texte qui pose le principe de la responsabilité pénale des collectivités territoriales.

En effet, le Code pénal[609] précise que les collectivités territoriales engagent leur responsabilité pénale lorsqu'elles commettent une infraction dans l'exercice d'une activité susceptible de faire l'objet d'une convention de délégation de service public.

Dans les cas qui nous intéressent ici, on a vu que d'après le droit administratif, la délégation de service public est impossible. Il faut donc en déduire que l'activité en question, n'étant pas susceptible de faire l'objet d'une convention de délégation de service public, ne peut pas être source de responsabilité pénale de la collectivité territoriale.

---

[609] Art. 121-2 al.2 C. pén.

En effet, il faut analyser l'expression « activités susceptibles de faire l'objet de conventions de délégation de service public » comme l'exigence d'une délégation qui soit régulière, c'est-à-dire que la loi ne rend pas impossible.

Le texte ne précise pas que la délégation doit être régulière mais le bon sens le dicte. Dans le cas contraire, il n'y aurait plus aucune limitation et la protection des activités que le législateur a voulu mettre hors du champ d'application de la responsabilité pénale ne serait plus assurée.

On peut illustrer cette irresponsabilité pénale des collectivités territoriales lorsqu'elles agissent en dehors de leurs compétences par un exemple. Si une collectivité territoriale, telle qu'une commune, assure, sans accord préalable, le ramassage des ordures ménagères sur le territoire d'une autre et qu'une infraction est commise, il ne pourra pas y avoir responsabilité pénale de la collectivité qui a agi hors de ses compétences.

La solution du droit administratif selon laquelle il est impossible de déléguer hors de ses compétences est tout à fait logique, comme l'application de ce principe et ses conséquences en droit pénal. Pourtant, les solutions qui résultent de l'application de ces règles ne sont pas exemptes de critiques. L'énonciation de celles-ci permettra encore une fois de montrer l'inadaptation du critère employé par l'article 121-2 du Code pénal.

B] Une impunité relativement malvenue

300 - Pour expliquer que cette impunité est malvenue, même si elle est logique en application des textes et des principes en vigueur, il faudra se placer sous trois angles différents.

Nous nous placerons d'abord du point de vue du trouble à l'ordre public (1), puis nous verrons que cette impunité est aussi malvenue en ce qui concerne la victime éventuelle de l'infraction (2). Enfin, il faudra montrer qu'il est choquant que cette impunité soit le résultat d'une erreur de la collectivité territoriale ayant commis les faits (3).

1) La subsistance du trouble à l'ordre public

301 - Si cela peut sembler une évidence, il faut tout de même rappeler que l'un des buts essentiels du droit pénal est de réprimer les atteintes à l'ordre public. Dans le cas du dépassement de compétence par la collectivité territoriale, il y a deux cas à distinguer.

Dans le premier cas, la collectivité territoriale a eu recours à un délégataire qui peut être poursuivi et à qui les faits constituant l'infraction peuvent être imputés. Si une infraction est commise, le délégataire sera alors poursuivi et éventuellement condamné sans que soit tenu compte du fait que la collectivité territoriale donneuse d'ordre a agi hors de son domaine de compétence. On doit donc considérer que l'atteinte à l'ordre public est réprimée.

302 - Dans le second cas, il n'y a pas de délégation et la collectivité a agi en tant que telle mais a outrepassé ses compétences, ce qui la met à l'abri de toutes poursuites pénales.

Pourtant, si la collectivité a accompli des faits susceptibles de constituer une infraction, il y a eu un trouble à l'ordre public. Et ce trouble existe bel et bien sans que l'on ait à se demander si la collectivité territoriale avait ou non la compétence pour agir.

La difficulté est que l'on aboutit à une situation où le droit pénal ne peut pas intervenir, alors que les éléments sont réunis, parce que l'auteur des faits n'avait pas compétence pour agir. Ce qui est choquant c'est que même si l'auteur des faits ne pouvait pas agir valablement, son action a eu des répercussions et notamment peut avoir fait des victimes.

Si l'on voulait mener un raisonnement par l'absurde, on pourrait imaginer un parallèle avec le Code de la route. Si les incriminations réprimant les atteintes aux prescriptions de ce code visaient non pas le conducteur, comme c'est le cas, mais la personne autorisée à conduire un véhicule, il faudrait admettre que la personne commettant une infraction routière sans être titulaire du permis de conduire ne pourrait pas être poursuivie et condamnée.

Ce raisonnement permet de mettre encore plus en évidence à quel point il est regrettable de soustraire l'agent au droit pénal lorsqu'il a agi hors de ses compétences car cela aboutit, comme c'est le cas avec les collectivités territoriales, à ce qu'il y ait un trouble à l'ordre public sans qu'il puisse y avoir de réponse sociale. Mais, l'impunité accordée aux collectivités territoriales agissant hors de leurs compétences est encore plus choquante du point de vue de la victime des faits.

2) La situation de la victime éventuelle

303 - Si une collectivité territoriale commet des faits qui peuvent être qualifiés d'infraction, des personnes sont susceptibles de subir les conséquences dommageables de ces faits. De ce point de vue aussi, l'impunité de la collectivité territoriale est malvenue.

La victime n'est absolument pour rien dans les circonstances qui font qu'il ne peut pas y avoir de responsabilité pénale de la collectivité territoriale, pourtant sa situation en sera affectée.

Si les faits incriminés ne peuvent pas être imputés à la collectivité territoriale parce qu'elle a agi au-delà de ses compétences, toute poursuite pénale sera impossible. La victime se retrouve alors dans l'impossibilité totale de se constituer partie civile et se voit contrainte d'entamer une action en réparation devant les juridictions civiles ou administratives contre la collectivité territoriale avec toutes les difficultés liées à ce type d'action[610].

Il faut rappeler que, selon de nombreux commentateurs du Code pénal, la responsabilité pénale des personnes morales a d'abord été instituée pour faciliter l'indemnisation des victimes[611].

On aboutit à une inégalité entre les victimes de faits semblables puisque si les faits sont commis par une collectivité territoriale compétente, la victime pourra se constituer partie civile et bénéficier des éléments apportés par les poursuites pénales. Dans le cas contraire, la victime pourra au mieux se constituer partie civile contre la personne physique sur qui pèsera la responsabilité pénale mais la solvabilité du condamné pourra être alors plus douteuse et au pire elle devra entamer une action en réparation sans le soutien du ministère public.

Enfin, et au-delà de ces conséquences attachées à l'impunité des collectivités territoriales agissant hors de leurs compétences, il est également choquant de constater que cette impunité est obtenue grâce à une erreur commise par la collectivité territoriale.

---

[610] Sur l'avantage de l'action civile liée à l'action publique V. J.C. SOYER, *Droit pénal et procédure pénale*, LGDJ 13ème éd. 1997, spéc. n°679.

[611] F. LE GUHENEC *in La responsabilité pénale des personnes morales: évolution ou révolution?*, JCP éd.E 1994, suppl. n°5, spéc. p.30 ; J.J. HYEST *in Le nouveau Code Pénal: enjeux et perspectives*, Coll. Thèmes et commentaires, Dalloz 1994, spéc. p.47.

3) Cette impunité résulte d'une erreur de l'auteur de l'infraction

304 - L'impunité est due à l'intervention de la collectivité territoriale dans un domaine où elle n'avait pas compétence. Il s'agit donc d'une erreur, car il semble un peu excessif de parler de faute.

Il est donc choquant de constater que c'est une erreur de l'auteur des faits qui rend l'application du droit pénal impossible. Cela est d'autant plus vrai lorsque l'on sait avec quelle sévérité la jurisprudence admet l'excuse fondée sur l'erreur[612].

Mais ici, le juge pénal n'intervient même pas pour juger si l'erreur peut justifier l'impunité, elle découle automatiquement du comportement de l'auteur des faits. La collectivité territoriale, en agissant hors de ses compétences, s'est mise d'elle-même et automatiquement , hors du champ d'application de la responsabilité pénale des personnes morales.

Sans qu'il soit nécessaire d'insister davantage sur la question, on s'aperçoit vite que le critère retenu par le Code pénal est la source de nombreux et délicats problèmes.

Mais, au-delà de la question des collectivités territoriales qui agissent hors de leurs compétences, le critère légal fondé sur la possibilité de recourir à une délégation de service public montre aussi ses limites lorsque l'on examine la réponse pénale apportée en cas d'infractions commises par une collectivité territoriale à l'occasion de la gestion de son domaine privé.

§2: L'impunité dans la gestion du domaine privé

305 - Pour bien comprendre cette impunité, il nous faut d'abord voir les raisons qui conduisent à cette absence de responsabilité pénale dans la gestion du domaine privé des collectivités territoriales (A) pour pouvoir ensuite faire une critique de cette irresponsabilité (B).

---

[612] J. PRADEL, *Traité de droit pénal général,* CUJAS, spéc. n°562 et s.

A] L'absence de responsabilité pénale en ce domaine

306 - Nous devrons commencer par donner une définition de la notion de domaine privé d'une collectivité territoriale (1) avant de voir que la gestion de celui-ci n'est pas considérée comme un service public (2) et que c'est ce qui est à la base de l'irresponsabilité pénale (3).

1) La notion de domaine privé d'une collectivité territoriale

307 - Le domaine privé d'une collectivité territoriale peut se définir comme l'ensemble de son patrimoine n'appartenant pas au domaine public. Le domaine public est la « partie du patrimoine [...] qui, soit parce qu'elle est laissée à la disposition du public, soit parce qu'elle est affectée à un service public auquel elle est spécifiquement adaptée par sa nature ou par un aménagement spécial, est soumise à un régime juridique et contentieux de droit administratif »[613].

On comprend donc que le domaine privé d'une personne publique se détermine par rapport à son domaine public. La question qui se pose alors est de savoir, si lorsque la collectivité publique gère son domaine privé elle accomplit ou non un service public. La jurisprudence a répondu négativement, c'est cette jurisprudence qu'il nous faut maintenant rappeler.

2) La gestion du domaine privé n'est pas un service public

308 - La jurisprudence administrative est très claire pour dire que les contrats relatifs à la gestion du domaine privé d'une personne publique sont des contrats de droit privé[614]. La haute juridiction dit que ces contrats sont de droit privé par leur objet.

---

[613] R. GUILLIEN et J. VINCENT, *Lexique de termes juridiques*, Dalloz, 12ème éd. 1999.

[614] TC 24 novembre 1894, Loiseleur, Rec. p.631 ; D.1896, 33. C.E Section, 26 janvier 1951, Ass. Anonyme Minière, Rec. p.49; S. 1951, 3, 33.

Un doute pourrait naître de ce que le Conseil d'Etat qualifie d'administratifs des contrats portant sur la gestion du domaine privé mais qui contiennent des clauses exorbitantes du droit commun[615].

Mais, ce doute se dissipe très rapidement puisque la haute juridiction déclare qu'il s'agit de contrats administratifs au regard des clauses exorbitantes qui y figurent et pas en raison de l'objet même du contrat.

Selon Monsieur HUGLO[616], ne doit pas plus être considérée comme une exception au principe, la compétence du juge administratif pour le contentieux des biens communaux ou des baux emphytéotiques des collectivités locales même en ce qui concerne des biens appartenant au domaine privé.

Malgré cela, des auteurs continuent de penser que la gestion du domaine privé devrait être considérée comme un service public[617]. C'est ainsi, que pour Monsieur CHAPUS[618], la gestion du domaine privé devrait être un service public dans la mesure où les gains qu'elle permet sont en totalité destinés au budget de la personne publique propriétaire et donc seront employés pour les services publics que gère celle-ci[619].

Monsieur CHAPUS ajoute qu'aucun arrêt ne donne de raison précise au refus de reconnaître la gestion du domaine privé comme un service public. Pour lui, cette jurisprudence se fonde sur l'équation anciennement établie entre service public et activité de gestion publique, ce qui n'a plus cours puisqu'il n'y a plus, aujourd'hui, incompatibilité entre gestion privée et service public.

Malgré l'ensemble des arguments développés par les auteurs qui voudraient que la gestion du domaine privé soit considérée comme un service public, la jurisprudence reste ferme et n'infléchit pas sa position. Sauf donc revirement de jurisprudence, la gestion du domaine privé par une collectivité territoriale n'est pas un service public, ce qui va emporter des conséquences sur la mise en jeu éventuelle de sa responsabilité pénale.

---

[615] C.E Section, 17 décembre 1954, Grosy, Rec. p.674.

[616] C. HUGLO, Point de vue sur une notion très discutée: la délégation de service public, Petites Affiches 16 mai 1994, n°58, p.12, spéc. p.14.

[617] J.M. AUBY, *Contribution à l'étude du domaine privé de l'administration*, Etudes et documents du Conseil d'Etat, 1958, n°12, p.35. ; J. LAMARQUE, *Recherches sur l'application du droit privé aux services publics*, LGDJ 1960, p.379 et s.

[618] R. CHAPUS, *Droit administratif général*, 13ème éd., n°573 et s.

[619] Il se fonde pour cela sur des décisions qui déclarent qu'un casino municipal est un service public dans la mesure où les gains réalisés servent à financer de plus grands services. V. par exemple, C.E 25 mars 1966, Ville de Royan, Rec., p.237.

3) L'application du principe en droit pénal

309 - Il faut à nouveau revenir au principe même posé par le Code pénal qui limite la responsabilité pénale des collectivités territoriales aux activités pouvant donner lieu à délégation de service public.

La gestion du domaine privé n'étant pas considérée comme un service public, elle ne peut pas faire l'objet d'une délégation de service public[620]. La conséquence en est que les actes qui peuvent être commis par une collectivité territoriale dans la gestion de son domaine privé, même si ce sont les actes constitutifs d'une infraction imputable aux personnes morales, n'entraîneront jamais sa responsabilité pénale ce qui, une fois de plus, se révèle critiquable.

B] La critique de cette irresponsabilité pénale

310 - Une fois encore les conséquences de l'application des critères retenus par l'article 121-2 du Code pénal doivent être critiquées. Sans nous étendre longuement sur ces critiques, nous verrons d'une part que le domaine privé des collectivités territoriales peut être le lieu privilégié de commission d'infractions (1) et d'autre part que l'impunité qui découle du texte peut se révéler être à l'opposé des buts que s'était fixé le législateur (2).

1) Un domaine privilégié de commission d'infractions

311 - La première raison faisant que la gestion de son domaine privé par une collectivité territoriale peut être un domaine privilégié de commission d'infractions est qu'il s'agit d'un domaine extrêmement vaste et varié.

---

[620] A. LEVY, S. BLOCH et J.D. BLOCH, *La responsabilité pénale des collectivités territoriales, de leurs élus, de leurs agents*, Guides pratiques de l'administration territoriale, LITEC 1995.

La jurisprudence relative à la gestion des domaines privés et publics des collectivités territoriales est abondante, il ne nous incombe pas d'y revenir ici. Pourtant, un rapide examen de cette jurisprudence permet de mesurer à quel point la gestion du domaine privé représente un domaine vaste.

Il est bien entendu impossible de dresser une liste complète de ces activités, nous nous contenterons de citer quelques exemples. Il peut d'abord s'agir d'activités assez classiques telles que la gestion d'une forêt et son entretien. A certaines conditions, il s'agira de la gestion du domaine privé[621].

De nombreux débats ont eu lieu à propos des stades de football qui accueillent des équipes professionnelles. Le Conseil d'Etat a semblé dire que si le terrain était exclusivement réservé aux sportifs professionnels, il s'agit du domaine privé de la collectivité territoriale[622].

Enfin, on pourrait encore signaler qu'un champ de course ne peut pas faire partie du domaine public d'une collectivité territoriale ; c'est ce qui ressort de la décision « Sociétés des steeples chase » rendue par le Tribunal des Conflits[623].

On pourrait multiplier les exemples indéfiniment, mais ceux qui viennent d'être évoqués suffisent à montrer l'extrême diversité des situations qui peuvent se rencontrer.

312 - Le second facteur faisant que la gestion du domaine privé des collectivités territoriales peut être considérée comme un domaine privilégié pour la commission d'infractions est qu'il s'agit généralement d'activités où le but principal sera la recherche de profits.

En effet, on se trouve dans une logique privée. On peut donc avancer qu'il est susceptible d'y avoir un risque plus important de dérapages et donc de commission d'infractions que lorsque la personne publique exécute ses missions de service public.

Mais, outre le fait que la gestion du domaine privé par les collectivités territoriales soit effectivement propice à la commission d'infractions, il y a lieu de constater encore que l'impunité qui est liée à

---

621 Sur les différentes qualifications possibles pour la gestion d'une forêt V. A. LEVY, S. BLOCH et J.D. BLOCH, *La responsabilité pénale des collectivités territoriales, de leurs élus, de leurs agents*, LITEC 1995, Spéc. n°22..

622 Quand le stade est aussi ouvert au public il s'agit du domaine public : C.E 13 juillet 1961, « Ville de Toulouse », AJDA 1961, p.467.

623 T.C 10 juillet 1956, « Société des Steeples chase », Rec. p.587.

la gestion de ce domaine privé, se révèle, en fait, contraire aux buts initiaux que s'était fixé le législateur.

2) Cette impunité est en contradiction avec les buts initiaux du législateur

313 - On sait que la première volonté du législateur était de mettre fin à l'impunité dont bénéficiaient les personnes morales alors que leur puissance pouvait être à l'origine de nombreuses infractions difficiles à poursuivre[624].

De plus, le législateur voulait faciliter l'indemnisation des victimes. Nous ne reviendrons pas sur les conséquences de l'exigence d'une activité pouvant faire l'objet d'une délégation de service public sur cette indemnisation[625].

Ce qui doit davantage retenir notre attention ici ce sont les motivations qui ont poussé le législateur à admettre la responsabilité des personnes publiques et plus précisément des collectivités territoriales.

En effet, le texte initial du projet de réforme du Code pénal de 1986 prévoyait une responsabilité des personnes morales limitée aux sujets de droit privé[626]. Le Conseil d'Etat, dans un avis, s'était déclaré hostile à la responsabilité pénale des personnes publiques car chacune d'elles est « dépositaire d'une part de la puissance publique »[627] et donc elle ne peut, sans qu'il soit porté atteinte à la séparation des pouvoirs, être soumise au contrôle des juridictions répressives.

Mais le Parlement n'a pas suivi cette argumentation. Le législateur a considéré qu'il y aurait violation du principe d'égalité si des poursuites étaient possibles à l'encontre d'une entreprise privée chargée d'une mission de service public alors que, dans les mêmes circonstances et

---

[624] F. LE GUNEHEC *in La responsabilité pénale des personnes morales: évolution ou révolution?*, Entretiens de Nanterre, JCP 1994 éd. E, suppl. n°5.

[625] En effet, ne pouvant bénéficier de l'action publique la victime devra entamer une action civile contre la collectivité territoriale, ce qui la met dans une position beaucoup plus inconfortable.

[626] Même si ce projet de loi du gouvernement contenait la responsabilité pénale des personnes publiques, à l'exclusion de l'Etat.

[627] Avis du Conseil d'Etat cité dans les débats au Sénat (JO Sénat, 11 mai 1989, p.624).

pour les mêmes faits, une personne publique n'encourait aucune poursuite[628] si elle exerçait elle-même la mission de service public.

C'est pour permettre de respecter cette égalité que le législateur a exigé que l'activité ayant donné lieu aux faits délictueux soit susceptible d'être déléguée. Mais, le problème du domaine privé a dû lui échapper car si l'on examine la situation de plus près, on s'aperçoit que lorsque la commune se comporte réellement comme une personne privée, elle n'encourt aucune responsabilité pénale.

Les solutions en matière de gestion du domaine privé par les collectivités territoriales montrent une fois de plus l'inadaptation du critère retenu par le législateur pour qu'il puisse y avoir responsabilité pénale d'une collectivité territoriale.

314 - On a ainsi constaté, tant dans les cas où la collectivité territoriale dépasse ses compétences qu'à propos de la gestion du domaine privé, que la rédaction actuelle du texte du Code pénal donne naissance à un certain nombre d'incohérences.

Pour terminer sur ce point, il faut encore relever que les conséquences fâcheuses de ces incohérences ne touchent pas uniquement les administrés mais aussi les employés des collectivités locales. En effet, selon l'activité qu'ils exercent, ils pourront ou non bénéficier de l'action publique en cas d'accident du travail dû à un non respect des règles relatives à l'hygiène et la sécurité du travail[629].

Puisque seules les activités susceptibles de donner lieu à délégation de service public peuvent déboucher sur une responsabilité pénale[630], il existe deux régimes de protection des agents des collectivités locales, la plupart d'entre eux bénéficient même de façon alternative des deux régimes selon la nature de la mission qu'ils sont en train d'exercer.

315 - Une fois le principe de la nécessité de la responsabilité pénale des collectivités territoriales acquis, l'ensemble de ces problèmes peut amener à se poser la question de savoir si le législateur n'aurait pas choisi un mauvais critère d'application puisque même la doctrine de

---

[628] A. LEVY, S. BLOCH et J.D. BLOCH, *La responsabilité pénale des collectivités territoriales, de leurs élus, de leurs agents*, LITEC 1995.

[629] H. SEILLAN, Le nouveau Code pénal et la santé/sécurité du travail, ALD 1995, p.209.

[630] Pour un exemple de faits où l'employé ne pourrait pas bénéficier de l'action publique V. Cass. crim. 22 février 1995, Bull. n°82, p.195 (même si en l'espèce les faits étaient antérieurs à la responsabilité pénale des personnes morales).

droit administratif se demande si la notion de délégation de service public n'est pas appelée à disparaître[631], ce qui ferait perdre au juge pénal, les seuls repères dont il dispose.

On connaît la difficulté de trouver des critères d'application des règles de droit commun aux personnes publiques[632]. Celui retenu par le législateur dans le Code pénal ne convient manifestement pas, mais les autres solutions envisageables ne sont que rarement satisfaisantes.

On pourrait dire que la responsabilité pénale est exclue pour toutes les activités déléguées aux collectivités territoriales par l'Etat. Mais cette solution, outre la difficulté de déterminer ces activités, laisse subsister la différence de protection des agents selon l'activité qu'ils exercent.

Pourquoi ne pas retenir la même solution que celle envisagée en ce qui concerne une éventuelle responsabilité pénale de l'Etat[633], c'est à dire notamment que la responsabilité pénale est encourue dès lors que la personne publique se comporte de la même façon qu'une personne privée. Ce système aurait l'avantage de laisser une marge d'appréciation assez large au juge pénal.

De plus, cette solution permettrait d'éviter d'avoir à se poser la question de savoir si une activité est ou non délégable, ce qui pourrait constituer une question préjudicielle qui risque de retarder l'intervention du juge pénal[634]. La solution appartient dorénavant au législateur qui est le seul à pouvoir modifier le texte.

316 - Viennent ainsi d'être examinées les différentes questions qui se posent lorsqu'il s'agit de déterminer quelles sont les personnes morales pénalement responsables. Ont été faites des propositions que le législateur ou la jurisprudence pourrait utiliser pour rendre le texte plus clair, pour un meilleur respect du principe d'égalité ou encore pour permettre au juge pénal d'appréhender les situations telles qu'elles se présentent réellement. Mais, une fois décidé si telle ou telle personne morale, privée ou publique, est susceptible en tant que telle d'être

---

[631] B. AUBY et C. MAUGUE, Les contrats de délégation de service public, JCP 1994, I, 3743.

[632] Pour un exemple en droit de la concurrence V. G. MATHIEU, L'application du droit de la concurrence aux personnes publiques, D.1995, chron., p. 27.

[633] *Cf. supra* p.105.

[634] La question de savoir si la possibilité de déléguer ou non une activité est une question préjudicielle que le juge pénal doit poser au juge administratif avant de poursuivre n'est pas encore clairement résolue.

responsable pénalement, reste à déterminer les conditions que celle-ci doit remplir pour être effectivement responsable pénalement, c'est-à-dire les règles de responsabilité applicables à cette nouvelle sorte de responsable instituant, elles, une nouvelles formes de responsabilité.

SECONDE PARTIE:

UNE NOUVELLE FORME DE RESPONSABILITE

317 - Quel que soit le domaine considéré, les personnes morales possèdent de nombreuses particularités par rapport aux personnes physiques. Pourtant, le législateur, lors de la refonte du Code pénal, a instauré leur responsabilité pénale sans pour autant poser beaucoup de règles spécifiques.

En effet, les seuls textes consacrés aux personnes morales sont très rares et concernent le principe de cette responsabilité pénale[635], la création de peines spécifiques[636]et un minimum de règles de procédure[637].

Le faible nombre de textes oblige à se tourner vers le droit pénal applicable aux personnes physiques. Les spécificités des personnes morales font qu'il sera souvent nécessaire d'adapter ces règles. Dans certains cas, les règles existantes ne pouvant manifestement pas convenir, il faudra innover en créant des règles spécifiques. C'est la combinaison de ces adaptations et de ces innovations qui débouche sur ce qu'il convient d'appeler le droit pénal des personnes morales.

Pour qu'une personne morale soit pénalement responsable, il faut d'abord qu'une infraction lui soit reprochée. Aussi faudra-t-il dans un premier temps éclaircir les conditions que devront remplir les faits pour que la personne morale puisse être pénalement responsable (Titre1).

Une fois déterminé tout ce qui touche à l'infraction, dans un second temps, il faudra s'intéresser à l'établissement même de la responsabilité pénale. C'est-à-dire tant ce qui concerne la nature de la participation de la personne morale aux faits délictueux que ce qui est relatif à l'éventuelle application de causes d'irresponsabilité pénale (Titre 2) .

---

[635] Art. 121-2 C. pén.

[636] Art. 131-37 à 131-49 C. pén.

[637] Art. 706-41 et s. du C. proc. pén.

TITRE 1:

L'infraction reprochée

318 - L'une des difficultés les plus importantes soulevées par la responsabilité pénale des personnes morales est de savoir comment une personne morale, être sans liberté de mouvement, voire pour certains, être purement fictif, peut commettre une infraction. C'est pourquoi, il faut d'abord s'intéresser à la réalisation de l'infraction par la personne morale. Pour ce faire, nous nous référerons à l'application du droit pénal aux personnes physiques afin de voir dans quelle mesure il est possible de s'en inspirer pour les personnes morales et quelles sont les adaptations ou les innovations nécessaires à la mise en œuvre de cette nouvelle responsabilité (Chapitre 1).

De plus, le législateur n'a pas cru bon de soumettre les personnes morales à l'ensemble du droit pénal et a préféré instaurer un principe de spécialité selon lequel les personnes morales ne peuvent être pénalement responsables que des infractions pour lesquelles cette responsabilité pénale est expressément prévue. Il nous faudra donc approfondir aussi l'étude de ce principe de spécialité de la répression des infractions commises par une personne morale (Chapitre 2).

Chapitre 1:

La réalisation de l'infraction reprochée

319 - Pour qu'il y ait infraction pouvant déboucher sur une condamnation pénale, il faut que des faits matériels aient été commis. Il nous faudra d'abord étudier la manière dont ces faits peuvent être réputés commis par une personne morale. C'est la question de la réalisation matérielle de l'infraction (Section 1).

Pour que l'infraction soit punissable il faut, en plus de la réalisation matérielle de certains faits, qu'existe l'intention de commettre l'infraction. Il nous faudra donc voir ensuite comment cette exigence de l'intention délictueuse s'applique aux personnes morales (Section 2).

Section 1:

La réalisation matérielle de l'infraction

320 - Les actes purement matériels ne peuvent être réalisés par la personne morale elle-même. C'est pourquoi le législateur a dû indiquer les personnes qui peuvent engager la responsabilité pénale de la personne morale, ce que DONNEDIEU DE VABRES désignait par l'expression « substratum humain »[638]. Il faut donc en premier lieu chercher à identifier les personnes ou les groupes de personnes pouvant engager la responsabilité pénale de la personne morale. Pour ce faire, nous nous arrêterons sur les deux notions retenues par l'article 121-2 du Code pénal (§1).

Puis nous verrons, en second lieu, qu'à la frontière de ces deux notions légales, certaines situations sont difficiles à classer. Il nous faudra alors déterminer, pour ce type de situations, dans quelle mesure la responsabilité pénale de la personne morale pourra être engagée (§2).

---

[638] H. DONNEDIEU DE VABRES, Les limites de la responsabilité pénale des personnes morales, RID pén. 1950, p.339.

§1: Les notions retenues par l'article 121-2 du Code pénal

321 - L'article 121-2 du Code pénal prévoit que les personnes morales sont pénalement responsables des actes commis pour leur compte par leurs organes ou leurs représentants[639]. La distinction entre ces deux notions d'organes et de représentants qui engagent la responsabilité pénale de la personne morale n'est pas toujours facile à établir, comme le montrent les premières décisions de jurisprudence[640]. Nous étudierons donc successivement ces deux notions.

A]Les organes

322 - Contrairement à ce que semblent dire certains auteurs[641], le sens à donner à la notion d'organe n'est pas si évident qu'il y paraît. Nous commencerons par rechercher une définition convenable de la notion d'organe (1) avant de donner quelques exemples concrets (2).

1) La définition

323 - L'organe peut se définir comme « la pièce, partie d'une machine assurant une fonction déterminée » ou encore « ce qui sert

---

[639] La Chambre criminelle de la Cour de cassation a eu l'occasion de rappeler que la condamnation d'une personne morale ne peut intervenir que si les juges du fond ont démontré que les faits reprochés ont bien été commis par un organe ou un représentant : Cass. crim 18 janvier 2000 ; JCP 2000, II, 10395, note F. DEBOVE.

[640] Th. DALMASSO, note ss T. corr. Strasbourg 9 février 1996, Petites Affiches 1996, n°38, p.19.

[641] Par exemple M. FAVERO, Responsabilité pénale des personnes morales et responsabilité pénale des dirigeants: responsabilités alternatives ou cumulatives, Petites Affiches 8 décembre 1995, p.15.

d'intermédiaire, d'instrument »[642]. Comment transposer cette définition au droit et plus précisément au droit pénal des personnes morales[643] ?

Lorsqu'il est question d'organe en droit, et plus spécialement en droit des sociétés, on vise sous ce vocable, une personne ou une collectivité, dont l'existence découle d'une prescription légale et qui est conçue comme « une partie intégrante de la personne morale »[644].

324 - Certains auteurs ont une vue restrictive et soutiennent que l'organe doit « s'entendre d'un groupement collégial (de membres, d'associés, de sociétaires, de dirigeants), d'un conseil, d'une assemblée, apte à prendre une décision collective»[645]. L'exemple classique est le conseil d'administration d'une société anonyme.

Il est évident que cette analyse a le mérite de la simplicité. En effet, si l'on admet que l'organe est forcément collégial, on élimine les problèmes d'interprétation puisqu'alors la notion de représentant vise la personne physique qui est investie, par la loi, de pouvoirs de direction au sein de la personne morale. Par exemple, au sein d'une société anonyme de forme classique, le conseil d'administration est l'organe alors que son président est le représentant.

325 - Néanmoins, cette analyse doit être repoussée car son caractère trop restrictif ne peut pas convenir à un droit pénal qui, s'il veut être efficace, doit faire preuve de souplesse afin de pouvoir s'adapter à la réalité.

D'ailleurs, le législateur lui-même n'est pas favorable à ce genre d'analyse, et semble plutôt considérer que l'organe peut être aussi bien une personne unique qu'une collectivité dès lors que la loi le dénomme par un titre distinctif et fixeson statut[646].

---

[642] Définition de la notion d'organe selon le dictionnaire Larrousse.

[643] Il faut noter que cette notion d'organe avait été employée notamment dans l'Ord. du 5 mai 1945 relative aux entreprises de presse ayant collaboré qui prévoyait une responsabilité pénale des personnes morales.

[644] L. MICHOUD, *La théorie de la personnalité morale*, LGDJ Paris, 1909.

[645] J.F. BARBIERI, L'incidence de la réforme du Code pénal sur la gestion des personnes morales, Petites Affiches 6 octobre 1993, n° 120, p.22 ; J.C. SOYER, *Droit pénal et procédure pénale*, spéc. n°288.

[646] V. travaux parlementaires sur la société par actions simplifiée: Doc. ass. nat. n°688, 4 novembre 1993, p.19 et J.O Débats, Sénat, séance du 21 octobre 1993, p.3364 ; D. RANDOUX, La liberté contractuelle réservée aux grandes entreprises : la société par actions simplifiée, JCP 1994 éd. N, I, p.69.

326 - Mais, peut-on se satisfaire d'une telle définition en ce qui concerne le droit pénal ? Une réponse négative semble s'imposer. En effet, toutes les personnes ou toutes les collectivités répondant à cette définition ne sont pas en mesure d'engager la responsabilité pénale d'une personne morale. Pour s'en convaincre, il suffira d'examiner deux exemples:

Le premier est celui du conseil de surveillance: son existence est imposée par la loi sur les sociétés[647] qui fixe ses attributions et son statut, il s'agit bien d'un organe au sens évoqué précédemment.

Pourtant, comme son nom l'indique le conseil de surveillance a essentiellement un rôle de surveillance et de contrôle de la gestion de la société. La jurisprudence a d'ailleurs eu l'occasion de préciser que le président du conseil de surveillance n'a pas la qualité de personne exerçant des activités de direction, de gestion ou d'administration[648].

De plus, la seule forme de responsabilité pénale pouvant être encourue par les membres du conseil de surveillance est la complicité[649], par exemple la complicité de présentation de bilan inexact[650].

Si un de ses membres commet une immixtion dans la gestion, il encourra une responsabilité pénale mais au titre de dirigeant de fait et non comme membre du conseil de surveillance.

Le conseil de surveillance, bien qu'étant un organe au sens habituel du terme, ne semble pas pouvoir engager la responsabilité pénale de la personne morale. En effet, on voit mal comment on pourrait soutenir qu'il a agit «pour le compte » de la personne morale alors qu'il n'a aucun rôle de gestion et ne prend donc aucune part active aux décisions relatives aux fonctionnement de la société. C'est pourquoi Monsieur COEURET préconise de différencier les organes de gestion et les organes de contrôle[651].

---

[647] Art. 128 et s. de la loi du 24 juillet 1966 relative aux sociétés commerciales.

[648] Cass. com. 9 octobre 1990, JOLY 1990, p.1041 note LE CANNU.

[649] Pour bien comprendre la différence de régime entre le président du directoire et le président du conseil de surveillance V. C.A. Paris, 9ème Ch., 8 novembre 1976, JCP 1977, II, 18745 note H. GUERIN.

[650] Pour un exemple V. C.A. Paris, 9ème Ch., 15 février 1979, B.C.N.C.C 1979, n°34, p.197.

[651] A. COEURET, La responsabilité en droit du travail: continuité et rupture, Rev. sc. crim. 1992, p.475.

Le second exemple a trait au commissaire aux comptes. Il s'agit une fois encore d'un organe puisqu'il est rendu obligatoire par la loi qui fixe son statut et ses attributions[652].

Or, ses missions principales sont la vérification et le contrôle de la comptabilité sociale ainsi que la rédaction d'un rapport général constatant les résultats à l'intention de l'assemblée générale ordinaire annuelle des associés ou des actionnaires. Il n'a dès lors aucun pouvoir de décision au sein de la personne morale.

Le commissaire aux comptes est donc bien un autre organe qui n'est pas en mesure d'engager la responsabilité pénale de la personne morale.

327 - Les deux exemples précédents démontrent l'inadaptation du seul critère de l'instauration de l'organe par la loi aux nécessités de la responsabilité pénale des personnes morales.

On ne peut pas non plus souscrire à la thèse des auteurs qui intègrent, dans la notion d'organe, des personnes ou des collectivités qui ne seraient pas l'émanation d'un texte légal comme le fait Monsieur WALLON à propos des gérants de faits[653].

En effet, dans ce cas, la notion de représentant qui figure aux côtés de celle d'organe, serait inutile puisque cette dernière permettrait d'englober toutes les personnes physiques et toutes les assemblées chargées des choix stratégiques de la personne morale et donc capables d'engager sa responsabilité pénale.

328 - En réalité, l'organe tel qu'il est envisagé par le Code pénal doit découler d'une exigence légale, être régulièrement constitué et surtout détenir un pouvoir sur les choix et les orientations relatifs à la gestion de la personne morale.

Ces exigences, nous amènent à penser que la définition la plus appropriée pourrait être proche de celle que donne Monsieur GIBIRILA concernant le dirigeant de société, c'est-à-dire : «la personne [ou la collectivité] qui détient ou exerce officiellement, donc légalement, de manière continue ou temporaire, tout ou partie des pouvoirs d'administration, de gestion ou de direction »[654].

---

[652] Art. 218 et s. de la loi du 24 juillet 1966.

[653] P. WALLON, La responsabilité pénale des personnes morales, Rev. Pénit. 1996, p.265.

[654] D. GIBIRILA, *Le dirigeant de société*, LITEC, 1995, spéc.n°8.

Il nous faut donc maintenant donner quelques exemples concrets de personnes morales en précisant, pour chacune d'elles, les organes susceptibles d'engager la responsabilité pénale du groupement.

2) Exemples concrets

329 - Nous dresserons un tableau présentant les principales formes de personnes morales et les organes pouvant engager leur responsabilité pénale.

PERSONNE MORALE	ORGANE
Société Anonyme (S.A)	• S.A classique: Conseil d'administration et président de ce conseil, directeur général, assemblée des actionnaires. • S.A à directoire: Directoire, président, assemblée des actionnaires.
Société à Responsabilité Limitée (S.A.R.L)	Le gérant, l'assemblée des actionnaires.
Entreprise Unipersonnelle à Responsabilité Limitée (E.U.R.L)	Le commerçant (qui peut être une personne morale) ou un tiers nommé gérant.
Société par Actions Simplifiée (S.A.S)	Le président, l'assemblée des actionnaires.

Société en commandite par actions	Le ou les gérants, l'assemblée des actionnaires.
Association de type loi de 1901 déclarée à la préfecture	Personnes chargées de l'administration et de la direction (déclarées comme telle en préfecture), assemblée générale des membres.
Groupement d'intérêt économique (G.I.E)	Le ou les administrateurs, l'assemblée des membres du groupement.
Commune	Conseil municipal, maire.
Département	Conseil général, président de ce conseil.
Région	Conseil régional, président de ce conseil

330 - Comme on peut le constater à la lecture de ce tableau, il se peut que l'organe soit lui- même une personne morale. C'est notamment le cas pour l'entreprise unipersonnelle à responsabilité limitée ou pour un membre du conseil d'administration d'une société anonyme.

On peut alors se demander de quelle façon la responsabilité pénale de la personne morale pourra être mise en œuvre. Dans ce genre de situation, la loi fait obligation à la société qui est un organe d'une autre personne morale de nommer une personne physique chargée de la représenter de façon permanente au sein de l'autre personne morale[655].

C'est donc le représentant permanent qui pourra engager, par ses actes et ses décisions, la responsabilité pénale de la personne morale à la gestion de laquelle il participe.

La liste des personnes ou des collectivités susceptibles d'engager la responsabilité pénale d'une personne morale ne s'établit pas uniquement à partir de cette notion d'organes. C'est ici que la seconde notion

[655] Art. 91 de la loi du 24 juillet 1966 sur les sociétés commerciales.

utilisée par l'article 121-2 du Code pénal entre en jeu: celle de « représentants » de la personne morale.

B] Les représentants

331 - La notion de représentants ne figurait pas dans les différents avant-projets qui avaient été élaborés[656]. Seule la notion d'organe était retenue. C'est dans le projet de Code pénal de 1986, présenté par Monsieur BADINTER, que le terme « représentants » a été introduit pour la première fois.

Il est clair que la volonté était de pallier le caractère trop restreint de la notion d'organes, qui ne permettait pas l'engagement de la responsabilité pénale par des personnes qui, sans être des organes légaux ou statutaires, sont fortement impliquées dans la gestion et les actions de la personne morale.

Reste maintenant à trouver une définition suffisamment précise à cette seconde notion. L'idée de représentant et de représentation n'est pas nouvelle en droit. Il nous faudra donc d'abord voir le sens qui lui est donnée dans d'autres branches du droit (1) avant d'essayer d'élaborer une définition adaptée au droit pénal (2).

1) Les différentes acceptions du terme

332 - Rappelons ce que l'on entend par représentant en droit civil (a) et en droit des sociétés (b).

a) Le représentant en droit civil

333 - En droit civil, on connaît deux types de représentants. Le premier découle d'une fiction de la loi dont l'effet est de permettre au descendant d'une personne, qui aurait hérité du défunt si elle avait

[656] Avant projets de 1978 et 1983.

survécu, de prendre la place de cette personne dans l'ordre de succession[657].

L'autre type de représentant est la personne qui agit au nom et pour le compte d'une autre personne, appelée représenté. Les actes passés par le représentant produisent directement leurs effets sur la tête du représenté comme s'il les avait passés lui-même.

La qualité de représentant en droit civil peut résulter de la loi, c'est le cas du tuteur qui représente le mineur, de la volonté comme en cas de mandat ou enfin, d'une décision de justice telle celle qui autorise un époux à agir au nom de l'autre.

b) Le représentant en droit des sociétés

334 - En droit des sociétés, lorsqu'il est question de représentant, il s'agit du représentant légal. Cette notion de représentant légal chevauche celle d'organe. En effet, la plupart des organes sont aussi des représentants légaux.

Elle vise également des personnes qui auront à intervenir dans la gestion de la personne morale, soit en raison d'une crise, soit en raison de leur fonction. C'est ainsi que dans cette notion de représentant légal, on inclut le mandataire de justice intervenant en cas de procédure collective ou de poursuites pénales visant à la fois la personne morale et son dirigeant[658], ou encore le directeur d'un des établissements composant la personne morale.

À l'aide de ces éléments, il faut essayer de dégager une définition qui, par sa précision, réponde aux impératifs du droit pénal mais qui soit suffisamment ouverte pour éviter de faire doublon avec la notion d'organe afin de permettre une application satisfaisante de la responsabilité pénale des personnes morales.

---

[657] Art. 739 et s. du C. civ.

[658] Si le dirigeant sollicite la nomination d'un mandataire puisque ce n'est plus qu'une faculté depuis la loi du 10 juillet 2000 (Art.9 de la loi n°2000-647 tendant à préciser la définition des délits non intentionnels, J.O. du 11 juillet 2000 ; JCP 2000, III, 20330).

2) Une définition adaptée au droit pénal des personnes morales

335 - Certaines définitions de cette notion de représentant sont automatiquement écartées car elles ne présentent aucun lien avec le problème posé. Il en va ainsi de la notion de représentant en matière de succession.

Néanmoins, le point commun entre toutes les définitions, y compris celles qu'il convient d'écarter, est que le représentant vient suppléer une impossibilité d'agir du représenté. C'est à partir de cette constatation qu'il faut essayer de bâtir une définition de cette notion « délicate » à cause des différentes interprétations qu'elle peut recevoir.[659]

Il faut rappeler que doivent être écartées les définitions trop restrictives, comme par exemple, celles qui conçoivent le représentant comme une personne physique dont le pouvoir au sein de la personne morale découle de la loi, par opposition à l'organe qui dispose de pouvoirs similaires mais présente, lui, obligatoirement un caractère collectif[660].

En effet, si telle avait été la volonté du législateur, il n'aurait pas été nécessaire d'ajouter la notion de représentant puisque celle d'organe qui figurait dès le départ dans l'avant projet de loi était suffisante. Comme le précisent beaucoup d'auteurs, les notions d'organe et de représentant ne doivent pas faire double emploi[661].

336 - Une définition un peu plus large, consiste à dire que les représentants au sens de l'article 121-2 du Code pénal, sont les personnes qui devront intervenir dans la gestion de la personne morale sans pour autant faire partie des organes désignés par la loi qui a servi de référence lors de sa création. Il en va ainsi, par exemple, du mandataire de justice dans le cadre d'une procédure collective [662].

Certains auteurs vont encore un peu plus loin, et ajoutent les cas dans lesquels la personne morale aura donné mandat à une personne

---

659 M.E. CARTIER *in Le nouveau Code Pénal: enjeux et perspectives*, Coll. thèmes et commentaires, DALLOZ 1994.

660 J.C. SOYER, *Droit pénal et procédure pénale*, spéc. n°288.

661 Par exemple A. COEURET, RTD Civ. 1992, p.825.

662 M.E. CARTIER, *La responsabilité pénale des personnes morales: évolution ou révolution?*, Entretiens de Nanterre, JCP 1994 éd. E, suppl. n°5.

physique, voire à une autre personne morale pour agir à sa place dans la vie juridique[663].

Pourtant, les auteurs partisans de cette théorie reconnaissent eux-mêmes qu'elle est encore trop limitée puisqu'ils avouent qu'« à l'examen, il s'avère que le cercle des décideurs ne recoupe que partiellement celui formé par les organes et représentants »[664].

337 - Il faut donc que la notion de représentant aille bien au-delà du cercle des « dirigeants statutaires »[665]. L'autonomie du droit pénal doit, ici encore, jouer son rôle afin que la notion de représentant ne s'arrête pas à la réalisation d'actes juridiques pour autrui mais soit également l'accomplissement de divers comportements fonctionnels pour lesquels, par exemple, le gérant de fait a pris la place d'un organe de la personne morale[666].

En considération de l'ensemble de ces éléments et en se fondant sur une réponse du Garde des Sceaux à un parlementaire[667], nous serions tentés d'affirmer que le représentant de la personne morale est **la personne physique ou morale qui accomplit des actes juridiques ou matériels en vertu d'un mandat donné par la personne morale ou qui accomplit de tels actes en se comportant comme si elle avait le pouvoir de représenter la personne morale**[668].

338 - Comme le rappelle monsieur GUIRIMAND[669], ce sera à la jurisprudence de trancher définitivement sur le sens de la notion de représentant. On peut regretter qu'alors que dans certains domaines le législateur a fait d'importants efforts de définition, par exemple, pour le

---

[663] A. COEURET, La responsabilité en droit pénal du travail: continuité et rupture, Rev. sc. crim. 1992, p.475.

[664] A. COUERET, *ibidem*.

[665] H. SEILLAN, Le nouveau Code pénal et la santé/sécurité du travail, ALD 1994, p.209.

[666] Monsieur COEURET développe cette idée en s'appuyant sur les nécessités liées au droit du travail et donne plusieurs exemples in La nouvelle donne en matière de responsabilité (Droit Social 1994, p.627).

[667] Question de Monsieur A. Berthol (Q. n°5299, JCP 1994, V, p.13; JOAN Q., 21 novembre 1993, p.4170).

[668] Cette définition s'approche de celle donnée par Monsieur B. MERCADAL *in* La responsabilité pénale des personnes morales et celle des personnes physiques auteurs ou complices des mêmes faits, RJDA 1994, p.375.

[669] D. GUIRIMAND, La responsabilité pénale des personnes morales, RJS 1993, p.483.

vol commis dans un moyen de transport en commun[670], les termes relatifs à la responsabilité pénale des personnes morales soient restés aussi flous.

En conséquence, certaines situations qui se situent aux frontières des notions d'organe et de représentant ne sont pas envisagées clairement par le Code pénal. Il faut donc s'arrêter sur ces situations particulières.

§2: Aux frontières des deux notions légales

339 - Il peut arriver qu'au sein d'une personne morale, une personne se comporte exactement comme un organe légal ou statutaire et soit amenée à prendre des décisions de gestion qui reviennent normalement à ces organes. Les raisons qui amènent à ce genre de situations sont diverses.

Il en résulte que cette personne intervient effectivement dans la gestion de la personne morale. Il est alors légitime de se demander si ce dirigeant de fait, selon l'expression retenue par le droit des sociétés, peut engager la responsabilité pénale de la personne morale (A).

Il peut arriver aussi qu'un des organes légaux ou statutaires prenne une décision qui excède les compétences qui lui sont attribuées par la loi ou les statuts. Ce type de dépassement de pouvoir peut-il entraîner une responsabilité pénale pour la personne morale? (B).

Enfin, si l'on sait que le salarié, en tant que tel, n'est pas en mesure d'engager la responsabilité pénale de la personne morale, on peut s'interroger sur la possibilité d'engagement de cette responsabilité par un salarié qui aurait reçu une délégation de pouvoirs en bonne et due forme (C).

A]Le dirigeant de fait

340 - Pour répondre à la question de savoir si une personne morale peut voir sa responsabilité pénale engagée par les agissements d'un dirigeant de fait, il nous faudra d'abord nous arrêter sur la situation

---

[670] Art. 311-4 7° C. pén.

personnelle du dirigeant de fait, c'est-à-dire sur sa propre responsabilité pénale (1).

Puis, en l'absence de définition légale, nous verrons quels sont les critères qui peuvent être employés pour déterminer si une personne est un dirigeant de fait (2).

Enfin, il faudra se demander si un dirigeant de fait répondant aux exigences de la jurisprudence pénale dispose de la capacité d'engager la responsabilité pénale de la personne morale (3).

1) La responsabilité pénale du dirigeant de fait

341 - Les actes commis par un dirigeant de fait, lorsqu'il intervient dans la gestion d'une personne morale, engage sa responsabilité pénale personnelle[671]. Cette responsabilité pénale du dirigeant de fait découle de la loi pénale (a), mais aussi dans certains cas de la jurisprudence pénale (b).

a) La loi pénale

342 - Pendant longtemps, les agissements d'un dirigeant de fait ne pouvaient pas entraîner sa responsabilité pénale. Il pouvait donc gérer une société en échappant à la plupart des dispositions répressives.

Par exemple, la rédaction des textes alors en vigueur faisait que le délit d'abus de biens sociaux ne pouvait être imputé qu'à celui qui avait la qualité d'administrateur d'une société anonyme ou de gérant d'une société à responsabilité limitée. Le gérant de fait n'étant pas détenteur de ces titres ne pouvait pas encourir de responsabilité pénale personnelle[672].

---

[671] Sur cette question V. N. DEDESSUS-LE-MOUSTIER, La responsabilité du dirigeant de fait, Rev. Soc. 1997, 499, spécialement n°28.

[672] Par exemple pour des faits commis par un ancien gérant après sa démission: Cass. crim. 18 janvier 1956, Bull. n°72 ;JCP 1956, II, 9342.

Malgré les multiples critiques de la doctrine, cette solution fut affirmée à de très nombreuses reprises par la Cour de cassation dans différents domaines[673].

343 - Sans doute sous l'influence de ces critiques, la loi a fini par assimiler le gérant de fait au gérant de droit. La loi de 1966[674] indique expressément que les dispositions des articles 424 à 429 sont applicables à toute personne qui, directement ou par personne interposée aura, en fait, exercé la gestion d'une société à responsabilité limitée sous le couvert ou aux lieu et place du gérant légal[675]. En outre, l'article 463 précise que les infractions concernant les sociétés par actions peuvent être imputées aux personnes ayant administré, en fait, la personne morale[676].

C'est ainsi que l'on assiste, le juge pénal s'appuyant sur ces textes, à la condamnation de dirigeants de fait pour des infractions telles que l'abus de biens sociaux[677].

De la même façon, la loi relative au redressement et à la liquidation judiciaires prévoit que les sanctions pénales qu'elle édicte, par exemple en répression de l'infraction de banqueroute[678], sont applicables aux dirigeants de droit ou de fait[679].

Restait alors à savoir comment la jurisprudence pénale allait interpréter les textes dans des domaines où la loi demeurait silencieuse sur le dirigeant de fait.

---

[673] Pour des exemples V. B. BOULOC, note sous Cass. crim. 21 décembre 1971, Rev. Soc. 1972, p.726 et s.

[674] Loi du 24 juillet 1966 sur les sociétés commerciales.

[675] Art. 431 de la loi de 1966.

[676] Pour plus de précisions V. J. ROBIN, Les responsabilités pénales des dirigeants de fait de sociétés commerciales dans la loi du 24 juillet 1966, Recueil de Droit Pénal 1967, p.1.

[677] Par exemple Cass. crim. 25 mai 1987, Bull. n°215, p.580. Cass. crim. 19 décembre 1994, JOLY 1995, p.340, §108. Cass. crim. 30 mai 1994, JOLY 1994, p.1205, §323.

[678] Art. 197 de la loi n°85-98 du 25 janvier 1985 relative au redressement et à la liquidation judiciaire des entreprises.

[679] Art. 196 et 203 de la loi du 25 janvier 1985.

b) L 'œuvre jurisprudentielle

344 - Dans certains domaines[680], la loi n'ayant pas été modifiée, on pouvait se demander quelle serait la réaction de la jurisprudence pénale. La Cour de cassation a pris le parti de se fonder sur la réalité des faits. Ainsi, elle condamne le dirigeant de fait chaque fois que la loi ne vise pas spécialement le dirigeant de droit.

On en trouve un bon exemple en matière fiscale. La Cour de cassation refusait de condamner le gérant de fait pour fraude fiscale[681]. Mais, adoptant son nouveau raisonnement, elle déclare qu'« il ne résulte aucunement des termes [...] du Code général des impôts que les délits incriminés par ces textes ne puissent être commis que par les dirigeants de droit d'une société »[682] et valide la condamnation du gérant de fait pour fraude fiscale.

À partir du moment où le juge pénal condamne le dirigeant de fait au même titre que le dirigeant de droit, il est contraint de dégager les critères qui permettent d'identifier le dirigeant de fait.

Petit à petit, le juge pénal s'est donc forgé un certain nombre de critères permettant cette identification. Il a été aidé en cela par les autres branches du droit qui prennent en compte la notion de dirigeant de fait. Ce sont ces critères qu'il nous faut maintenant étudier.

2) Les critères de la gestion de fait

345 - L'examen de quelques décisions de condamnation permet de s'apercevoir que les éléments de fait relevés par les juridictions peuvent être très divers. En effet, tantôt on retient que le prévenu intervenait pour l'embauche, la fixation des salaires, l'organisation du travail ainsi que dans les actions de formation[683]. Tantôt on retient que le dirigeant de droit lui laissait toujours des chèques signés en blanc, qu'il achetait le matériel d'exploitation ou encore avait présenté, au nom de la société,

---

[680] Pour une étude complète V. J.M. MACQUERON, *La notion de dirigeant de fait vue par la jurisprudence de ses origines à nos jours*, Thèse, ROUEN, 1982.

[681] Cass. crim. 19 janvier 1956; Bull. n°78.

[682] Cass. crim. 21 décembre 1971, Rev. Soc. 1972, p.726.

[683] Cass. crim. 22 avril 1966, Bull. n°125, p.274.

une requête en prorogation d'un délai au président du tribunal de commerce[684].

Pour y voir plus clair, il faut se reporter au travail de classification accompli par Monsieur TRICOT[685]. Celui-ci propose de distinguer, au sein des critères opérants, ceux qui sont nécessaires et ceux qui sont complémentaires[686].

a) Les critères nécessaires

346 - Même si la jurisprudence ne le relèvent pas expressément, deux critères doivent obligatoirement être présents pour admettre qu'il y a bien eu gestion de fait.

Il s'agit d'abord de l'indépendance. Le dirigeant de fait doit être libéré de tout lien de subordination. Il exerce sa mission de gestion avec la même liberté qu'un dirigeant de droit.

Il faut que cette indépendance soit réelle, une simple apparence ne peut permettre de retenir la gestion de fait[687]. Néanmoins, le statut de salarié ne constitue pas une présomption irréfragable d'absence de gestion de fait[688]. Le salarié peut être considéré comme un gérant de fait dès lors que ses activités de gestion de la personne morale ne sont pas soumises au lien de subordination qui découle de son contrat de travail.

Ce critère est très important puisque la charge de la preuve pèse sur celui qui allègue l'existence d'une gestion de fait. Il suffit donc de démontrer que les activités de gestion ont été accomplies en vertu d'un lien de subordination pour écarter, sans poursuivre le débat, les prétentions du demandeur.

347 - Le second critère nécessaire est celui de l'activité. En effet, il faut démontrer « l'auto investiture »[689] par la réalisation d'actes positifs de direction. Ce critère de l'activité semble être le plus complexe à

---

[684] Cass. crim. 8 décembre 1980, Rev. Soc. 1980, p.351, 2ème arrêt, note B. BOULOC.

[685] D. TRICOT, Les critères de la gestion de fait, Droit et Patrimoine, janvier 1996, p.24.

[686] Voir aussi N. DEDESSUS-LE-MOUSTIER, La responsabilité du dirigeant de fait. Rev. Soc. 1997, p.499.

[687] Cass. com. 3 mai 1994, pourvoi n°92-15.103.

[688] Cass. com. 2 février 1982, Bull. Civ. IV, n°40, p.34.

[689] D. TRICOT, article préc.

établir. Mais, comme le rappelle Monsieur TRICOT, il se confond, en pratique, avec les critères complémentaires[690].

b) Les critères complémentaires

348 - Ces critères complémentaires sont importants dans la mesure où, pour démontrer une direction de fait, il faut se fonder sur l'existence d'un certain nombre d'actes. Un acte isolé ne permet pas d'acquérir la qualité de dirigeant de fait. Il faudra, au contraire, arguer d'une variété suffisante d'actes de nature à démontrer que l'activité concernait l'ensemble des intérêts de la société[691].

Il est bien sûr impossible de dresser une liste exhaustive de ces critères complémentaires, nous nous contenterons d'en citer quelques uns. Il peut d'abord s'agir d'actes engageant juridiquement la société alors que l'auteur ne dispose ni d'une délégation de pouvoirs ni d'un mandat[692].

Des indices intéressants peuvent être trouvés dans les relations avec les banquiers de la société. En effet celles-ci peuvent révéler une connaissance complète de l'entreprise et un suivi de sa gestion à travers les données comptables et financières.

L'établissement des comptes ou encore le contrôle de l'embauche du personnel sont aussi des critères intéressants. Même si, pris un par un, ils ne sont pas suffisants, réunis ils constituent un faisceau d'indices susceptibles de mettre en évidence l'existence de la gestion de fait.

349 - La jurisprudence a réussi à bien cerner la notion de dirigeant de fait, il s'agit d'un domaine où des décisions font preuve d'une grande précision et où les juges, spécialement le juge pénal, font preuve d'une grande prudence[693].

---

[690] D. TRICOT, article préc.

[691] Monsieur GUYON dit qu'il faut faire « la preuve d'agissements qui excèdent un éventuel rôle de simple surveillance et de nature à peser durablement sur les pouvoirs du dirigeant de droit », propos rapportés *in Vie Jud.* du 4 au 10 septembre 1995, n°2578, p.3.

[692] Par exemple signature de contrats, de documents bancaires...

[693] Bien que certains auteurs continuent de soutenir que la notion de dirigeant de fait manque de précision : G. NOTTE, La notion de dirigeant de fait au regard du droit des procédures collectives, JCP 1980, éd. C.I, 8560.

Pour s'en convaincre, il suffit de constater que parfois la qualité de dirigeant de fait ne sera pas retenue par les juges parce qu'ils estiment que les éléments de nature à démontrer la gestion de fait sont insuffisants. Ainsi la Cour de cassation refuse d'admettre la gestion de fait au motif que la participation de la personne à la gestion de la société n'était pas suffisamment démontrée alors que le prévenu, ancien dirigeant de droit, disposait d'une voiture de société, d'une carte bancaire ainsi que de remboursements de frais importants[694].

Les juges décident encore que les témoignages selon lesquels le prévenu intervient dans la gestion de la société ne sont pas suffisants car il n'est pas démontré que ces interventions dépassent le pouvoir de contrôle normal d'un associé détenant une part importante du capital social[695].

La loi incrimine et réprime l'activité du dirigeant de fait et le juge le condamne sur le fondement d'une théorie précise de la notion de gestion de fait. Pour autant, dans le silence de l'article 121-2 du Code pénal, faut-il reconnaître au dirigeant de fait, la capacité d'engager la responsabilité pénale de la personne morale? C'est la question qu'il convient de se poser maintenant.

3) La capacité du dirigeant de fait à engager la responsabilité pénale de la personne morale

350 - Nous commencerons par passer en revue les arguments avancés contre la possibilité de poursuivre la personne morale pour une infraction commise pour le compte de celle-ci par un dirigeant de fait (a). Puis nous verrons quelle est la solution qui nous semble devoir être retenue (b).

---

[694] Cass. com. 21 avril 1980, D. 1980, jur., p.33 note J. COSSON.

[695] C.A. Douai 9 avril 1993, Dr. pén. 1994, comm. n°14.

a) Les arguments opposés à l'engagement de la responsabilité par le dirigeant de fait

351 - Le premier argument qui peut être avancé contre l'engagement de la responsabilité pénale de la personne morale par un dirigeant de fait est que celui-ci n'est pas nommé selon les règles fixées par la loi ou les statuts. L'absence de respect de ces règles fait que le dirigeant de fait n'est pas investi personnellement et officiellement des pouvoirs dont il fait usage. Il ne peut donc en aucun cas être considéré comme un organe de la personne morale.

Certains auteurs vont encore plus loin et soutiennent que le dirigeant de fait ne peut engager la responsabilité pénale de la personne morale car loin d'être un organe de celle-ci, il exerce une contrainte sur elle. La personne morale n'est alors pas un délinquant mais une victime puisqu'elle est l'otage du dirigeant de fait[696].

Dans le même ordre d'idées, il est soutenu que le dirigeant de fait ne peut pas être considéré comme une personne qui représente et met en œuvre la volonté du groupement et qu'il devient donc impossible d'imputer une infraction à la personne morale[697].

On peut aussi se fonder sur l'absence de définition précise de la notion de dirigeant de fait pour justifier l'impossibilité d'engager la responsabilité pénale de la personne morale. En effet, si la notion figure dans plusieurs textes légaux et dans la jurisprudence, elle ne fait l'objet d'aucune définition légale[698].

Enfin, certains auteurs, recourent à un argument purement juridique et soutiennent que « l'interprétation stricte des textes répressifs postulant qu'il [faut] entendre l'article 121-2 du Code pénal comme visant les représentants et organes de droit des personnes morales »[699],

---

[696] R. MERLE et A. VITU, *Traité de droit criminel*, 6ème éd., n°605 mais le point de vue est plus nuancé dans la 7ème édition de 1998, n°647 ; J. PRADEL, *Traité de droit pénal général*, n°580.

[697] Madame CARTIER soutient ce point de vue mais en le modérant par l'indication que si le dirigeant de fait a été choisi ou était connu de toutes les personnes physiques constituant la structure de la personne morale, celle-ci peut-être pénalement responsable : M.E. CARTIER, *La responsabilité pénale des personnes morales: évolution ou révolution*, JCP 1994, éd. E, suppl. n°5.

[698] Sur cette absence de définition V. NOTTE, La notion de dirigeant de fait au regard du droit des procédures collectives, JCP 1980, éd. C.I., 8560.

[699] J.F. BARBIERI, L'incidence de la réforme du Code pénal sur la gestion des personnes morales, Petites Affiches 1993, n°120, p.22.

un dirigeant de fait ne peut pas engager la responsabilité pénale de celles-ci. Cette absence de dispositions spéciales empêcherait donc le droit pénal d'être appliqué lorsque les faits en question ont été commis par un dirigeant de fait[700].

352 - Malgré l'ensemble de ces arguments, il semble « difficile d'exclure la possibilité de mettre en cause la responsabilité pénale d'une société par un dirigeant de fait »[701]. En effet, adopter ce raisonnement amènerait à créer un moyen d'exonération imparable pour la personne morale et pourrait représenter une menace pour l'ensemble de la législation relative aux personnes morales.

C'est pourquoi l'exclusion de la responsabilité pénale d'une personne morale lorsque les actes sont commis par un dirigeant de fait n'apparaît pas comme une solution satisfaisante. Il nous reste donc à voir comment peut se justifier la position contraire.

b) La préférence pour l'engagement de la responsabilité par le dirigeant de fait

353 - Il existe de nombreux arguments en faveur de l'engagement de la responsabilité pénale d'une personne morale par un dirigeant de fait. On rencontre, en effet, de plus en plus de dirigeants de fait dans tous les domaines et pas seulement, comme on peut le penser de prime abord, en matière de sociétés commerciales[702].

D'ailleurs, l'ensemble du droit a tendance à considérer que le gérant de fait doit pouvoir engager la personne morale. Cette attitude est dictée par une volonté de rester pragmatique. C'est la même motivation qui pousse le droit pénal à assimiler le dirigeant de fait au dirigeant de droit pour le punir[703].

C'est sans doute ce même souci de réalisme qui a conduit la jurisprudence relative aux ordonnances de 1945 prévoyant la

---

[700] G. STEFANI, G. LEVASSEUR et B. BOULOC, *Droit pénal général*, DALLOZ 16ème édition, spéc. n°312.

[701] M. DELMAS-MARTY, La responsabilité pénale des groupements, RID pén. 1978, p.49.

[702] Pour un exemple en matière d'association V. CE 29 janvier 1993, n°91455.

[703] JOLY-SIBUET et REINHART, Sociétés (infractions relatives à la gestion des sociétés), J.Cl. pénal ann. fasc. 10.

responsabilité pénale des personnes morales pour certaines infractions à retenir la culpabilité des personnes morales même lorsque les faits reprochés avaient été commis par un dirigeant de fait[704].

Il faut ajouter que lorsque l'on se tourne vers le droit comparé, on constate que, dans la plupart des cas, le dirigeant de fait peut engager la responsabilité pénale de la personne morale. Ainsi, le droit anglo-saxon, et spécialement le droit anglais, est enclin à admettre que les actes du dirigeant de fait doivent engager la responsabilité pénale de l'être moral[705]. Cette possibilité est également admise, de façon claire, par le droit pénal belge puisque le texte[706] vise, entre autres, les cas où les faits ont été commis par une « personne physique identifiée » sans exiger plus de précision sur sa qualité.

Enfin, admettre l'engagement de la responsabilité pénale par le dirigeant de fait permet d'éviter de créer « une immunité regrettable au profit des personnes morales dont les dirigeants de droit ne sont que des prête-noms »[707]. Dire que le dirigeant de fait n'est pas en mesure d'engager la responsabilité pénale de la personne morale pourrait constituer une grave menace pour la loi relative aux sociétés[708]. Une telle solution revenant en réalité à encourager au non respect de la loi. On assisterait alors à la multiplication des sociétés ayant à leur tête des dirigeants de droit fantômes gérées par des dirigeants de fait qui ne feraient courir aucun risque pénal à la personne morale.

354 - Ces divers arguments prennent une valeur encore accrue à la lumière de certains éléments. D'une part, une réponse du Garde des sceaux à une question parlementaire relative au sens à donner aux notions d'« organe » et de « représentant ». Le Garde des sceaux précise à cette occasion que « les dirigeants de fait d'une personne morale pourront être considérés, sous réserve de l'appréciation souveraine des juridictions, comme des représentants au sens de l'article 121-2 du nouveau Code pénal: toute autre interprétation de la loi créerait une

---

704 V. notamment C.A. Paris 21 décembre 1949, D.1950, p.434 note DONNEDIEU DE VABRES cité par MERLE et VITU, *op. cit.*, spéc. n°605 note 4.

705 Th. L'HOMME, La responsabilité pénale des personnes morales en droit anglais RD pén. crim. 1995, p.44.

706 Art. 5 du Code pénal belge dans sa rédaction issue de la loi du 4 mai 1999. Texte reproduit en annexe 5.

707 M. DELMAS-MARTY, *Droit pénal des affaires*, tome1, p.119.

708 Loi du 24 juillet 1966 relative aux sociétés commerciales.

immunité injustifiée au profit des personnes morales dont les dirigeants de droit ne seraient que des prête-noms »[709].

355 - D'autre part, parmi les différentes décisions judiciaires relatives à la responsabilité pénale des personnes morales, il faut retenir celle de la Cour d'appel de Colmar, qui présente un intérêt particulier en matière de direction de fait.

Dans cette décision la Cour déclare que « l'implication du directeur général, administrateur de fait de la société anonyme, associée surabondamment à celle de son fils, également membre du conseil d'administration, amène à retenir la responsabilité pénale de la société anonyme conformément à l'article L 362-6 du code du travail »[710].

Même si l'arrêt ne vient pas dire expressément qu'un dirigeant de fait peut, par ses seuls agissements, engager la responsabilité pénale d'une personne morale, on peut en tirer certains enseignements. En effet, les infractions imputées à la personne morale ont été commises, outre par l'administrateur de fait, par un membre du conseil d'administration c'est-à-dire par un organe légal qui, à lui seul pouvait engager la responsabilité pénale de la société.

Or, si la Cour d'appel relève l'implication du dirigeant de fait, tout en la déclarant surabondante, il faut en déduire qu'elle n'était pas utile, en l'espèce, à la mise en jeu de la responsabilité pénale de la personne morale. Mais, cela signifie aussi que les actes d'un dirigeant de fait ne sont nullement indifférents dans cette condamnation de la personne morale. Cela peut donc laisser penser que la jurisprudence n'est pas, a priori, opposée à reconnaître la qualité de représentant visée par l'article 121-2 du Code pénal, au dirigeant de fait.

356 - Une fois admise l'idée de l'engagement de la responsabilité pénale de la personne morale par un dirigeant de fait, reste à savoir quel raisonnement juridique permet l'application de l'article 121-2 du Code pénal.

D'abord, il faut repousser l'idée émise par certains auteurs, selon laquelle la notion d'organe doit être si largement entendue, qu'elle

---

[709] Question parlementaire de Monsieur A. Berthol. Question n° 5299, JOAN Q. 22 novembre 1993, p.4170 ; JCP 1994, V, p.13.

[710] C.A. Colmar 24 janvier 1997, n°110/97, inédit.

englobe le dirigeant de fait[711] car alors la notion de représentant perdrait tout son sens[712].

On peut aussi soutenir que le problème du dirigeant de fait ne présente pas un réel intérêt juridique puisque, dans le cas d'une véritable gestion de fait dont l'existence est connue, voire voulue, par les dirigeants de droit de la personne morale, les organes officiels sont forcément complices, par aide ou fourniture de moyens, du dirigeant de fait, ce qui suffit à mettre la responsabilité pénale de la personne morale en jeu[713].

Mais, on peut reprocher à cette technique de recourir à la complicité, ce qui complique forcément les choses car il faudra démontrer l'existence des conditions de punissabilité de la complicité en plus de celles de la responsabilité pénale des personnes morales.

Il nous semble plus simple de dire que le gérant de fait accomplit des actes juridiques et matériels en se comportant comme s'il avait le pouvoir de représenter la personne morale[714]. Il est donc, à l'égard du droit pénal, le représentant de la personne morale au même titre qu'il l'est à l'égard des tiers, ce qui lui confère la qualité exigée par l'article 121-2 du Code pénal pour pouvoir engager la responsabilité pénale d'un être moral[715].

357 - Pour terminer sur le dirigeant de fait et sa capacité à engager la responsabilité pénale de la personne morale, il faut ajouter qu'il sera nécessaire d'agir avec le maximum de prudence dans ce type de situation. Il faudra surtout bien vérifier que la personne morale n'a pas subi le dirigeant de fait. Car, comme le précisait Monsieur VENANDET, à propos de l'avant projet de 1978, la responsabilité pénale d'une personne morale pour une infraction commise pour son compte par un dirigeant de fait, n'est « pas exorbitante si, compte tenu

---

[711] P. WALLON, La responsabilité pénale des personnes morales, Rev. pénit. 1996, p.265.

[712] Sauf à dire que le représentant est le salarié dépourvu de tout mandat ou de toute délégation mais cela va à l'encontre de tous les développements, de la Circulaire d'interprétation et de la volonté du législateur.

[713] F. DESPORTES et F. LE GUNEHEC, *op. cit.*, n°606.

[714] *Cf.* la définition du représentant p.233.

[715] C'est la voie empruntée par la Cour d'appel de Colmar dans son arrêt précité (C.A. Colmar 24 janvier 1997).

des circonstances de chaque espèce, le juge démontre que l'organe de fait exprime bien la volonté collective ».[716]

Pour cela, il y a des indices très simples à déceler, ainsi le fait que le dirigeant de fait opérait depuis les locaux de la société au vu et au su de tous ou que le dirigeant de droit n'avait aucune compétence[717].

Si, comme on vient de le voir, l'admission de l'engagement de la responsabilité pénale d'une personne morale par un dirigeant de fait semble nécessaire dans la majeure partie des cas, il faut encore s'interroger sur une situation approchante qui est celle du dépassement de pouvoirs commis par un dirigeant de droit.

En effet, si le dirigeant de droit tire ses pouvoirs de la loi, il faut se demander si ses agissements sont susceptibles d'engager la responsabilité pénale de la personne morale lorsqu'il excède les pouvoirs qui lui sont attribués par la loi ou les statuts.

B]Le dépassement de pouvoir

358 - Si se pose la question de savoir si un acte qui constitue un excès de pouvoir d'un organe peut engager la responsabilité pénale de la personne morale[718], c'est qu'il existe des limites aux pouvoirs qui lui sont accordés.

Il nous faudra donc d'abord faire un rapide tour d'horizon des pouvoirs accordés aux différents organes (1). Nous pourrons alors nous interroger sur les conséquences d'un excès de pouvoir sur la possibilité d'engager la responsabilité pénale d'une personne morale (2).

---

[716] G. VENANDET, La responsabilité pénale des personnes morales dans l'avant-projet de Code pénal, RTD Com. 1978, p.746.

[717] Dans ce type de cas, des auteurs qui, a priori, s'opposent à l 'engagement de la responsabilité pénale de la personne morale, admettent que les poursuites doivent être possibles. V. par exemple M.E. CARTIER, *La responsabilité pénale des personnes morales: évolution ou révolution?*, Entretiens de Nanterre, JCP 1994 éd. E, suppl. n°5.

[718] Nous traiterons principalement de l'organe puisque dans la plupart des cas, le représentant ne détient, officiellement, aucun pouvoir.

1) Les pouvoirs des organes de direction

359 - Par commodité et parce que les solutions que nous présenterons sont également applicables à toutes les personnes morales, nous traiterons uniquement de la limitation des pouvoirs des organes d'une société[719]. Avant de voir quelle sanction peut recevoir un excès de pouvoir en droit commun (b), il faudra rappeler comment ces pouvoirs sont déterminés (a).

a) La détermination des pouvoirs d'un organe

360 - Il faut d'abord préciser qu'il s'agit ici des organes de gestion de la société. Les pouvoirs accordés aux organes de contrôle ne nous intéressent pas puisque ces derniers ne peuvent normalement pas engager la responsabilité pénale de la personne morale[720].

La première idée est que l'organe de gestion de la personne morale ayant pour mission de faire fonctionner cette structure, il est nécessaire de le doter des pouvoirs suffisants. C'est la raison pour laquelle la loi sur les sociétés prévoit des pouvoirs très étendus.

En effet, le texte précise que chacun de ces organes de gestion « peut faire tous actes de gestion dans l'intérêt de la société »[721] ou encore dispose « des pouvoirs les plus étendus pour agir en toutes circonstances au nom de la société [...] »[722].

Ces pouvoirs font pourtant l'objet de limites légales. En premier lieu, les pouvoirs d'un organe de direction sont limités par le fait que la loi attribue certaines compétences en propre à certains organes. Il en est ainsi, par exemple, de l'autorisation d'accorder des avals, cautions ou

---

[719] Il faut rappeler pour information, qu'en cas de poursuites contre une personne morale de nationalité étrangère, c'est la loi du lieu de constitution qui fixe les pouvoirs des organes. Pour un exemple V. Cass. com. 9 mars 1993, JCP E 1995, I, 484, n°15 et les autres décisions citées.

[720] *Cf supra* p.226.

[721] Article 13 de la loi de 1966 pour le gérant de S.N.C, article 24 pour la commandite simple et article 49 pour les SARL.

[722] Article 98 de la loi de 1966 pour le Conseil d'administration, article 113 pour son président, article 124 pour le directoire et 225 pour le gérant d'une commandite par action.

garanties qui doit impérativement être donnée par le conseil d'administration[723].

En deuxième lieu, la compétence d'un organe se limite à la réalisation de l'objet social. En effet, les organes de direction ayant été choisis pour accomplir cet objet social, perdent toute compétence lorsqu'il s'agit d'un acte susceptible de porter atteinte à la réalisation de l'objet social[724].

En troisième lieu, les pouvoirs sont aussi limités par le respect de l'intérêt social. Cela découle du fait que l'organe est nommé pour diriger la personne morale nécessairement en respectant l'intérêt de celle-ci[725].

Enfin, les pouvoirs seront limités en ce qui concerne les actes pour lesquels l'organe est partie prenante à titre particulier. C'est par exemple le cas du dirigeant qui donne à bail à la société un immeuble qui lui appartient personnellement. Dans ces hypothèses, soit l'acte est impossible[726], soit il est soumis à l'autorisation d'un autre organe[727].

361 - Il faut encore préciser qu'il peut y avoir, à côté de ces limitations légales, des limitations supplémentaires qui découlent des statuts de la personne morale. Ces clauses limitatives de pouvoirs peuvent être très diverses. Elles touchent généralement les organes personnes physiques. Ainsi, les statuts peuvent prévoir que tel acte, qui est normalement de la compétence du président du conseil d'administration, ne pourra être accompli qu'avec l'accord préalable des actionnaires.

Ces clauses limitatives de pouvoir sont valables, mais elles sont inopposables aux tiers. Toutefois, la jurisprudence, à propos des sociétés anonymes, précise que ces clauses ne doivent pas bouleverser la répartition légale des compétences au point de priver les organes légaux

---

[723] Art. 98 de la loi du 24 juillet 1966 relative aux sociétés commerciales.

[724] Les différents textes cités précisent d'ailleurs que les pouvoirs, s'exercent dans « la limite de l'objet social ».

[725] Il faut remarquer que cette obligation du respect de l'intérêt social peut être sanctionnée par des infractions pénales telles que les abus de biens sociaux ou de crédit.

[726] Par exemple l'article 51 de la loi du 24 juillet 1966 interdit notamment les emprunts des gérants auprès de la société.

[727] L'article 101 de la loi du 24 juillet 1966 précise que toute convention passée avec un administrateur doit être autorisée par le conseil d'administration.

de tous leurs pouvoirs au profit d'un actionnaire ou d'un tiers qui deviendrait gérant de fait[728].

Après avoir fait un rapide inventaire des limitations qui peuvent être apportées aux pouvoirs dévolus aux organes de la société, il faut s'interroger sur le sort réservé par le droit commun à un acte accompli par un organe en violation de ces restrictions.

b) La sanction de l'excès de pouvoir par le droit commun

362 - La « sanction naturelle »[729] de l'excès de pouvoir est bien entendu la nullité de l'acte passé en violation des limitations évoquées ci dessus et c'est celle qui sera appliquée en principe. Le juge, face à un tel acte, prononcera la nullité, laquelle est de nature relative.

Mais, les exceptions à la règle de la nullité de ces actes sont assez nombreuses. C'est ainsi que la nullité est écartée en cas de violation d'une clause statutaire limitative de pouvoir[730], ou encore, lorsqu'il y a pluralité de gérants, de violation par l'un d'eux d'une opposition formée par les autres[731].

La nullité est encore écartée lorsqu'il y a une simple contrariété à l'intérêt social ou lorsqu'il n'y a pas eu d'autorisation préalable à un acte intéressant personnellement un dirigeant[732]. Enfin, l'acte n'est pas déclaré nul, dans les sociétés anonymes et sociétés à responsabilité limitée, lorsqu'il constitue un dépassement de l'objet social[733].

363 - A l'examen, on s'aperçoit que les cas où la nullité est écartée sont très nombreux. Ainsi, dans un nombre important de cas d'excès de pouvoir, la nullité est écartée et la personne morale est néanmoins engagée par l'acte.

Si la personne morale peut être engagée par des actes qui constituent un excès de pouvoir d'un de ses organes, on peut se demander comment

---

[728] Pour un exemple V. Cass. com. 11 juin 1965, RTD Com. 1965, p.861, note HOUIN.

[729] LAMY, *Sociétés Commerciales*, n°594.

[730] Art. 14, 49, 98, 113 et 124 de la loi du 24 juillet 1966.

[731] Art. 14 et 49 *ibidem*.

[732] Art. 50 et 104 *ibidem*.

[733] Sauf si le cocontractant avait connaissance de ce dépassement. Art. 49, 98, 113 et 124 de la loi du 24 juillet 1966.

le droit pénal doit réagir lorsqu'une infraction est commise par l'organe mais que les faits en question constituent une violation des limites de pouvoir.

2) Les conséquences pénales de l'excès de pouvoir

364 - La question qui se pose est de savoir si des faits, constituant une infraction, commis par un organe d'une personne morale, alors qu'il n'avait pas la compétence pour les accomplir, peuvent permettre d'engager la responsabilité pénale de la personne morale.

Nous commencerons par voir quelles réponses donne la doctrine à cette question (a) avant d'exposer une solution plus personnelle (b).

a) Les réponses doctrinales

365 - Un premier courant doctrinal tend à dire qu'en cas de dépassement de pouvoir par un organe, la responsabilité pénale de la personne morale ne peut pas être engagée. Certains auteurs justifient cette position en disant que dans ce type de situations, l'infraction ne pourra, de toute façon, pas être commise « pour le compte » de la personne morale comme l'exige le Code pénal[734].

D'autres, affirment que l'absence de responsabilité pénale dans ce genre d'hypothèses vient de ce qu'il est alors impossible de soutenir qu'il existe une volonté de la personne morale de commettre l'infraction.

Le principe de spécialité imposé par la loi aux personnes morales est aussi invoqué pour démontrer l'absence de responsabilité pénale en cas de dépassement de pouvoirs. Il est alors soutenu qu'en cas de dépassement de pouvoirs, on a très souvent un dépassement de l'objet social. Or, ce genre de dépassement fait disparaître la personnalité

---

[734] Th. DALMASSO, *Responsabilité pénale des personnes morales*, LITEC spéc. n°60.

morale ce qui rend impossible les poursuites pénales contre la personne morale[735].

Enfin, des auteurs ajoutent que « la cohérence et l'impératif d'interprétation stricte des textes répressifs » obligent à écarter la responsabilité de la personne morale en cas de dépassement des pouvoirs de l'organe.

366 - A l'opposé, l'autre courant doctrinal soutient que la responsabilité pénale de la personne morale doit être engagée par le dépassement de pouvoir d'un organe. Cette idée est fondée principalement sur l'interprétation de l'article 131-39 du Code pénal.

En effet, ce texte prévoit que la peine de dissolution pourra être prononcée contre une personne morale qui aura été « détournée de son objet pour commettre les faits incriminés »[736].

Les tenants de cette théorie[737] en déduisent la responsabilité pénale en cas de dépassement de pouvoir car le détournement de l'objet de la personne morale suppose que les organes aient commis des dépassements de pouvoir.

D'autres auteurs se disent partisans de retenir la responsabilité pénale de la personne morale pour des faits qui dépassent le « domaine restreint des attributions fonctionnelles de l'organe qui a agi »[738] car dans le cas contraire, il y aurait création d'une « large zone d'irresponsabilité pénale injustifiée »[739].

b) La solution intermédiaire

367 - Il faut d'abord préciser que s'il est nécessaire de dégager une solution intermédiaire c'est parce que les deux solutions évoquées précédemment ne sont pas satisfaisantes. En effet, elles ne permettent pas de prendre en compte la multitude de situations qui peut se rencontrer dans la pratique.

---

[735] B. MERCADAL, La responsabilité pénale des personnes morales et celle des personnes physiques auteurs ou complices des mêmes faits, RJDA 1994, p.375.

[736] Art. 131-39 1° du C. pén.

[737] D. GUIRIMAND, La responsabilité pénale des personnes morales (la mise en œuvre du nouveau dispositif), Droit social 1994, p.647.

[738] MERLE et VITU, *Traité de droit criminel*,. n°605.

[739] MERLE et VITU, *ibidem.*

On peut objecter à la thèse de l'irresponsabilité pénale en cas de dépassement de pouvoir que tous les excès de pouvoir ne sont pas commis par l'organe sans se soucier de la personne morale ou de son intérêt, le dépassement de pouvoir pouvant même être dicté par ces impératifs.

Mais, pour autant, on ne peut pas admettre une responsabilité pénale de la personne morale pour tous les actes de ses organes. En effet, si tous les actes de la personne morale sont des actes de ses organes ou représentants, tous les actes de ses organes ou représentants ne sont pas des actes de la personne morale.

On peut traduire cela en disant que la personne morale n'a pas de vie en dehors de ses organes ou représentants alors que ceux-ci, surtout quand il s'agit de personnes physiques, ont une existence totalement étrangère à la personne morale qui se manifeste par des actes qui ne doivent pas pouvoir lui être imputés.

368 - On se trouve dans une situation relativement proche de ce qui se rencontre en matière de responsabilité de l'administration. En effet, il faut alors déterminer si l'acte dommageable commis par l'agent peut ou non être rattaché à sa fonction et engager la responsabilité de l'administration.

C'est pourquoi il semble intéressant d'aller chercher dans le droit administratif la réponse à la question de savoir si oui ou non un excès de pouvoir commis par un organe peut engager la responsabilité pénale de la personne morale[740]. D'ailleurs, il n'est pas aberrant de se référer au droit administratif car certains auteurs le font déjà par exemple en ce qui concerne la faute du préposé[741] et la jurisprudence n'hésite pas non plus à recourir à des notions issues du droit administratif[742].

369 - Quelle solution dès lors pourrait-on emprunter au droit administratif?

Il faut reprendre la distinction entre la notion de faute de service et celle de faute personnelle. Les « fautes de service », c'est-à-dire celles

---

[740] Cette idée était déjà avancée par Pierre FAIVRE en 1958 *in* La responsabilité pénale des personnes morales, Rev. sc. crim. 1958,547.

[741] B. PUILL, Les fautes du préposé: s'inspirer de certaines solutions du droit administratif, JCP 1996, I, 3939.

[742] Pour un exemple de l'emploi de la notion de « faute détachable des fonctions » V. Cass. civ. 2ème 19 février 1997, Bull. Civ. II, n°53.

rattachables à la fonction d'un organe, pourront être imputées à la personne morale alors que les « fautes personnelles » ne pourront engager que la responsabilité pénale de l'organe si cela est possible.

Pour plagier LAFERRIERE[743], on pourrait dire que si l'acte est impersonnel, s'il révèle un gestionnaire plus ou moins sujet à l'erreur, et non l'homme avec ses faiblesses, ses passions, ses imprudences, l'acte est un acte de gestion pouvant être rattaché à la fonction attribuée à l'organe et donc entraîner la responsabilité pénale de la personne morale.

370 - En revanche, si en droit administratif on considère que dans les cas limites, il faut retenir la faute de service[744], il en va autrement dans le problème pénal qui nous intéresse. En effet, dans de tels cas limites, il faudra plutôt retenir la faute personnelle de l'organe afin de conserver le bénéfice du doute à la personne morale.

Concrètement, cela peut se présenter de différentes façons. En premier lieu, il faut évoquer le cas où l'organe était animé par des préoccupations d'ordre privé. Il en va ainsi lorsqu'il sera possible de déceler de la malveillance, une volonté de vengeance ou de nuire. Nous serons alors en présence du type même de la faute personnelle de l'organe, insusceptible d'engager la responsabilité pénale de la personne morale. Par exemple, un dirigeant qui commettrait ou ferait commettre un vol dans une autre société dans des conditions telles qu'il s'agirait d'un excès de pouvoir et ce uniquement par vengeance personnelle.

En second lieu, une imprudence commise par l'organe[745] pourra ou non, selon les cas, engager la responsabilité pénale de la personne morale. Seules les imprudences les plus graves, c'est-à-dire celles qui sont à la frontière avec l'acte de malveillance, pourront écarter la responsabilité pénale de la personne morale[746]. En effet, bien souvent les négligences seront révélatrices de la mauvaise organisation, ce qui pourra justifier les poursuites à l'encontre de l'être moral.

---

[743] LAFERRIERE disait que « si l'acte dommageable est impersonnel, s'il révèle un administrateur plus ou moins sujet à l'erreur, et non l'homme avec ses faiblesses, ses passions, ses imprudences, l'acte reste administratif et ne peut être déféré aux tribunaux » (*Traité de droit administratif*, 2ème éd., tome 1).

[744] R. CHAPUS, *Droit administratif général*, 13ème éd. 1999, n°1313.

[745] Dans un domaine où en réalité il n'avait pas compétence.

[746] Cela s'apparente notamment aux situations dans lesquelles la loi du 10 juillet 2000 relative à la définition des délits non intentionnels autorise la condamnation d'une personne physique (Art. 121-3 al. 4 C. pén.).

371 - Pour terminer, il faut examiner rapidement la solution à apporter en cas de dépassement de pouvoir commis par un représentant. Dans cette situation, il semble qu'il est important de prendre en compte la qualité du représentant[747].

En effet, conformément à la définition du représentant qui a été dégagée[748], il faut distinguer deux hypothèses. Si le représentant a reçu un mandat « officiel » de la personne morale et qu'il dépasse les limites de ce mandat, il semble que la personne morale ne puisse pas être inquiétée. En revanche, si le représentant se comporte comme un organe de la personne morale, il faudra lui appliquer les règles posées pour les organes de droit[749].

Après le cas particulier du dirigeant de fait et l'excès de pouvoir commis par un organe, reste à traiter celui du salarié qui a reçu une délégation de pouvoir en bonne et due forme : peut-il, lui aussi, engager la responsabilité de la personne morale ?

C]Le salarié ayant reçu une délégation de pouvoirs

372 - En principe, il appartient à celui qui détient le pouvoir au sein d'une personne morale d'assurer le respect des prescriptions légales en vigueur. Si l'on applique ce principe de façon stricte, le dirigeant est responsable pénalement des infractions commises dans l'entreprise. Pourtant, l'inflation pénale, associée au caractère objectif de cette responsabilité, risque de rendre ce dispositif impraticable et inefficace.

C'est pourquoi, la jurisprudence, en maintenant le principe de la responsabilité du dirigeant, a admis que l'obligation de respect des textes pouvait être transférée à un salarié. C'est la délégation de pouvoirs qui, selon Monsieur REINHARD, est « un procédé par lequel un dirigeant d'entreprise transfère à l'un de ses salariés une partie de ses fonctions »[750].

---

[747] F. DESPORTES et F. LE GUNEHEC, *op. cit.*, n°609.

[748] *Cf supra* p.233.

[749] A condition de vérifier que le représentant se comporte comme un organe avec l'accord de la personne morale et pas à son insu (*Cf supra* p.233).

[750] Y. REINHARD, La responsabilité pénale du fait d'autrui, J.-Cl. Pénal, 4ème app. Art.319 et 320.

373 - Avant d'aborder l'étude de la délégation de pouvoirs et son influence sur la responsabilité pénale des personnes morales, il convient de régler une question de terminologie. En effet, si l'on se réfère à la notion civiliste de délégation, il faut admettre que le chef d'entreprise est le délégant, le salarié investi de la délégation étant le délégué puisqu'il exécute l'obligation à la place du délégant, le délégataire étant alors celui qui profite de l'exécution de l'obligation[751].

Or, lorsque l'on examine la doctrine et la jurisprudence pénales, on s'aperçoit que le salarié ayant une délégation de pouvoirs est dénommé tantôt le « délégué », tantôt le « délégataire », sans qu'il soit possible de déceler de différences entre les deux cas[752]. C'est pourquoi, nous utiliserons l'un ou l'autre des deux termes pour désigner le salarié qui a reçu une délégation de pouvoirs.

La notion de délégation de pouvoirs n'étant pas nouvelle en droit pénal, il faudra d'abord évoquer son utilisation avant la réforme, comme cause d'exonération pour les chefs d'entreprises (1) avant de se demander si un salarié délégataire peut engager la responsabilité pénale de la personne morale qui l'emploie (2).

1) L'utilisation de la délégation de pouvoirs en droit pénal

374 - Il convient de commencer par rappeler les conditions mises à la validité de la délégation (a), avant de voir quels peuvent en être les effets sur la responsabilité pénale du chef d'entreprise et du délégataire (b).

---

[751] Par exemple, en matière d'hygiène et de sécurité du travail, le délégataire est le salarié qui est protégé par les dispositions en question.

[752] Par exemple la Chambre criminelle de la Cour de cassation vise le « délégué » dans son arrêt du 21 octobre 1975, Bull. n°222, p.591 et parle du «délégataire » dans son arrêt du 26 mai 1994, D.1995, jur., p.110.

a) Les conditions de validité de la délégation de pouvoirs

375 - Il faut d'abord préciser que la Cour de cassation a dû délimiter le champ d'application de la délégation de pouvoirs. Animée par la volonté de permettre une amélioration de la prévention des accidents du travail par un plus grand respect des règles de sécurité, elle a décidé que la délégation de pouvoirs est possible dans tous les domaines où la loi ne l'interdit pas[753]. Pour autant, il faut qu'il s'agisse d'une matière technique.

Pour être valable, une délégation de pouvoirs doit émaner du chef d'entreprise. Elle ne doit porter que sur une partie des fonctions du dirigeant. En effet, une délégation totale marquerait le désintérêt à l'égard de la personne morale et serait privée d'efficacité[754]. De même, la délégation ne doit pas instaurer une gestion de fait.

Il faut aussi que le salarié délégataire soit investi par le dirigeant lui-même. Mais, la subdélégation est possible dès lors que le nouveau délégataire dispose des moyens et des compétences exigées par la jurisprudence.

Si la jurisprudence a admis la validité de la délégation faite à de simples exécutants, elle semble plutôt la réserver aux cadres de l'entreprise. Il faut bien entendu que le délégataire soit titulaire d'un contrat de travail afin qu'il puisse effectuer un contrôle efficace et permanent pendant toute la période de risques.

La jurisprudence exige également que le délégataire ait une certaine qualification. Cela se traduit par une double exigence : d'une part, le salarié doit être compétent, c'est-à-dire être titulaire d'un diplôme ou faire preuve d'une certaine ancienneté et surtout détenir une expérience suffisante dans les fonctions occupées. D'autre part, le délégataire doit avoir les moyens suffisants pour mener à bien sa mission.

De plus, le délégataire doit disposer, en prolongement de la compétence, d'une certaine autorité qui montre bien que le dirigeant a entendu transférer une partie de ses pouvoirs au salarié délégataire[755] et qui lui permette d'accomplir efficacement la mission qui lui a été confiée.

---

[753] C'est-à-dire pour toutes les infractions qui ne visent pas spécialement et uniquement le chef d'entreprise. V. par exemple Cass. crim. 3 mai 1995, Bull. n°162, p.454; JCP 1995, IV, 1966.

[754] Cass. crim. 28 janvier 1975, Bull. n°32.

[755] Par exemple son pouvoir disciplinaire : Cass. crim. 2 mars 1977, Bull. n°85.

La Cour de cassation n'exige pas que la délégation soit écrite, mais un écrit facilitera la preuve de l'existence de la délégation devant le juge pénal. Enfin, pour produire ses effets, la délégation doit être invoquée par le dirigeant dès le début du procès.

Il nous reste donc à nous interroger sur les effets produits par une délégation répondant à l'ensemble de ces exigences jurisprudentielles.

b) Les effets de la délégation de pouvoirs

376 - L'effet le plus immédiat de l'existence d'une délégation de pouvoirs valable est d'opérer un transfert de responsabilité pénale. En effet, grâce à elle, le dirigeant pourra échapper à la responsabilité qu'on lui attribue de façon quasi systématique en raison de son pouvoir de direction.

Ainsi, lorsqu'il existe une délégation, c'est le délégué qui sera responsable pénalement. Pourtant, la loi permet de faire payer l'amende éventuellement prononcée par l'entreprise[756].

On saisit immédiatement l'intérêt que présente la délégation de pouvoirs pour le dirigeant. Mais, se pose la question de savoir si le délégué, ayant reçu une partie du pouvoir appartenant au dirigeant, peut engager la responsabilité pénale de la personne morale au même titre que le dirigeant qui l'a investi.

2) L'engagement de la responsabilité pénale de la personne morale par un salarié délégataire

377 - En préambule, on peut regretter, avec Monsieur GUIRIMAND[757], que le texte définitif du Code pénal ne contienne plus de mention relative à le délégation de pouvoirs[758]. En effet, dans

[756] Art. L.263-2-1 du Code du travail issu de la loi du 6 décembre 1976.

[757] D. GUIRIMAND, La responsabilité pénale des personnes morales, RJS 1993, p.483.

[758] Même si Monsieur SEILLAN exprime une opinion inverse en disant qu'il s'agit d'une question de fait qu'il est plus sage de laisser à l'appréciation des juges du fond (H. SEILLAN, Le nouveau Code pénal et la santé/ sécurité du travail, ALD 1994, p.209).

l'avant-projet de 1983, le texte prévoyait expressément que le délégataire pouvait engager la responsabilité pénale de la personne morale. Mais cette disposition n'a pas été reprise dans le texte finalement voté. Il faut donc tenter de combler ce « déficit de légalité »[759].

Pour aborder la question de l'engagement de la responsabilité pénale de la personne morale par le salarié délégataire, il faut d'abord revenir sur l'enjeu principal de cette question. En effet, l'engagement de la responsabilité pénale de la personne morale se révèle indispensable pour que la réforme garde son intérêt (a).

Nous insisterons ensuite sur le fait que le salarié délégataire reçoit une partie des pouvoirs accordés au dirigeant sur lesquels est fondée sa capacité à engager la responsabilité pénale de l'être moral (b). Enfin, si on admet l'engagement de la responsabilité pénale par le salarié délégataire, il faut se demander s'il le fait en tant qu'organe ou en tant que représentant (c).

a) La nécessité de l'engagement de la responsabilité pénale de la personne morale par le salarié délégataire

378 - Une partie de la doctrine se contente de signaler qu'un employé ne peut pas engager la responsabilité pénale de la personne morale qui l'emploie sans s'interroger sur le cas particulier de l'existence d'une délégation de pouvoirs[760]. Cette analyse se fonde notamment sur une réponse ministérielle qui précise que les faits commis par un simple préposé ne peuvent pas entraîner la responsabilité pénale de la personne morale[761].

Cette solution, unanimement reconnue, est logique car la rédaction du texte de l'article 121-2 du Code pénal fait que seule une personne physique disposant de pouvoirs de direction peut engager la responsabilité pénale de la personne morale. En effet, l'emploi des termes « organe » et « représentant » limite le nombre de personnes susceptibles d'engager la responsabilité pénale, contrairement à ce qui

---

[759] D. GUIRIMAND, *op. cit.*

[760] D. GUIRIMAND, La responsabilité pénale des personnes morales, RJS 1993, p.483.

[761] Réponse ministérielle n°5299 du 30 août 1993, J.O.A.N Q. du 22 novembre 1993, p.4170.

se rencontre dans certaines législations qui visent directement la personne morale ou prévoient l'engagement de la responsabilité de l'être moral par une « personne physique »[762]

Certains auteurs assimilent la situation de l'employé n'ayant pas reçu de délégation de pouvoirs à celle du salarié délégué pour dire que ni l'un ni l'autre ne peuvent engager la responsabilité de leur employeur personne morale car ils ne sont ni un organe ni un représentant[763].

Si l'on adopte ce raisonnement, les faits commis par un salarié délégataire ne pourront pas être imputés à la personne morale. Et ce, même si le salarié en question, par les responsabilités et les pouvoirs qui lui sont délégués, est un salarié « de haut niveau »[764].

On peut avancer que cela évite de créer une chaîne de responsabilité trop longue entre le dirigeant qui délègue certains de ses pouvoirs et la personne morale qui verrait sa responsabilité pénale engagée sur le fondement de cette délégation[765].

Monsieur COEURET va au bout du raisonnement et pose de façon claire que la délégation de pouvoirs, dans ces conditions, sera un moyen légal d'éviter la responsabilité pénale de la personne morale[766] et de contourner facilement le risque de sanction[767].

379 - Les effets de l'application de ce raisonnement sur le domaine d'application de la responsabilité pénale seraient « véritablement dévastateurs »[768]. Ceci, d'une part, en raison des nécessités de fonctionnement des entreprises qui font qu'il y a une « ventilation des tâches »[769], et d'autre part, car la volonté d'écarter le risque pénal de l'entreprise pousserait à déléguer au maximum les pouvoirs afin de ne faire persister que le risque lié à des domaines où la délégation est impossible.

---

[762] Par exemple l'article 5 du Code pénal belge déjà cité reproduit en annexe 5.

[763] G. STEFANI, G. LEVASSEUR et B. BOULOC, *Droit pénal général*, Précis DALLOZ, 16ème édition 1996, spéc. n°312.

[764] B. BOULOC, La responsabilité pénale des entreprises en droit français, RID pén. 1994, p.669.

[765] M.E. CARTIER, *in La responsabilité pénale des personnes morales: évolution ou révolution?*, Entretiens de Nanterre, JCP 1994 éd.E., suppl. n°5.

[766] A. COEURET, RTD Civ. 1992, p.825.

[767] H. LECLERCQ, *Le nouveau Code Pénal*, Editions du seuil, coll. Points.

[768] J.F. BARBIERI, L'incidence de la réforme du Code Pénal sur la gestion des personnes morales, Petites Affiches 6 août 1993, n°120, p.22.

[769] J.F. BARBIERI, *op. cit.*

De plus, on créerait une inégalité entre les personnes physiques responsables puisque le dirigeant pourrait espérer une atténuation de sa responsabilité en cas de mise en jeu de celle de la personne morale alors que le salarié délégataire verrait seulement sa propre responsabilité engagée, sans aucun espoir d'atténuation[770].

C'est en grande partie la volonté d'éviter de telles dérives permettant trop facilement d'écarter la responsabilité pénale des personnes morales, qui pousse une partie de la doctrine à adopter une position plus ferme selon laquelle le délégataire engagerait la responsabilité de l'être moral[771].

Si cette position semble la meilleure à adopter, encore faut-il démontrer son bien-fondé au regard des exigences du droit pénal et plus spécialement de l'article 121-2 du Code pénal qui pose le principe de la responsabilité pénale des personnes morales.

b) Le salarié délégataire détient une partie du pouvoir

380 - La responsabilité pénale du chef d'entreprise, heurte le principe selon lequel on ne peut être responsable que de son propre fait. Mais, cette responsabilité particulière se justifie par le pouvoir exercé par le chef d'entreprise, correspondant pour lui au devoir de faire respecter par l'entreprise les règlements protecteurs des salariés[772].

La délégation de pouvoirs a pour effet comme son nom l'indique de transférer à un salarié, une partie des pouvoirs détenus par le chef d'entreprise et par la même occasion de transférer la responsabilité pénale.

Pour que la délégation soit valable, il faut que salarié délégataire dispose d'une autonomie de pouvoir, c'est-à-dire qu'il doit être en mesure d'user de ses pouvoirs sans avoir à en référer au délégant[773].

---

[770] F. DESPORTES, La responsabilité pénale des personnes morales en droit français, C.J.E.G 1993, p.93.

[771] J.F. ESCHYLLE, Les conditions de fond de la responsabilité pénale des personnes morales en droit du travail, Droit Social 1994, p.638.

[772] A. COEURET, Pouvoir et responsabilité en droit pénal social, Droit Social 1975, p.396.

[773] CATALA, De la responsabilité pénale des chefs d'entreprise en matière d'hygiène et de sécurité du travail, JCP E. 1976, II, 12010.

381 - Si l'on recherche quel est le fondement de l'engagement de la responsabilité pénale de la personne morale par ses « organes » ou ses « représentants », il semble qu'il réside dans le fait que les personnes habilitées à engager cette responsabilité représentent la volonté de la personne morale.

Cela découle d'une part, de ce que ces personnes ont été choisies pour exprimer la volonté de la personne morale et d'autre part, de ce qu'elles disposent des moyens d'exprimer cette volonté par les décisions de gestion qu'il leur appartient de prendre.

382 - En cas de délégation de pouvoirs, le délégant choisit une personne pour lui confier certaines tâches et lui transmet les moyens de les accomplir[774]. Si le délégué reçoit une partie des prérogatives permettant au délégant d'engager la responsabilité pénale de la personne morale, il est logique qu'il puisse engager celle-ci dans les mêmes conditions.

En effet, le délégataire bénéficie, dans les domaines faisant l'objet de la délégation, des moyens d'exprimer la volonté de la personne morale et il est indirectement investi par la personne morale car lorsque le chef d'entreprise, c'est-à-dire le délégant, est désigné, il reçoit, implicitement, la possibilité de recourir à la délégation.

Mais, encore faut-il, pour que la responsabilité pénale de la personne morale puisse être engagée, que l'on puisse qualifier le salarié délégataire d'organe ou de représentant de celle-ci.

c) Le salarié délégataire est-il un organe ou un représentant?

383 - En effet, le texte qui pose la responsabilité pénale de la personne morale exige que l'infraction que l'on veut imputer à la personne morale ait été commise par un organe ou un représentant[775].

Il convient donc de rechercher laquelle de ces deux notions correspond le mieux à la situation du salarié délégataire.

---

[774] Le salarié délégataire est investi « d'un véritable pouvoir de direction ». JOLY-SIBUET et REINHARD, Sociétés (infractions relatives à la législation des sociétés), J.-Cl. Pén. ann. fasc.10.

[775] Art. 121-2 du C. pén.

Il faut préciser, au préalable, que la plupart des auteurs qui sont hostiles à l'engagement de la responsabilité pénale des personnes morales par un salarié délégataire, se fondent sur le fait que le délégataire n'appartient à aucune des deux catégories[776].

384 - Mais, il est bien évident que la réponse donnée à cette question dépend du sens que l'on accorde aux notions d'organe et de représentant. C'est pourquoi, c'est à la lumière des éléments dégagés à l'occasion de l'étude de ces termes[777] qu'il nous faut aborder le problème.

Pour dire si le salarié délégataire peut ou non être considéré comme un organe de la personne morale, il faut repartir de la définition selon laquelle l'organe est « la personne [ou la collectivité] qui détient ou exerce officiellement, donc légalement, de manière continue ou temporaire, tout ou partie des pouvoirs d'administration, de gestion ou de direction ».

A priori, il ne semble pas inconcevable que le salarié délégataire satisfasse aux différentes exigences de cette définition. En effet, la délégation transfère des pouvoirs de direction dans le domaine considéré. Ce n'est qu'une partie des pouvoirs et pour un temps limité mais la définition couvre ces cas de figure. Reste à savoir si ces pouvoirs sont détenus légalement.

La délégation émane d'une personne qui détient les pouvoirs en question de façon officielle et légale. Comme rien n'interdit de déléguer ces pouvoirs, on peut soutenir que le délégué est investi de façon légale et officielle.

Le salarié délégataire serait-il alors un organe susceptible, à ce titre, d'engager la responsabilité pénale de la personne morale? La difficulté, comme le souligne Monsieur COEURET, vient de ce que la notion d'organe est exclusive de celle de préposé car « tout préposé agit seulement sur décision des organes et ne peut en aucun cas représenter le groupement à l'égard des tiers »[778].

Or, le délégataire est forcément un préposé de la personne morale. De plus, il est impossible de dire que la qualité de salarié est mise à

---

[776] Voir pour un exemple: J. MOULY, La responsabilité pénale des personnes morales et le droit du travail, Petites Affiches 1993, n°120, p.33.

[777] V. notre recherche sur le sens des notions d'organe et de représentant *supra* p.224 et s

[778] A. COEURET, La responsabilité en droit pénal du travail: Continuité et rupture, Rev. sc. crim. 1992, p.475.

l'écart lorsqu'il accomplit la mission émanant de la délégation car la Cour de cassation affirme que la délégation n'est pas une convention autonome mais seulement une modalité d'exécution du contrat de travail[779].

Si le salarié délégataire est effectivement un organe de l'entreprise en tant qu'organisation[780], il ne semble pas possible de le qualifier juridiquement d'organe de la personne morale capable d'engager sa responsabilité pénale.

385 - Il convient donc de se tourner vers l'autre notion, celle de représentant.

Une partie de la doctrine s'interroge sur le point de savoir si le délégataire peut être considéré comme un représentant et fait une réponse mitigée. Selon ces auteurs, le délégataire pourrait être un représentant seulement lorsqu'il aura reçu mission d'accomplir des actes juridiques au nom de la personne morale mais pas lors de l'accomplissement d'actes matériels[781]. Cette analyse repose sur un raisonnement qui privilégie une conception très stricte, dérivée du droit civil, de la notion de délégation-représentation.

Si l'on adopte ce raisonnement, bon nombre d'infractions, notamment tout ce qui touche à l'hygiène et à la sécurité du travail, ne pourront pas remonter jusqu'à la personne morale s'il y a eu délégation. Or, cela « ne paraît guère conforme à l'intention du législateur qui a entendu étendre, sans parcimonie, la répression de ces infractions aux personnes morales »[782].

386 - Monsieur COEURET nous propose, devant l'inadaptation de l'analyse civiliste de la représentation, de nous tourner vers le droit du travail[783]. En effet, le droit du travail recourt à de nombreuses reprises à la notion de représentant. Comme le montre cet auteur à l'aide de plusieurs exemples[784], la qualité de représentant n'est pas

---

[779] Cass. crim. 21 décembre 1982, Juris social 1983, F.23 cité par A. COEURET dans l'article précité.

[780] A. COEURET, *op. cit.*

[781] J. MOULY, La responsabilité pénale des personnes morales et le droit du travail, Petites Affiches du 6 octobre 1993, n°120, p.33.

[782] A. COEURET, La nouvelle donne en matière de responsabilité. Droit social 1994, p.627.

[783] A. COEURET, *op.cit.*

[784] A. COEURET, *op. cit.* p.634 et s.

nécessairement liée à la capacité d'accomplir des actes juridiques. En réalité, la notion de représentant comprendrait, outre la faculté d'accomplir des actes juridiques, celle d'avoir « des comportements fonctionnels » pour lesquels le délégataire a pris la place de l'organe.

387 - En adoptant ce point de vue, on conclut que le salarié délégataire est un représentant de la personne morale et peut donc engager sa responsabilité pénale.

Cette analyse nous satisfait pleinement puisqu'elle correspond parfaitement à notre définition de la notion de représentant selon laquelle le représentant est la personne physique ou morale qui accomplit des actes juridiques ou matériels en vertu d'un mandat donné par la personne morale ou qui accomplit de tels actes en se comportant comme si elle avait le pouvoir de représenter la personne morale[785].

Le salarié délégataire peut donc engager la responsabilité pénale de la personne morale en sa qualité de représentant[786]. Il reste à rappeler que la jurisprudence a posé des conditions très strictes en matière de délégation de pouvoirs, qui doivent être respectées en ce qui concerne l'engagement de la responsabilité pénale par un salarié nanti d'une délégation.

388 - La chambre criminelle de la Cour de cassation se prononce d'ailleurs en faveur de l'engagement de la responsabilité pénale de l'être moral par un salarié délégataire[787]. Elle l'a d'abord fait implicitement en affirmant qu'une Cour d'Appel avait pu condamner une personne morale pour une faute d'imprudence ayant entraîné un accident mortel en relevant que « le président de la société ou son délégataire en matière de sécurité [n'avait] pas accompli toutes les diligences normales pour faire respecter les prescriptions qui s'imposaient à la personne morale en ce domaine »[788].

---

[785] *Cf supra* p.233.

[786] Cela sous entend que la personne morale ne puisse pas recourir à la délégation de pouvoir pour espérer échapper à la répression : Th. DALMASSO, Les personnes physiques et morales inégales devant le risque pénal, Les échos 10 janvier 2001, p.51.

[787] Ce que certains auteurs critiquent : B. BOULOC, Existe-t-il une responsabilité pénale du fait d'autrui, Responsabilité et assurance, Hors série novembre 2000 (La responsabilité du fait d'autrui), p. 36 ; J. -H. ROBERT, Les préposés délégués sont-ils les représentants de la personne morale, Mélanges à P. COUVRAT, PUF 2001, 383.

[788] Cass. crim. 1er décembre 1998, Bull. 1998, n°325, p.942 ; D. 2000, jur., p.34 note M. A. HOUTMANN.

La chambre criminelle a, ensuite, réaffirmé ce principe de façon claire tout en insistant sur la nécessité du respect des conditions de validité de la délégation[789]. En effet, elle déclare que le délégué « exerce le pouvoir de décision » au sein de la personne morale, en étant pourvu « de la compétence, de l'autorité et des moyens nécessaires », ce qui lui confère la qualité de représentant au sens de l'article 121-2 du Code pénal[790]. Enfin, dans son arrêt du 30 mai 2000[791], la Chambre criminelle abandonne toute référence aux faits de l'espèce pour adopter une véritable « formule de principe »[792]. Plus récemment, la Cour de cassation a admis de façon très nette la possibilité pour un « subdélégué » d'engager la responsabilité pénale de la personne morale en qualité de représentant[793].

Il n'y a donc aucun risque de débordements si l'on retient l'engagement de la responsabilité pénale par un salarié délégataire[794] et l'on respecte ainsi la volonté du législateur en évitant que la réforme ne soit réduite à néant par l'utilisation massive de la délégation[795].

389 - Il se peut néanmoins qu'un problème de preuve vienne compliquer la tâche du ministère public. En effet, lorsqu'il s'agit d'écarter sa responsabilité pénale, le chef d'entreprise s'empresse de prouver l'existence de la délégation de pouvoirs. Mais, dans le cas où un salarié délégué a commis des faits susceptibles d'entraîner des poursuites à l'encontre de la personne morale, il sera sans doute moins empressé d'apporter cette preuve.

---

[789] Cass. crim. 9 novembre 1999, bull. n°252, p.786 ; Dr. pén. 2000, comm. n°56 ; Gaz. Pal. 21 juin 2000, p.18 obs. J.P. DOUCET ; Rev. sc. crim. 2000, p.851 obs. G. GIUDICELLI-DELAGE.

[790] Cette position a été reprise à nouveau par la chambre criminelle de la Cour de cassation : Cass. crim. 14 décembre 1999, JCP 2000, IV, 1597 ; Bull. n°306, p.947 ; Rev. sc. crim. 2000, p.851 obs. G. GIUDICELLI-DELAGE.

[791] Cass. crim. 30 mai 2000 Bull. n°206, p.607 ; D. 2000, I.R., 214 ; JCP éd. E 2001, p.950 note S. FERRIES ;Rev. sc. crim. 2000, p.851 obs. G. GIUDICELLI-DELAGE.

[792] G. GIUDECELLI-DELAGE, Rev. sc. crim. 2000, p.851.

[793] Cass. crim. 26 juin 2001, Bull. n°161 ; Dr. pén. 2002, comm. n°8, note J. -H. ROBERT ; JCP G 2002, I, 107, n°7 ; Gaz. Pal. 13 mars 2002, note Y. MONNET.

[794] D'autant que la Cour de cassation a eu l'occasion de rappeler la nécessité de la preuve que les agissements reprochés à la personne morale ont bien été commis par un organe ou un représentant (Cass. crim. 18 janvier 2000, JCP 2000, actu., p. 561 ; Bull. n°28, p.68 ;D. 2000, p.636 note SAINT-PAU (J.C.) ; Dr. pén. 2000, comm. n°72 ; JCP 2001 éd. E, p.278 note F. MARMOZ).

[795] *Cf. supra* p. 258.

Pourtant, il semble que cette situation s'annonce rare car soit le délégué lui-même apportera la preuve de sa délégation en espérant que sa peine sera atténuée s'il est poursuivi en même temps que la personne morale, soit le chef d'entreprise le fera afin d'éviter des poursuites à son encontre.

Enfin, il faut signaler que les craintes relatives à des délégations de pouvoirs contenant des dispositions restrictives en matière de responsabilité pénale de la personne morale[796] ne semblent pas fondées. En effet, on voit mal comment pourraient être validées de telles clauses puisque la responsabilité pénale ne peut pas être écartée contractuellement.

390 - Voilà finalement qui fait singulièrement beaucoup plus de questions à résoudre quant à la réalisation matérielle de l'infraction reprochée à la personne morale qu'il n'apparaissait à la simple lecture de l'article 121-2 du Code pénal, n'en va-t-il pas de même concernant l'élément intentionnel de celle-ci ?

Section 2:

L'intention de commettre l'infraction

391 - Le Code pénal précise, au titre des dispositions générales, qu'« il n'y a point de crime ou délit sans intention de le commettre »[797]. Ce « principe général reconnu par la jurisprudence qui avait d'ailleurs guidé les rédacteurs du Code napoléonien »[798], s'applique donc à la responsabilité pénale des personnes morales qui est d'ailleurs posée à l'article suivant.

Le Code pénal de 1994, comme son prédécesseur, ne donne aucune définition de cette notion d'intention[799], la Cour de cassation parle de

---

[796] Th. DALMASSO, La responsabilité pénale des personnes morales, Petites Affiches 1993, n°138, p.10.

[797] Art. 121-3 al. 1 C. pén

[798] Circ. 14 mai 1993.

[799] G. ROUJOU DE BOUBEE, Code pénal commenté Dalloz, sous article 121-3.

l'intention comme étant une violation « en connaissance de cause » d'une prescription légale ou réglementaire[800].

Cette notion d'intention est déjà difficile à cerner précisément pour les personnes physiques. Qu'en est-il pour les personnes morales? Il ne fait pas de doute que l'intention soit requise même pour une personne morale.

La première question qui se pose est celle de la détermination de l'intention délictueuse d'une personne morale (§1).

Puis, il conviendra de se demander comment cette intention peut être découverte. Cela correspond à la recherche du sens précis de l'expression « pour le compte » de la personne morale[801] employée par le Code pénal (§2).

§1:La détermination de l'intention délictueuse d'une personne morale

392 - Lorsque l'on s'intéresse à la détermination de l'intention délictueuse d'une personne morale, il faut d'abord se demander quel est le siège de cette intention, c'est-à-dire de qui elle doit émaner (A). Cette question nous amènera ensuite à nous demander s'il est possible de soutenir qu'il existe une volonté propre à la personne morale distincte de celles de ses membres ou de ses dirigeants (B).

A]Le siège de l'intention délictueuse

393 - La question qui est posée ici est de savoir qui exactement doit avoir eu l'intention de commettre l'infraction. On peut se demander si cette intention doit émaner de la personne physique organe ou représentant ou de la personne morale elle même.

Avant de trancher, il faut distinguer entre différents types d'infractions. En effet, le Code pénal pose le principe de l'exigence

---

[800] Cass. crim. 25 mai 1994, Dr. Pénal 1994, 237 obs. J.H. ROBERT.

[801] Art. 121-2 al.1 C. pén.

d'une intention[802] mais prévoit aussi que certains faits constituent des infractions en dehors de toute intention[803]. C'est pourquoi il faut d'abord revenir sur le cas des infractions dites « non-intentionnelles » (1) avant d'examiner le cas des infractions nécessitant réellement une intention (2).

1) Les infractions non-intentionnelles

394 - Dans ce type d'infractions[804], l'intention n'est pas requise pourtant il subsiste la nécessité de l'existence d'un élément moral[805]. Celui-ci est réduit à sa plus simple expression puisqu'il s'agit de la simple volonté libre et consciente de commettre les faits constituant la violation de la règle légale.

Dans ces situations, la simple constatation de la matérialité des faits associée à l'absence de contrainte suffit à permettre la condamnation[806]. Donc, lorsqu'une telle infraction est reprochée à une personne morale, le respect de la règle s'impose directement à celle-ci. Pour Monsieur SOYER[807], comme il n'est point besoin d'intention coupable, on peut imputer l'infraction directement à la personne morale.

Mais, si l'on suit ce raisonnement, il faut, avant de condamner, vérifier l'absence de contrainte et la liberté totale de la volonté de la personne morale. Ce qui pourrait nous amener à nous interroger sur l'existence d'une volonté propre à la personne morale. Pourtant, avant d'aborder cette question, il faut constater qu'elle se pose avec encore plus d'acuité en ce qui concerne les infractions intentionnelles.

---

802 Art 121-3 al.1 C. pén.

803 Art. 121-3 al. 2, 3, 4 et 5 C. pén.

804 Il semble que la nouvelle définition de ces délits, issue de la loi du 10 juillet 2000 modifiant l'article 121-3 du Code pénal, débouchera sur une augmentation des poursuites de personnes morales pour ces infractions puisque l'exigence d'un rapport direct entre l'infraction et le dommage ne s'applique qu'au bénéfice des personnes physiques.

805 J.C. SOYER, *Droit pénal et procédure pénale*, LGDJ, 13ème édition. n°195.

806 Avec les restrictions posés par l'article 121-3 al.4 C. pén.

807 J.C. SOYER, *op. cit.*, n°292.

2) Les infractions intentionnelles

395 - L'alinéa 1er de l'article 121-3 du Code pénal prend ici tout son sens. En effet, la personne poursuivie doit avoir eu l'intention de commettre les faits constituant l'infraction et voulu les conséquences qui s'y attachent.

Lorsqu'il s'agit d'une personne morale, il est indispensable de se demander si cette volonté délictueuse doit émaner de la personne physique qui a commis les faits « pour le compte » de la personne morale ou bien si elle doit émaner de l'être moral lui-même.

La difficulté de cette question vient sans doute du fait que les dispositions instaurant la responsabilité pénale des personnes morales sont « mêlées, sans précaution aucune, aux dispositions qui gouvernent la responsabilité des personnes physiques »[808]. Néanmoins, les textes en vigueur étant rédigés de cette façon, il faut, pour permettre une bonne application de la réforme, tenter d'apporter une réponse.

396 - Certains auteurs règlent la question en disant que la responsabilité pénale des personnes morales n'est pas une responsabilité directe mais qu'il y a application de l'emprunt de criminalité de même qu'en matière de complicité[809]. Ils parlent encore de responsabilité subséquente ou par ricochet[810].

Selon cette analyse, la réponse est simple. Pour imputer l'infraction à une personne morale, on va se référer à la personne physique qui aura accompli les actes matériels. L'intention coupable sera donc recherchée chez cette personne et la personne morale empruntera cette intention.

Cette solution est séduisante car elle permet d'écarter le problème de l'existence d'une volonté propre des personnes morales, ce qui revient à poser l'éternelle question de la réalité ou de la fiction de celles-ci. Pourtant, une analyse plus poussée montre que cette solution n'est pas entièrement satisfaisante.

La première remarque qui s'impose est que l'adoption de ce raisonnement amène à distinguer selon qu'il s'agit d'une infraction intentionnelle ou non. Or, le texte du Code pénal[811] pose le principe

---

[808] J.H. ROBERT, *Droit pénal général*, THEMIS droit, PUF, 3ème éd. 1992 p.400.
[809] J.C. SOYER, *op. cit.*, n°285.
[810] F. DESPORTES et F. LE GUNEHEC *op. cit.*, n°600.
[811] Art. 121-2 C. pén.

d'une responsabilité pénale des personnes morales pour les infractions qui le prévoit, sans distinguer entre celles qui ont un caractère intentionnel et les autres. Ce système oblige donc à faire une distinction alors que le texte n'en fait pas ce qui est contraire aux méthodes habituelles d'interprétation des textes.

La deuxième critique qu'il est possible de formuler est que si, comme le soutiennent Messieurs DESPORTES et LE GUNEHEC, la responsabilité pénale des personnes morales est une responsabilité « par ricochet » et que la recherche de l'intention chez la personne morale est inutile, on aboutit à un constat troublant. En effet, le Code pénal exige que l'agent ait eu l'intention de commettre l'infraction[812]. Or, s'il s'agit d'une responsabilité par ricochet, l'agent sera condamné pour des faits qu'un autre agent aura eu l'intention de commettre. Il semble difficile de soutenir que c'était l'intention du législateur d'instaurer une responsabilité de ce type alors que le principe de l'exigence d'une intention propre à l'agent est posée dans le texte suivant celui qui instaure la responsabilité pénale des personnes morales

Enfin, si, comme le dit Monsieur SOYER[813], il y a emprunt de criminalité, il faut qu'il y ait la volonté d'emprunter cette criminalité comme en matière de complicité. A défaut, cela reviendrait « à ériger une responsabilité pénale de plein droit des personnes morales du fait de leurs dirigeants agissant pour leur compte »[814], ce qui s'oppose à la volonté première du législateur.

On s'aperçoit donc que ces raisonnements, outre les critiques qui viennent d'être exposées, ne résolvent pas le problème de la nécessité de rechercher l'intention de la personne morale mais ne font que le repousser. Cela nous oblige, comme nous l'avions déjà évoqué plus haut, à nous demander s'il peut exister une volonté propre et réelle de la personne morale.

---

[812] Art. 121-3 C. pén.

[813] J.C. SOYER, *Droit pénal et procédure pénale,* n°285.

[814] T. corr. Lyon 9 octobre 1997, Dr. pén. 1997, comm. n° 154 note J.H. ROBERT.

B] L'existence d'une volonté propre de la personne morale

397 - Il ne s'agit pas pour nous de relancer le débat relatif à la réalité ou à la fiction des personnes morales. Même si nos préoccupations ne sont pas totalement étrangères à celui-ci, elles sont plus modestes.

En effet, nous nous demandons seulement si un être moral est ou non doté d'une volonté propre et réelle qui ne puisse pas se confondre avec celle de ses dirigeants ou de ses membres.

La doctrine est loin d'être unanime sur le sujet, dont l'intérêt se trouve réactivé avec la responsabilité pénale des personnes morales[815]. En effet, le Code pénal ne donne aucune précision sur l'élément intentionnel dans la responsabilité pénale des personnes morales et « se garde bien de définir la volonté des personnes morales, concept plus aisé à définir en théorie qu'à mettre en application »[816].

Une partie de la doctrine dit qu'il est impossible qu'une telle volonté existe (1). Mais, on peut soutenir, au contraire, que chaque être moral est doté d'une volonté propre bien réelle (2).

1) La négation de l'existence d'une volonté propre à l'être moral

398 - En préambule, il faut signaler que la plupart des auteurs qui se sont montrés hostiles à l'instauration de la responsabilité pénale des personnes morales fondent leurs critiques sur cette prétendue absence de volonté. Pour eux, le droit pénal ne peut s'appliquer qu'à des êtres de chair et de sang dotés de volonté.

Partant de là, ils soutiennent que la personne morale ne peut pas réaliser l'élément matériel de l'infraction qui doit obligatoirement être l'œuvre d'une personne physique. Ils ajoutent que le caractère inopportun de cette nouvelle responsabilité pénale est encore renforcé par le fait qu'une personne morale n'étant pas dotée de volonté, l'élément intentionnel n'existera jamais[817]. Ce raisonnement les

---

[815] Monsieur ROBERT se félicite d'ailleurs que cette question soit enfin abordée par les tribunaux. V. note sous T. corr. Lyon 9 octobre 1997, préc.

[816] D. BOCCON-GIBOD, *La responsabilité pénale des personnes morales (présentation théorique et pratique)*, Editions ESKA.

[817] Pierre FAIVRE disait que « l'immunité [des personnes morales] repose principalement sur l'élément moral » et que « l'absence de volonté criminelle apparaît comme le seul obstacle

amènent à dire que la responsabilité pénale des personnes morales se heurte aux grands principes régissant le droit pénal.

399 - Il est à noter que la question s'est posée de façon similaire en ce qui concerne l'application de l'ordonnance de 1945 sur la presse[818], considérée comme l'ancêtre de la responsabilité pénale des personnes morales issue du Code pénal de 1994[819].

En effet, il s'agissait de savoir si une personne morale pouvait être condamnée alors qu'aucun de ses organes n'avait personnellement commis de délit punissable.

Or, déjà à l'époque, les auteurs soutenaient que les êtres moraux étaient dépourvus de volonté propre[820]. Cette analyse est conforme à l'idée selon laquelle l'être moral ne serait qu'une machine juridique. D'ailleurs RIPERT soulignait, à propos de la société anonyme, qu'il s'agit « d'une bonne machine pour le capitalisme », mais il s'empressait d'ajouter « il ne faut rien lui demander de plus que de bien fonctionner...il ne faut pas chercher à donner une âme à cette machine sous le prétexte d 'une personnalité morale ou par l'analyse de l'idée d'institution »[821].

A la même époque, DONNEDIEU DE VABRES disait que la prépondérance de l'élément intellectuel crée le particularisme du droit pénal et que « l'intention coupable, la volonté, ne peut avoir son siège que chez une personne physique »[822]. Et, il niait l'existence d'une volonté propre à la personne morale en disant qu'il ne peut s'agir que d'un conglomérat, « un concert de volontés individuelles »[823] et donc la

---

sérieux à l'incrimination des personnes morales » in La responsabilité pénale des personnes morales, Rev. sc. crim. 1958, 547.

[818] Ordonnance du 5 mai 1945 relative à la poursuite des entreprises de presse, d'édition, d'information et de publicité coupables de collaboration avec l 'ennemi; J.O 6 mai 1945 p.2571 ;D.45, lég., p.98.

[819] Pierre FAIVRE parlait à son propos « d'une première expérience de mise en œuvre de la responsabilité pénale d'une personne morale sous forme d'une synthèse, riche d'*enseignement* pour le législateur de demain » *in* La responsabilité pénale des personnes morales, Rev. sc. crim. 1958, 547.

[820] A. PONSARD, note sous Dijon 20 mai 1946, D. 1947, jur, 253.

[821] RIPERT, *Aspects juridiques du capitalisme moderne*, 1946, n°53, p.122 cité par PONSARD dans la note préc.

[822] H. DONNEDIEU DE VABRES, Les limites de la responsabilité pénale des personnes morales, RID pén 1950, p.339.

[823] H. DONNEDIEU DE VABRES, *op. cit.*

personne morale ne devrait pas être condamnée sans qu'au moins un de ses dirigeants le soit.

400 - Qu'en est-il aujourd'hui après l'adoption d'une responsabilité pénale généralisée pour les personnes morales?

Une partie de la doctrine a pris le parti de continuer à se rallier à la théorie de l'absence de volonté propre de la personne morale. C'est ainsi que Monsieur Pierre TRUCHE déclarait lors d'un colloque que « la personne morale n'a pas d'autre volonté que celle de ses dirigeants sous la contrainte de laquelle elle agit »[824].

Pour Monsieur J.H. ROBERT, c'est un problème de fondement de la responsabilité pénale. Selon lui, il est inconcevable de fonder la responsabilité pénale des personnes morales sur les mêmes exigences que celle des personnes physiques[825], notamment sur les notions de liberté et de discernement, ce qui sous-entend que les êtres moraux sont dépourvus de volonté propre.

401 - Certains auteurs, devant la réalité de cette responsabilité des personnes morales, ont tenté d'y trouver un fondement logique tout en maintenant l'affirmation de l'inexistence d'une volonté propre des êtres moraux. Ils en arrivent à dire que la responsabilité pénale des personnes morales ne repose pas sur une volonté coupable mais sur le caractère nuisible des faits reprochés[826] ou bien même, que « le juge n'a pas à rechercher ce que pouvait être la volonté de la personne morale, mais aura plus simplement » à vérifier qu'il y a eu infraction pénale commise par un organe ou un représentant au nom de la personne morale[827].

On remarquera que dans le dernier cas, on ne nie plus l'existence d'une volonté, on dit seulement qu'il ne faut pas rechercher ce qu'elle pouvait être. Cela montre bien la difficulté qu'il y a à vouloir expliquer la responsabilité pénale des personnes morales telle qu'elle résulte de

---

[824] P. TRUCHE, Allocution d'ouverture du colloque, Petites Affiches 1993, n°120, p.57.

[825] J.H. ROBERT, *Droit pénal général*, PUF, 3ème éd. 1992.

[826] J.F. BARBIERI, L'incidence de la réforme du Code pénal sur la gestion des personnes morales, Petites Affiches 6 octobre 1993, n°120, p.22. Pour Monsieur ROBERT c'est le fait que la personne morale à une « structure vicieuse » et qu'elle est alors une organisation dangereuse J.H. ROBERT, Droit pénal général, PUF, 4ème éd. 1999, p. 363.

[827] BOCCON-GIBOD, *La responsabilité pénale des personnes morales (présentation théorique et pratique)*, Editions ESKA.

l'article 121-2 du Code pénal en niant l'existence d'une volonté propre à la personne morale.

402 - Les juges du fond avaient rapidement admis que la condamnation de la personne morale n'était possible que s'il existait une volonté propre de cette dernière. Ainsi, le tribunal correctionnel de Lyon, pour des faits de publicité en faveur d'une opération commerciale soumise à autorisations et effectuée sans avoir obtenu les dites autorisations, précisait que la responsabilité pénale d'une personne morale suppose que soit « établi à son encontre l'ensemble des éléments constitutifs de l'infraction poursuivie, l'élément intentionnel d'une part, l'élément matériel d'autre part [...] »[828].

403 - La chambre criminelle de la Cour de cassation ne semble pas partager ce point de vue et dément qu'il soit nécessaire d'établir une volonté propre à la personne morale pour pouvoir entrer en voie de condamnation[829]. Selon elle, la responsabilité pénale de la personne morale serait subséquente à celle de l'organe ou du représentant. La chambre criminelle reprend la même idée, de façon plus nuancée, dans son arrêt du 21 mars 2000, en affirmant que la Cour d'appel a justifié la condamnation de la personne morale puisque les éléments qu'elle a relevé permettent de caractériser « l'infraction en tous ses éléments en la personne [du] dirigeant »[830]. Plus récemment elle approuve la condamnation d'une personne morale au motif que « la faute pénale de l'organe ou représentant suffit, lorsqu'elle est commise pour le compte de la personne morale, à engager la responsabilité pénale de celle-ci, sans que doive être établie une faute distincte à la charge de la personne morale »[831].

404 - La théorie de la responsabilité subséquente ou par ricochet développée par la Cour de cassation est celle qui est retenue par la Cour d'appel de Lyon pour infirmer la décision du Tribunal correctionnel de Lyon citée précédemment[832].

---

[828] T. corr. Lyon 9 octobre 1997, Dr. pén. 1997, comm. n°154.

[829] Cass. crim. 2 décembre 1997, JCP 1998, II, 10023 rapport F. DESPORTES. Cass. crim. 7 juillet 1998, Bull. n°216, p.627. Cass. crim. 24 mai 2000, Bull. n°203, p.597.

[830] Cass. crim. 21 mars 2000, Bull. n°128, p. 383.

[831] Cass. crim. 22 juin 2001, Bull. n°161 ; Dr. pén. 2002, comm. n°8, note J. -H. ROBERT.

[832] C.A. Lyon 3 juin 1998, Dr. pén. 1998, comm. n°118 note J. -H. ROBERT.

La même Cour d'appel répète la même règle selon laquelle il est inutile de rechercher une intention propre à l'être moral dans son arrêt du 5 mai 1999[833], rendu pour des faits similaires, mais, en lui donnant une autre justification. En effet, elle constate que l'alinéa 3 de l'article 121-2 du Code pénal prévoit qu'il peut y avoir cumul de responsabilités lorsque le dirigeant et la personne morale ont commis « les mêmes faits ». Selon l'arrêt, cette expression signifie « la même infraction », ce qui dispense de rechercher une intention propre à la personne morale. Comme le relève le commentateur rien ne permet d'écarter l'interprétation selon laquelle l'expression « les mêmes faits » ne vise que les faits matériels à l'exclusion des conditions d'imputation.

405 - Il faut noter, outre l'embarras apparent pour justifier l'inutilité de la recherche d'une intention propre à la personne morale, qu'il semble que certaines juridictions du fond résistent à la position actuelle de la Cour de cassation et continuent à démontrer l'existence (ou l'absence) de volonté propre à l'être moral. Ainsi, la Cour d'appel de Paris[834] déclare, dans une espèce où il était reproché à un dirigeant et une société d'avoir fait mention d'un avertissement effacé par une loi d'amnistie, que « pour ce qui concerne la société P., l'intention coupable n'est pas clairement établie ». Ce qui signifie bien que, pour la Cour, pour entrer en voie de condamnation, il faut démontrer l'existence d'un élément moral propre à l'être moral.

Contrairement à ce qu'ont pu penser certains commentateurs, il semble que la question de l'intention propre à la personne morale ne soit pas encore définitivement résolue, il convient donc maintenant de mettre en avant les arguments qui plaident en faveur de l'existence d'une volonté propre à la personne morale et susceptible d'être recherchée pour constituer l'élément moral d'une infraction.

---

[833] C.A. Lyon 5 mai 1999, Dr. pén. 1999 comm. n°119.

[834] C.A. Paris 6 avril 1998, Dr. pén 1998, comm. n°119.

2) La thèse de la réalité d'une volonté propre à la personne morale

406 - Il ne s'agit bien sûr pas de se laisser aller à l'anthropomorphisme en soutenant qu'une volonté peut naître des seules structures de la personne morale. En effet, il est évident que l'intervention humaine est nécessaire puisque sans elle, la personne morale est inerte et inutile.

Il s'agit plutôt, en partant de ce constat, de démontrer qu'à partir de cette « impulsion humaine », la personne morale devient « un être vivant, doué d'une vie distincte de celle de ses membres »[835] et donc dotée d'une volonté tout aussi distincte de celles de ses membres et de ses dirigeants[836].

Les rédacteurs de l'avant-projet de Code pénal de 1978 l'avaient déjà bien compris puisqu'ils déclaraient que la vie du groupement « se caractérise par une volonté et une activité qui dominent la volonté et l'activité des membres, souvent interchangeables »[837].

407 - Pour bien comprendre cette idée il faut se reporter aux travaux de MESTRE, précurseur de l'instauration de la responsabilité pénale des personnes morales et qui décrivait parfaitement le processus de la naissance de la volonté de l'être moral[838].

Il commence par dire que la volonté du groupement est constituée par des « volitions humaines » qu'il n'est pas question d'attribuer à une « âme collective ». L'ensemble de ces « volitions » s'unissent alors pour rendre la vie du groupe possible comme, par exemple, en permettant de passer des contrats. La difficulté réside dans l'explication du passage de cet ensemble de volitions individuelles à une volonté unique attribuée à l'être collectif.

MESTRE l'explique en s'appuyant sur la théorie développée par HAURIOU[839]. Selon cette théorie, les différentes volitions sont

---

[835] A. MESTRE, *Les personnes morales et le problème de leur responsabilité pénale*, Thèse, PARIS, 1899. p.15.

[836] Certains auteurs allant même jusqu'à soutenir que la personne morale possède une âme et qu'elle peut être l'auteur d'une œuvre de l'esprit (E. MASSIN, L'œuvre de l'esprit de la personne morale, RJC 1978, p.289).

[837] Avant-projet définitif de Code pénal de 1978. Documentation Française p.41.

[838] A. MESTRE, thèse préc., p.141 et s.

[839] M. HAURIOU cité par MESTRE dans la thèse préc. p.142.

exprimées et certaines d'entre elles s'opposent, mais une majorité se dégage et la minorité doit s'effacer. Le résultat de cet affrontement constitue bien la volonté du groupement puisque les membres qui avaient exprimé une volition différente restent dans le groupement.

De plus, MESTRE montre bien qu'il s'agit d'une volonté autonome et pas un ensemble de volontés individuelles, en disant que la naissance d'une volonté individuelle suit le même processus, c'est-à-dire que la volonté ne naît que de l'opposition de différentes volitions[840].

Ce raisonnement avait d'ailleurs été repris à propos de l'avant-projet de Code pénal de 1978 qui prévoyait aussi la responsabilité pénale des personnes morales[841]. Madame DELMAS-MARTY précisait que le processus de prise de décision au sein d'une personne morale est semblable à celui qui est classiquement décrit dans la théorie de la responsabilité pénale des personnes physiques. La différence majeure est que l'affrontement entre les différentes « volitions » est extériorisé lorsqu'il s'agit d'une personne morale.

408 - Une partie de la doctrine pénaliste s'est ralliée à ce raisonnement pour dire qu'il existe bien une volonté collective émanant de la personne morale et qui est tout aussi capable de vouloir une infraction qu'une volonté individuelle ayant son siège chez une personne physique[842]. Jacques LEAUTE conclut sur cette question en disant qu'il est impossible, sauf à rester aux temps très anciens, de confondre l'intention de la personne morale et celles des personnes physiques qui la dirigent[843].

Le bien-fondé de l'analyse selon laquelle il existe bien une volonté propre à la personne morale est encore renforcée par le fait que lors des travaux parlementaires, relatifs à l'adoption de la responsabilité pénale des personnes morales, l'existence d'une telle volonté a été mise en avant[844].

De plus, il est intéressant de relever la réalité des manifestations de l'existence d'une volonté propre à la personne morale et étrangère à

---

[840] A. MESTRE , thèse préc. p.143.

[841] M. DELMAS-MARTY, L'avant projet de révision du Code pénal, la responsabilité pénale des groupements, RID pén. 1980, p.39.

[842] Pour un exemple V. M. PUECH, *Droit Pénal Général*, LITEC 1988.

[843] J. LEAUTE *in Le nouveau Code Pénal: enjeux et perspectives*, Collection thèmes et commentaires, DALLOZ 1994. p.56.

[844] J.O, débats A.N, 11 octobre 1989, p.3420 et s.

celles de ses dirigeants. On peut en trouver plusieurs illustrations jurisprudentielles. Nous en retiendrons deux.

409 - Dans la première espèce, un administrateur avait donné mandat à un avocat, au nom de la personne morale dont il assurait la direction. Au décès de l'administrateur on vint soutenir que le mandat a pris fin avec la mort de celui-ci conformément à l'article 2003 du Code civil.

La Cour de cassation[845] décide que le mandat est toujours valable puisque ayant été donné par la personne morale, nonobstant le décès de l'administrateur, aucune des causes mettant fin au mandat n'est réalisée.

Le second cas concerne une délégation de pouvoirs donnée par le président du conseil d'administration d'une banque au directeur adjoint du contentieux. Une personne à l'encontre de qui une procédure de saisie immobilière avait été entamée par le directeur adjoint soutenait que ce dernier n'avait pas le pouvoir de le faire car le président du conseil d'administration avait quitté son poste.

La Cour de cassation déclare que la délégation de pouvoirs avait été faite par le président du conseil d'administration «au nom et pour le compte de la société, et non en son nom personnel, et que la banque était resté engagée par celle-ci, [...]tant qu'elle n'avait pas été révoquée »[846].

On le voit, la jurisprudence insiste bien sur l'existence de cette volonté propre de la personne morale qui, même si elle nécessite une « impulsion humaine », est totalement distincte de celle des personnes qui ont en charge de diriger l'être moral et dont la mission n'est que d'exprimer cette volonté.

410 - Enfin, le Code pénal de 1994 fait une place très importante à la volonté criminelle et les premières décisions rendues sur le sujet montre bien l'importance donnée à la volonté par le législateur[847]. Dès lors, on imagine assez mal comment il aurait pu, dans le même temps, renforcer les exigences relatives à l'élément moral de l'infraction et instaurer une responsabilité pénale des personnes morales qui ne nécessiterait pas ou peu de volonté criminelle.

---

[845] Cass. civ. 2ème, 7 décembre 1994, JCP 1995, II, 22517.

[846] Cass. com. 4 février 1997, JCP 1997, IV, 702; Quot. Jur. 13 mars 1997, p.4; Droit et patrimoine mai 1997, note J.P. BERTREL.

[847] Pour un exemple V. Cass. crim. 28 juin 1995, Dr. Pén. 1995, comm. n°274 note J.H. ROBERT.

411 - On a vu que l'étude des décisions se prononçant sur cette question montre que la Cour de cassation semble trancher en faveur de l'inutilité de la recherche de l'intention de la personne morale mais que les juridictions du fond semblent, pour certaines, vouloir résister[848]. Mais, il est encore plus curieux de constater que même lorsque les juridictions se rangent à la position de la Haute juridiction, elles refusent généralement l'automaticité de la responsabilité pénale de la personne morale qui découle de ce raisonnement. En effet, on s'aperçoit que les peines prononcées à l'encontre de la personne morale ne sont pas toujours en rapport avec celles infligées au dirigeant et que l'intérêt de la personne morale dans l'affaire délictueuse est pris en compte pour déterminer le quantum de la peine.

Comme le souligne Monsieur ROBERT « les tribunaux ne se défont pas tout à fait de l'idée que la responsabilité pénale des personnes morales ne se réduit pas à un simple reflet de celle de leurs dirigeants »[849]. Il nous semble que ces décisions, loin de révéler une responsabilité pénale qui soit le double de celle des dirigeants, sont plutôt le reflet de la difficulté pratique d'identifier la volonté d'un être moral. Les juridictions, pour tourner le problème, identifient la volonté de la personne morale à celle des dirigeants pour la déclaration de culpabilité mais tiennent compte des différences qui peuvent exister en pratique pour déterminer la peine à appliquer à chacun.

412 - De plus, il semble bien, malgré les efforts de la Chambre criminelle pour tenter de faire croire à un maintien total de la responsabilité « par ricochet », que la nouvelle rédaction de l'alinéa 4 de l'article 121-3 du Code pénal, issue de la loi du 10 juillet 2000, plaide également pour la nécessité de rechercher l'existence d'une volonté propre à la personne morale[850]. En effet, sa lecture montre que les personnes physiques ne peuvent pas être poursuivies pour des infractions non intentionnelles lorsqu'il n'y a qu'un lien indirect entre l'infraction et le dommage[851]. Cela sous-entend que, dans de telles

---

[848] *Cf supra* p.274

[849] J.H. ROBERT, sous C.A. Lyon 5 mai 1999, Dr. pén. 1999, comm. n°119.

[850] J. –C. PLANQUE, note ss Cass. crim. 24 octobre 2000, D. 2002, p.517 (Influence de la loi du 10 juillet 2000 sur la responsabilité pénale des personnes morales).

[851] Sauf en cas de « violation délibérée [d'] une obligation particulière de prudence ou de sécurité » ou de « faute caractérisée ».

hypothèses, les personnes morales peuvent être poursuivies alors même qu'aucune infraction ne peut être imputée à une personne physique. La Chambre criminelle, dans son arrêt du 24 octobre 2000[852], casse la décision de la Cour d'appel en ce qu'elle a relaxé la société prévenue alors qu'elle avait relevé un « défaut de surveillance ou d'organisation » sans rechercher si ce dernier, qui ne constitue pas une faute délibérée ou caractérisée, n'était pas imputable au chef d'établissement, ce qui aurait permis d'engager la responsabilité pénale de la société.

Cette position a pu être interprétée comme un maintien par la Cour de cassation de la théorie de la responsabilité par ricochet[853]. Or, ce maintien est impossible puisqu'il amène soit à calquer la responsabilité de l'être moral sur celle du dirigeant, ce qui aboutit à exclure la responsabilité de la société, en total désaccord avec la volonté du législateur, soit à assimiler la notion « d'infraction » utilisée par l'article 121-2 du Code pénal à un comportement du dirigeant qui ne constitue pas une infraction mais tout au plus une faute civile d'imprudence au sens de l'article 1383 du Code civil qui ne présente aucunement les caractéristiques généralement reconnues à l'infraction pénale.

Il semble plus raisonnable de déduire de l'arrêt de la Chambre criminelle que le reproche fait à la Cour d'appel est de ne pas avoir recherché s'il n'existait pas, au sein de la personne morale, des habitudes de fonctionnement propices à la survenance d'accidents. La Cour de cassation, voulant sans doute éviter de mettre trop en évidence la faille de la théorie de la responsabilité indirecte, rattache l'élément moral, caractérisé chez la personne morale, à l'intervention nécessaire de personnes physiques. Il est donc reproché à la Cour d'appel de n'avoir pas recherché le comportement imprudent de la personne morale au travers des actes matériels, non punissables, des organes ou représentants. Cela revient à dire que, pour être condamnée pour de tels faits, la personne morale doit réunir en elle-même l'ensemble des éléments constitutifs de l'infraction avec la particularité que l'élément matériel de l'infraction est forcement le fait d'un organe ou représentant agissant pour le compte de cette personne morale.

---

[852] Cass. crim. 24 octobre 2000, Bull. n°308 ; Dr. pén. 2001, comm. n°29, obs. M. VERON ; Rev. sc. crim. 2001, p.371 obs B. BOULOC et p.402, obs. A. CERF-HOLLENDER; JCP 2001, II, n°10535 note M. DAURY-FAUVEAU ; D. 2002, p.517 note J. –C. PLANQUE.
[853] Note M. DAURY-FAUVEAU préc.

Dès lors, on s'aperçoit que l'entrée en vigueur de la loi du 10 juillet 2000 oblige à admettre la possibilité de l'existence d'une volonté propre à l'être moral au moins dans les hypothèses visée à l'article 121-3 al. 4. Mais, il faut aller plus loin et constater que cette nouvelle disposition légale ébranle le texte de base instituant la responsabilité pénale des personnes morales et rend nécessaire une modification de celui-ci puisque sa simple relecture ne peut se révéler satisfaisante[854]. Cette retouche législative pourrait être l'occasion d'affirmer clairement que le Code pénal de 1994 a bien créé une responsabilité pénale, au véritable sens du terme, des personnes morales. Mais, il ne faut peut-être pas se montrer trop optimiste et s'il y a retouche du texte on peut penser que ce ne sera que pour les cas où la responsabilité pénale des personnes physiques est écartée[855]. Reste néanmoins, que dans ces hypothèses précises, l'existence d'une volonté propre de la personne morale ne peut plus être niée.

413 – Il faut donc, même si les juridictions ont parfois des difficultés à l'exprimer, retenir l'idée selon laquelle la personne morale possède une volonté propre et donc que la mise en jeu de la responsabilité pénale d'une personne morale nécessite l'existence d'une faute pénale distincte de celle de ses organes ou représentant[856]. C'est indispensable si l'on veut pouvoir expliquer la responsabilité pénale des personnes morales en respectant les aspirations des rédacteurs du Code pénal, mais cela l'est également pour éviter une répression trop automatique des personnes morales. En effet, « si à l'égard des personnes morales le juge se voit dispensé de l'obligation de déceler la volonté criminelle, la certitude d'une sanction pénale contre elles s'en voit renforcée »[857]. Même si cela complique la tâche des tribunaux, c'est une difficulté nécessaire car comme le souligne Monsieur ROBERT, « le droit pénal n'a pas pour fin

---

[854] J. –C. PLANQUE note préc. n°10 et s.

[855] Ce qui se confirme au regard de la jurisprudence de la Cour de cassation qui réaffirme vigoureusement le principe de la responsabilité pénale par ricochet, du moins en ce qui concerne les infractions intentionnelles: Cass. crim. 26 juin 2001, Bull. n°161 ; Dr. pén. 2002, comm. n°8, note J. -H. ROBERT ; JCP G 2002, I, 107, n°7 ; Gaz. Pal. 13 mars 2002, note Y. MONNET.

[856] Au risque d'être comparé aux Gaulois d'un petit village breton qui résistaient à la puissance de l'Empire romain : J. –H. ROBERT note ss Cass. crim. 26 juin 2001, Dr. pén. 2002, comm. n°8 ; JCP G 2002, I, 107, n°7 ; Gaz. Pal. 13 mars 2002, note Y. MONNET.

[857] C. MOULOUNGUI, L'élément moral dans la responsabilité pénale des personnes morales, RTD com. 1994, p.441.

de produire le maximum de condamnations au moindre coût et au moindre effort ».[858]

Une fois que l'on s'accorde à reconnaître l'existence de la volonté propre des personnes morales et son importance en droit pénal, encore faut-il savoir comment rechercher cette volonté délictueuse.

§2: La recherche de la volonté délictueuse de la personne morale

414 - Lorsqu'il est question d'instaurer une responsabilité pénale des personnes morales, il faut résoudre certains problèmes qui découlent de la particularité de celles-ci. Il faut d'abord déterminer quelles seront les personnes physiques qui pourront engager cette responsabilité pénale et pour quelles infractions.

Mais, une fois ces questions résolues, il faut encore établir le lien entre les faits commis par la personne physique et la personne morale elle même. C'est l'imputation de l'infraction à la personne morale.

Le législateur de 1994 a retenu l'idée selon laquelle, l'infraction est imputable à la personne morale lorsqu'elle a été commise « pour le compte » de celle-ci par les personnes physiques désignées par le texte. Cela signifie que l'infraction peut être imputée à la personne morale parce que les faits matériels commis par la personne physique reflètent la volonté de la personne morale de commettre l'infraction.

Le législateur n'ayant donné aucune précision supplémentaire sur la signification à donner à cette expression « pour le compte », il convient d'en rechercher le sens précis pour mieux cerner les conditions mises à l'imputation d'une infraction à une personne morale. Nous verrons qu'il y a un sens classiquement reconnu à cette expression (A), mais qu'il se révèle nécessaire d'aller plus loin afin d'en déterminer le sens exact (B).

---

[858] J.H. ROBERT, sous T. corr. Lyon 9 octobre 1997, Dr. pén. 1997, comm. n°154.

A] Le sens classiquement donné à l'expression « pour le compte »

415 - Selon l'article 121-2 du Code pénal, pour qu'une infraction soit imputée à une personne morale il faut qu'elle ait été commise « pour le compte » de celle-ci par ses organes ou représentants.

Cette expression apparaissait déjà dans l'ordonnance de 1945 relative aux entreprises de presse ayant commis des faits de collaboration[859]. En effet, celle-ci prévoyait qu'étaient punissables les infractions commises par les organes de direction « au nom et pour le compte » du groupement.

L'avant-projet de Code pénal de 1976 exigeait, pour sa part, que l'infraction soit commise « au nom et dans l'intérêt de l'ensemble des membres du groupement ». Cette expression fut remplacée dans l'avant-projet de 1978 par la notion d'intérêt collectif.

416 - C'est en partant de ces considérations que les auteurs ont eu à donner un sens à l'expression « pour le compte » employée par le Code pénal de 1994.

La première idée est que l'expression ne doit pas être prise dans son sens strict. En effet, dans le cas contraire, cela obligerait à dire que la responsabilité pénale des personnes morales ne peut s'appliquer qu'à des infractions intentionnelles[860]. Or, cette analyse serait erronée puisque lorsque l'on établit la liste des infractions imputables aux personnes morales, on s'aperçoit qu'elle contient à la fois des infractions intentionnelles mais aussi des infractions par imprudence ou même des contraventions.

La difficulté s'accroît lorsqu'il s'agit de définir précisément le sens de l'expression « pour le compte ». Au premier abord, le sens semble clair, l'expression « pour le compte » pouvant exprimer le fait que la personne morale a profité de l'infraction incriminée[861]. On peut illustrer cette idée par un exemple: le vol.

Si un organe ou un dirigeant d'une société commet ou fait commettre par un tiers un vol de fichier des clients chez un de ses concurrents, la société pourra utiliser le fichier volé pour élargir sa

---

[859] Ord. n°45-920 du 5 mai 1945, J.O du 6 mai 1945, p.2571; D. 1945, lég., p.98.

[860] G. ROUJOU DE BOUBEE, Code pénal commenté, DALLOZ.

[861] M. FAVERO, Responsabilité pénale des personnes morales et responsabilité des dirigeants: responsabilités alternatives ou cumulatives?, Petites Affiches 8 décembre 1995, n°147, p.15.

clientèle, obtenir de nouveaux marchés et donc augmenter ses profits. Le dirigeant, comme le tiers éventuel, ne retire aucun profit direct de l'infraction considérée. C'est bien la société qui est la première bénéficiaire.

Ainsi, l'infraction ayant été commise pour profiter à la société, on peut soutenir qu'elle a été commise « pour son compte ».

Dans cet exemple, la société a bien tiré bénéfice de la réalisation de l'acte délictueux. Mais, les auteurs tenants de cette idée de profit ou de bénéfice, ont voulu aller plus loin.

En effet, si on s'arrête là, il faut que l'infraction apporte réellement un bénéfice à la personne morale. Si, pour une raison quelconque, l'infraction est réalisée mais que le profit n'est pas au rendez-vous pour l'être moral, ce dernier ne sera pas puni.

C'est ce qui fait dire que l'infraction commise « pour le compte » de la personne morale est celle qui lui permet d'espérer un bénéfice matériel ou moral, actuel ou éventuel[862] ou encore celle qui lui permet de retirer ou d'espérer retirer un bénéfice au sens le plus large[863].

417 - Cette analyse permet de donner un premier sens à l'expression « pour le compte » et elle est reprise par un grand nombre de commentateurs de l'article 121-2 du Code pénal. Pourtant, la plupart d'entre eux émettent des réserves quant à son réel bien-fondé ou même la critiquent.

La première critique qu'il est possible de faire concerne la notion de profit en elle-même. En effet, même s'il faut reconnaître que pour une grande partie des infractions imputables aux personnes morales, le profit peut être facilement identifié, restent des incriminations pour lesquelles la notion de profit semble difficile à mettre en œuvre.

Ainsi, il n'y a aucune difficulté pour des infractions telles que le vol[864] ou l'embauche de travailleurs clandestins[865]. En revanche, la notion de bénéfice de la personne morale sera beaucoup plus difficile à

---

[862] J. PRADEL, *Droit pénal général,* CUJAS, 9ème édition 1994, n°535. Dans l'édition la plus récente Monsieur PRADEL écrit que l'infraction est commise « par hypothèse » pour le compte de la personne morale si elle ne l'a pas été dans le seul intérêt du dirigeant ou d'un tiers. (*Traité de droit pénal* CUJAS 1999, n°582).

[863] E. FORTIS, Sur les incidences de la réforme du Code pénal sur le droit du travail, Droit Social 1993, p. 884 et les références citées par cet auteur.

[864] Art. 311-1 C. pén.

[865] Art. L 362-6 du C. trav.

dégager en cas d'infractions telles que les discriminations raciale ou autre lors d'un refus d'embauche[866].

De plus, l'idée de profit oblige à se cantonner à un critère purement objectif qui peut se révéler insuffisant dans certaines situations[867]. En effet, il faut savoir si l'infraction a été commise avec la volonté d'atteindre un certain but. Or, parfois l'avantage retiré de l'infraction par la personne morale lui aura été plus imposé par les organes ou représentants qu'il n'aura réellement été voulu par elle.

L'explication de l'expression « pour le compte » fondée sur l'idée de profit est donc insuffisante puisqu'elle se révèle, dans certains cas, incapable de permettre de savoir si la personne morale a réellement voulu l'infraction dont elle a bénéficié.

C'est pourquoi, si l'on considère que cette expression sert à caractériser l'élément moral de l'infraction, il faut essayer d'en donner une explication plus large qui soit à même de convenir pour tous les types de comportements délictueux susceptibles d'être imputés à une personne morale et notamment lorsque le profit ne sera pas le mobile type de l'infraction poursuivie[868].

B] Le sens exact de l'expression « pour le compte »

418 - La difficulté de la recherche du sens exact de l'expression « pour le compte » vient de ce que la seule explication facile est négative. En effet, il est certain qu'il ne peut pas y avoir de responsabilité pénale de la personne morale lorsqu'une personne physique a agi pour son compte personnel[869].

Si nous avons critiqué l'assimilation de l'expression « pour le compte » à la notion de profit, il n'est bien sûr pas question d'exclure totalement cette dernière de nos explications. Le but est plutôt de montrer que le sens de l'expression est plus complexe et se compose de

---

[866] Art. 225-1 C. pén. applicable aux personnes morales en vertu de l'art. 225-4 C. pén.

[867] E. FORTIS, Sur les incidences de la réforme du Code pénal sur le droit du travail, Droit Social 1993, p. 884.

[868] A. COEURET, La responsabilité en droit du travail: Continuité et rupture, Rev. sc. crim. 1992, p.475.

[869] Th. DALMASSO, *La responsabilité pénale des personnes morales*, LITEC 1996.

plusieurs éléments dont l'idée de profit, c'est-à-dire le mobile de l'infraction[870], fait partie intégrante.

En effet, la recherche du sens exact de cette expression doit permettre d'éviter des condamnations de personnes morales fondées sur la seule idée que l'infraction a été commise par un organe ou un représentant et que la personne morale en a profité alors que dans le même temps les personnes physiques sont condamnées pour abus de biens sociaux au préjudice de la personne morale[871].

C'est pourquoi, lorsque le juge pénal recherchera si l'infraction est imputable à la personne morale, c'est-à-dire réalisée « pour son compte »[872], il devra rechercher, outre la possibilité d'un profit, si les structures de la personne morale (1) ou si son organisation fonctionnelle (2) ont permis ou facilité la commission de l'infraction. Enfin, il faudra se demander si ces trois composantes de l'expression « pour le compte » sont alternatives ou cumulatives (3).

1) Les structures de la personne morale

419 - En fait, il s'agit de savoir si les structures de la personne morale ont permis ou facilité la commission des faits constituant l'infraction. Il faut entendre par structures l'ensemble des moyens découlant de la création de l'être moral et mis à la disposition de ses dirigeants pour assurer son fonctionnement. On pourrait encore simplifier les choses en disant qu'il s'agit de l'ensemble des moyens logistiques mis à la disposition des dirigeants par la personne morale.

Le juge pénal, lorsqu'il aura à se prononcer sur des poursuites à l'encontre d'une personne morale, pourra être amené à se demander si

---

[870] Pour la première fois, le droit pénal prend les mobiles en compte dans la recherche des éléments constitutifs (Th. DALMASSO, *La responsabilité pénale des personnes morales*, Petites Affiches 1993, n°138, p.10. Pour Monsieur MERCADAL l'expression « pour le compte » vise les mobiles de la personne physique auteur des faits matériels (La responsabilité pénale des personnes morales et celle des personnes physiques auteurs ou complices des mêmes faits, RJDA 1994, p.375).

[871] Pour un exemple voir T. corr. Strasbourg 9 février 1996, Petites Affiches 27 mars 1996, n°38, p.19 note Th. DALMASSO; JOLY 1996, §102, p.297 obs. J.F. BARBIERI.

[872] M.E. CARTIER, *La responsabilité pénale des personnes morales: évolution ou révolution?*, JCP E. 1994, sup. n°5, p.29.

l'infraction aurait pu être commise en l'absence de la personne morale. La question est donc de savoir si, pour commettre l'infraction, la « force sociale de l'être collectif »[873] a été utilisée par la ou les personnes physiques ayant réalisé l'élément matériel de cette infraction.

Cette « force sociale » est constituée des moyens matériels et tangibles que la personne morale met à la disposition de ses membres et de ses dirigeants. Mais, il faut aussi y inclure cette force provenant de ce que le groupe en soi permet la réalisation d'une infraction que « l'individu isolé n'aurait pas eu l'audace de concevoir »[874].

420 - On peut illustrer cette idée à l'aide d'un exemple. Prenons le cas d'un syndicat de chauffeurs routiers qui donne comme mot d'ordre à ses adhérents de bloquer les axes routiers les plus importants du pays. Il ne serait pas question de poursuivre le syndicat sur le fondement de l'entrave à la circulation[875] puisque cette infraction ne fait pas partie de celles que le législateur a entendu rendre imputables aux personnes morales.

En revanche, on pourrait soutenir qu'il y a matière à poursuivre sur le fondement de la mise en danger délibérée d'autrui[876] qui est une infraction imputable à une personne morale[877]. En effet, si la violation des règles ordinaires de stationnement ne pourrait servir de base à cette infraction, il en va autrement lorsqu'il s'agit d'un stationnement dangereux et notamment un stationnement prolongé sur une voie d'autoroute ou de route importante[878].

La possibilité d'application de l'infraction de mise en danger est d'autant plus évidente que le blocage des routes se fait à une échelle importante. Il est donc facile de remarquer que le groupement rend possible une infraction qui ne serait pas réalisable par un individu isolé.

C'est bien « la force sociale» qui permet la commission de l'infraction. De plus, l'infraction est aussi rendue possible par les moyens matériels dont dispose l'être moral. Il est indéniable que la mise

---

[873] P. FAIVRE, La responsabilité pénale des personnes morales, Rev. sc. crim. 1958, p.547 ; G. VENANDET, La responsabilité pénale des personnes morales dans l'avant-projet de Code pénal, RTD Com. 1978, p.731.

[874] P. FAIVRE, *op. cit.*, p.549.

[875] Art. R 644-2 C. pén.

[876] Art. 223-1 C. pén.

[877] Art. 223-2 C. pén.

[878] J. FRANCILLON, *Code pénal commenté Dalloz*, art.223-1.

en place du ravitaillement des grévistes ou l'envoi sur place de représentants du syndicat chargés de l'information des adhérents sont des éléments importants dans la commission de l'infraction.

C'est pourquoi, lorsque le juge pénal devra dire si l'infraction a été commise « pour le compte » de l'être moral, il devra se demander si les structures de la personne morale ont tenu un rôle logistique important dans la réalisation des actes punissables.

Mais, pour déterminer si une personne morale peut ou non être pénalement responsable, le juge devra encore examiner son organisation afin de savoir si l'infraction en question a pu être commise « pour son compte ».

2) L'organisation fonctionnelle de la personne morale

421 - Il s'agit ici d'examiner le fonctionnement au jour le jour de la personne morale, de voir comment elle est gérée. Le juge pénal devra donc rechercher de quelle façon la vie de l'être moral se déroule. En effet, ces éléments sont susceptibles de démontrer que cette gestion tend à la réalisation de l'infraction considérée.

Pour ce faire, il faudra comparer l'attitude de la personne morale à ce qui se fait habituellement dans son domaine d'activité. On devra se référer à des éléments tels que les pratiques d'approvisionnement en matières premières, la politique d'embauche ou le choix des techniques de commercialisation.

L'examen de ces différents éléments peut montrer que cette gestion pousse à la commission de certaines infractions. Pour se convaincre du bien-fondé de cette technique, il suffit de prendre un exemple en matière d'embauche de main d'oeuvre clandestine[879].

422 - L'étude de l'organisation du fonctionnement peut apporter des éléments intéressants sur le point de savoir si l'infraction a été commise « pour le compte » de la personne morale. Imaginons une entreprise de travaux publics de taille moyenne qui a pour habitude d'accepter des chantiers très importants en grand nombre et de façon simultanée. L'étude de ses marchés peut révéler que des délais stricts doivent être tenus avec des risques de pénalités de retard élevées.

---

[879] Art. L362-5 C. trav.

Si, dans le même temps on constate qu'il n'y a jamais d'embauche de salariés supplémentaires et que la comparaison avec d'autres entreprises montre que le respect des délais ou la réalisation de travaux de cette envergure est difficile voire impossible, on peut dire que l'organisation fonctionnelle de la personne morale la pousse à commettre l'infraction d'embauche de travailleurs clandestins[880].

En cas de poursuites, il pourra donc être intéressant de relever ce type d'éléments afin de montrer que l'infraction a bien été commise « pour le compte » de la société en question puisqu'elle s'explique en partie par l'organisation générale de celle-ci.

423 - Sans oublier la notion de profit espéré ou réalisé, le juge pénal devra donc aussi rechercher quelles influences ont pu avoir les structures et l'organisation fonctionnelle de la personne morale. La dernière question à examiner est donc celle de savoir si, pour pouvoir considérer l'infraction comme commise pour le compte de la personne morale, ces trois éléments doivent être réunis ou si certains d'entre eux suffisent.

3) Composantes alternatives ou cumulatives?

424 - Si l'on considère que l'expression « pour le compte » comprend les trois éléments réunis, le juge pénal devra, avant de condamner une personne morale, vérifier que celle-ci a retiré ou aurait pu retirer un profit de l'infraction mais aussi que les structures et l'organisation fonctionnelle de la personne morale ont contribué à la réalisation de l'infraction.

Or, nous avons déjà montré que pour certaines infractions, la notion de profit est inexistante, c'est le cas des infractions de discriminations[881]. Pourtant, ce type d'infractions est imputable aux personnes morales[882]. En effet, on pourrait, tout au plus, soutenir que ces délits permettent d'apporter un certain confort à la personne morale,

---

[880] Il est à noter que la plupart de ces éléments se retrouvent dans les faits de l'espèce jugée par le Tribunal correctionnel de Strasbourg le 9 février 1996 (Petites Affiches 27 mars 1996, p.19) et la Cour d'appel de Colmar le 24 janvier 1997 (inédit).

[881] Art. 225-1 et s. du C. pén.

[882] Art. 225-4 C. pén.

par exemple, en évitant d'avoir à gérer des conflits entre les salariés de races différentes. Mais, il semble impossible de parler de profit.

425 - Il faut en déduire que l'expression « pour le compte » est à contenu variable et qu'il n'est pas nécessaire que les trois composantes dégagées soient présentes ensemble pour qu'il puisse y avoir condamnation.

C'est alors le juge qui devra apprécier, à l'aide des éléments recueillis, si l'infraction a bien été commise « pour le compte » de la personne morale. On peut néanmoins avancer que les exigences seront différentes selon l'infraction considérée et donc selon la nature des éléments constitutifs.

Ainsi, lorsqu'un vol[883] sera reproché à une personne morale, le juge devra rechercher l'existence d'un profit qu'il soit réel ou seulement espéré. En dehors de l'existence d'un tel profit pour la personne morale, l'infraction ne saurait être considérée comme commise pour son compte. En ce qui concerne les deux autres composantes, il faudra s'intéresser aux faits plus en détail. Dans le cadre d'un vol de fichier clients, l'organisation fonctionnelle de la personne morale peut être utile, par exemple, en révélant une politique commerciale « agressive ».

A l'opposé, si l'on reproche un fait de discrimination à la personne morale, la nature de son organisation de fonctionnement sera plus importante que la notion de profit, difficile à caractériser. On pourrait imaginer une entreprise poursuivie pour des faits de discrimination lors de l'embauche. Le fait qu'aucune personne étrangère ne soit employée par cette entreprise pourrait constituer un élément révélateur car tendant à montrer que si des faits discriminatoires ont été commis par un organe, c'est bien « pour le compte » de la personne morale puisque conforme à son organisation habituelle.

L'expression « pour le compte » doit donc dépasser la simple notion de profit, tout en l'intégrant. Le juge devra vérifier la réalisation de cette condition en se référant à l'infraction reprochée et aux éléments dont il dispose afin de démontrer qu'en commettant l'infraction, l'organe ou le représentant n'a fait que mettre en œuvre la volonté de la personne morale.

---

[883] Art. 311-16 C. pén. applicable aux personnes morales selon l'article 311-16 C. pén.

426 - Lorsque l'on se trouve face à une infraction dont on sait qu'elle a été commise par un organe ou un représentant d'une personne morale, que l'on a établi qu'elle a été commise pour son compte, il faudra encore pour qu'il puisse y avoir condamnation de la personne morale, que l'infraction soit de celles qui sont imputables aux personnes morales.

Ce principe, dit de spécialité, posé par le législateur de 1994, veut qu'une personne morale ne peut encourir de responsabilité pénale que si l'infraction considérée prévoit expressément qu'il peut en être ainsi. Cette exigence et les conséquences qui s'y attachent ne vont pas non plus sans soulever de difficultés qu'il importe d'examiner maintenant.

Chapitre 2:

La spécialité de l'infraction reprochée

427 - Le législateur, lorsqu'il a décidé d'introduire la responsabilité pénale des personnes morales a dû faire un choix en ce qui concerne les infractions pouvant être reprochées à une personne morale. La première possibilité était de procéder de façon analogue au droit anglo-saxon[884] ou au droit belge[885], c'est-à-dire d'établir un principe général de responsabilité en laissant aux juges le soin de déterminer les infractions pouvant être commises par un être moral. Ce n'est pas cette solution qu'a retenue le législateur français.

Selon le Code pénal français de 1994, une personne morale ne peut être reconnue pénalement responsable que « dans les cas prévus par la loi et le règlement »[886]. Ce principe de spécialité signifie que la responsabilité pénale des personnes morales ne peut pas être retenue pour toutes les infractions à la loi pénale existantes pour les personnes physiques.

Cette exigence a fait dire que la réforme s'est donnée des allures de généralité qu'elle n'a pas en raison de l'existence de ce principe de spécialité[887]. D'autres auteurs, opposés au principe de la responsabilité pénale des personnes morales, déduisent du principe de spécialité que le législateur n'a pas été pleinement convaincu de la réalité des personnes morales[888].

Une partie de la doctrine soutient que ce principe de spécialité est une bonne chose tant en raison des particularités attachées aux

---

[884] Sur cette question voir J.H. ROBERT, La responsabilité pénale des personnes morales en droit anglais, Dr. pén. 1995, Chron. n°30; LOWE et Mc KIE, La responsabilité pénale des personnes morales au Royaume Uni, Petites Affiches 1993, n°120, p.81 ; Th. L'HOMME, La responsabilité pénale des personnes morales en droit anglais, RD pén. crim. 1995, p.44.

[885] Art. 5 du Code pénal belge reproduit en annexe 5.

[886] Art 121-2 al. 1 C. pén. ; Pour un exemple d'application voir Cass. crim. 18 avril 2000, Bull. n°153, p.451 ;D. 2000, I.R., p.171.

[887] C. LOMBOIS, Rapport de synthèse du colloque, Petites Affiches 1993, n°120, p.48.

[888] Ph. CONTE et P. MAISTRE DE CHAMBON, *Droit Pénal Général*, MASSON 1999, n°374.

personnes morales qu'en raison du caractère novateur de la réforme[889]. De plus, il permet d'éviter d'arriver à des situations absurdes[890].

Pour autant, à partir du moment où seulement certains textes sont applicables aux personnes morales, se pose la question du choix des infractions imputables à celles-ci (Section 1). Mais, une fois cette question résolue, il nous faudra encore mettre en évidence les difficultés de mise en œuvre du principe de spécialité c'est-à-dire de ce choix (Section 2).

Section 1:

Le problème du choix des infractions imputables aux personnes morales

428 - Les rédacteurs du Code pénal n'ont pas voulu généraliser la responsabilité pénale de peur de perdre la maîtrise du système mis en place[891]. Dès lors, le législateur[892] doit préciser pour chaque infraction si elle est ou non imputable aux personnes morales. Il y a donc lieu de voir plus précisément comment il introduit cette responsabilité nouvelle dans le droit pénal. Pour cela, il convient d'abord d'expliquer le mode d'incrimination spéciale pour les personnes morales (§1) avant de se demander quels sont les critères utilisés pour décider que telle ou telle infraction sera imputable aux êtres moraux (§2).

---

[889] J. MOULY, La responsabilité pénale des personnes morales et le droit du travail, Petites Affiches 1993, n°120, p.33.

[890] Par exemple, l'exhibition sexuelle en un lieu public qu'il serait absurde de rendre imputable aux êtres moraux : Th. DALMASSO, *Responsabilité pénale des personnes morales*, LITEC 1996.

[891] D. BOCCON-GIBOD, *La responsabilité pénale des personnes morales (Présentation théorique et pratique)*, Editions Alexandre Lacassagne.

[892] Entendu au sens large, c'est-à-dire la personne qui rédige une loi ou un règlement.

§1: La technique d'incrimination spéciale

429 - La technique la plus simple semble de préciser dans le texte d'incrimination que l'infraction est imputable aux personnes morales. C'est ce que l'on pourrait appeler l'incrimination expresse qui est celle choisie par le Code pénal de 1994 (A). Mais, on peut trouver d'autres modes d'incrimination spéciale conduisant à se demander si la responsabilité pénale des personnes morales, conformément à une jurisprudence antérieure à la réforme, ne peut pas se déduire directement des termes mêmes de la définition légale de l'infraction. Il s'agirait alors d'une incrimination plus sournoise des infractions imputables aux personnes morales (B).

A] L'incrimination expresse

430 - Le législateur introduit la responsabilité pénale des personnes morales de façon expresse en insérant dans son texte pénal un article spécial comportant une formule telle que « les personnes morales peuvent être déclarées responsables pénalement des infractions définies à l'article[...] ».

Il est intéressant de distinguer la façon dont s'opère cette incrimination expresse de la responsabilité lorsqu'il s'agit de textes anciens, c'est-à-dire déjà en vigueur antérieurement au 1er mars 1994 (1), et quand il s'agit de textes nouveaux (2).

1) Les textes anciens

431 - Depuis quelques années, et après avoir constaté le développement des règles de droit non codifiées, rendant difficile la connaissance des règles applicables, les divers gouvernements ont affiché la volonté d'un retour à la codification. Celle-ci ne va d'ailleurs pas sans poser de problèmes de réalisation et se fait très lentement[893],

---

[893] La codification en panne. *Vie Jud.* n°2672 du 29 juin 1997, p.3.

même si le mouvement semble avoir bénéficié d'une nouvelle impulsion[894].

L'un des buts avoués de la réforme du Code pénal était de regrouper, au sein du code nouveau, l'ensemble des dispositions pénales. En effet, on voulait mettre fin à « l'anarchie » qui s'est installée suite à la multiplication des règles techniques assorties de dispositions pénales[895]. Le Code pénal, selon Monsieur BADINTER, devait retrouver son unité et être accessible à tous[896].

Force est de constater l'échec de cette tentative de regroupement de l'ensemble des dispositions pénales. En effet, il subsiste de très nombreux textes non codifiés et de nouveaux textes contenant des dispositions pénales restant en dehors du code sont encore adoptés régulièrement. De plus, le fait que le Livre V du Code pénal, intitulé « des autres crimes et délits », ne contienne que quelques dispositions éparses telles que celles relatives à la bioéthique médicale et aux sévices à animaux montre bien l'échec de la tentative de regroupement de l'ensemble des textes pénaux au sein de ce code.

432 - Les raisons de cet échec sont simples à comprendre. La première explication tient au nombre de textes nouveaux qui sont adoptés chaque année. Par exemple en 1997, le Journal Officiel comprenait plus de dix neuf milles pages portant publication de plus de mille deux cents lois et mille trois cents décrets. Pour 1999, on dépasse également les deux milles textes publiés[897].

La seconde raison est qu'il est impossible de savoir combien de ces textes contiennent des dispositions pénales[898]. Le Ministère de la justice lui-même doit avouer qu'il a perdu la maîtrise du phénomène et qu'il est incapable de chiffrer précisément le nombre de textes contenant des dispositions pénales[899]. En effet, il avait été instauré une commission de l'inventaire chargée de faire le relevé des dispositions à caractère pénal,

---

[894] La loi n°99-1071 du 16 décembre 1999 autorise le gouvernement à procéder à la codification à droit constant de plusieurs matières par voie d'ordonnances ; J.O. 22 décembre 1999, p.19040. La commission de codification annonce l'achévement de 14 codes organisés à droit constant dans son rapport du 10 juillet 2001, *Les Echos*, 11 juillet 2001.

[895] J.J. DE BRESSON, Inflation des lois pénales et législations ou réglementations « techniques », Rev. sc. crim. 1985, p.241.

[896] H. LECLERCQ, *Le nouveau Code Pénal*, Editions du seuil, coll. Points.

[897] Lois et Décrets.

[898] J. FOYER, *Le dévoiement pénal*, Dr. pén. 1995, n° spécial avril 1995.

[899] J.J. DE BRESSON, *op. cit.*, p.242.

mais devant l'ampleur de la tâche, il a été mis fin à sa mission sans avoir recueilli d'informations précises[900].

Ce que l'on peut dire avec certitude aujourd'hui, c'est qu'en considérant les infractions nouvelles et celles qui sont le plus fréquemment retenues par les juridictions pénales, on atteint le chiffre de 11000 infractions[901].

433 - On comprend donc aisément qu'il est impossible pour le législateur de reprendre une à une les lois contenant des dispositions pénales et de discuter du bien-fondé de l'introduction de la responsabilité pénale des personnes morales pour chacune d'elles. La question de l'introduction de cette responsabilité pénale dans les textes anciens ne peut pas être tranchée d'un coup mais le sera seulement au fil du temps.

En effet, le législateur s'est penché sur quelques textes anciens pour y introduire la responsabilité pénale des personnes morales, dans ce qui est communément appelé la « loi d'adaptation »[902]. Mais, depuis lors, il n'y a plus eu d'actions législatives d'envergure visant à introduire la responsabilité pénale des personnes morales dans plusieurs textes anciens.

434 - La question de la possibilité d'une responsabilité pénale des personnes morales pour des incriminations comprises dans un texte antérieur à 1994 n'est donc abordée qu'à l'occasion de la modification ou de la refonte de ce texte[903]. Cela se fait donc au coup par coup et sans aucun plan d'ensemble[904].

Tout au plus peut-on espérer qu'à l'occasion de certains faits, l'absence de responsabilité des personnes morales soit mise en lumière et que soit remis en avant le « syndrome du lampiste »[905] provoquant

---

[900] F. DESPORTES et F. LE GUHENEC, *Le nouveau Droit Pénal*, n°73.

[901] F.DESPORTES et F. LE GUHENEC, *ibidem*.

[902] Loi n°92-1336 du 16 décembre 1992 relative à l'entrée en vigueur du nouveau Code pénal et à la modification de certaines dispositions de droit pénal et de procédure pénale rendues nécessaires par cette entrée en vigueur (J.O du 23 décembre 1992; ALD 1992, p.40).

[903] Par exemple :loi 97-1051 du 18 novembre 1997 d'orientation sur la pêche maritime et les cultures marines qui modifie la loi n°66-400 du 18 juin 1966 et y introduit la responsabilité pénale des personnes morales, J.O 19 novembre 1997 ; JCP 1997, III,68594 .

[904] La responsabilité pénale des personnes morales. Difficultés d'application des nouveaux textes, Revue française de comptabilité 1993, n°247, p.21.

[905] P. WALLON, La responsabilité des personnes morales, Rev. pénit. 1996, p.265.

une prise de conscience du législateur et une action ponctuelle sur le texte en question. Comme le souligne, en effet Monsieur PUECH, « on regrettera inévitablement un jour une omission »[906].

Il s'agit ici de l'une des plus graves critiques que l'on puisse adresser au principe de spécialité. Cette méthode est inévitable mais elle rend très difficile, voire impossible, la bonne connaissance de la loi par les dirigeants de personnes morales. En effet, le suivi de l'évolution de la loi afin de savoir quelles sont les différentes incriminations existantes et quelles sont celles qui sont imputables aux personnes morales est réservé à des spécialistes[907], que ne sont pas forcément les dirigeants de personnes morales.

Après avoir observé comment cette responsabilité pénale des personnes morales est introduite dans les textes anciens et les difficultés liées au principe de spécialité, il convient de voir comment elle est introduite dans les textes nouveaux et quelles sont les conséquences dudit principe de spécialité.

2) Les textes nouveaux

435 - Dorénavant, la responsabilité pénale des personnes morales étant une réalité dans le droit pénal français, le législateur doit se poser la question de son introduction à chaque fois qu'il adopte un texte nouveau contenant des dispositions pénales.

Pour Monsieur LOMBOIS, le principe de spécialité montre que le législateur a confiance en lui et qu'il estime qu'il se posera la question de l'opportunité de cette nouvelle responsabilité pour chaque texte voté[908].

A priori et en ce qui concerne les nouveaux textes, ce système semble permettre un examen systématique de l'intérêt d'introduire la responsabilité pénale des personnes morales. A ce propos Monsieur

---

[906] M. PUECH, *Droit Pénal Général*, LITEC 1988.

[907] J.Y. GANNAC, La présomption de connaissance de la loi et les nouvelles technologies, *Vie Jud.* n°2553.

[908] C. LOMBOIS, Rapport de synthèse du colloque. Petites Affiches 1993, n°120, p.48.

COUVRAT relève que « le tri [...] a été fait scrupuleusement dans le nouveau Code pénal [...]»[909].

Pourtant, il est déjà possible de relever des situations étonnantes dans les textes adoptés depuis l'entrée en vigueur du Code pénal de 1994. Ainsi on peut prendre l'exemple d'un décret relatif à la protection des animaux au moment de leur abattage ou de leur mise à mort[910]. Ce décret ne prévoit pas la responsabilité pénale des personnes morales. Pour la majorité des dispositions, cela se comprend aisément, par exemple le fait de procéder à des abattages rituels sans avoir obtenu d'habilitation[911] ne peut pas être imputé à une personne morale encore qu'il soit possible d'imaginer que ces abattages aient lieu sous l'impulsion d'une association, par exemple, religieuse.

En revanche, le même décret prévoit que constitue une infraction le fait de « mettre à disposition des locaux, terrains, installations, matériels ou équipements en vue d'effectuer ou de faire effectuer un abattage rituel en dehors d'un abattoir »[912]. Or, si les moyens mis à disposition sont la propriété d'une personne morale, on aurait pu envisager sa mise en cause[913]. Dans une telle hypothèse, c'est une personne physique qui sera poursuivie même si l'infraction a été commise pour le compte de l'être moral.

436 - Au moins, ce genre de texte permet de se rassurer quant au risque de voir la responsabilité pénale des personnes morales devenir une clause de style[914]. En effet, on pouvait craindre que le législateur introduise de façon systématique cette responsabilité laissant les magistrats faire le tri plutôt que de s'interroger à chaque fois pour apprécier si un être moral peut commettre telle ou telle infraction. Cela aurait été absurde puisque le législateur n'a pas voulu édicter un principe de responsabilité générale pour garder une certaine maîtrise.

---

909 P. COUVRAT, Quelques aspects de l'actualité en droit pénal des affaires, Petites Affiches du 20 décembre 1995, n°152, p.37.

910 Décret n° 97-903 du 1er octobre 1997 relatif à la protection des animaux au moment de leur abattage ou de leur mise à mort : J.O du 4 octobre 1997; JCP 1997, III, 68558.

911 Art. 21 10°) du Décret préc.

912 Art. 21 7°) du Décret préc..

913 En supposant respectées les conditions posées par l'article 121-2 C. pén.

914 Cette crainte avait été notamment exprimée par le C.N.P.F dans sa brochure intitulée *La responsabilité pénale des personnes morales (ce qui va changer à compter du 1er mars 1994)*, éditée en 1994.

A l'inverse, le principe de spécialité peut faire craindre que la responsabilité pénale des personnes morales soit introduite dans le droit français de façon arbitraire[915], au coup par coup et sans aucune vision d'ensemble[916]. On retrouve ici une critique déjà évoquée en ce qui concerne les textes anciens[917].

Cette crainte est encore renforcée par l'intervention de groupes de pression[918] dont les objectifs sont opposés. On peut, par exemple, imaginer que les associations de consommateurs fassent pression sur le législateur pour que la responsabilité pénale des personnes morales soit retenue dans certains domaines afin de faciliter l'indemnisation des victimes. Et bien entendu, les représentants des professionnels voudraient que cette même responsabilité soit écartée afin de préserver les intérêts des entreprises.

437 - Outre les éléments qui viennent d'être évoqués, le principe de spécialité est un facteur d'alourdissement de notre droit pénal[919]. En effet, il oblige à prévoir la responsabilité pénale des personnes morales dans un article distinct.

La meilleure preuve de cet alourdissement nous est fournie par l'étude de la partie législative du Code pénal. Elle contenait, au 1er mars 1994, 188 infractions imputables aux personnes morales et c'étaient 28 articles spéciaux qui renvoyaient à ces différentes infractions[920]. Les articles introduisant la responsabilité des êtres moraux viennent bien augmenter la masse des textes pénaux.

438 - De plus, le principe de spécialité est aussi un facteur de complication du droit pénal puisqu'il oblige à dresser une liste particulière des infractions imputables aux personnes morales, ce qui peut être source de confusion ou d'erreur de la part des dirigeants de personne morale.

---

[915] J.H. ROBERT, *Droit pénal général*, PUF 4ème éd. 1999, p.366.

[916] Ce qui peut provoquer des situations absurdes comme le montre monsieur D. GUIHAL dans sa note sous T.G.I Chaumont 17 mai 1994, D.1995, jur., 191.

[917] *Cf supra* p.297.

[918] M. BAYLE L'incidence de la réforme en droit de l'environnement, Petites Affiches 1993, n°120, p.40.

[919] J.H. ROBERT, *Droit Pénal Général*, Thémis droit, PUF, 3ème éd. 1992.

[920] On obtient des résultats similaires en ce qui concerne la partie réglementaire.

Il faut en prendre pour preuve que les parlementaires eux-mêmes se perdent dans la distinction entre les infractions imputables ou non aux êtres moraux. C'est ainsi que l'on a pu voir une question d'un parlementaire au gouvernement visant à savoir si l'abus de biens sociaux est ou non imputable aux personnes morales[921].

L'établissement de cette liste des infractions imputables aux personnes morales est encore compliqué par les mouvements de va-et-vient rendant d'abord une infraction imputable pour ensuite revenir en arrière très rapidement. C'est notamment ce qui s'est passé avec l'Ordonnance du 1er décembre 1986 relative à la concurrence. En effet, la loi d'adaptation[922] y avait intégré un article 17-1 prévoyant la responsabilité pénale des personnes morales en matière d'ententes et d'abus de domination économique. Mais, ce texte fut abrogé[923] avant même d'entrer en vigueur[924].

Après avoir vu de quelle façon le législateur introduit expressément la responsabilité pénale des personnes morales conformément à l'article 121-2 du Code pénal, il faut se demander s'il n'existe pas d'autres moyens de prévoir la responsabilité pénale d'un être moral.

B] Les autres modes d'incrimination

439 - Monsieur BAYLE dit qu'à côté du champ d'application de la responsabilité pénale des personnes morales tel qu'il est actuellement défini, il reste « un potentiel considérable d'interventions futures »[925]. Il fait allusion à l'ensemble des domaines où cette responsabilité aurait sa place mais dans lesquels elle n'est pas encore introduite.

Pour certains auteurs, il est possible de pallier ces « oublis » du législateur en ayant recours aux textes généraux qui retiennent cette

---

[921] J.O. Sénat, Q. n°4, 26 janvier 1995, p.205; Bull. Joly 1995, p.253, §79.

[922] Loi n°92-1336 du 16 décembre 1992.

[923] Loi n°94-88 du 1er février 1994.

[924] F. DEKEUWER-DEFOSSEZ, La responsabilité pénale des personnes morales à la lumière éphémère de l'ordonnance du 1er décembre 1986 relative à la concurrence, JCP 1994, éd. E, I, 356.

[925] M. BAYLE, L'incidence de la réforme en droit de l'environnement, Petites Affiches 1993, n°120, p.40.

responsabilité[926]. Mais, outre cette solution, on peut remarquer qu'il existait une jurisprudence qui condamnait les personnes morales en raison d'une qualité visée par le texte incriminateur et aussi quelques textes isolés prévoyant une responsabilité pénale des personnes morales (1). L'avènement du Code pénal de 1994 et du principe posé par son article 121-2 nous oblige à nous interroger sur le devenir de ces formes de responsabilité pénale des personnes morales (2).

1) Leur existence

440 - L'innovation de l'introduction de la responsabilité pénale des personnes morales date du Code pénal de 1994, mais il existait une jurisprudence antérieure (a) et certains textes antérieurs (b) favorables à cette responsabilité et dont il demeure aujourd'hui intéressant d'étudier la technique.

a) La jurisprudence antérieure à 1994

441 - Sous l'empire du Code pénal de 1810, l'individualisme est omniprésent et il n'est pas question de responsabilité pénale des personnes morales[927]. Néanmoins, on a pu assister au développement d'un courant jurisprudentiel qui condamnait des êtres moraux notamment pour des infractions matérielles. C'est sur cette jurisprudence qui contrastait avec le principe très net selon lequel une peine ne peut pas être « prononcée contre un être moral, lequel ne peut encourir qu'une responsabilité civile »[928] que nous reviendrons ici.

Dans la plupart des cas, la jurisprudence adoptait ce type de solutions afin d'éviter que la répression ne soit paralysée. En effet, si la personne morale n'était pas condamnée, il n'y avait pas moyen de condamner une personne physique et l'infraction restait impunie.

---

[926] Par exemple C. DUCOULOUX-FAVARD, Demain les personnes morales responsables pénalement, Petites Affiches 1993, n°42, p.7.

[927] J. PRADEL, *Traité de droit pénal*, CUJAS, 12ème éd. 1999, n°575.

[928] Cass. crim. 8 mars 1883, S.1885, I, 470. Cass. crim. 2 décembre 1905, S. 1908, I, 558 ; Cass. crim. 2 décembre 1980 ; Bull. n°326.

442 - Une première illustration peut être trouvée avec la sanction dite de la fermeture d'établissement. La jurisprudence déclarait que la peine de fermeture d'établissement s'applique «à l'entreprise trouvée en délit, alors même que la responsabilité pénale du propriétaire ne serait pas retenue »[929]. Pour expliquer cette jurisprudence, on a fait remarquer que la fermeture d'établissement « est moins une peine qu'une mesure de sûreté, qu'on doit alors très normalement soustraire au principe de personnalité »[930].

Le débat sur la nature de la fermeture d'établissement n'a pas lieu d'être car la Chambre criminelle de la Cour de cassation a également validé des condamnations de personnes morales à des amendes qui sont de véritables peines.

Tel fut le cas pour des infractions dont le texte incriminateur visait une qualité pouvant appartenir à une personne morale, infractions du reste matérielles indépendantes de toute intention à prouver. C'est ainsi qu'une personne morale a pu être condamnée à une amende pour violation de la législation sur la détention et la circulation des boissons. L'arrêt relève que le texte incriminateur[931] « a institué à la charge des propriétaires une responsabilité pénale [...] et qu'il ne distingue pas selon que le propriétaire est une personne réelle ou une société »[932].

443 - C'est sur les mêmes constatations que se fonde la Chambre criminelle pour condamner une commune qui avait enfreint les règles relatives à la création de servitudes de visibilité sur les voies publiques[933].

Cette dernière espèce montre bien la nécessité de condamner la personne morale car la Chambre criminelle approuve la relaxe du maire et dit que seule la commune qui était propriétaire pouvait être condamnée. Si la condamnation de la personne morale n'était pas possible, le droit pénal aurait été paralysé.

---

[929] Cass. crim. 7 mars 1918, D. 1921, I, 217 note M. NAST ; Cass. crim. 20 janvier 1960, JCP 1960, II, 11774 R. LEGEAIS.

[930] R. LEGEAIS sous Cass. crim. 20 janvier 1960 préc.

[931] Art. 35 du décret du 1er germinal an 13.

[932] Cass. crim. 18 février 1927, S. 1928, I, 291. J. PRADEL et A. VARINARD, *Les grands arrêts du droit criminel*, tome 1, Dalloz, 2ème éd. 1997, n°38, p.469.

[933] Cass. crim. 6 mars 1958, D.1958, p.465.

Outre ces artifices utilisés par la jurisprudence pour condamner des personnes morales lorsqu'elles sont les seules à pouvoir l'être, on peut relever dans le droit pénal antérieur à 1994, des textes qui visent expressément les personnes morales et qui comportent des sanctions pénales. Ces textes instaurent donc une responsabilité pénale des personnes morales.

b) Les textes antérieurs à 1994

444 - Il ne s'agit pas ici des cas de responsabilité pénale indirecte[934] qui font que l'amende prononcée contre une personne physique peut être mise à la charge d'une personne morale[935], mais bien de cas de responsabilité pénale directe d'une personne morale. Nous en présenterons deux exemples. Le premier est tiré du Code de la famille et de l'aide sociale et l'autre de la loi relative aux agents immobiliers.

445 - En premier lieu, il importe de citer l'article 100-2 du Code de la famille et de l'aide sociale qui n'est pas très bien connu mais qui s'avère particulièrement remarquable juridiquement.

Vu qu'il existe une délinquance des courtiers en adoption, le Code de la famille et de l'aide sociale prévoit des sanctions pénales en cas de non respect des règles qu'il établit[936]. C'est à la lecture des dispositions relatives à l'obligation d'obtenir une autorisation pour ce type d'activité qu'apparaît un cas de responsabilité pénale des personnes morales.

En effet, le texte précise que « toute personne physique et toute personne morale de droit privé qui sert d'intermédiaire pour l'adoption ou le placement en vue de d'adoption de mineurs de quinze ans doit avoir obtenu une autorisation préalable [...] »[937].

L'article suivant prévoit que « quiconque se livre aux activités définies à l'article ci-dessus sans y avoir été autorisé est puni des peines

---

[934] J. PRADEL, *Traité de droit pénal*, préc n°575.

[935] Par exemple art. 36 de la loi du 9 décembre 1906 sur la séparation des églises et de l'Etat, art. L263-2-1 C. trav., Art. L 21 C. route, pour ne citer que les plus connus.

[936] A. PROTHAIS, Les paradoxes de la pénalisation- Enquête en matière d'assistance médicale à la procréation et d'adoption, JCP 1997, I, 4055.

[937] Art. 100-1 C. fam.

prévues à l'article 99 du présent code »[938]. Ces peines sont un emprisonnement dont le maximum est de trois mois et/ou une amende ne pouvant pas excéder 20 000 francs.

Or, l'autorisation étant requise pour les personnes morales et les dispositions pénales visant « quiconque »[939] a commis les faits, il y a bien, comme le souligne Monsieur PROTHAIS, une responsabilité pénale des personnes morales et, celle-ci existait avant l'avènement du Code pénal de 1994[940].

446 - Le second exemple est encore plus explicite. On le trouve dans la loi de 1970 relative à l'activité d'agent immobilier. L'article premier de ce texte[941] précise expressément que « Les dispositions de la présente loi s'appliquent aux personnes physiques ou morales [...] ». Or, le même texte prévoit, dans son article 16, que « toute personne qui, d'une manière habituelle, se livre ou prête son concours, même à titre accessoire, à des opérations visées à l'article 1er sans être titulaire de la carte instituée par l'article 3 »[942] encourt une amende de 30 000 Francs.

Il est donc évident qu'une personne morale qui se livrerait à des activités de vente de biens immobiliers ou de fonds de commerce sans être titulaire de la carte serait passible de l'amende et donc serait pénalement responsable. Il faut encore ajouter que les articles 17 et 18 de ce texte énoncent d'autres infractions qui, en vertu du même raisonnement[943], sont, elles aussi, imputables à une personne morale.

447 - On s'aperçoit donc que la jurisprudence et le législateur lui-même avaient créé un embryon de responsabilité pénale des personnes morales avant même l'adoption du Code pénal de 1994. La question qui

---

938 Art. 100-2 C.fam.

939 « Quiconque » est défini par le dictionnaire Larousse comme « Toute personne qui, n'importe qui ».

940 A. PROTHAIS, op. cit., n°11.

941 Loi n°70-9 du 2 janvier 1970 réglementant les conditions d'exercice des activités relatives à certaines opérations portant sur les immeubles et les fonds de commerce.

942 L'article 3 précise que cette carte doit être obtenue par toute personne physique ou morale qui effectue ce genre d'activité.

943 Qui semble encore plus justifié si, comme certains, l'on soutient que lorsque le législateur vise « toute personne » c'est pour englober les personnes morales (V. M. REYDELET, Les délits d'aide à l'étranger en situation irrégulière, D.1998, chron., p.149.

se pose maintenant à nous est de savoir quel sera le devenir de cette jurisprudence et de ces textes[944].

2) Leur devenir

448 - A priori, on peut se demander si cette question mérite l'attention. En effet, les décisions du type de celles visées plus haut restaient des exceptions et étaient en faible nombre. En ce qui concerne les deux textes instaurant une responsabilité pénale des personnes morales, force est de reconnaître qu'ils n'ont jamais été à la base de poursuites contre des personnes morales.

Pourtant, cette question revêt en réalité une grande importance. D'abord, elle peut s'avérer utile dans la démonstration de la complication engendrée par le principe de spécialité. En effet, la question se pose car ces textes n'ont pas été modifiés pour être imputables aux personnes morales en vertu de l'article 121-2 du Code pénal. Ensuite, elle permet de poser le délicat problème de l'existence possible de plusieurs types de responsabilité pénale des personnes morales. Enfin, on est obligé de se demander si les juges ne seront pas tentés de se tourner vers ce type de technique lorsque l'article 121-2 du Code pénal ne sera pas applicable[945].

449 - En ce qui concerne la jurisprudence, la situation semble relativement simple. Le juge pénal avait adopté cette technique pour pallier l'absence de responsabilité pénale des personnes morales. Depuis l'adoption du Code pénal de 1994, elle ne devrait plus être utile.

Pourtant, on l'a vu, elle pourrait permettre de combler certaines lacunes dues au principe de spécialité. Mais, la survivance de cette jurisprudence semble peu probable. En effet, le Code pénal dispose que pour qu'il y ait responsabilité pénale des personnes morales, il faut que

---

[944] Il faut signaler que ces textes n'ont subi aucune modification depuis l'entrée en vigueur du Code pénal.

[945] Par exemple une association qui interviendrait comme intermédiaire dans des processus d'adoption sans avoir l'agrément requis. La responsabilité pénale des personnes morales, telle que visée à l'article 121-2 C. pén., n'est pas applicable. Le juge pourrait être tenté d'appliquer le texte de l'art. 100-2 C. fam. pour condamner l'association.

le texte incriminateur le prévoit « expressément »[946]. Or, si un texte vise simplement la qualité de propriétaire ou d'employeur, il devient impossible de soutenir qu'il prévoit la responsabilité pénale des personnes morales ayant cette qualité[947]. La Cour de cassation s'est d'ailleurs prononcé en faveur de cette solution et refuse de condamner une personne morale sur le fondement d'un texte visant « toute personne », « quiconque » ou une qualité telle que « l'employeur » ou « le propriétaire »[948].

Si d'ailleurs cette jurisprudence était reprise, elle serait tout à fait contra legem. On peut donc affirmer que l'adoption du principe de responsabilité pénale des êtres moraux met fin à cette jurisprudence.

450 - En revanche, la situation paraît plus complexe en ce qui concerne les textes qui permettaient de condamner pénalement des personnes morales et plus spécialement les textes évoqués plus haut[949].

Si ces textes visent les personnes morales et que, dans le même temps, ils édictent des sanctions pénales, on peut soutenir qu'ils prévoient expressément la responsabilité pénale des êtres moraux. D'autant que ces textes n'ayant été ni abrogés ni modifiés, ils restent applicables.

Il n'est pas possible de soutenir que l'adoption de l'article 121-2 du Code pénal a mis fin à ces cas isolés de responsabilité pénale des personnes morales. On se retrouve face à deux formes de responsabilité pénale des personnes morales qui sont juxtaposées et qui n'obéissent pas aux même règles.

451 - Cette dualité ne nous semble pas être en harmonie avec les grands principes qui gouvernent le droit pénal, en particulier le principe de légalité criminelle. En effet, selon l'infraction commise, la personne morale poursuivie ne bénéficiera pas des mêmes garanties et sa responsabilité pénale ne répondra pas aux mêmes règles.

---

[946] Art. 121-2 C. pén.

[947] Surtout quand ce texte est antérieur à la réforme (*contra* Th. DALMASSO, *Responsabilité pénale des personnes morales*, LITEC, spéc. p.13.

[948] Cass. crim. 18 avril 2000, Bull. n°153, p.451.

[949] Art. 100-2 C. fam. et loi n°70-9 du 2 janvier 1970 réglementant les conditions d'exercice des activités relatives à certaines opérations portant sur les immeubles et les fonds de commerce

Il en va ainsi, par exemple, en ce qui concerne les personnes physiques susceptibles d'engager cette responsabilité pénale. En cas de poursuites sur le fondement de l'article 121-2 du Code pénal, on sait que les faits doivent avoir été commis par les organes ou les représentants, ce qui écarte toute possibilité de poursuites pour des faits commis par un simple salarié. A l'opposé, en cas de poursuites fondées sur des textes particuliers antérieurs à la réforme, il n'y a aucune précision textuelle relative à cette question et on pourrait alors imaginer que des actes commis par un salarié puissent entraîner la condamnation de la personne morale.

452 - Pour conclure sur cette question de l'existence d'autres formes de responsabilité pénale des personnes morales, il faut rappeler que ces difficultés sont uniquement dues au principe de spécialité. En effet, si la responsabilité pénale des personnes morales constituait un principe général, toutes les infractions seraient soumises au même régime et les textes en question seraient applicables selon les règles mises en place par la réforme du Code pénal, ce qui préserverait l'unité juridique.

La seule solution envisageable est une modification législative. Cette modification pourrait être radicale et faire de la responsabilité pénale des personnes morales un principe général applicable à toutes les infractions. Plus modestement, il est fortement souhaitable que le législateur revienne sur ces textes qui posent problème afin de les modifier, par exemple en les soumettant au régime de l'article 121-2 du Code pénal.

Le principe de spécialité a pour but de permettre au législateur de garder la maîtrise des infractions qui peuvent être imputées aux personnes morales. Il peut donc se révéler intéressant de voir s'il existe des critères pour que le législateur décide si une infraction doit ou non être imputable aux personnes morales.

§2: Les critères du choix d'incrimination

453 - Lorsque l'on s'intéresse de plus près aux diverses infractions qui sont imputables aux personnes morales on s'aperçoit qu'il y a, pour l'instant, bien des incohérences (A). C'est pourquoi, il faut se demander s'il est possible de dégager des critères satisfaisants permettant au

législateur d'apprécier si une infraction doit ou non être imputable aux personnes morales (B).

A] Les incohérences actuelles

454 - " Le tri [...] a été fait scrupuleusement dans le nouveau Code pénal "[950] afin de déterminer les infractions qui sont imputables aux personnes morales. Pourtant, une lecture attentive du code permet d'y déceler certaines incohérences (1).

En ce qui concerne les textes non codifiés, les incohérences sont encore plus nombreuses et plus flagrantes, sans doute parce que le législateur a opéré ses choix de façon totalement désordonnée[951] (2).

1) Dans le Code pénal

455 - Les incohérences que l'on peut relever dans le Code pénal lui-même sont de trois ordres. En premier lieu, la répartition des infractions imputables aux personnes morales n'est pas exempte de reproches (a). En deuxième lieu, des incohérences apparaissent lorsque l'on met en relation différentes infractions contenues dans le Code (b). En troisième et dernier lieu, on s'aperçoit que la responsabilité pénale des personnes morales a été écartée dans des domaines où son utilité ne fait pas de doute (c).

a) La répartition des infractions imputables aux personnes morales

456 - Si, aucun des livres du Code pénal n'écarte a priori, la responsabilité pénale des personnes morales, certains lui font une place plus importante que d'autres. C'est ainsi que le livre III, consacré aux

---

[950] P. COUVRAT, Quelques aspects de l'actualité en droit pénal des affaires, Petites Affiches du 20 décembre 1995, p.37.
[951] P. COUVRAT, *op. cit.*

atteintes aux biens, fait « une large place à la responsabilité pénale des personnes morales »[952]. En effet, près de 90% des infractions définies dans ce livre III sont imputables aux personnes morales[953]. A l'opposé, dans le livre II, consacré aux atteintes aux personnes, le pourcentage d'infractions imputables aux êtres moraux n'était que de 36%[954] au 1er mars 1994.

Pour justifier cette différence, on a pu dire qu'il est difficile d'imputer une infraction supposant une violation particulière à une personne morale et que cela explique que les atteintes à la vie et à l'intégrité physique ne retiennent pas la responsabilité pénale des personnes morales[955].

Cette analyse ne paraît pas convaincante puisque certaines infractions, comme le vol[956], nécessitant une volonté très précise sont imputables aux personnes morales depuis l'entrée en vigueur du Code pénal. Certaines dispositions de la loi du 12 juin 2001[957] sur les mouvements sectaires renforcent encore cette idée en rendant imputables aux personnes morales des infractions telles que le meurtre, l'assassinat, l'empoisonnement, le viol, les agressions sexuelles. Dès lors, on comprend d'autant plus difficilement pourquoi une personne morale peut se rendre coupable d'un meurtre ou d'un viol et que dans le même temps, le délit d'exhibition sexuelle ne peut pas lui être imputé.

Il y a donc bien une incohérence dans la répartition des infractions qui peuvent entraîner la condamnation d'une personne morale. A cette incohérence s'ajoute une autre lorsque les poursuites nécessitent l'utilisation de plusieurs incriminations.

---

[952] E. PLOUVIER, Les entreprises et le nouveau Code pénal, *Le Monde* 12 janvier 1993, p.32.

[953] Sur 52 infractions définies 46 sont imputables aux personnes morales.

[954] Sur 115 infractions, seulement 41 sont imputables aux personnes morales.

[955] J.F. BARBIERI, L'incidence de la réforme du Code pénal sur la gestion des personnes morales, Petites Affiches 6 octobre 1993, n°120, p.22, n°20.

[956] Art. 311-1 du C. pén. applicable aux personnes morales selon l'art. 311-16.

[957] Loi n°2001-504 du 12 juin 2001 tendant à renforcer la prévention et la répression des mouvements sectaires portant atteinte aux droits de l'homme et aux libertés fondamentales, J.O. 13 juin 2001, p.9337. Sur ce texte V. A. DORSNER-DOLIVET, JCP G., 2001, act., p.2181.

b) La combinaison de certains textes

457 - L'exemple type est celui de l'atteinte involontaire à l'intégrité physique[958]. Cette infraction s'appuie parfois sur un « manquement à une obligation de sécurité ou de prudence imposée par la loi ou le règlement » qui en représente l'élément moral.

Or, il est possible et même fréquent que ce manquement à la prescription légale ou réglementaire ne soit pas imputable aux personnes morales. C'est notamment le cas lorsque ce manquement est constitué par un non respect des règles d'hygiène et de sécurité du travail[959].

Un second exemple pouvait être tiré de l'infraction de terrorisme. Une personne morale pouvait être condamnée pour des atteintes volontaires à la vie lorsqu'elles étaient en relation avec une entreprise terroriste[960] alors que des faits semblables ne pouvaient pas entraîner la responsabilité pénale d'une personne morale lorsqu'ils n'entraient pas dans le cadre d'une action terroriste. La loi du 12 juin 2001 a mis fin à cet état de fait en rendant les atteintes volontaires à la vie imputables aux personnes morales[961].

458 - De même, il semble curieux qu'une personne morale puisse être reconnue coupable du recel[962] d'une infraction qui n'est pas imputable aux personnes morales. Pourtant, cette solution ne fait pas de doute puisque le recel n'est pas fondé sur l'emprunt de criminalité d'un autre infracteur mais constitue une infraction autonome qui exige seulement qu'existe une infraction connexe punissable.

On peut enfin signaler, dans le même ordre d'idées, que la confrontation entre différents textes du Code, pose aussi problème en ce qui concerne la complicité. Une personne morale peut-elle être complice de toute infraction ou seulement des infractions imputables aux personnes morales ?[963]. En effet, on peut concevoir assez facilement qu'une personne morale ne puisse pas se voir imputer certaines

---

[958] Art. 222-19 C. pén. applicable aux personnes morales en vertu de l'article 222-21 C. pén.

[959] Art. L.263-2 C. trav. Pour un exemple V. T. corr. Paris, 31ème Ch., 3 novembre 1995, Droit Social 1996, p.157 note A. COEURET.

[960] Art. 421-1 et s. du C. pén. applicable aux personnes morales selon l'art. 422-5 C.pén.

[961] Loi du 12 juin 2001 préc.

[962] Art. 321-1 du C. pén.

[963] *infra* p.364.

infractions, telles que le harcèlement sexuel[964] ou l'exhibition sexuelle[965]. Mais, on peut parfaitement imaginer qu'un être moral en soit complice en incitant à ou en facilitant sa commission. Pour ce type d'infractions, il peut arriver que l'auteur principal soit incité, voire aidé par un groupement souhaitant promouvoir ce type de comportements.

c) Les « oublis » du législateur

459 - Il n'est bien sûr pas question de dresser la liste des infractions qui auraient mérité d'admettre la responsabilité pénale des personnes morales mais plutôt de démontrer la pertinence de l'argument critique en recourant à un exemple significatif.

La séquestration[966] ne fait pas partie des infractions qui peuvent être retenues à l'encontre des personnes morales. Or, ces infractions " sont souvent l'expression collective et anonyme de la contestation politique, corporatiste, écologique... "[967] et il serait intéressant qu'elles soient imputables aux personnes morales qui bénéficient d'une véritable immunité dans ces domaines.

En tout cas et malgré le « replâtrage » opéré par la loi sur les sectes[968], les incohérences dues au principe de spécialité existent bel et bien dans le Code pénal lui-même, mais c'est encore plus flagrant lorsque l'on s'intéresse au choix des infractions imputables aux personnes morales dans les textes pénaux non codifiés.

2) Dans les textes non codifiés

460 - Il serait bien entendu impossible de vouloir faire un état complet de toutes les incohérences ou bizarreries engendrées par le principe de spécialité dans les textes non codifiés. Nous nous

---

[964] Art. 222-332 C. pén.
[965] Art. 222-33 C. pén.
[966] Art. 224-1 C. pén.
[967] C. LOMBOIS Rapport de synthèse du colloque, Petites Affiches 6 octobre 1993, p.48.
[968] Loi du 12 juin 2001 préc.

contenterons donc de mettre en lumière quelques-uns des nombreux exemples. Ils seront choisis à la fois dans des textes postérieures à la réforme du Code (a) et dans des dispositions dont l'origine est antérieure à la reconnaissance de la responsabilité pénale des personnes morales (b).

a) Les textes postérieurs à la réforme

461 - Nous prendrons trois exemples de textes adoptés après l'adoption de la responsabilité pénale des personnes morales et qui ne la retiennent pas alors que son utilité se démontre facilement. Le premier texte est un décret de 1997 visant à la protection des animaux lors de leur abattage[969] à propos duquel nous avons déjà déploré l'impossibilité de retenir la responsabilité pénale des personnes morales[970]. En effet, ce texte prévoit des infractions qu'il serait aisé d'imputer à un être moral et se situe dans un domaine d'activité où les personnes morales ont une grande influence[971].

Le deuxième texte choisi est relatif à la réglementation des relations financières avec l'étranger[972]. Il prévoit des amendes en cas de non-respect des obligations posées mais ne retient pas la responsabilité pénale des personnes morales.

On peut regretter cette absence car il semble évident qu'il s'agit d'un domaine où les acteurs principaux sont des personnes morales. De plus, ce texte ne prévoit que des amendes, le choix des peines à appliquer aux personnes morales n'aurait donc posé aucun problème.

Enfin, cette absence de responsabilité pénale des êtres moraux est ici d'autant plus étonnante qu'il s'agit d'un des domaines pris en exemple

---

[969] Décret n°97-903 du 1er octobre 1997 relatif à la protection des animaux au moment de leur abattage ou de leur mise à mort (J.O. 4 octobre 1997 ; JCP 1997, III, 68558).

[970] *Supra* p.299.

[971] L'abattage rituel effectué en violation des règles édictées par le Décret pourrait être réalisé sous l'impulsion ou « pour le compte » d'une association religieuse.

[972] Décret n°96-117 du 14 février 1996 modifiant le décret n°89-938 du 29 décembre 1989 réglementant les relations financières avec l'étranger (J.O. 15 février 1996 ; JCP 1996, III, 67851).

par l'exposé des motifs du Code pénal pour montrer la nécessité de mettre fin à une immunité parfois choquante[973].

Le troisième exemple est relatif à la sécurité de certains équipements sportifs. A la suite d'accidents dus à la chute de cages de but, provoquant pour les utilisateurs la mort ou de graves blessures[974], des mesures de sécurité relatives à ces équipements furent imposées par un décret[975].

Ce décret prévoit des sanctions pénales pour ceux qui fabriquent, importent ou détiennent en vue de la vente des produits non conformes, mais aussi pour ceux qui mettent en vente ces produits, et enfin pour ceux qui mettent à la disposition du public des équipements ne répondant pas aux normes fixées par le décret.

Une fois encore la responsabilité pénale des personnes morales est écartée. Or, les infractions visées ici n'ont-elles pas vocation à être imputées à des êtres moraux ? La société fabricante, la société qui distribue les produits mais aussi les associations sportives ou les communes...

Cette absence de responsabilité pénale est d'autant plus critiquable qu'en cas d'accident, les personnes morales pourront être poursuivies pour homicide ou coups et blessures involontaires sur la base de la violation du décret. En la matière, comme dans d'autres[976], on a délaissé la possibilité de faire de la prévention grâce à cette nouvelle responsabilité en préférant la mettre en jeu uniquement lors de la réalisation des dommages les plus graves.

On retrouve également des sources d'étonnement lorsque l'on s'intéresse à certains textes antérieurs à la réforme.

---

[973] Exposé des motifs du projet de loi portant réforme du Code pénal de 1986.

[974] Pour un exemple : Accident survenu à Abscon jugé par le tribunal correctionnel de Valenciennes le 10 avril 1995 (Nord Eclair mardi 11 avril 1995, p.3).

[975] Décret n°96-495 du 4 juin 1996 fixant les exigences de sécurité auxquelles doivent répondre les cages de but de football, de handball, de hockey sur gazon et en salle et les buts de basket-ball. J.O. 8 juin 1996 ; JCP 1996, III, 68008.

[976] Notamment l'hygiène et la sécurité du travail.

b) Les textes antérieurs à la réforme

462 - On pourrait une fois encore prendre de multiples exemples de textes précis qui sont antérieurs à la réforme et démontrer qu'il est regrettable que le législateur n'ait pas cru bon de les modifier pour y intégrer la responsabilité pénale des personnes morales[977].

Au lieu de cela, nous allons découvrir qu'il s'agit en réalité de vastes domaines qui restent étanches à la responsabilité pénale des personnes morales alors même que la plupart de ces matières étaient visées expressément dans l'exposé des motifs du projet de loi à l'origine du Code pénal actuel.

Le premier de ces domaines est le droit social. L'exposé des motifs précisait que « l'immunité actuelle des personnes morales est d'autant plus choquante qu'elles sont souvent, par l'ampleur des moyens dont elles disposent, à l'origine d'atteintes graves [...] à la législation sociale »[978].

Malgré cela, la responsabilité pénale des personnes morales ne tient qu'une place très limitée dans le Code du travail. En effet, des infractions telles que le non respect des règles d'hygiène et de sécurité du travail ou le prêt de main d'œuvre ne sont pas imputables aux personnes morales. Pourtant, l'intérêt en aurait pu être important[979].

Ainsi, pour le délit d'entrave au fonctionnement des institutions de représentation du personnel[980], dans la plupart des cas le dirigeant agit pour le compte de la personne morale et donc il serait plus juste et plus logique de condamner cette dernière plutôt que le dirigeant, pris ès qualités, qui peut être personnellement étranger à l'infraction.

L'une des difficultés avec le droit social est que les textes visent des personnes très différentes pouvant tantôt être une personne morale

---

[977] Un de ces exemples aurait pu être l'article L162-15 du C. sant. pub. qui réprime l'entrave à l'interruption volontaire de grossesse et qui ne prévoit pas cette responsabilité. Or, celle-ci pourrait se révéler utile, si ce n'était accroître la répression dans un domaine déjà particulièrement sensible car souvent cette infraction est commise par des « représentants » de personnes morales. Même la récente réforme de la matière (Loi n°2001-588 du 4 juillet 2001, J.O. 7 juillet 2001 ; JCP 2001, IV, 20528) n'a pas introduit cette responsabilité des personnes morales en cas d'entrave à l'interruption volontaire de grossesse.

[978] Exposé des motifs du projet de loi portant réforme du Code pénal de 1986.

[979] F. FRANCHI, A quoi peut bien servir la responsabilité pénale des personnes morales ?, Rev. sc. crim. 1996, p.277.

[980] Art. L.483-1 du C. trav. pour le comité d'entreprise, L. 483-1-1 du même code pour le comité de groupe.

(employeur…) et tantôt ne pouvant être qu'une personne physique (le chef d'entreprise…). Une introduction massive de la responsabilité pénale des personnes morales nécessiterait une révision de l'ensemble des textes.

463 - Le droit des affaires constitue un deuxième domaine où la responsabilité pénale des personnes morales est quasiment absente. Ainsi, aucune des nombreuses infractions posées par la loi sur les sociétés n'est imputable aux personnes morales. Même si bon nombre d'entre elles sont rarement mise en œuvre, il reste que pour les plus utilisées, l'imputation aux personnes morales pourrait permettre une répression « non seulement plus juste mais aussi plus efficace »[981]. C'est notamment le cas en ce qui concerne l'abus de biens sociaux qui peut être commis par un dirigeant uniquement pour le compte de la personne morale.

En effet, s'il est impossible pour une personne morale d'abuser de ses propres biens, on peut parfaitement imaginer qu'une société A, associée d'une société B commette un abus de biens sociaux au préjudice de cette dernière. Matériellement, c'est le dirigeant de la société A qui a agit mais s'il l'a fait uniquement dans le but de sauver la société A, il devrait être possible d'imputer l'abus de biens sociaux à cette personne morale.

La réforme du droit des sociétés[982] pourrait être l'occasion d'une évolution souhaitable. En effet, l'avant-projet de loi prévoit, outre la suppression de certaines incriminations « caduques », l'introduction de la responsabilité pénale des personnes morales[983]. Mais, depuis quelques temps, le processus de réforme d'ensemble du droit des sociétés semble être en perte de vitesse.

D'autres infractions du droit des affaires gagneraient à être imputables aux personnes morales. Le délit d'initié[984], en droit boursier, en fournit un bon exemple. En l'occurrence, le texte prévoit que lorsqu'un délit d'initié a été commis pour le compte d'une personne morale[985], ce sont les dirigeants qui sont pénalement responsables[986].

---

[981] F. FRANCHI, *op. cit.*, p.278.

[982] O. DOUVRELEUR, Le projet de réforme du droit des sociétés : où en est-on ?, Petites Affiches 20 novembre 1996, p.21.

[983] La responsabilité pénale des personnes morales est introduite. *La tribune* 5 mai 1998.

[984] Art. 10-1 de l'ordonnance n°67-833 du 28 septembre 1967.

[985] Art. 10-1 al. 3 de l'ordonnance préc.

En toute logique, le législateur ayant admis la responsabilité pénale des personnes morales, le délit d'initié devrait être imputable à l'être moral afin de mettre fin à une responsabilité automatique des dirigeants[987]. Encore une fois, il faut constater que ce type d'incohérence est le fruit de l'existence du principe de spécialité.

464 - Le troisième et dernier domaine que nous aborderons est celui des infractions fiscales. Les personnes morales ne sont pas pénalement responsables pour des faits de fraude fiscale[988], le garde des Sceaux a eu l'occasion de le rappeler dans une réponse faite devant le Sénat[989] tout en précisant que l'introduction de cette responsabilité nouvelle était à l'étude.

En fait, l'instauration de cette responsabilité n'a pas eu lieu. Seule l'infraction de fraude à la Taxe sur la Valeur Ajoutée[990] est imputable aux personnes morales car elle est réprimée par l'article 313-1 du Code pénal qui retient cette responsabilité.

Pourtant, il semble bien que ces agissements, lorsqu'ils ont lieu au sein d'une personne morale, sont typiquement des actes accomplis par un dirigeant « pour le compte » de la personne morale.

Mais, ce qui est curieux ce sont certaines des raisons de cette absence de responsabilité pénale des personnes morales pour les infractions fiscales. En effet, il faut savoir que les poursuites pénales pour fraude fiscale ne sont possibles qu'après l'avis favorable de la commission des infractions fiscales[991]. L'administration fiscale détient donc un certain pouvoir d'opportunité puisqu'en l'absence de cet avis favorable les poursuites sont impossibles.

Or, l'administration fiscale craint que la refonte des textes, pour y intégrer la responsabilité pénale des personnes morales, ne soit l'occasion de supprimer ce pouvoir d'opportunité et elle préfère donc le maintien de la situation actuelle.

---

[986] Pour un exemple d'application V. Orléans 20 juin 1994, D. 1995, jur., 81 note C. DUCOULOUX-FAVARD.

[987] Conformément aux vœux exprimés dans l'exposé des motifs du projet de réforme du Code pénal.

[988] L'article 1741 du CGI qui pose ces infractions ne retient pas la responsabilité pénale des personnes morales.

[989] J.O Sénat, 7 avril 1994, p.811, n°4560.

[990] Pour un exemple d'une telle fraude reprochée à une personne physique voir Cass. crim. 19 octobre 1987, Bull. n°353.

[991] Art. L 228 du LPF, V. Mémento fiscal Francis Lefebvre n°7320.

465 - Ce dernier exemple illustre parfaitement les inconvénients liés au principe de spécialité. En effet, le saupoudrage de la responsabilité pénale des personnes morales dans l'ensemble du droit pénal est source d'incohérences. On s'aperçoit aussi que le choix d'introduire ou non cette responsabilité n'est pas toujours dicté par l'intérêt que cela peut représenter pour la répression, ce qui peut sembler choquant au regard des grands principes du droit pénal et de la mission qui lui est reconnue.

C'est pourquoi il convient de se demander s'il est possible de trouver des critères fiables permettant à coup sûr de déterminer pour quelles infractions l'instauration de la responsabilité pénale des personnes morales se révèle nécessaire.

B] La recherche de critères fiables

466 - Face aux incohérences qui viennent d'être mises en lumière, il faut se demander s'il n'est pas possible de dégager au moins un critère fiable permettant au législateur de savoir quand une infraction doit être ou non imputable aux personnes morales.

Il faut donc passer en revue différents critères envisageables afin d'apprécier quelle valeur ils peuvent avoir. C'est ainsi que nous nous intéresserons d'abord à la faisabilité de l'infraction par une personne morale (1), puis nous verrons si l'utilité même de cette responsabilité pénale des personnes morales peut constituer un critère fiable (2) et enfin il faudra se demander si le domaine de l'infraction peut constituer le critère recherché (3).

1) La faisabilité de l'infraction

467 - On entend par faisabilité de l'infraction le fait qu'elle puisse être effectivement commise par une personne morale. Le législateur n'a pas entendu rendre imputables aux personnes morales les seules infractions pouvant être commises sans intervention humaine[992]. En

---

[992] Dans ce cas il n'y aurait quasiment aucune infraction répondant à cette condition.

effet, « la nécessité d'un acte matériel, qui existe dans toutes les infractions de commission, n'est pas incompatible avec la responsabilité des personnes morales [...] puisque cet acte a pu être réalisé par un représentant de la personne morale »[993].

Pourtant, la doctrine soutenait qu'il était absurde de rendre certaines infractions imputables aux personnes morales. Elle citait notamment l'exhibition sexuelle imposée à autrui dans un lieu public et plus généralement l'ensemble des infractions à caractère sexuel[994].

A priori, cette analyse semblait justifiée car on voyait mal comment une infraction à caractère sexuel pourrait être commise « pour le compte » de la personne morale[995]. Mais, c'était sans doute oublier un peu vite certaines hypothèses.

Ainsi, on peut penser à un mouvement sectaire au sein duquel sont perpétrées des agressions sexuelles induites par le courant de pensée développé par les meneurs de ce mouvement. On peut encore songer à des structures accueillant des mineurs et ne procédant pas à un contrôle suffisant du personnel employé, ce qui peut être à la source d'agressions sur ces mineurs.

C'est sans doute pour cette raison que le législateur a, par la loi du 12 juin 2001 relative aux mouvements sectaires[996], rendu bon nombre d'infractions volontaires et particulièrement la plupart des infractions à caractère sexuel imputables aux personnes morales.

On constate donc que la faisabilité de l'infraction ne peut pas constituer un critère fiable car on peut toujours imaginer, dans des circonstances particulières, que l'infraction commise par un organe ou un représentant de la personne morale, l'a été pour le compte de celle-ci. Enfin, pour se convaincre définitivement de l'inefficacité de ce critère, il suffit de remarquer qu'en ce qui concerne la faisabilité par une personne morale, il est difficile d'opérer une distinction entre le viol et l'exhibition sexuelle alors que cette dernière infraction n'est pas, contrairement au viol, rendue imputable aux personnes morales.

---

[993] Circulaire du 14 mai 1993.

[994] Th. DALMASSO, *La responsabilité pénale des personnes morales*, LITEC 1996 p.4.

[995] Même si l'on a vu que la question de la complicité de ces infractions peut se poser.

[996] Loi n°2001-504 du 12 juin 2001 tendant à renforcer la prévention et la répression des mouvements sectaires portant atteinte aux droits de l'homme et aux libertés fondamentales, J.O. 13 juin 2001, p.9337. Sur ce texte V. A. DORSNER-DOLIVET, JCP G., 2001, act., p.2181.

Il faut donc se demander si l'utilité elle même de la responsabilité pénale des personnes morales ne pourrait pas être un critère intéressant.

2) L'utilité de la responsabilité pénale des personnes morales

468 - Pour savoir si l'utilité de l'instauration de la responsabilité pénale des personnes morales peut constituer un critère de choix fiable pour le législateur, il faut se reporter aux motivations qui ont poussées à son adoption dans le Code pénal de 1994.

La raison première de cette introduction est l'immunité pénale des personnes morales, ce qui postule l'existence d'infractions. C'est aussi la volonté d'éviter que les dirigeants soient condamnés de façon automatique pour des faits auxquels ils sont parfois totalement étrangers[997]. Enfin, la réforme a aussi pour but de faciliter l'indemnisation des victimes en augmentant leur possibilité d'obtention de dommages et intérêts.

Tout comme pour la faisabilité de l'infraction[998], on s'aperçoit rapidement que l'utilité de cette responsabilité ne peut pas constituer un critère fiable. En effet, les personnes morales pouvant commettre toutes sortes d'infractions, il y a forcément impunité lorsque leur responsabilité pénale n'est pas prévue.

En ce qui concerne l'indemnisation des victimes, il est évident qu'il sera toujours plus facile d'obtenir une indemnisation correcte lorsque la personne morale pourra être mise en cause.

Enfin, le risque de voir le dirigeant condamné de façon injustifiée relève d'une appréciation purement subjective puisqu'il y a tout lieu de se demander si les faits en question ont pu se produire sans que le dirigeant en ait même été tenu au courant.

L'utilité de la responsabilité pénale des personnes morales, restant trop vague, trop générale, ne constitue donc pas non plus un critère fiable permettant de déterminer quand l'introduction de cette responsabilité s'avère nécessaire. Reste donc à s'interroger sur le point de savoir si ce critère peut être le domaine des infractions considérées.

---

[997] F. DESPORTES et F. LE GUNEHEC, *op. cit.*,. n° 577 et s.
[998] *Supra*. p. 318.

3) Le domaine des infractions considérées

469 - Etant donné la difficulté de trouver un critère permettant de savoir si une infraction précise doit ou non être imputable aux personnes morales, il convient de se demander si le domaine d'intervention peut constituer un critère de choix satisfaisant.

Ainsi, il existerait des domaines où la responsabilité pénale aurait sa place de façon quasiment automatique[999] et donc l'ensemble des infractions relatives à ces domaines devraient être imputables aux êtres moraux.

470 - Cette idée prend tout son sens lorsque l'on s'intéresse à la situation actuelle en matière de protection de l'environnement. En effet, il s'agit d'un domaine sensible dans lequel interviennent très souvent des personnes morales notamment en raison d'activités industrielles dangereuses ou polluantes.

Or, on s'aperçoit que les textes adoptés récemment en la matière prévoient, dans la majeure partie des cas, la responsabilité pénale des personnes morales. C'est d'abord dans le Code pénal lui-même qu'apparaît cette tendance. Le législateur a créé une infraction de terrorisme écologique qui consiste, dans un contexte terroriste, à « introduire dans l'atmosphère, sur le sol, dans le sous-sol, ou dans les eaux [...] une substance de nature à mettre en péril la santé de l'homme ou des animaux ou le milieu naturel ». Cette infraction est imputable aux personnes morales[1000].

De plus, la loi d'adaptation a inclus dans le domaine de la responsabilité pénale des personnes morales, le délit de pollution visé par le texte de la loi sur l'eau de 1992[1001]. Le législateur a même pris soin de modifier le Code rural[1002] qui incriminait des faits de pollution

---

[999] Ce qui donnerait raison aux auteurs qui craignent qu'à cause du principe de spécialité, la responsabilité pénale des personnes morales ne devienne une clause de style. Par exemple V. La responsabilité pénale des personnes morales (Ce qui va changer pour les entreprises à compter du 1er mars 1994), Brochure éditée par le C.N.P.F, 1994.

[1000] Art. 421-2 C. pén. applicable aux personnes morales selon l'art. 422-5 C. pén.

[1001] Loi n°92-3 du 3 janvier 1992.

[1002] Art. L232-2 du C. rur.

en des termes proches de ceux de la loi sur l'eau, pour y inclure la possibilité de poursuivre des êtres moraux[1003].

On peut encore citer, pêle-mêle, un décret sur le déversement et l'épandage des effluents d'exploitations agricoles[1004], une loi sur l'air[1005] ou enfin un décret sur l'épandage des boues provenant du traitement des eaux[1006].

471 - Le domaine semblerait être à même de constituer un critère intéressant pour la détermination des infractions imputables aux personnes morales. Pourtant, il ne permettrait d'aboutir à une situation logique qu'en ce qui concerne les textes nouveaux mais pas pour les textes antérieurs.

De plus, le domaine ne peut pas être un critère réellement fiable pour déterminer les infractions imputables aux personnes morales puisqu'il faut déterminer ces domaines « prioritaires », ce qui ne fait que déplacer le problème. En effet, le choix d'un domaine prioritaire est purement subjectif ou dicté par les circonstances.

Il faut donc reconnaître qu'il n'existe pas de critère fiable permettant de déterminer si une infraction doit être imputable aux personnes morales. Le législateur ne pourra dès lors que continuer à répondre au cas par cas.

Mais, si le principe de spécialité est déjà à l'origine de ces difficultés de choix des infractions imputables, il risque fort d'être également la cause de sérieux problèmes dans la mise en œuvre de la responsabilité pénale des personnes morales consécutifs à ce choix.

[1003] Loi n°95-101 du 2 février 1995, A.L.D 1995, p.123.

[1004] Décret n° 96-540 du 12 juin 1996 relatif au déversement et à l'épandage des effluents d'exploitations agricoles (J.O. 19 juin 1996).

[1005] Loi n° 96-1236 du 30 décembre 1996 sur l'air et l'utilisation rationnelle de l'énergie, J.O. du 1er janvier 1997 ; JCP 1997, III , 68281.

[1006] Décret n° 97-1133 du 8 décembre 1997 relatif à l'épandage des boues issues du traitement des eaux usées, J.O. 10 décembre 1997 ;JCP 1997, III, 68612.

Section 2:

Les problèmes consécutifs au choix des infractions imputables

472 - La mise en application de la responsabilité pénale des personnes morales est compliquée par l'existence même du principe de spécialité. En effet, outre la simple connaissance de l'existence de cette responsabilité pénale nouvelle[1007], il faut encore que les dirigeants sachent identifier les infractions qui sont imputables aux personnes morales. Or, il s'agit d'une tâche très délicate, c'est pourquoi il existe un risque important de méconnaissance de la « menace pénale » (§1).

De plus, le principe de spécialité complique également l'opération de qualification nécessaire à la mise en œuvre de cette responsabilité. Selon la qualification retenue les faits pourront ou non être imputés à la personne morale, ce qui n'est pas sans susciter de réelles difficultés (§2).

§1: Les risques de méconnaissance de la « menace pénale »

473 - Le risque de méconnaissance de la portée réelle du risque pénal par les dirigeants de personnes morales est dû d'abord à l'augmentation perpétuelle du nombre de textes contenant des dispositions pénales (A) et ensuite à l'inégalité des moyens disponibles pour connaître ce risque pénal selon la nature et la taille de l'être moral (B).

A] L'inflation pénale

474 - Nous verrons d'abord que le problème de l'inflation législative est bien réel, spécialement en matière pénale (1), pour ensuite examiner comment les pouvoirs publics tentent de lutter contre ce phénomène (2).

[1007] En ce qui concerne les collectivités territoriales voir l'étude statistique en annexe 4

1) La réalité du problème

475 - Monsieur MOULY rappelle que VOLTAIRE disait que « la multitude des lois est dans un état ce qu'est le grand nombre de médecins : signe de maladie et de faiblesse »[1008]. Il faut se souvenir qu'une étude réalisée sur le Journal Officiel a révélé que durant l'année 1997, plus de mille deux cents lois et plus de mille trois cents décrets ont été adoptés[1009].

Cette constante augmentation du nombre de textes adoptés[1010] s'explique, notamment selon Monsieur LOMBARD, par le fait que le législateur court après la réalité et donc saupoudre de textes au fur et à mesure des événements, sans aucune logique[1011].

L'adoption d'un nouveau texte est envisagée comme la solution immédiate aux problèmes qui se posent sans prendre le temps nécessaire à la réflexion[1012]. En droit pénal, on constate que les incriminations visant simplement à assurer le respect d'une autre disposition sont de plus en plus nombreuses. Un exemple marquant peut être trouvé avec les lois de 1994 sur la bioéthique[1013]. Dans ces textes, la majeure partie des dispositions civiles est appuyée par des incriminations pénales. On aboutit donc à un alourdissement spectaculaire de la législation qui est tel qu'il a été impossible de déterminer le nombre de textes pénaux actuellement en vigueur.

Mais, la plupart du temps ces textes seront inutiles, ne recevront que très peu d'applications et tomberont rapidement dans l'oubli, ce qui fait alors courir le risque qu'un magistrat ressorte un texte que tout le monde ignorait[1014].

[1008] C. MOULY, Les contrats bancaires dans un groupe de sociétés, Petites Affiches 2 février 1994, n°14, p.10.

[1009] *Cf. supra* p.296.

[1010] En 1999, on dépasse encore les deux milles textes (Lois et Décrets) publiés au Journal Officiel.

[1011] P. LOMBARD, *Le crépuscule des juges*, Editions Robert Laffont, Coll. Essais.

[1012] J. FOYER, *Le dévoiement pénal-La loi: le tohu-bohu et la désinvolture*, Dr. pén. n°spécial avril 1995.

[1013] Lois n°94-653 et 94-654 du 29 juillet 1994 relative à la bioéthique (J.O. du 30 juillet 1994).

[1014] F. TERRE, *Le dévoiement pénal-La loi : le tohu-bohu et la désinvolture*, Dr. pén. n°spécial avril 1995.

476 - Cette situation est particulièrement palpable en droit pénal social. En effet, une étude réalisée sur les années 1990, 1991 et 1992[1015] révèle qu'à cette période, on dénombrait 579 infractions en vigueur faisant référence au Code du travail. Or, sur cette période, seulement 241 incriminations avaient donné lieu à au moins une condamnation. Une recherche approfondie montre que 21 infractions représentent plus de 80% du contentieux et que 5 d'entre elles totalisent plus de 50% de l'effectif total[1016]. Un grand nombre d'infractions ne sont pas ou très peu constatées et poursuivies[1017], ce qui tend à démontrer leur inutilité.

Le même constat pourrait être fait en ce qui concerne la loi du 24 juillet 1966 relative aux sociétés commerciales. Ce texte comprend à peu près 90 incriminations, selon Monsieur FOYER[1018] qui est à l'origine de la loi, la plupart n'ont jamais reçu d'application et ne présente aucun intérêt.

477 - Certains auteurs n'hésitent pas à dire que ce phénomène de « surpénalisation »[1019] a un caractère profondément pervers[1020]. Le reproche que l'on peut adresser au législateur est donc de ne pas vérifier, avant d'adopter un nouveau texte, si le même résultat peut être atteint par un autre moyen ou par la simple application de textes déjà en vigueur[1021].

Ce qu'il faut espérer c'est que le législateur aura la sagesse suffisante pour éviter cet écueil en ce qui concerne l'introduction de la responsabilité pénale des personnes morales en se contentant de la prévoir dans les cas les plus utiles et en évitant les doublons ou les infractions qui restent lettre morte. Ainsi, on évitera que cette responsabilité pénale ne soit abandonnée car devenue trop complexe et

---

[1015] E. SERVERIN, L'application des sanctions pénales en droit social : un traitement juridictionnel marginal, Droit Social n° spécial juillet août 1994, p.654.

[1016] Infractions en matière d'hygiène et sécurité, de médecine du travail et de travail clandestin.

[1017] Par exemple en 1991, une seule condamnation en matière de formation professionnelle soit 0,01% du total des condamnations.

[1018] J. FOYER, *Le dévoiement pénal-La loi : le tohu-bohu et la désinvolture*, Dr. pén. n°spécial avril 1995.

[1019] Monsieur VATIER parle de «dérive inquiétante vers le tout répressif» : *Vie Jud.* du 11 février 1996, n°2600, p.3.

[1020] A. DEMICHEL, Le droit pénal en marche arrière, D. 1995, chron. , p.213.

[1021] J.J. DE BRESSON, Inflation des lois pénales et législations ou réglementations techniques, Rev. sc. crim. 1985, p.241.

inapplicable ou qu'elle ne s'avère quasiment inutile à cause d'un recours systématique à l'erreur sur le droit[1022].

478 - Il faut enfin signaler que cette inflation pénale[1023] représente un risque majeur d'atteinte à la sécurité juridique puisqu'il devient de plus en plus difficile de savoir quels sont les faits qui sont incriminés et donc quels actes sont susceptibles de tomber sous le coup de la loi pénale. Cette difficulté s'accroît encore en ce qui concerne la responsabilité pénale des personnes morales puisqu'il faut dorénavant savoir si un acte constitue une infraction mais aussi, dans l'affirmative, si elle est ou non imputable à un être moral.

Les pouvoirs publics ont pris conscience de l'existence de ce problème et tentent d'endiguer le phénomène par divers moyens. Ce sont ces efforts de solution qu'il convient de signaler maintenant.

2) La réaction des pouvoirs publics

479 - En 1985, le Conseil d'Etat s'était ému de ce problème et avait soumis à la réflexion des autorités responsables un rapport sur les difficultés engendrées par la multiplication des lois et réglementations techniques assorties de dispositions pénales. Selon ce rapport, prolifération, confusion, inadéquation et inefficacité marquent trop souvent les dispositions pénales des législations ou réglementations techniques[1024].

Depuis lors, le phénomène n'a pas été stoppé ni même ralenti puisqu'un rapport fait à l'Assemblée Nationale par Monsieur BIGNON en juillet 1995, précise que la technicité des différents textes votés par le Parlement est en constante augmentation[1025].

[1022] M.E. CARTIER, *La responsabilité pénale des personnes morales : évolution ou révolution ?*, JCP éd. E 1994, suppl. n°5.

[1023] Monsieur A. DEMICHEL dit que cette inflation est l'une des raisons qui font que le droit pénal est « malade » in Le droit pénal en marche arrière, D.1995, chron. , p.213.

[1024] J.J. DE BRESSON, Inflation des lois pénales et législations ou réglementations « techniques », Rev. sc. crim. 1985, p.241.

[1025] Y.D., Rapport à l'Assemblée Nationale : L'insoutenable application de la loi, *Vie Jud.* n°2581, du 25 septembre 1995, p.1.

480 - Pourtant, les différents gouvernements qui se sont succédés se sont accordés à reconnaître qu'une solution devait être apportée. Le remède qui semble s'être imposé est celui de la codification, c'est-à-dire le fait de réunir l'ensemble des textes régissant une même matière au sein d'un code unique facilitant ainsi la consultation et donc la connaissance des règles en vigueur[1026].

En effet, depuis une bonne dizaine d'années, la codification est un objectif prioritaire des gouvernements afin d'améliorer la connaissance du droit et l'intelligibilité des textes. En 1989 fut créée une Commission supérieure de la codification[1027] dont la mission avouée était de simplifier et de clarifier le droit. Selon Monsieur ROCARD, Premier ministre de l'époque, la codification doit permettre aux usagers du droit de trouver, dans un code, l'ensemble d'une matière sous la forme la plus simple car, selon lui, « des codes bien conçus apportent clarté et cohérence »[1028]. Plus récemment, Monsieur JUPPE réaffirmait la nécessité d'un recours à « la codification systématique des textes législatifs et réglementaires »[1029]. En 1996, le gouvernement annonçait même que la codification serait achevée dans les 5 ans[1030].

En ce qui concerne plus précisément le droit pénal, on pensait que sa réforme serait l'occasion de remédier au problème de l'éparpillement des textes en permettant de regrouper l'ensemble des textes à caractère pénal au sein d'un code unique[1031].

C'est pourquoi, au sein de la commission de révision du Code pénal, avait été créée une commission de l'inventaire chargée de faire un relevé minutieux de l'ensemble des textes incriminateurs en vigueur. Les travaux de cette commission furent initiés par une circulaire du Premier Ministre du 7 juin 1985 mais l'ampleur de la tâche était telle que la commission n'a pas pu la mener à son terme, d'où l'échec de cette tentative de regroupement de tous les textes pénaux au sein du nouveau code.

[1026] Il est à noter que dès 1948, un mouvement de codification administrative avait été entrepris (G. OPPETIT, De la codification D. 1996, chron. , p.33).

[1027] D. 89-647 du 12 septembre 1989.

[1028] M. ROCARD, Discours lors de l'installation de la Commission précitée *in* La Relance de la codification, RFDA 1990, p.303.

[1029] *Le Monde* du 16 septembre 1995.

[1030] V.K., Le gouvernement prévoit d'achever la codification dans les cinq ans, *Vie Jud.* n°2618 du 16 juin 1996, p.1.

[1031] J.J. DE BRESSON, Inflation des lois pénales et législations ou réglementations « techniques », Rev. sc. crim. 1985, p.241.

Dans le même temps la codification des autres textes semble subir un certain ralentissement[1032]. En 1996, un seul Code a été adopté, celui des collectivités territoriales. Cet infléchissement est regrettable car à défaut d'un Code pénal regroupant l'ensemble des infractions existantes, il serait rassurant de savoir qu'il existe des codes dans lesquels figurent tous les textes relatifs à un domaine précis, y compris les dispositions pénales.

481 - Une autre action des pouvoirs publics en matière de lutte contre l'augmentation constante du nombre de textes applicables est la création d'un office parlementaire d'évaluation de la législation. La création de cet office n'a pas fait l'unanimité car certains parlementaires y voyaient un moyen de contrôle politique en cas de changement de majorité[1033].

La création de cet office fut définitivement adoptée par une loi du 14 juin 1996[1034]. Sa principale mission est de lutter contre l'inflation législative en évaluant l'adéquation de la législation aux situations qu'elle régit. Il est également investi d'une mission de simplification de la législation. Malheureusement, cet office n'a qu'un rôle consultatif et son action en sera forcément réduite.

482 - Force est de constater l'échec des différentes tentatives des pouvoirs publics pour endiguer la multiplication du nombre de textes applicables.

Mais ce phénomène est surtout inquiétant lorsqu'on le met en relation avec l'adage « nul n'est censé ignorer la loi ». Certains auteurs se demandent même si cette obligation de connaissance de la loi est encore réalisable[1035]. En effet, les praticiens du droit eux-mêmes s'accordent à dire qu'il est impossible pour un juriste de connaître,

---

[1032] V.D.S., La codification en panne, *Vie Jud.* , n°2672, p.3. Mais, le mouvement semble relancé par la loi n°99-1071 du 16 décembre 1999 autorisant le gouvernement à procéder, par voie d'ordonnance, à la codification à droit constant dans un certain nombre de domaines (J.O. du 22 décembre 1999, p.19040). V. J.F. SEUVIC, Rev. sc. crim. 2000, p.424. Le rapport 2000 de la commission de codification confirme cette reprise :*Les Echos* 11 juillet 2001.

[1033] M.F., Création d'un office parlementaire d'amélioration de la législation, *Vie Jud.* n°2576, p.1.

[1034] Loi n°96-516 du 14 juin 1996 tendant à créer un office parlementaire d'évaluation de la législation. J.O. 15 juin 1996.

[1035] J.Y. GANNAC, La présomption de connaissance de la loi et les nouvelles technologies, *Vie Jud.* n°2553 du 13 mars 1995, p.2.

même de façon imparfaite, l'ensemble des textes. Cette impossibilité se manifeste donc, a fortiori, pour le simple citoyen[1036].

483 - En ce qui concerne la responsabilité pénale des personnes morales, la situation est encore plus préoccupante. D'une part, en raison du fait que les personnes morales, en particulier les sociétés, sont les premières visées par les réglementations techniques en question. D'autre part, à cause de l'existence du principe de spécialité des infractions qui oblige, en plus de la simple connaissance de la loi, à savoir si le texte en question est ou non applicable aux personnes morales.

Or, il est évident que le suivi régulier de la loi et de la jurisprudence est réservé à un public averti[1037], et donc les possibilités de connaissance de la menace pénale pourront varier du tout au tout selon la personne morale considérée. Ce type d'inégalités pourrait être la source de certaines difficultés de mise en œuvre de la responsabilité pénale des personnes morales.

B] L'inégalité des moyens de connaissance de la menace pénale

484 - L'un des fondements du droit pénal est le principe de la légalité criminelle qui veut que l'on ne peut réprimer un acte que si la loi le visait au moment de sa commission. L'une des justifications de cette règle est d'ordre psychologique : la loi doit avertir avant de sanctionner afin que chacun sache quels sont les comportements punissables[1038]. Cette exigence permet au droit pénal de remplir sa mission de prévention.

Or, aujourd'hui, et plus spécialement en ce qui concerne les législations techniques, on hésite souvent entre l'obligation de connaissance de la loi et l'adage selon lequel « à l'impossible, nul n'est tenu »[1039].

[1036] A. HOULOU, Nul n'est censé ignorer la loi, Affiches Parisiennes n°58, p.1.
[1037] J.Y. GANNAC, *op. cit.*
[1038] W. JEANDIDIER, *Droit Pénal général*, MONTCHRESTIEN 1991, n°79.
[1039] A. HOULOU, Nul n'est censé ignorer la loi, Affiches Parisiennes n°58, p.1.

485 - Cette situation est préoccupante en matière de responsabilité pénale des personnes morales car celles-ci ont une vocation naturelle à être les destinataires de ce type de textes et donc à être exposées à la sanction pénale.

La difficulté est que ce type de textes exige de la part de la personne morale, et donc de ses dirigeants, une connaissance de la loi qui peut se diviser en trois niveaux. En effet, il faut d'abord avoir connaissance de la prescription ou de l'interdiction d'ordre technique. Il faut ensuite savoir que le non respect de cette obligation est susceptible d'entraîner des sanctions pénales. Enfin, il faut savoir que cette infraction peut être imputable aux personnes morales.

Mais, il faut aussi être en mesure de se tenir au courant des éventuelles évolutions notamment en cas d'introduction de la responsabilité pénale des personnes morales, ce qui exige une mise à jour constante des connaissances.

Or, on s'accorde à dire qu'à l'heure actuelle, les dirigeants sont dans l'impossibilité de connaître l'ensemble des textes sur le fondement desquels ils peuvent être poursuivis[1040] tant le droit est découpé en tranches de plus en plus fines et complexes[1041]. Le même constat doit donc s'imposer en ce qui concerne les textes pouvant servir de base à des poursuites à l'encontre de la personne morale. La situation est peut être encore plus préoccupante car il s'agit d'un niveau de connaissance encore plus poussée.

On explique parfois cette difficulté en critiquant le fait que la publication des textes est encore régie par des lois trop anciennes et ne tenant pas compte des évolutions technologiques[1042]. Mais, même si ces nouvelles technologies pourraient constituer une amorce de solution, leur coût et leur trop haut niveau de difficulté d'utilisation reste un obstacle important[1043].

486 - Force est donc de constater que le suivi régulier de l'évolution législative et jurisprudentielle est réservé à un public averti[1044] dont ne

---

[1040] *La maîtrise du risque pénal dans l'entreprise*, Colloque de printemps du barreau des Hauts de Seine du 11 avril 1996.

[1041] M. DELMAS-MARTY, Réinventer le droit commun, D. 1995, p.1.

[1042] L. DEPREZ, Question au gouvernement, JOAN Q, 13 novembre 1995, p.4818.

[1043] J.Y. GANNAC, La présomption de connaissance de la loi et les nouvelles technologies, *Vie Jud.* n°2553 du 13 mars 1995, p.2.

[1044] J.Y. GANNAC, *op. cit.*

fait pas partie le dirigeant de personne morale. Quelle en sera la conséquence en ce qui concerne la responsabilité pénale des personnes morales ? En fait, on aura deux situations extrêmes :d'un coté des personnes morales de petite taille ne disposant d'aucun juriste et de l'autre des personnes morales très importantes et dotées d'un service juridique performant et développé. On peut prendre en exemple l'opposition entre une association sportive de quartier et une société commerciale appartenant à un groupe.

On perçoit immédiatement qu'il y aura une énorme différence en ce qui concerne la connaissance du risque pénal. Entre ces deux extrêmes, il y aura bien entendu une foule de situations intermédiaires.

487 - On peut se demander quelle pourra être la réaction du juge pénal face à ces différences de moyens de connaissance de la loi pénale. Appliquera-t-il la loi pénale dans toute sa rigueur à toutes les personnes morales sans se soucier des moyens dont elles disposaient pour avoir connaissance des incriminations ? Ou bien prendra-t-il en compte la situation particulière de la prévenue pour retenir l'erreur sur le droit[1045], l'adoption de l'article 122-3 du Code pénal ayant été motivée par le constat du fatras de textes épars et complexes[1046] ?

On peut sans doute trouver une amorce de réponse dans un arrêt rendu par la Cour de cassation en matière d'erreur sur le droit[1047]. Même si cette décision concerne un dirigeant en tant que personne physique, il nous semble que son étude et sa transposition au cas d'une personne morale peuvent se révéler intéressantes.

Une société exploitait un hypermarché dans un centre commercial. Une société filiale de vente de meubles s'installe dans un local attenant à l'hypermarché et acheté par la société exploitant la grande surface. Un permis de construire est obtenu afin de procéder à l'agrandissement du magasin de meubles notamment grâce à la cession, par l'hypermarché, d'une partie de sa surface de vente. Le Ministère Public, considérant qu'il y a extension de la grande surface sans autorisation de la commission départementale d'équipement commercial, poursuit le directeur général de l'hypermarché.

Après condamnation par la Cour d'appel de Douai, le directeur général soutient dans son pourvoi en cassation qu'il y a eu erreur sur le

---

[1045] Pour l'application de l'erreur sur le droit aux personnes morales, *cf infra* p. 424.

[1046] H. LECLERCQ, *Le nouveau Code pénal*, Editions du seuil, coll. Points.

[1047] Cass. crim. 19 mars 1997, JCP 1998, II, 10095 note O. FARDOUX.

droit provoquée par l'avis erroné du Ministère des entreprises qui, consulté pour avis sur la délivrance du permis de construire, avait déclaré qu'il ne considérait pas l'opération comme une extension de l'hypermarché.

La Chambre criminelle valide la décision de la Cour d'appel en affirmant que c'est à bon droit que cette dernière n'a pas retenu l'erreur sur le droit car « l'erreur commise n'était pas invincible, dès lors que la société Auchan, qui est en mesure de disposer de juristes qualifiés pour l'éclairer sur ses choix de stratégie commerciale, a agi en connaissance de cause ».

Cet arrêt, contrairement à ce qui a pu être écrit, ne doit pas être interprété comme « sonnant le glas de l'erreur de droit »[1048]. Au contraire, elle semble introduire la notion d'appréciation in concreto dans la recherche du caractère inévitable de l'erreur.

488 - Sans vouloir trop extrapoler ni présager de l'évolution jurisprudentielle, il est intéressant de transposer cette décision pour apprécier à quel résultat elle peut aboutir en matière de responsabilité pénale des personnes morales.

La constatation qui s'impose est que la jurisprudence ne serait pas encline à admettre l'erreur de droit lorsqu'il s'agit d'une personne morale qui est dotée de moyens importants lui permettant d'avoir une connaissance approfondie de la législation. Mais, a contrario, une personne morale de petite taille et dénuée de tous services spécialisés pourrait utilement invoquer l'erreur sur le droit, par exemple, lorsque les poursuites sont fondées sur un texte complexe et très peu connu ou si elle a reçu une information erronée..

489 - Si cette solution venait à s'appliquer, on aurait un double risque. Il y a d'abord le risque d'aboutir à ce que les condamnations ne touchent en grande partie que les personnes morales de grande taille instaurant ainsi une impunité partielle au profit des plus petites. Mais, on risque aussi, en réaction, d'arriver à ce que l'erreur de droit soit systématiquement écartée pour éviter toute forme d'inégalité fondée sur la taille de la personne morale. Cela irait finalement à l'encontre de

---

[1048] B. BOULOC, Rev. sc. crim. 1997, p.827 ; O. SAUTEL, La mise en œuvre de la responsabilité pénale des personnes morales : entre litanie et lithurgie, D. 2002, p. 1147.

l'esprit de l'article 122-3 et serait contraire au principe suivant lequel le droit pénal doit prévenir avant de sanctionner.

490 - Certes, la suppression du principe de spécialité[1049] ne suffirait pas à résoudre totalement le problème puisque subsisterait la difficulté de connaissance des textes incriminateurs due à leur nombre et à leur éparpillement. Mais il faut reconnaître qu'il contribue à accentuer la gravité du problème puisqu'il surajoute un important facteur d'ignorance de la loi pénale.

De plus, quand bien même les textes applicables à la personne morale concernée seraient parfaitement connus, le principe de spécialité risque d'engendrer de grandes difficultés lorsqu'il s'agira de donner une exacte qualification pénale aux faits considérés pour le mettre en œuvre.

§2: Les difficultés liées à la qualification des faits

491 - L'existence même du principe de légalité fait que la première mission du juge pénal sera de vérifier si les faits qui lui sont soumis sont pénalement qualifiables c'est-à-dire s'ils se rattachent à une définition légale abstraite[1050]. La qualification a une double utilité :savoir si des faits sont punissables mais aussi connaître le régime juridique applicable à ces faits[1051].

En matière de responsabilité pénale des personnes morales et en raison du principe de spécialité, la qualification permettra aussi de déterminer si oui ou non un être moral pourra être poursuivi pour les faits soumis au juge.

[1049] Il faut noter que le droit anglo-saxon, qui admet la responsabilité pénale des personnes morales, ne contient pas ce type de restrictions :toute infraction est imputable à un être moral : J.H. ROBERT, La responsabilité pénale des personnes morales en droit anglais, Dr. pén. 1995, Chron. n°30 ; S. LOWE et F. Mc KIE, La responsabilité pénale des personnes morales au Royaume Uni, Petites Affiches 1993, n°120, p.81.

[1050] F. DESPORTES et F. LE GUNEHEC, *Le nouveau droit pénal*, n°287.

[1051] Notamment en permettant de déterminer s'il s'agit d'un crime, d'un délit ou d'une contravention.

A cet égard, il faut d'abord montrer que la qualification des faits pourra permettre de remédier à certains « oublis législatifs »[1052](A). Mais, il faut aussi, si commode qu'elle soit, critiquer cette méthode (B).

A] Les qualifications visant à combler certains vides législatifs

492 - La qualification retenue par le juge va conditionner l'existence de la responsabilité pénale d'une personne morale. Pour s'en convaincre, il suffit de prendre deux exemples parmi les premières décisions rendues en la matière.

Dans la première espèce, une société commercialisait un engrais sous une dénomination qui ne correspondait pas à sa composition réelle. Le dirigeant poursuivi soutenait que c'est la société qui devait être poursuivie en tant que personne morale. La Cour de cassation[1053], sans avoir à rappeler que la responsabilité de la personne morale n'exclut pas automatiquement celle des personnes physiques, rejette le pourvoi en disant que les faits ont été qualifiés de publicité fausse, infraction qui ne prévoit pas la responsabilité pénale des personnes morales[1054].

Dans le second exemple, il s'agit de poursuites à l'encontre d'une société d'édition pour refus d'insertion d'un droit de réponse. De la même façon, le tribunal relève qu'aucun texte n'étant venu introduire la responsabilité pénale des personnes morales dans la loi servant de fondement aux poursuites[1055], celles-ci sont irrecevables[1056].

493 - A cet égard, la doctrine a vite senti qu'il reste un « potentiel considérable d'interventions futures »[1057] mais aussi que le principe de

---

[1052] C.N.P.F, La responsabilité pénale des personnes morales (Ce qui va changer pour les entreprises à compter du 1er mars 1994, Document édité par le C.N.P.F, 1994.
[1053] Cass. crim. 30 octobre 1995, *JCP 1996*, IV, 271 ; Jurisdata n°003678.
[1054] Comme l'ensemble du droit de la consommation.
[1055] Loi du 29 juillet 1881 sur la presse.
[1056] T.G.I Paris, 17ème Ch. Corr., 6 octobre 1994 reproduit *in* Th. DALMASSO, *La responsabilité pénale des personnes morales*, LITEC 1996, p.155.
[1057] M. BAYLE, L'incidence de la réforme en droit de l'environnement, Petites Affiches 1993, n°120, p.40.

spécialité est la source « d'inévitables et d'inéluctables » oublis du législateur[1058].

De ces constatations est née l'idée selon laquelle il suffirait, pour pallier ces oublis du législateur, d'avoir recours à des qualifications plus générales pour lesquelles la responsabilité pénale des personnes morales est prévue. Ainsi, en ce qui concerne le droit des affaires où cette responsabilité des personnes morales est quasiment absente, la mise en cause d'êtres moraux ne peut se faire que par le biais d'infractions de droit commun[1059].

C'est ainsi qu'un certain nombre des infractions édictées par le droit des sociétés et uniquement imputables aux personnes physiques visent des titres juridiques qui peuvent aussi être à l'origine de poursuites pénales pour faux[1060]. Par exemple, le fait de publier ou de présenter des comptes annuels dans lesquels les immobilisations ont été majorées ou dans lesquels des amortissements nécessaires ont été omis constitue, outre l'infraction de présentation ou de publication de comptes inexacts, celle de faux et usage de faux.

On peut trouver un autre exemple dans le fait d'évaluer un apport en nature à un montant supérieur à sa valeur réelle lors de la création d'une société ou à l'occasion d'une augmentation de capital.

Cette infraction est prévue par la loi du 24 juillet 1966[1061] mais n'est pas imputable aux personnes morales. L'un des éléments constitutifs de cette infraction est l'emploi de manœuvres frauduleuses visant à augmenter la valeur de l'apport[1062], ce qui fait dire que de tels faits pourraient être imputés à une personne morale par le biais de l'incrimination générale d'escroquerie[1063].

494 - Ce recours aux infractions de droit commun pour pallier des « oublis » du législateur, pourrait aussi se produire dans d'autres domaines que celui du droit des affaires. L'exemple le plus marquant est celui de la sécurité du travail. En ce domaine, il existe un nombre

---

[1058] F. DESPORTES, La responsabilité pénale des personnes morales en droit français, C.J.E.G 1996, p.93.

[1059] P. COUVRAT, Quelques aspects de l'actualité en droit pénal, Petites Affiches 1995, n°152,p.37.

[1060] Art. 441-1 C. pén. applicable aux personnes morales selon l'article 441-12 C. pén.

[1061] Art.433 pour la S.A, 425-1° pour la S.A.R.L, 460 pour la société en commandite par actions et 464-1 pour la S.A.S.

[1062] P. GAUTHIER et B. LAURET, *Droit pénal des affaires*. Economica 1995, p. 350.

[1063] Art. 313-1 C. pén. applicable aux personnes morales selon l'article 313-9 C. pén.

important de règlements destinés à assurer la sécurité des travailleurs et si la plupart contiennent des dispositions pénales, rares sont ceux qui prévoient la responsabilité pénale des personnes morales. En cas de manquement à ces dispositions, seules les personnes physiques peuvent être poursuivies.

C'est pourquoi la plupart des auteurs s'accordent à reconnaître que lorsque les organes ou représentants d'une personne morale ont omis de faire respecter une de ces règles ou l'ont volontairement ignorée, par exemple pour obtenir un meilleur rendement, et qu'un accident s'est produit, il y a place pour des poursuites pour homicide[1064] ou violences involontaires[1065].

Dans ce type de situations et en dehors de tout dommage, des auteurs[1066] avancent aussi la possibilité de recourir à l'incrimination de mise en danger délibérée de la vie d'autrui[1067].

495 - Reste que certaines infractions ne sont pas imputables aux personnes morales et ne se rapprochent d'aucune infraction de droit commun qui le soit. Dans ce cas, il semble que le recours à l'infraction de recel[1068], imputable aux personnes morales[1069], puisse constituer une solution.

En effet, le Code pénal définit le recel comme le fait de « dissimuler, de détenir ou de transmettre une chose, ou de faire office d'intermédiaire afin de la transmettre, en sachant que cette chose provient d'un crime ou d'un délit[1070]. ».

De plus, le recel, contrairement à la complicité, est une infraction autonome par rapport à l'infraction initiale sur laquelle elle repose. Peu importe donc que cette infraction dont le receleur a profité soit ou non imputable aux personnes morales. Dès lors que les éléments constitutifs légaux sont réunis, il y a recel punissable.

La tentation de poursuivre la personne morale pour recel peut être grande lorsque les faits ne constituent pas une infraction imputable aux

---

1064 Art. 221-6 C. pén. applicable aux personnes morales selon l'article 221-7 C. pén.

1065 Art. 222-19, 222-20 C. pén. applicables aux personnes morales selon l'article 222-21 C. pén.

1066 J.F. BARBIERI, L'incidence de la réforme du Code pénal sur la gestion des personnes morales, Petites Affiches 6 octobre 1993, n°120, p.22.

1067 Art. 223-1 C. pén. applicable aux personnes morales selon l'article 223-2 C. pén.

1068 Art. 321-1 C. pén.

1069 Art. 321-12 C. pén.

1070 Art. 321-1 al.1er C. pén.

personnes morales et qu'il est impossible de les faire entrer dans une qualification générale.

On peut trouver un exemple d'application possible en matière de délit d'initié. Le texte précise que lorsque le délit d'initié est commis par une personne morale, les dirigeants de droit ou de fait seront pénalement responsables[1071]. C'est dire que les dirigeants seront poursuivis alors que l'infraction a été commise pour le compte de la personne morale[1072]. On pourrait sans doute pallier l'absence de responsabilité pénale de la personne morale pour délit d'initié en la poursuivant pour recel de délit d'initié.

On trouve une application de l'emploi du recel en jurisprudence en ce qui concerne l'abus de biens sociaux. Il semble que le tribunal correctionnel, dans l'impossibilité de condamner la personne morale pour abus de biens sociaux, ait préféré fonder la condamnation sur le recel[1073].

496 - Il faut donc constater que si les personnes morales paraissent à l'abri de poursuites pour certaines infractions, elles ne le sont pas toujours puisque par le choix d'une autre qualification, la répression peut s'appliquer dans les domaines où la responsabilité pénale des personnes morales n'a pas encore été introduite expressément par le législateur. Pourtant, si intéressant et si pratique que soit ce recours à la qualification pénale la plus opportune, il faut y faire certaines critiques.

B]La critique de cette méthode de qualification au choix

497 - La première critique que l'on puisse adresser à cette méthode est un risque de voir des qualifications « fragiles ». En effet, la tentation peut être grande lors de la mise en mouvement des poursuites de jouer sur les qualifications afin de pouvoir poursuivre une personne morale, notamment dans le but de faciliter l'indemnisation de la victime ou d'éviter des poursuites considérées comme injustes à l'encontre des dirigeants personnes physiques.

[1071] Art. 10-1 al. 3 de l'Ord. n°67-833 du 28 septembre 1967.

[1072] Pour un exemple C.A. Orléans 20 juin 1994, D. 1995, jur., p.81 note DUCOULOUX-FAVARD.

[1073] T. corr. Paris, 11ème Ch., 19 décembre 1995 cité par P. WALLON, La responsabilité pénale des personnes morales, Rev. pénit. 1996, p.265.

Mais, la qualification n'est pas figée dès le début de la procédure et les juridictions successives restent toujours « maîtres de leur qualification »[1074] afin de pouvoir vérifier leur compétence et assurer le respect des qualifications légales[1075]. Cela fait que l'on risque de voir, par exemple, la juridiction de jugement requalifier les faits en une infraction qui n'est pas imputable aux personnes morales, ce qui empêchera toute poursuite à l'encontre d'un être moral. Ce sera également la Chambre criminelle qui pourra opérer cette requalification puisqu'il s'agit d'une question de droit.

Cette situation n'est pas purement théorique puisqu'il en existe des exemples dans les premières décisions rendues en matière de responsabilité pénale des personnes morales. C'est le cas de deux jugements rendus par le Tribunal correctionnel de Paris[1076]. Dans ces deux espèces, le Tribunal a requalifié les faits en une infraction qui n'était pas imputable aux personnes morales, ce qui rendait irrecevables les poursuites engagées contre un être moral.

498 - La deuxième critique qu'il convient d'apporter à cette méthode est qu'elle se révèle impuissante à résoudre la difficulté due au fait que dans certains domaines où la responsabilité pénale des personnes morales n'est pas introduite, le droit pénal ne peut intervenir pour réprimer des personnes morales que lorsqu'un dommage important s'est produit. Cela va à l'encontre de la mission de prévention que l'on entend donner au droit pénal.

Il en est ainsi en ce qui concerne la plupart des règlements visant à assurer une meilleure sécurité de travail. D'ailleurs, la doctrine s'accorde à reconnaître qu'il n'existe pas un droit pénal du travail applicable aux personnes morales[1077].

Ainsi, le droit pénal sera impuissant contre la personne morale employeur lorsqu'un règlement n'est pas respecté, il ne pourra entrer en action qu'en cas d'accident, pour réprimer un homicide ou des blessures involontaires.

[1074] J.C. SOYER, *Droit pénal général et procédure pénale*, LGDJ 1997. n°121.
[1075] J. PRADEL, *Traité de droit pénal général*, CUJAS, 12ème éd. 1999, n°326.
[1076] T.G.I Paris, 31ème Ch. corr., 4 septembre 1995 et 14 février 1996 inédits.
[1077] J. MOULY, La responsabilité pénale des personnes morales et le droit du travail, Petites Affiches 1993, n°120, p.33.

499 - On pourrait objecter à cela qu'il est possible dans le cas d'un non respect de ce type de réglementation de poursuivre la personne morale pour mise en danger délibérée de la vie d'autrui[1078]. Mais, il semble qu'il s'agisse d'une solution purement théorique.

En effet, cette infraction de mise en danger est une des grandes innovations issues de la réforme du Code pénal. Si son utilité ne fait pas de doute, sa mise en œuvre semble complexe car elle suppose une analyse précise du raisonnement de l'agent au moment des faits. Il faut que celui-ci ait omis délibérément de respecter la règle sans exclure la possibilité de la réalisation d'un dommage[1079]. On peut donc penser que le juge pénal ne sera pas enclin à cumuler les difficultés et les interrogations soulevées par ce nouveau texte avec celles qui découlent des nombreuses zones d'ombre qui subsistent en matière de responsabilité pénale des personnes morales.

500 - De plus, cette méthode pose aussi quelques problèmes de logique. L'un des grands principes en matière de qualification veut que lorsqu'il existe deux qualifications possibles, l'une spéciale et l'autre générale, il faut donner la priorité à la qualification spéciale[1080]. Or, la méthode que nous venons de décrire tend plutôt à aboutir au résultat inverse puisque quand la qualification spéciale ne sera pas imputable aux personnes morales on recourra à la qualification générale qui admet cette responsabilité.

On peut prendre l'exemple de la loi relative à la sécurité de la circulation ferroviaire[1081]. Son article 19 précise que « Quiconque, par maladresse, imprudence, inattention, négligence ou inobservation des lois ou règlements, aura involontairement causé sur un chemin de fer, ou dans les gares et stations, un accident qui aura occasionné des blessures sera puni de six mois d'emprisonnement, et d'une amende de 25000 Francs.

Si l'accident a occasionné la mort d'une ou de plusieurs personnes, l'emprisonnement sera de cinq ans et l'amende de 25000 Francs ». Ce texte n'est pas applicable aux personnes morales puisqu'il est antérieur

---

[1078] Art. 223-1 C. pén. applicable aux personnes morales selon l'art. 223-2 C. pén.

[1079] J. PRADEL, *op. cit.*, n°511.

[1080] F. DESPORTES et F. LE GUNEHEC, *Le nouveau droit pénal*, *op. cit.*. n°293.

[1081] Loi du 15 juillet 1845 sur la police des chemins de fer.

à l'entrée en vigueur du Code pénal et n'a fait l'objet d'aucune modification.

Si ce type d'accident se produit et qu'une personne morale, par exemple la S.N.C.F., est mise en cause, il sera impossible de mener les poursuites sur le fondement de ce texte spécial et il faudra recourir aux textes de droit commun visant les blessures ou l'homicide involontaires. On ne pourra donc pas donner la priorité au texte spécial.

Le problème vient de ce que la responsabilité pénale de la personne morale est généralement fondée sur des faits matériels commis par une ou plusieurs personnes physiques et constituant en eux mêmes des infractions. Or, quelle qualification retenir pour ces faits ? La réponse logique serait de privilégier la qualification spéciale. Mais dans ce cas, les mêmes faits commis par les mêmes personnes seraient à la base de deux qualifications différentes.

A l'opposé, si par souci de logique, on ignore le principe de préférence pour la qualification spéciale, on retiendra la qualification de droit commun pour les personnes physiques. Le problème est alors que les peines encourues par la ou les personnes physiques sont différentes de celles prévues par la loi spéciale[1082]. D'un point de vue logique, aucune des deux solutions n'est satisfaisante.

501 - La dernière critique concerne l'utilisation de la qualification de recel pour pallier l'absence de responsabilité pénale des personnes morales dans certains domaines. On sait qu'il existe, avec le recel, des qualifications incompatibles. Ainsi, on ne peut retenir à la fois le vol et le recel de vol car le voleur est automatiquement receleur[1083], ou encore l'auteur d'un abus de confiance ne peut pas en être le receleur[1084].

Dans les cas qui nous intéressent, la personne morale est poursuivie pour le recel d'une infraction dont les éléments matériels ont été réalisés par ses organes ou représentants. Les éléments matériels du recel ont été eux aussi réalisés par les organes ou représentants.

[1082] En cas de blessures, la loi de 1845 prévoit un emprisonnement de six mois et une amende de 25000 francs alors que l'article 222-19 du C. pén. prévoit un emprisonnement de deux ans et une amende de 200000 francs. En cas de mort, la loi de 1845 prévoit un emprisonnement de cinq ans et une amende de 25000 francs alors que l'article 221-6 du C. pén. prévoit un emprisonnement de trois ans et 300000 francs d'amende.

[1083] Cass. crim. 15 décembre 1949, Bull. n°350.

[1084] Cass. crim. 2 décembre 1971, Bull. n°337.

Dans l'hypothèse d'une infraction incompatible avec son recel, on aboutit une fois encore à une solution qui heurte la logique. En effet, les mêmes faits, commis par les mêmes personnes vont servir de fondement à deux qualifications qui sont incompatibles entre elles. Ce sera notamment le cas avec l'abus de biens sociaux et son recel qui sont des qualifications incompatibles[1085]. Même si la personne poursuivie n'est pas la même, il nous semble que cette situation ne répond pas vraiment aux exigences du droit pénal.

502 - On le constate, le principe de spécialité des infractions est un facteur de complication de la responsabilité pénale des personnes morales. L'adoption d'un principe général de responsabilité, tel qu'on le rencontre dans les pays anglo-saxons, aurait évité de telles difficultés.

De plus, cela aurait aussi permis d'éviter que le principe d'égalité devant la loi pénale ne soit malmené. En effet, les personnes morales sont parfois mieux traitées que les personnes physiques[1086] et ce à partir de critères qui n'en sont pas puisque la décision législative d'introduire ou non la responsabilité pénale des personnes morales semble bien souvent arbitraire.

En effet, l'absence de principe de spécialité aurait aussi permis d'éviter la création d'une immunité des personnes morales pour les faits qui ne leur sont pas imputables. Avant l'introduction de cette responsabilité pénale nouvelle on s'indignait de « l'immunité » dont bénéficiaient les personnes morales. Or, il n'y avait pas d'immunité puisqu'elles n'étaient pas sujets de droit pénal.

Aujourd'hui, le principe de spécialité, en limitant le domaine d'intervention du droit pénal a créé une véritable immunité au profit des personnes morales qui se révèle sans doute plus choquante, par contraste, que l'absence pure et simple de responsabilité pénale.

Quelles que soient ces multiples difficultés tenant à la spécialité ou à la réalisation de l'infraction reprochée à la personne morale qui conditionne sa responsabilité pénale, il faut encore attribuer cette responsabilité précisément à la personne même de l'être moral poursuivi.

[1085] Ce qui est rappelé par exemple par T. corr. Paris, 11ème Ch., 19 décembre 1995 aff. n°9436301833.

[1086] M.E. CARTIER, *La responsabilité pénale des personnes morales : évolution ou révolution ?*, JCP éd. E 1994, supp. n°5, 30.

TITRE 2:

L'attribution de la responsabilité pénale

503 - Une personne morale déterminée, une infraction punissable, reste à attribuer la responsabilité de la seconde à la première, ce qui signifie deux choses.

D'une part, il faut constater que les infractions pour lesquelles des personnes morales seront poursuivies, mettront en cause un nombre assez élevé d'agents. Il s'agira à la fois de personnes morales et de personnes physiques. Se pose alors certaines questions relatives à la répartition des responsabilités entre les différents participants aux faits (Chapitre 1).

D'autre part, le Code pénal prévoit des causes d'irresponsabilité qui, soit viennent faire disparaître l'infraction elle-même, soit, en raison de circonstances particulières tenant à l'agent, rendent sa poursuite impossible. En l'absence de précisions légales, ces causes d'irresponsabilité sont susceptibles de s'appliquer aux personnes morales. Il conviendra donc de se demander dans quelles conditions cette irresponsabilité pénale peut concerner celles-ci (Chapitre 2).

Chapitre 1:

La répartition des responsabilités entre participants à l'infraction

504 - Le Code pénal précise que les « personnes morales sont responsables pénalement, [...], selon les distinctions des articles 121-4 à 121-7, [...] »[1087]. C'est dire que la personne morale peut être poursuivie comme auteur principal de l'infraction ou comme complice. Il convient donc de s'arrêter sur chacune de ces situations (Section 1).

Mais, il ne faut pas négliger le fait que l'existence de la responsabilité pénale de la personne morale n'est pas totalement étrangère à celle des personnes physiques impliquées dans les faits. C'est pourquoi nous verrons qu'il peut y avoir des interférences entre la responsabilité pénale des personnes morales et celle des personnes physiques (Section 2).

Section 1:

La personne morale auteur ou complice de l'infraction

505 - Nous reprendrons la distinction faite par le Code pénal en ce qui concerne la participation de l'agent à l'infraction. La personne morale poursuivie pourra avoir commis l'ensemble des éléments constitutifs de l'infraction, elle sera alors auteur ou coauteur (§1).

Mais, elle pourra aussi avoir permis ou facilité la commission de l'infraction par un autre agent. Dans ce cas, elle pourra être poursuivie comme complice de l'auteur principal (§2).

[1087] Art. 121-2 al. 1er C. pén.

§1: La personne morale auteur ou coauteur de l'infraction

506 - La personne morale peut être l'auteur de l'infraction, nous verrons donc quels sont les différents cas de figure qui peuvent se rencontrer (A). Le Code pénal précise que l'auteur d'une infraction est celui qui commet les faits incriminés mais aussi celui qui tente de commettre un crime ou, dans les cas prévus par la loi, un délit[1088]. Nous nous arrêterons sur cette possibilité de poursuivre une personne morale pour tentative (B).

A] Les différents cas de figure

507 - Lorsque des poursuites pénales visent une personne morale, celle-ci peut se trouver dans toutes les situations qui sont envisageables pour les personnes physiques. Nous examinerons donc chacune de ces situations.

1) La personne morale seule poursuivie

508 - Le premier cas est celui où aucun autre agent n'est mis en cause. Seule la responsabilité pénale de la personne morale est recherchée. L'ensemble des éléments constitutifs de l'infraction devront pouvoir être attribués à l'être moral.

D'après ce qui ressort de l'étude des cents premières décisions définitives condamnant des personnes morales, cette situation semble être la plus courante[1089]. En effet, sur la centaine de décisions en question, dans 62 cas la personne morale est seule à être condamnée. Sur ces 62 dossiers, on ne relève que 5 affaires où des personnes physiques ont été poursuivies et relaxées. Ce qui revient à dire que dans

---

[1088] Art. 121-4 C. pén.

[1089] Circulaire n° Crim-98-1/F1 du 26 janvier 1998 du Garde des Sceaux. Premier bilan de l'application des dispositions du nouveau Code pénal concernant la responsabilité pénale des personnes morales. Tableau n°2.

57 % des dossiers, le parquet avait, dès le départ, fait le choix de ne poursuivre que la personne morale[1090].

Il faut observer que ce choix de ne poursuivre que la personne morale n'est apparemment pas étranger à la nature de l'infraction poursuivie. En effet, lorsque l'on est en présence d'infractions non intentionnelles, le taux des dossiers où seule la personne morale est poursuivie est important. Spécialement en matière d'homicide involontaire, 80 % des décisions ont abouti à la condamnation de l'être moral seul.

Pourtant, certains auteurs préfèrent penser que le fait de poursuivre la personne morale seule dépend en réalité de la qualité que l'on entend donner aux personnes physiques, dirigeants ou représentants qui ont agi pour son compte[1091].

509 - Il est à noter que cette tendance à voir la personne morale seule poursuivie lorsqu'il s'agit d'infractions non intentionnelles va s'amplifier avec l'adoption de la loi du 10 juillet 2000 relative à la définition des délits non intentionnels[1092].

En effet, ce texte prévoit que s'il n'existe qu'un lien indirect entre le dommage et l'infraction et qu'il n'y a eu ni violation manifestement délibérée d'une loi ou d'un règlement ni commission d'une faute caractérisée exposant autrui à un risque d'une particulière gravité sans que celui-ci ait pu être ignoré, les personnes physiques ne peuvent pas être poursuivies. Dans ces hypothèses, seule la responsabilité pénale des personnes morales subsiste et quand un être moral sera mis en cause pour une infraction de ce type, il le sera forcement seul.

De plus, on peut penser que les victimes, privées d'action pénale à l'encontre des personnes physiques, s'empresseront, à chaque fois que cela sera possible, c'est-à-dire lorsque les personnes physiques agissaient « pour le compte » d'une personne morale, d'engager des poursuites à l'encontre de cette dernière[1093].

[1090] En effet, dans plus de 90 % des cas les poursuites ont été menées à l'initiative du Ministère Public.

[1091] F. DESPORTES, La responsabilité pénale des personnes morales en droit français, C.J.E.G. 1996, p.93 et s.

[1092] Loi n° 2000-647 du 10 juillet 2000 tendant à préciser la définition des délits non intentionnels ; J.O. du 11 juillet 2000, JCP 2000, III, 20330.

[1093] Cette possibilité d'action des victimes a d'ailleurs été évoquée à plusieurs reprises lors des débats relatifs à cette proposition de loi. Par exemple Madame E. GUIGOU, J.O. débats Sénat, jeudi 27 janvier 2000, p.408.

510 - Pour en terminer, il convient de signaler que le fait que la personne morale soit seule poursuivie, a des répercussions au niveau procédural, plus spécialement en ce qui concerne sa représentation pendant les poursuites. En effet, le représentant légal de la société pourra la représenter pour l'ensemble des actes de la procédure ou désigner un mandataire à cet effet, sans qu'intervienne la désignation d'un représentant prévue par le Code de procédure pénale[1094].

Dans toutes les autres hypothèses où le représentant est mis en cause, la Cour de cassation avait décidé que la procédure de désignation d'un mandataire par le président du tribunal de grande instance devait s'appliquer[1095]. Toutefois, la loi relative à la modification de la définition des délits non intentionnels contient une disposition modifiant l'article 706-43 du Code de procédure pénale[1096] qui rend cette jurisprudence caduque puisque, dorénavant, le recours à la désignation d'un mandataire par le président du tribunal de grande instance n'est plus qu'une faculté dans l'ensemble des cas, en particulier lorsque des poursuites connexes ou similaires sont exercées à l'encontre de la personne morale et du représentant[1097].

2) La personne morale coauteur avec une personne physique

511 - Les coauteurs sont ceux qui réunissent en leur personne tous les éléments constitutifs d'une infraction commise en participation[1098] ou encore ceux qui, par leur action, ont ensemble réalisé la situation infractionnelle[1099] . Les coauteurs sont les « associés du crime »[1100], ils sont acteurs à part entière de l'infraction. Dans le cas présent,

---

[1094] Art. 706-43 al. 1er C. proc. pén.

[1095] Cass. crim. 9 décembre 1997, Bull. n°420, p.1385 ; Dr. pén. 1998, jur., n°60, obs. A. MARON; Cass. crim. 12 janvier 2000, Bull. n°23, p.51. Le dirigeant perdant toute possibilité de représenter ou faire représenter la personne morale : Cass. crim. 5 janvier 2000, Bull. n°4, p.7.

[1096] Art. 7 de la loi du 10 juillet 2000 précitée.

[1097] Cette disposition ne semble pas avoir créée de réaction particulière alors qu'elle nous semble extrêmement dangereuse en raison des risques importants de conflits d'intérêts.

[1098] A. LEGAL, Rev. sc. crim. 1962, p.749.

[1099] J.H. ROBERT, *Droit pénal général*, PUF, 4ème éd. 1999, p.359.

[1100] J.C. SOYER, *Droit pénal et procédure pénale, op. cit.*, n°169.

l'ensemble des éléments constitutifs devront se retrouver à la fois chez la personne physique et chez la personne morale.

512 - Lorsqu'il y a coaction, le coauteur personne physique est quasiment toujours le représentant ou l'organe de la personne morale. En effet, si on peut attribuer l'ensemble des éléments constitutifs à la personne morale c'est que l'organe ou le représentant peut lui aussi se les voir attribuer puisqu'il est le moyen d'action physique de la personne morale. Donc, s'il est poursuivi, ce sera en tant que coauteur.

Certains domaines devraient être le lieu privilégié de la coaction entre personne morale et personne physique. Il s'agit de l'ensemble des cas où la poursuite d'une personne morale suppose qu'une personne physique ait été préalablement mise en cause.

Il en va ainsi en droit du travail en ce qui concerne les infractions d'imprudence où la responsabilité pénale du dirigeant devra être recherchée avant de pouvoir mettre la personne morale en cause.

513 - Ce sera le cas pour les accidents de travail dus au non respect de la réglementation[1101]. A l'origine de l'accident, il y a l'irrespect d'un règlement fixant les règles de sécurité. Or, et l'on a déjà souligné cette bizarrerie, ce type d'infractions ne peut pas être imputé à une personne morale puisqu'aucun texte ne le prévoit.

En cas d'accident, on recherchera d'abord l'auteur de la violation du règlement qui est la cause du dommage, c'est-à-dire en tout premier lieu le dirigeant[1102]. Puis, après lui avoir imputé cette première infraction, on pourra songer aux blessures involontaires ou à l'homicide involontaire. Or, ces infractions, et elles seules, sont imputables aux personnes morales.

Si l'on poursuit la personne morale pour cette infraction d'imprudence, il semble logique que la personne physique, à qui l'infraction qui est à la base des poursuites peut être imputée, soit poursuivie comme coauteur de l'infraction d'imprudence.

514 - Pourtant, il semble que la pratique soit différente. Comme on l'a vu, les infractions d'imprudence donnent plutôt naissance à des

---

[1101] A. COEURET, La responsabilité en droit du travail : continuité et rupture, Rev. sc. crim. 1992, 475.

[1102] Ou son délégataire si une délégation en bonne et due forme existait.

poursuites ne visant que la personne morale[1103]. On trouve d'ailleurs de nombreuses illustrations jurisprudentielles de ce phénomène.

Ainsi, dans une espèce où un échafaudage s'était effondré à cause d'un défaut de vérification de l'état des goujons et du non respect des règles applicables en la matière, les poursuites et la condamnation pour blessures involontaires, ne visent que des personnes morales et aucune personne physique n'est inquiétée[1104]. Il nous paraît regrettable que les magistrats n'utilisent pas complètement les possibilités offertes par les textes.

3) Personnes morales coauteurs d'une infraction

515 - Dans cette dernière hypothèse, deux ou plusieurs personnes morales seront poursuivies pour avoir chacune accompli l'ensemble des éléments constitutifs de l'infraction. Cette situation aura tendance à se rencontrer lorsqu'il s'agit d'un groupe de sociétés ou encore en cas de sous-traitance.

On en trouve un exemple en matière de sous-traitance dans une décision du Tribunal correctionnel de Paris[1105]. Dans cette espèce, les deux sociétés sont condamnées comme coauteurs de blessures involontaires ayant causé une incapacité de plus de trois mois au salarié de l'une d'elles.

Les faits étaient les suivants. Une société était chargée d'un ravalement de façade. Elle sous-traite le montage de l'échafaudage nécessaire au chantier à une autre société qui n'est pas spécialisée en la matière. Une rupture des attaches de l'échafaudage provoque la chute de l'ouvrier de la première société qui est gravement blessé.

L'inspecteur du travail relève, dans son rapport, qu'outre le non respect d'un certain nombre de dispositions réglementaires, les goujons de fixation de l'échafaudage montrent des traces visibles de corrosion et ajoute qu'aucun contrôle minutieux n'a été opéré avant le début des travaux.

[1103] *Cf.* les statistiques déjà citées

[1104] T. corr. Paris, 31ème Ch., 3 novembre 1995, Droit social 1996, p.157, note A. COEURET.

[1105] T. corr. Paris, 31ème Ch., 3 novembre 1995, op. cit.

La société employeur se voit condamnée pour avoir commis une négligence grave en envoyant son employé travailler sur cet échafaudage sans qu'aucun contrôle préalable sur la sécurité de l'ensemble n'ait été effectué. La société sous-traitante, se voit reprocher une négligence grave car, même si elle n'était pas spécialiste de ce type d'activité, un simple contrôle visuel aurait permis de relever les traces d'oxydation et d'éviter l'accident. Le tribunal condamne donc les deux sociétés « compte tenu de la participation de chacune d'elles à la commission de cette infraction [...] »[1106].

Dans ce type d'hypothèses où plusieurs personnes morales sont reconnues coauteurs d'une infraction, il est légitime de se demander quel sort il convient de réserver aux personnes physiques. Dans la décision citée, aucune personne physique n'a fait l'objet de poursuites mais la motivation ne permet pas d'en dégager les raisons précises.

516 - Pour conclure, il faut remarquer que parfois, les raisonnements qui peuvent être dégagés en pure théorie ne semblent pas se vérifier à l'étude des cent premières décisions devenues définitives et étudiées dans la circulaire. Mais, il ne faudrait pas se hâter de déclarer que ces constructions théoriques sont erronées.

En effet, l'étude relatée par la circulaire ne porte que sur cent décisions ce qui est peut être insuffisant pour dégager une réelle ligne jurisprudentielle. De plus, ces décisions émanent pour la majeure partie d'entre elles, de juridictions de première instance[1107].

Enfin, on remarque que ces cent premières décisions sont issues majoritairement de juridictions dépendant du ressort de la Cour d'appel de Paris[1108] et ne donnent pas un reflet exact de l'état de la jurisprudence. C'est pourquoi, si certains enseignements peuvent être tirés de l'étude menée dans la circulaire, il faut éviter d'en déduire des principes généraux et de l'utiliser pour réduire à néant certaines analyses théoriques.

517 - Après avoir étudié les différents cas où une personne morale peut se voir condamnée comme auteur d'une infraction consommée, il faut noter que le Code pénal précise que l'auteur de l'infraction est celui

---

[1106] T. corr. Paris précité.

[1107] Seulement trois condamnations ont été prononcées par une Cour d'Appel.

[1108] 69 % de ces décisions émanent de juridictions comprises dans le ressort de la Cour d'Appel de Paris.

qui commet les faits incriminés ou celui qui « tente de commettre un crime ou, dans les cas prévus par la loi, un délit. »[1109]. Il convient donc d'examiner cette possibilité de voir une personne morale poursuivie pour tentative d'infraction.

B] La tentative commise par une personne morale

518 - On s'accorde à dire qu'il y a infraction consommée lorsque l'auteur de l'infraction a franchi les différentes étapes qui composent l'iter criminis ou chemin du crime et a atteint le but criminel recherché. A l'opposé, il y a tentative lorsque l'effet délictueux recherché par l'auteur ne s'est pas produit. La tentative est « l'action d'essayer de commettre un délit »[1110].

Qu'en est-il de la personne morale qui essayerait de commettre un délit ? Il faut d'abord revenir sur le fait que, pour une personne morale, et dans les limites fixées pour les personnes physiques[1111], tenter de commettre une infraction est un acte punissable (1). Mais, après quelques années d'application du Code pénal, on peut se demander quel a été le retentissement pratique de cette possibilité d'imputer une tentative d'infraction à un être moral (2). Enfin, nous nous interrogerons sur les enseignements éventuels à tirer de cette observation de la pratique (3).

1) La possibilité de poursuivre une personne morale pour tentative

519 - Le texte qui pose le principe même de la responsabilité pénale des personnes morales contient cette possibilité de poursuivre l'être moral pour tentative. En effet, ce texte précise que les personnes morales encourent une responsabilité pénale « selon les distinctions des articles

---

[1109] Art. 121-4 C. pén.

[1110] J. BERRIAT SAINT PRIX cité par J. PRADEL, *Traité de droit pénal*, n°415.

[1111] C'est-à-dire notamment les règles en matière de commencement d'exécution mais aussi l'exigence de l'incrimination spéciale expresse de la tentative en matière délictuelle.

121-4 à 121-7 »[1112]. Or, les articles 121-4 et 121-5 du Code pénal traitent de la tentative.

Le principe étant posé, il convient de vérifier si l'imputation d'une tentative à un être moral est réalisable. En effet, la tentative est toujours punissable en matière de crime mais seulement si la loi le prévoit pour les délits et jamais en principe pour les contraventions[1113].

A la lecture du Code pénal, on s'aperçoit que certaines infractions qualifiées crimes sont imputables aux personnes morales. C'est ainsi que, pour ne prendre que deux exemples, le génocide[1114] et les autres crimes contre l'humanité[1115] sont imputables aux personnes morales[1116] et que les actes de terrorisme[1117] qualifiés crimes le sont également[1118]. On pourrait objecter qu'il s'agit là d'infractions extrêmement graves et heureusement assez rares.

Mais, elles sont néanmoins la preuve de la possibilité réelle de poursuites d'une personne morale pour tentative. Pour encore mieux s'en convaincre, il faut se demander ce qu'il en est en matière de délits, infractions réputées plus courantes.

Lorsque l'on fait un relevé des différentes infractions imputables aux personnes morales, on constate qu'un certain nombre des textes correspondants incriminent le délit et sa tentative. Ainsi, le vol[1119] est imputable aux personnes morales[1120]. Et la tentative de vol est expressément déclarée punissable[1121], donc une tentative de vol pourrait être reprochée à un être moral.

520 - On l'a vu, la tentative est formellement envisagée par le texte introduisant la responsabilité pénale des personnes morales et il existe des infractions pour lesquelles la tentative est punissable et qui sont imputables aux êtres moraux. Il faut donc maintenant se demander comment cette possibilité a été mise en œuvre en pratique.

1112 Art. 121-2 al. 1er C. pén.
1113 Art. 121-4 2° C. pén.
1114 Art. 211-1 C. pén.
1115 Art. 212-1 C. pén.
1116 Art. 213-3 C. pén.
1117 Art. 421-1 et s. C. pén.
1118 Art. 422-5 C. pén.
1119 Art. 311-1 C. pén.
1120 Art. 311-16 C. pén.
1121 Art. 311-13 C. pén.

2) La mise en œuvre pratique

521 - La question est de savoir si, depuis l'entrée en vigueur du Code pénal, il y a eu des poursuites de personnes morales pour tentative. A notre connaissance, et plus spécialement dans les cent premières décisions devenues définitives étudiées dans la Circulaire[1122], aucune condamnation pour tentative n'est intervenue. On peut imaginer que des affaires de ce genre existent mais qu'il n'y a encore aucune condamnation définitive car en raison d'une complexité accrue, elles sont encore à l'instruction ou ont fait l'objet d'un appel[1123]. Pourtant, il est à signaler que nous n'avons eu connaissance d'aucune procédure de cette sorte.

Cette absence de condamnation est étonnante car on imagine assez facilement des situations susceptibles de donner lieu à ce type de décisions. Pour ne prendre qu'un exemple, on peut envisager qu'une personne physique s'apprête à commettre un vol de document « pour le compte » d'une personne morale. L'agent ne parvient pas au résultat escompté pour des raisons qui lui sont étrangères, il y aurait bien lieu de poursuivre la personne morale pour tentative de vol puisque si le délit avait été consommé, il aurait pu y avoir condamnation pour vol.

522 - Il doit donc être intéressant de se demander quelles sont les raisons pratiques qui peuvent être à l'origine de cette absence de condamnation de personnes morales pour tentative.

La première raison qui vient à l'esprit est qu'aucune tentative punissable n'aurait été commise par une personne morale depuis l'entrée en vigueur du Code pénal. Cela revient à dire qu'il n'y aurait eu aucun fait qualifiable de tentative d'infraction commis par un être moral depuis le 1er mars 1994. Même si les condamnations pour tentative sont beaucoup moins nombreuses que celles pour l'infraction consommée, cette solution semble peu plausible.

523 - La deuxième explication que l'on est tenté d'avancer est que le juge pénal n'a pas encore acquis la maîtrise parfaite du texte nouveau.

1122 Circulaire Crim-98-1/F1 du 26 janvier 1998 déjà citée.

1123 Comme le souligne la Chancellerie dans la circulaire, ces cent premières décisions définitives concernent des procédures qui n'ont soulevé que peu ou pas de difficultés juridiques.

En effet, en ce qui concerne les infractions consommées, on relève déjà que « les hésitations et les maladresses sont légion »[1124]. On peut donc penser que le juge pénal, encore peu à l'aise avec ce texte, ne se risque pas à poursuivre des faits de tentative afin d'éviter des complications supplémentaires. L'exemple de l'intention est révélateur. On sait que la détermination de l'intention de l'auteur d'une tentative est fondamentale pour permettre la répression mais aussi que sa caractérisation est très complexe[1125].

Il est fort probable que le juge pénal rechigne à se lancer sur les chemins tortueux de la recherche de l'intention délictueuse d'une personne morale auteur d'une tentative vu qu'il n'a pas encore élaboré de théorie définitive en ce qui concerne l'intention dans les infractions consommées[1126], domaine réputé plus simple.

524 - Enfin, l'analyse des cent premières condamnations de personnes morales peut nous évoquer une troisième raison susceptible d'expliquer cette absence de recours à la répression de la tentative en ce qui concerne les personnes morales. On a vu que la majorité des condamnations sont des condamnations pour des infractions non intentionnelles. Or, la tentative de ces infractions, essentiellement des délits, n'est pas incriminée par la loi car « l'intention de la tentative n'est autre que celle de l'infraction que l'on entreprend de consommer »[1127].

Outre les différentes raisons envisageables qui viennent d'être citées, il semble intéressant de voir s'il n'est pas possible de dégager certains enseignements de cette absence de tentative imputée à un être moral.

3) Les enseignements envisageables

525 - Lorsqu'il incrimine la tentative, « notre droit s'attache moins au préjudice effectivement subi par la société ou par un individu

---

[1124] J.H. ROBERT et A. MARON, Cent personnes morales pénalement condamnées, Dr. pén. 1998, doct. n°22.
[1125] A. PROTHAIS, *Tentative et attentat*, LGDJ 1985, n°479 et s.
[1126] *Cf supra* p.266.
[1127] A. PROTHAIS, *op. cit.*, n°478.

déterminé qu'à l'intention de l'agent »[1128]. En effet, la répression de la tentative n'est pas la répression d'actes dangereux pour les droits des tiers mais « la répression de l'intention criminelle qui a présidé au commencement d'exécution »[1129].

Dans la plupart des cas la simple tentative, contrairement à l'infraction consommée, ne cause aucun préjudice à la victime ou un préjudice bien moindre que si l'agent avait réussi à mener son entreprise criminelle à bien.

Reprenons l'exemple déjà évoqué du vol de document. Si l'infraction est consommée, l'agent dérobe, par exemple, un fichier clients ou les plans d'un prototype non encore breveté. L'utilisation par le concurrent de ces documents va causer un préjudice important à la société victime du vol. Ce préjudice se traduira par la perte d'une partie de sa clientèle ou par la commercialisation par un concurrent du produit qu'elle avait mis au point. Dans les deux cas, il en résulte une perte financière importante.

526 - A l'opposé, si l'infraction n'est que tentée, le vol ayant échoué pour des raisons extérieures à la volonté de l'agent, le préjudice sera inexistant ou très faible[1130]. Dans la tentative, ce n'est donc pas le préjudice causé ou le trouble à l'ordre social qui est réprimé mais bien l'intention criminelle irrévocable.

Ces remarques préliminaires permettent de se poser certaines questions relativement à cette absence de tentative imputée à des personnes morales. En effet, on peut se demander si cela n'est pas révélateur du fait que le juge pénal considère que la responsabilité pénale des personnes morales a d'abord comme utilité de faciliter l'indemnisation de la victime. Cette idée selon laquelle une personne morale présente des garanties de solvabilité plus importantes qu'une personne physique avait d'ailleurs été évoquée dès l'entrée en vigueur du texte[1131].

L'absence de poursuite pour tentative pourrait être due au fait que l'on considère que la responsabilité pénale des personnes morales ne doit être utilisée que lorsqu'il existe un préjudice important pour les

---

[1128] J. PRADEL, *Traité de droit pénal*, n°414.

[1129] A. PROTHAIS, *op. cit.*, n°64.

[1130] Il se réduira par exemple aux frais de réparation des dommages causés en cas d'effraction.

[1131] J.J. HYEST *in Le nouveau Code Pénal : enjeux et perspectives*, DALLOZ 1994, spéc. p. 47.

victimes de l'infraction et qu'elle se révèle inutile lorsqu'il n'existe qu'une intention, même irrévocable, de troubler l'ordre public puisque les poursuites contre la personne physique auteur matériel des faits, permettent l'indemnisation de la victime.

L'article 121-2 du Code pénal ne serait alors qu'un moyen d'améliorer l'indemnisation des victimes d'infraction dans lesquelles une personne morale serait impliquée.

527 - Si cette analyse devait se révéler exacte, il serait regrettable de constater que l'on se prive des possibilités offertes par le législateur dans la réforme du Code pénal. De plus, si le but est une meilleure indemnisation des victimes, il n'était pas utile de recourir au droit pénal et le droit civil y aurait suffi[1132]. A force d'être utilisé pour protéger des intérêts pécuniaires, le droit pénal ne risque-t-il pas « d'y perdre son âme ? »[1133].

Enfin, il serait regrettable de ne pas poursuivre les personnes morales auteurs de tentative car on oublierait que, réprimant une intention criminelle irrévocable matérialisée, la tentative a un rôle préventif en intervenant avant que l'agent n'ait atteint son but criminel et en l'incitant à ne pas poursuivre son entreprise délictueuse.

528 - En ce qui nous concerne, nous préférons rester résolument optimiste et penser que la réforme a donné naissance à une nouvelle branche du droit pénal : le droit pénal des personnes morales. Ce droit pénal des personnes morales a besoin de temps et de constructions nouvelles pour que toutes ses possibilités puissent être exploitées.

La tentative en est un très bon exemple. Il s'agit déjà d'une question accessoire en ce qui concerne les personnes physiques, on comprend que pour les personnes morales, il faille laisser du temps à la doctrine et à la jurisprudence pour faire leur œuvre. Mais, cette question de la tentative, comme les autres, ne devra pas être laissée de côté afin de faire progresser cette matière nouvelle comme il sied.

Après avoir vu la situation de la personne morale auteur ou coauteur de l'infraction, il faut s'attarder sur le cas où la personne morale a

---

[1132] C. GAVALDA, L'anonymat du droit des affaires et la responsabilité pénale des personnes morales, Petites Affiches 1993, n°120, p.57 à 60.

[1133] Ph. CONTE et P. MAISTRE DE CHAMBON, *Droit pénal général*, Armand Colin 4ème édition 1999, n°370.

seulement facilité la commission de l'infraction : c'est la question de la personne morale complice.

§2: La personne morale complice

529 - Classiquement, la complicité punissable nécessite tout d'abord un acte de complicité qui est commis par celui qui désire ainsi permettre ou faciliter la réalisation de l'infraction par l'auteur principal (A).

Cet acte de complicité tendra donc à la réalisation de l'infraction principale qui, lorsque l'on considère les spécificités liées aux personnes morales et à leur responsabilité, mérite un examen particulier (B).

A] L'acte de complicité

530 - Cet acte de complicité, si l'on se réfère à la situation telle qu'elle existe pour les personnes physiques, se compose d'une part, d'éléments matériels de complicité et d'autre part, d'un élément intellectuel. La spécificité des personnes morales fait que chacune de ces deux composantes doit être reprise et étudiée de façon précise.

1) L'élément matériel de complicité

531 - Selon le Code pénal, cet élément matériel de complicité pourra être constitué par une aide ou une assistance[1134](a) ou encore par instigation[1135](b).

[1134] Art.121-7 al.1er C. pén.
[1135] Art.121-7 al.2 C. pén.

a) La complicité par aide ou assistance

532 - Il est bon, même si ni la jurisprudence ni la doctrine n'ont jamais cru utile de le faire, de distinguer entre l'aide et l'assistance. Comme le soulignent Messieurs DESPORTES et LE GUNEHEC, « l'assistance suppose la présence sur place du complice »[1136] alors que l'aide représente plutôt l'ensemble des hypothèses que l'ancien Code pénal désignait comme étant de la fourniture de moyens[1137].

Ainsi de cette distinction, il est aisé de déduire qu'une personne morale ne pourra jamais être complice par assistance de l'auteur principal. En effet on voit mal comment soutenir que la personne morale était sur les lieux de l'infraction et que par cette présence elle a facilité sa commission[1138].

533 - Mais, qu'en est-il de la complicité par aide? Les auteurs nous disent qu'en principe, la complicité par aide (comme par assistance) suppose un acte positif de la part du complice et de rappeler que celui qui surprend des cambrioleurs et ne donne pas l'alerte contre rémunération, ne peut pas être considéré comme étant un complice[1139] puisqu'il y a une simple abstention. Pourtant, la jurisprudence accepte de reconnaître la complicité lorsque sans l'existence de la personne qui est restée passive, l'infraction n'aurait pas pu être commise[1140]. De ce fait, on peut se demander si une personne morale peut être déclarée complice seulement parce que si elle n'avait pas existé l'infraction n'aurait pas pu être commise par son auteur?

On peut penser à l'exemple du cambriolage qui serait commis par l'employé d'une société de gardiennage grâce aux renseignements glanés durant son service. Il est indéniable que sans l'employeur, il n'aurait pas eu connaissance des éléments qui lui ont permis le cambriolage. Il semble donc que la simple existence d'une personne

---

[1136] F. DESPORTES et F. LE GUNEHEC, *Le nouveau Droit Pénal*, ECONOMICA 6ème éd., spéc. n°538.

[1137] Art. 60 al.2 de l'A.C. pén.

[1138] Sauf à admettre qu'il peut y avoir complicité par aide ou assistance par l'intermédiaire du représentant qui se trouvait sur les lieux.

[1139] Cass. crim. 15 janvier 1948, S. 1949, I, 81.

[1140] Par exemple le « soutien moral » de l'amant pendant l'avortement : Cass. crim. 5 novembre 1941, S. 1942, I, 89. Pour un autre exemple Cass. crim. 27 octobre 1971, B., n°284.

morale puisse constituer un acte matériel de complicité. Pourtant, cela ne signifie pas que cette personne morale pourra être reconnue complice car il faudra encore que l'exigence relative à l'élément intellectuel soit rempli[1141].

b) La complicité par instigation

534 - Cette complicité par instigation prend en réalité deux formes distinctes: l'instigation par provocation ou par fourniture d'instructions.

Dans le premier cas, pour qu'il y ait complicité, il faudra qu'existe un des éléments cités par l'alinéa 2 de l'article 121-7 du Code pénal: don, promesse, menace, ordre, abus d'autorité ou de pouvoir[1142].

On semble ici toucher au domaine qui sera le plus utilisé en ce qui concerne les personnes morales. On imagine en effet fort bien les organes ou représentants soit faire des promesses (par exemple: promesse de promotion à l'employé qui accepterait de commettre une infraction au profit de la personne morale), soit proférer des menaces (menace de licenciement de l'employé qui refuserait de commettre l'infraction), soit donner l'ordre de commettre un méfait (on peut penser au dirigeant d'une personne morale à but religieux ou sectaire qui ordonne à un de ses disciples de commettre un attentat).

535 - Dans le second cas, c'est-à-dire la fourniture d'instructions, il n'y a pas de contrainte pesant sur l'auteur principal. Le complice se contente de donner des renseignements pour la réalisation de l'infraction. Ces renseignements doivent se révéler suffisamment précis pour que la complicité puisse être retenue.

Pour transposer aux personnes morales, il faudra que les renseignements en question aient été donnés à l'auteur principal par les organes ou les représentants « pour le compte » de la personne morale complice. En fait, l'infraction est commise par une personne qui n'est ni organe ni représentant et qui agit « pour le compte » de la personne morale avec l'aide de ses représentants ou organes.

Ce type de complicité, s'il n'est pas à exclure pour les personnes morales, sera sans doute beaucoup moins fréquent que les situations

---

[1141] *Cf. infra* p.361.

[1142] On se rapproche fort de la liste que donnait l'article 60 de l'ancien Code pénal.

précédemment évoquées. En effet, en l'absence de toute forme d'obligation de commettre l'infraction, il faudra que les intérêts de l'auteur principal rejoignent ceux de la personne morale car dans le cas contraire il ne commettra pas l'infraction faute de mobile.

Une fois que l'une des situations que nous venons de décrire est décelée, il n'y aura pas forcément complicité car il faudra encore que l'élément intellectuel vienne s'ajouter à l'élément matériel.

2) L'élément intellectuel de la complicité

536 - En ce qui concerne les personnes physiques, les auteurs ont coutume de dire que l'élément intellectuel de la complicité est « nécessairement intentionnel »[1143], ce qui signifie qu'il faut que le supposé complice ait eu connaissance de la volonté de l'auteur principal de commettre une infraction en s'aidant des moyens ou des renseignements fournis.

Cette exigence pose d'ailleurs la délicate question de la complicité des infractions d'imprudence sur laquelle doctrine et jurisprudence ne sont pas toujours d'accord.

Comment transposer cette exigence à une personne morale (b)? Mais auparavant, on peut se demander si cette exigence a vraiment lieu d'être. En effet la seule réalité de la personne morale, associée au fait que la commission de l'infraction a été facilitée par sa présence, ne pourrait-elle pas suffire à caractériser la complicité (a) ?

a)Faut-il rechercher la volonté de la personne morale complice?

537 - Cela revient à se demander si les seuls faits matériels de complicité pourraient suffire à condamner une personne morale comme complice.

A plusieurs égards la réponse doit être négative. Tout d'abord, l'intention a pris une place importante depuis l'adoption du Code pénal

---

[1143] Par exemple F. DESPORTES et F. LE GUNEHEC, *Le nouveau droit pénal, op. cit.* n°546.

entré en vigueur en 1994 qui dispose qu'il n'y a « point de crime ou de délit sans intention de le commettre »[1144], ce qui permet de ne pas rappeler dans chaque texte que les faits doivent avoir été commis « sciemment » ou encore « en connaissance de cause ». On voit mal pourquoi les applications de l'article 121-2 échapperaient à l'exigence de cette intention et encore moins lorsqu'il s'agit de complicité.

En effet, outre la disposition légale générale sur l'intention qui vient d'être rappelée, le texte qui pose les règles de la complicité précise lui-même à nouveau spécialement que le complice doit avoir agi « sciemment »[1145].Cela suffit à montrer l'attachement du législateur à la notion de volonté en matière de complicité. L'intention d'être complice doit donc exister pour une personne morale au même titre que pour une personne physique. Cette exigence permet d'éviter que la personne morale soit utilisée pour faciliter une infraction, donc ne soit que l'instrument de l'auteur principal, et se voit condamnée comme complice seulement parce qu'elle existe.

Si déjà la volonté d'être complice n'est pas toujours très facile à identifier chez les personnes physiques, on peut se demander comment opérer cette recherche lorsqu'il s'agit d'une personne morale.

b) La recherche de l'intention d'être complice chez un être moral

538 - Il s'agit donc de mettre à jour la volonté de permettre ou de faciliter la commission de l'infraction principale. Comment va s'exprimer cette volonté, comment l'identifier, auprès de qui la rechercher? Telles sont les questions principales qui se posent.

Pour y apporter des réponses satisfaisantes, il semble souhaitable de différencier d'une part les infractions volontaires et d'autre part les infractions dites « d'imprudence, de négligence ou de mise en danger délibérée de la personne d'autrui »[1146].

539 - En cas d'infraction intentionnelle, il faut une décision qui vise à faciliter ou à aider la réalisation de l'infraction principale. Cette

---

[1144] Art. 121-3 al.1er C. pén.
[1145] Art. 121-7 al 1er C. pén.
[1146] Art.121-3 al.2 et s.C. pén.

décision doit émaner d'une des personnes qui détient le pouvoir pour engager la personne morale. Le Code pénal a identifié ces personnes comme étant les « organes » ou les « représentants », c'est donc chez ces derniers que doit se retrouver la volonté d'engager la personne morale dans une action qui visera à la commission de l'infraction principale par une autre personne[1147].

On peut prendre en exemple l'infraction de blanchiment qui a été introduite dans le Code pénal récemment[1148] et qui retient la responsabilité pénale des personnes morales. Ainsi, une société a commis l'infraction de blanchiment en tant qu'auteur principal mais en bénéficiant des facilités accordées par une banque. Pour retenir la complicité de la banque, il faudra, outre les autres éléments légaux, que les facilités aient été accordées par un organe ou un représentant de celle-ci avec la conscience que cela conduirait à la commission de l'infraction de blanchiment.

540 - Dans les autres cas et en considérant comme acquise la jurisprudence qui admet la complicité d'une infraction non intentionnelle[1149], l'intention d'être complice pourra bien sûr être recherchée chez les organes ou représentants mais aussi, et semble-t-il, de façon plus efficace, dans l'organisation même de la personne morale.

En effet, l'étude de l'organisation interne de la personne morale révélera souvent que tout est organisé de façon à ce que la négligence ou l'imprudence dont il s'agit, soit commise. Donc, la personne morale est complice de cette négligence.

On peut évoquer l'exemple de l'obligation de sécurité de l'employeur[1150], en supposant que le chef d'entreprise (l'organe) est poursuivi en tant qu'auteur principal et la personne morale prévenue de complicité.

Si l'on se trouve face à une entreprise de très grande taille, effectuant des prestations dans un rayon géographique très étendu et qu'aucune personne ne reçoit délégation pour assurer le respect de la sécurité des employés, on sera en présence d'une organisation interne qui révélera

---

[1147] Voire par l'organe ou le représentant lui-même.

[1148] Art. 324-1 C. pén. et s. introduits par la loi n°96-392 du 13 mai 1996.

[1149] Cass. crim. 4 février 1898, D.P. 1898, 1, 369. Cass. crim. 14 décembre 1934, B. n°209. C.A. Chambery 8 mars 1956, JCP1956, II, 9224 note R. VOUIN.

[1150] Cette matière a donné lieu à l'une des premières décisions ayant condamné une personne morale : T. corr. Versailles 12 juillet 1995, JCP 1996, II, 22639.

l'intention de la personne morale d'être complice de la personne physique. Il faut néanmoins signaler que des juges, amenés à juger d'un cas de non respect de cette obligation de sécurité, ont condamné le chef d'entreprise et la personne morale comme coauteurs[1151].

B] L'infraction principale

541 - Il s'agit de l'infraction dont le complice a facilité la commission ou y a aidé. Selon que l'auteur de cette infraction principale sera une autre personne morale (1) ou une personne physique (2) différentes questions vont se poser, c'est pourquoi ces deux cas méritent une étude distincte.

1) Commise par une autre personne morale

542 - Il conviendra d'abord de vérifier que ce cas de figure est possible (a), pour se demander ensuite quelles sont les infractions qui peuvent donner lieu à ce type de complicité (b) et enfin d'en donner deux exemples (c).

a) Une situation possible

543 - Pour savoir si une personne morale peut être complice d'une autre personne morale, il suffit de se reporter aux textes du Code pénal. En premier lieu, le texte posant le principe de la responsabilité des personnes morales précise que cette responsabilité s'établit selon les

---

[1151] T. corr. Versailles 12 juillet 1995 préc. avec toutes les réserves que l'on peut émettre quant au caractère automatique de la culpabilité de la personne morale en cas de culpabilité de la personne physique retenu dans cette décision.

distinctions des articles 121-4 à 121-7[1152]. Or, les dispositions relatives à la complicité figurent bien aux articles 121-6 et 121-7 du Code pénal.

De plus, même si la circulaire de commentaire ne fait qu'évoquer la complicité d'une infraction commise par une personne physique[1153], rien dans les textes ne fait obstacle à la complicité entre personnes morales.

Si le problème de la complicité entre personnes morales est si peu évoqué[1154] c'est sans doute parce que cela exige la réunion de conditions assez complexes. En effet, pour qu'une personne morale A puisse être reconnue complice d'une personne morale B, il faudra que les organes ou représentants de A aient commis les actes de complicité ayant facilité la réalisation de l'infraction dont les éléments matériels auront été accomplis soit par les organes ou représentants de B soit par les personnes engagées par ceux-ci pour la commettre.

Pourtant, la complicité entre personnes morales est bien prévue par la loi puisqu'elle édicte la responsabilité pénale des personnes morales et ajoute que celles-ci peuvent être complices. Donc, un auteur principal personne morale peut avoir comme complice une autre personne morale[1155]. Reste alors à déterminer de quelles infractions il pourra s'agir.

b) Quelles infractions?

544 - Le Code pénal pose, en ce qui concerne les personnes morales, un principe de spécialité[1156]. C'est dire que les êtres moraux ne peuvent être poursuivis que pour des infractions pour lesquelles le législateur prévoit expressément leur responsabilité pénale. La question qui se pose

---

[1152] Art.121-2 al.1er C. pén.

[1153] Circulaire du 14 mai 1993.

[1154] On trouve tout de même quelques auteurs pour poser le problème comme par exemple le professeur COEURET qui évoque la complicité entre personnes morales en prenant l'exemple de l'infraction de marchandage par prêt de main d'œuvre illicite et évoque l'intérêt de ce type de complicité à l'intérieur des groupes de sociétés (A. COEURET, La nouvelle donne en matière de responsabilité, Droit Social 1994, p.627 et spéc. p.636 et 637. Pour un exemple en jurisprudence voir Cass. crim. 23 mai 2000, Bull. n°200, p.584).

[1155] Comme le soulignent aussi Messieurs F. DESPORTES et F. LE GUNEHEC, *Le nouveau droit pénal*, ECONOMICA, n°615.

[1156] Art 121-2 al.1 C. pén. exige que la « loi ou le règlement » prévoit la responsabilité pénale des personnes morales dans chaque cas.

est donc de savoir si seules les infractions auxquelles s'applique la responsabilité pénale des personnes morales peuvent donner lieu à ce type de complicité.

La réponse découle de l'étude des principes généraux qui régissent la complicité. L'une des composantes essentielles de la complicité est l'existence d'une infraction principale punissable[1157]. De plus, ce fait principal doit être concrètement punissable, faute de quoi il ne saurait y avoir de complicité, quand bien même le fait principal serait abstraitement incriminé[1158].

Or, si les faits sont reprochés à une personne morale, il y aura infraction principale punissable seulement si l'infraction est imputable aux personnes morales. Dans le cas contraire, la personne morale ne pourra pas se voir imputer d'infraction et il n'y aura pas de fait principal punissable et partant, pas de complicité possible.

Donc, pour qu'il y ait complicité entre personnes morales, il faut que l'infraction principale soit imputable aux personnes morales et bien sûr que les autres conditions requises de la complicité soient remplies[1159].

c) Exemples de complicité possible entre personnes morales

545 - Pour le premier exemple, nous imaginerons une société A dont l'activité est l'importation et l'exportation de marchandises et une société B qui effectue des transports routiers.

Un représentant de A acquiert des stupéfiants avec des fonds appartenant à la société (qui en recevra les profits) et propose aux dirigeants de B de lui emprunter un de ses camions contre une somme d'argent très importante (destinée à B).

La lecture du Code pénal permet de dire que la société A peut être poursuivie pour l'une des infractions prévues en matière de

---

[1157] G. STEFANI, G. LEVASSEUR, B. BOULOC, *Droit pénal général*, Dalloz, 16ème éd. 1996, n°320.

[1158] J. PRADEL, *Traité de droit pénal général*, CUJAS, 12ème éd., n°449.

[1159] Fait principal punissable et intention d'être complice.

stupéfiants[1160] puisque ce type de comportements délictueux peut être imputé aux personnes morales[1161].

En ce qui concerne la société B, il est indéniable qu'elle a aidé à la commission de l'infraction. Ses dirigeants, en acceptant de prêter le camion en échange d'une somme élevée, ont accompli des actes de complicité tels que ceux exigés par la loi. La société B pourrait donc être condamnée en tant que complice de la société A.

546 - Mais, il n'est pas nécessaire d'imaginer la réalisation des infractions les plus graves pour rencontrer des cas de complicité entre personnes morales. En effet, la jurisprudence récente nous en donne un très bon exemple.

Un syndicat intercommunal est propriétaire d'un abattoir qui, faute de travaux de mise aux normes, ne peut pas obtenir l'autorisation préfectorale nécessaire à l'exploitation de telles installations. Connaissant cette difficulté, le syndicat intercommunal à néanmoins concédé l'exploitation de l'abattoir par affermage à une association.

Celle-ci passe outre l'absence d'autorisation préfectorale et exploite l'abattoir, ce qui constitue une infraction pour laquelle elle est condamnée. La Chambre criminelle de la Cour de cassation valide cette condamnation et celle du syndicat intercommunal en tant que complice puisque ce dernier, en concédant l'exploitation, a facilité la réalisation de l'infraction.

547 - La complicité entre personnes morales nécessite donc que l'infraction principale soit imputable aux personnes morales. A l'opposé, lorsqu'il s'agit d'une infraction qui n'est pas imputable aux personnes morales, il sera impossible de retenir la complicité d'un être moral. Sauf à s'engager dans la voie, déjà fort scabreuse pour les personnes physiques, de la complicité d'une infraction que l'on ne peut pas juridiquement commettre en tant qu'auteur[1162].

Mais qu'en sera-t-il lorsque l'infraction principale aura été commise par une personne physique et qu'il sera possible de relever des actes

---

[1160] Art.222-34 et s. C. pén.

[1161] L'art. 222-42 C. pén. rend toutes les infractions relatives au trafic de stupéfiants imputables aux personnes morales.

[1162] A. PROTHAIS, Un droit pénal pour les besoins de la bioéthique, Rev. sc. crim. 2000, p.55.

pouvant constituer des actes de complicité pour le compte d'une personne morale[1163] ?

2) Commise par une personne physique

548 - La situation dont il est ici question est celle où une personne physique va commettre une infraction qui aura été facilitée par une personne morale. Soit la seule existence de la personne morale constituera ces actes de complicité, soit les organes ou représentants de la personne morale commettront ces faits de complicité.

La question qui va se poser sera celle de savoir pour quelles infractions la personne morale pourra être reconnue complice. En effet, une personne physique peut, par définition commettre toutes sortes d'actes dont certains constituent des infractions pénales.

Mais, au moins en tant qu'auteur principal, la personne morale a une responsabilité pénale limitée aux infractions qui la prévoient spécialement. De ce fait, il est nécessaire de se demander si une personne morale peut être complice de n'importe quelle infraction commise par une personne physique ou seulement de l'infraction commise par une personne physique qui pourrait être elle-même imputable aux personnes morales.

Les arguments en faveur de l'une et de l'autre des solutions ne manquent pas, c'est pourquoi nous examinerons d'abord les arguments favorables à une complicité pour toutes les infractions (a) pour montrer ensuite que la solution de la « complicité restreinte » paraît préférable (b).

a) Une première possibilité: la complicité de toutes les infractions

549 - On peut, en premier lieu, avancer l'idée que si le législateur a posé le principe de spécialité, c'est pour garder la maîtrise du système

---

[1163] On peut donner comme exemple, celui évoqué durant les débats parlementaires: le vol de documents industriels dans les locaux d'une société par une personne physique sur les ordres d'une personne morale concurrente.

en se réservant le pouvoir de dire quelles infractions une personne morale peut ou non commettre c'est-à-dire quels actes peuvent lui être ou non imputés.

Or, en matière de complicité, ce qui est reproché au complice, ce sont des actes qui ont facilité ou aidé la réalisation des actes délictueux et non la commission de ceux ci. Donc le principe de spécialité ne joue pas.

Dès lors que les conditions posées par l'article 121-7 du Code pénal sont réunies, une personne morale peut être complice de n'importe quelle infraction commise par une personne physique.

Ce type d'analyse est renforcé par le fait que les auteurs rappellent que le complice n'a fait « qu'aider l'auteur ou les coauteurs »[1164] et que le fait de complicité vient « s'accrocher »[1165] au fait principal.

550 - En deuxième lieu, on peut soutenir, en se référant à une jurisprudence antérieure au Code pénal de 1994[1166], qu'il est possible d'être le complice d'une infraction que, faute d'une qualité requise par le texte incriminateur, on ne pouvait pas commettre. Ainsi, avant la modification du texte[1167], une femme ne pouvait pas être l'auteur principal d'un viol mais la jurisprudence décidait qu'elle pouvait en être le complice[1168].

La loi elle-même dit parfois qu'une personne qui ne pouvait être auteur principal peut être complice. C'est le cas en matière de banqueroute: pour être auteur principal, il faut avoir la qualité de commerçant, artisan ou agriculteur[1169], mais le texte précise: « encourent les mêmes peines les complices de banqueroute, même s'ils n'ont pas la qualité de commerçant, d'agriculteur ou d'artisan [...] »[1170].

1164 G. STEFANI, G. LEVASSEUR, B. BOULOC, *Droit pénal général*, Dalloz, 16ème éd. 1996, n°317.

1165 J. PRADEL, *Traité de droit pénal général*, CUJAS, 12ème éd. 1999, n°447.

1166 Il faut noter que rien dans le Code pénal de 1994 n'empêche une telle jurisprudence.

1167 Loi 80-1041 du 23 décembre 1980 relative à la répression du viol et de certains attentats aux mœurs.

1168 Cass. crim. 27 novembre 1856, S.1857, I, p.79. C.A. Paris 23 juin 1967, Gaz. Pal. 1967, 2, p.189. Pour d'autres exemples voir Ph. SALVAGE, J.-Cl. pénal, art. 121-6 et 121-7 C. pén., spéc. n°36.

1169 Art. 196 al.1er de la loi du 25 janvier 1985 sur le redressement et la liquidation judiciaires des entreprises.

1170 Art.198 de la loi du 25 janvier 1985 sur le redressement et la liquidation judiciaires.

De cela, on pourrait déduire qu'une personne morale peut être complice des infractions qui ne prévoient pas la responsabilité des êtres moraux.

551 - En troisième lieu, il est possible de relever que si les textes qui prévoient la responsabilité pénale des personnes morales énoncent de façon systématique les peines qui sont applicables, le Code pénal contient des dispositions générales relatives aux peines applicables aux personnes morales[1171]. Si l'on suppose qu'il n'y a pas là un doublon, on peut dire que si le législateur a pris le soin de refaire la liste des peines applicables aux personnes morales, c'est pour le cas où celles-ci seraient complices d'infractions uniquement imputables aux personnes physiques.

552 - En quatrième lieu, les tenants de la théorie voulant que les êtres moraux puissent être complices de toutes les infractions pourraient dire qu'en retenant l'autre solution la condamnation ou non de la personne morale comme complice ne dépendrait non pas des actes commis mais de la qualification donnée au fait principal.

Par exemple, si on retient à l'encontre de la personne physique le délit d'abus de biens sociaux, la personne morale ne peut pas être complice. A l'inverse, si on retient un recel d'abus de biens sociaux, la personne morale pourra être condamnée comme complice[1172].

553 - Enfin, et sans que l'on prétende à l'exhaustivité, la complicité possible pour toutes les infractions serait à même de limiter les difficultés induites par le principe de spécialité[1173]. En effet, dans les domaines où la responsabilité pénale des personnes morales n'est pas prévue et où elle semblerait utile, il suffirait, lorsque les conditions requises sont réunies, de condamner la personne morale comme complice de la personne physique, on peut par exemple penser au droit pénal des sociétés[1174].

[1171] Art.131-37 et s. C. pén.

[1172] En effet, le recel (Art. 321-1 C. pén.) est toujours imputable aux personnes morales (Art. 321-12 C. pén.).

[1173] *Cf supra* p. 293 et s.

[1174] D'où la responsabilité pénale des personnes morales est totalement absente. Par exemple, le dirigeant d'une société mère étant condamné pour abus de biens sociaux, la personne morale pourrait alors être condamnée comme complice.

b)Une solution préférable: « La complicité restreinte »

554 - Nous voulons désigner par l'expression « complicité restreinte » la limitation, pour les personnes morales, du champ d'application de leur complicité aux infractions qui prévoient spécialement la responsabilité pénale des êtres moraux.

Le premier argument qui milite en faveur de cette solution est que le texte de l'article 121-2 n'instaure pas une responsabilité pénale générale des personnes morales. En effet, le législateur, contrairement à ce qui se pratique dans certains pays[1175], a choisi de se réserver la tâche de dire si telle ou telle infraction est ou non imputable aux personnes morales plutôt que de laisser ce soin aux magistrats[1176].

Si la responsabilité pénale des personnes morales en droit pénal français est limitée aux lois et aux règlements qui la prévoient[1177], la complicité ne peut porter que sur ce type d'infractions.

On comprend mal pourquoi le législateur aurait voulu limiter le champ d'application de la responsabilité lorsque la personne morale est auteur principal tout en admettant une responsabilité étendue en matière de complicité.

Il faut encore ajouter qu'en droit pénal français, contrairement à d'autres droits[1178], la complicité n'est pas perçue comme une infraction autonome par rapport à l'infraction principale[1179]. Même si Monsieur CARBONNIER[1180] a tenté de démontrer que l'acte de complicité et le

---

[1175] Par exemple en droit anglais, Cf. Th. L'HOMME, La responsabilité pénale des personnes morales en droit anglais, RD pén. crim. 1995, p.44, spéc. p.49 et s.

[1176] En droit anglais, la jurisprudence a ainsi décidé que les infractions dont la peine était constituée uniquement d 'emprisonnement ou dont la réalisation nécessite une qualité que ne peut avoir une personne morale, ne peuvent pas être imputées à un être moral (Th. L'HOMME , *op. cit.)*

[1177] Art.121-2 al.1er C. pén.

[1178] Contrairement au droit pénal norvégien ou danois.

[1179] Sur la notion de complicité délit distinct voir Ph. SALVAGE, J.-Cl. pénal., Art. 121-6 et 121-7 C. pén., spéc. .n°8 et 9.

[1180] Pour lui, il suffirait d'un acte principal qui ait « figure déjà reconnaissable de délit » J. CARBONNIER, Du sens de la répression applicable aux complices selon l'article 59 du Code pénal, JCP 1952, I, 1034.

fait principal ne sont pas liés si étroitement qu'on le dit[1181], la jurisprudence n'a jamais adhéré à cette thèse et le texte nouveau « ne s'écarte pas substantiellement de l'ancien Code pénal »[1182], ce qui ne permet pas d'envisager une quelconque évolution.

De plus, les incriminations qui ne visent pas les personnes morales ne contiennent pas de peines spécifiques pour elles. Or, à chaque fois que le législateur a voulu impliquer les personnes morales, il a pris le soin de mentionner les peines applicables à ces dernières. Ce faisant, pour chaque infraction, il a choisi, dans la liste fournie par la partie générale du Code pénal, les peines qui lui semblaient les mieux adaptées.

Il faut en déduire que le législateur n'envisageait pas que la liste des peines figurant aux articles 131-37 et suivants du Code pénal puisse servir à désigner les peines applicables à une personne morale complice d'une infraction qui n'est pas imputable aux êtres moraux.

En effet, s'il n'a pas laissé aux juges la possibilité de choisir librement une peine dans l'éventail légal lorsqu'il s'agit de réprimer la commission d'une infraction, on comprend mal pourquoi il aurait accordé cette liberté lorsqu'il s'agit de complicité.

555 - Le deuxième argument découle de la lecture des textes du Code pénal relatifs à la complicité: en effet, l'article 121-6 précise (c'est une innovation par rapport au texte ancien) que « sera puni **comme auteur** le complice de l'infraction [...] ». Ce qui, comme le souligne Monsieur SOYER, fait que « *le complice est réputé, juridiquement*, avoir accompli lui-même l'infraction, commise par un autre »[1183].

Une personne morale ne peut donc pas être complice d'une infraction ne prévoyant pas sa responsabilité comme auteur principal. Cela paraît logique car si le législateur a entendu ne pas faire entrer les personnes morales dans le champ d'application d'une incrimination en tant qu'auteur, il ne l'y ferait pas entrer en tant que complice[1184].

[1181] Pour une autre critique de la notion de criminalité d'emprunt, voir aussi J.H. ROBERT, Imputation et complicité, JCP 1975, I, 2720.

[1182] J.C. SOYER, *Droit pénal et procédure pénale*, LGDJ, 13ème éd. 1997, n°156.

[1183] J.C. SOYER, *op. cit.*,, n°170, p.96.

[1184] F. GARTNER, L'extension de la répression pénale aux personnes publiques, RFDA 1994, 126, spéc. p.147.

556 - Le troisième argument vient d'une lecture attentive du texte instaurant la responsabilité pénale des personnes morales[1185]: En effet, l'article 121-2 du Code pénal précise que les personnes morales, à l'exclusion de l'Etat, sont pénalement responsables, de tentative d'infraction ou comme complice, « **[...] dans les cas prévus par la loi ou le règlement [...]** »[1186]. Ainsi, le principe de spécialité instauré par le législateur s'applique de façon générale à toute la responsabilité pénale des personnes morales.

Le principe d'interprétation stricte ou plus exactement téléologique[1187], qui prévaut en droit pénal commande cette analyse. Et ce d'autant que ce principe, comme le souligne Monsieur JEANDIDIER[1188], a pour but, outre d'apporter des garanties aux prévenus, de permettre de préciser le champ d'application de certains textes, ce dont il s'agit bien ici.

557 - On l'a vu, la discussion est permise pour savoir si une personne morale peut être complice de toutes les infractions ou seulement de celles qui prévoient la responsabilité pénale des personnes morales. Il y a des arguments en faveur de chacune des deux thèses, parfois même, la première est plus proche de la réalité, par exemple, en ce qu'elle pallierait les inconvénients liés au principe de spécialité[1189].

Pourtant c'est bien la thèse de la « complicité restreinte » qui doit être préférée car c'est celle qui respecte le mieux la lettre du texte et les grands principes qui régissent le droit pénal.

Il reste à la jurisprudence à se prononcer, comme sur bon nombre d'autres points, pour déterminer les contours de la complicité en ce qui concerne les personnes morales[1190].

Après avoir examiné les incidences sur la responsabilité d'une personne morale des différentes modalités de sa participation à une infraction pénale, il faut encore voir la source de complications supplémentaires que constituent les interférences entre cette responsabilité pénale de la personne morale et celle des personnes physiques impliquées dans les faits.

[1185] F. GARTNER, article précité

[1186] Art.121-2 al.1er C. pén.

[1187] W. JEANDIDIER, *Droit Pénal Général*, MONTCHRESTIEN, 2ème éd.1991, spéc. n°126.

[1188] W. JEANDIDIER, *op. cit.* n°129.

[1189] *Cf. supra.* p.293.

[1190] Il semble qu'il n'y ait encore aucune décision traitant de cette difficulté.

Section 2:

Les interférences avec la responsabilité pénale des personnes physiques

558 - Lorsqu'il est question d'actes commis par une personne morale, a fortiori quand il s'agit de responsabilité pénale, il est nécessaire de s'intéresser à la situation de ceux qui font vivre la personne morale, ses dirigeants.

Le Code pénal ne pose pas un principe cumulatif de responsabilités entre personnes physiques et personnes morales mais il ne pose pas non plus un principe alternatif. Il se contente de dire que la responsabilité pénale de la personne morale « n'exclut pas celle des personnes physiques auteurs ou complices des mêmes faits[1191] ».

On peut donc imaginer autant un cumul systématique des responsabilités qu'un transfert de la responsabilité pénale vers la seule personne morale[1192].

Le manque de clarté en ce qui concerne la coexistence des deux responsabilités a été dénoncé par la doctrine et par le patronat[1193] qui craint un accroissement de la répression[1194].

Pour traiter de cette délicate question du cumul de responsabilités entre personnes physiques et personnes morales, il faut, au préalable, apprécier l'enjeu et le véritable problème posé (§1). On pourra alors essayer de dégager les règles de base de la répartition des responsabilités entre personnes morales et personnes physiques en apportant quelques éléments de réponse (§2).

1191 Art. 121-2 al. 3 C. pén.

1192 E. FORTIS, Les infractions du nouveau Code pénal créées ou remaniées, Droit Social 1994, p.623.

1193 « J. GANDOIS plaide pour une clarification du droit des affaires », *Vie Jud.* n°2548, p.1.

1194 C.N.P.F., La responsabilité pénale des personnes morales (Ce qui va changer pour les entreprises à partir du 1er mars 1994), Edité par le C.N.P.F. 1994.

§1: La position du problème de coexistence des responsabilités

559 - L'introduction de la responsabilité pénale des personnes morales trouve un de ses fondements dans la diminution voire la suppression de la responsabilité pénale automatique des dirigeants considérée comme injuste et infondée dans certains domaines (A). La difficulté réside dans la réduction de cette responsabilité pénale des dirigeants qui ne va pas sans risques (B).

A] La volonté de mettre fin à la responsabilité pénale automatique des dirigeants

560 - Avant de voir que la réforme avait parmi ses objectifs la suppression ou la réduction de la responsabilité pénale automatique des dirigeants (2), il faudra revenir sur l'existence de cette responsabilité automatique du dirigeant pour voir en quoi elle peut parfois se révéler injuste et choquante (1).

1) La situation avant la réforme

561 - Il faut avant tout écarter certaines situations qui peuvent faire penser à une responsabilité automatique du dirigeant mais qui n'en sont pas. C'est le cas des textes qui disposent que l'employeur peut être tenu des amendes prononcées contre un employé[1195].

En effet, il n'y a pas de responsabilité automatique du dirigeant puisque d'abord, cela n'est qu'une faculté accordée à la juridiction. De plus, on ne fait que transférer le paiement de l'amende. Il n'y a donc pas de déclaration de culpabilité à l'encontre du dirigeant. Enfin, si l'employeur est une personne morale, c'est sur elle que pèsera l'amende et non sur le dirigeant personne physique.

[1195] Par exemple art. L21 al.2 du C. route qui permet de mettre à la charge de l'employeur, les amendes prononcées contre le préposé en raison d'infractions routières.

562 - Les hypothèses qui retiendront notre attention seront celles où « une personne [le dirigeant] est condamnée comme auteur d'une infraction matériellement commise par une autre [le préposé] »[1196] et qui pourrait être imputée à la personne morale.

Les groupements, et plus spécialement les sociétés, se trouvent au centre d'un foisonnement de textes visant à protéger tous ceux qui sont en relation avec la personne morale. Au premier rang de ces textes, on trouve bien entendu l'ensemble des règles communes à toutes les entreprises comme notamment le droit des sociétés ou encore le droit du travail. On peut y ajouter l'ensemble des textes spéciaux pour certaines activités, en matière, par exemple, de limitation du temps de travail pour le transport routier.

Les tiers bénéficient également d'une protection contre l'entreprise. Il s'agit bien sûr d'abord de leur sécurité (la réglementation de la fabrication ou de la commercialisation de produits dangereux...), mais aussi de la sauvegarde de leur bien-être (réglementation anti pollution ou de l'élimination des déchets industriels...). Enfin, le consommateur voit aussi, en tant que tel, ses intérêts économiques protégés (répression des fraudes et contrôle de la publicité, par exemple).

La majeure partie de ces règles sont assorties de sanctions pénales afin d'assurer leur respect. En l'absence de responsabilité pénale des personnes morales, il fallait désigner un responsable, c'est logiquement que le dirigeant ou chef d'entreprise l'a été.

563 - Le dirigeant se trouve donc au centre de ce foisonnement de textes et se voit désigné comme responsable en cas de violation de ceux-ci. On considère que le dirigeant est personnellement, et à tout moment comme en tous lieux, tenu d'assurer l'exécution de ces textes[1197].

Cette responsabilité du dirigeant en cas de non respect des diverses réglementations a parfois été présentée comme la conséquence du pouvoir qu'il exerce au sein de la personne morale, explication qui, dans certains cas, se révèle assez peu satisfaisante[1198].

Parfois, la loi exprime de façon très claire cette responsabilité automatique. Il en est ainsi pour les infractions en matière de publicité. Le texte précise que « l'annonceur pour le compte duquel la publicité est

---

[1196] J. PRADEL, *Traité de droit pénal*, 12ème éd. 1999, n°479.

[1197] N. CATALA, De la responsabilité pénale des chefs d'entreprise en matière d'hygiène et de sécurité du travail, JCP éd. E. 1976, II, 12010, n°21.

[1198] N. CATALA, *op. cit.*, n°22.

diffusée est responsable, à titre principal, de l'infraction commise. Si le contrevenant est une personne morale, la responsabilité incombe à ses dirigeants. »[1199].

564 - Mais, c'est surtout la jurisprudence qui s'est illustrée dans ce domaine en désignant le dirigeant comme responsable alors que le texte incriminateur n'apportait aucune précision. Pour ce faire, les décisions précisent que, dans certains cas exceptionnels, « certaines obligations légales imposent le devoir d'exercer une action directe sur les faits d'un auxiliaire ou d'un subordonné » et que « la responsabilité remonte essentiellement au chef d'entreprise, à qui sont personnellement imposés les conditions et les modes d'exploitation de leur industrie »[1200].

Même s'il est aisé de comprendre la nécessité de désigner un coupable pour ce genre de faits, il reste que cela conduit à des situations où la condamnation du chef d'entreprise semble injuste et absurde.

565 - Ainsi, dans la décision du 28 février 1956[1201], la Chambre criminelle de la Cour de cassation admet la condamnation du directeur d'une papeterie pour pollution d'eaux poissonneuses due à un déversement d'eaux sales fait en son absence.

L'on déclare ainsi sa culpabilité uniquement en raison de sa fonction de dirigeant puisque n'étant pas présent au moment des faits, il ne pouvait pas en avoir donné l'ordre, il ne pouvait même pas en avoir connaissance et donc ne pouvait pas éviter le déversement.

On retrouve un phénomène similaire en ce qui concerne les « dirigeants » de collectivités locales. Ainsi, lorsque des agriculteurs ne disposant pas de fosses adéquates déversent le purin dans le réseau municipal d'assainissement et que ce réseau se déverse à son tour dans une rivière qui s'en trouve polluée, c'est le maire de la commune qui est condamné parce qu'il n'a pas fait usage de son pouvoir de police[1202] alors qu'il n'est pas l'auteur des faits ayant entraîné la pollution.

566 - On peut encore évoquer un type d'hypothèses très proche. C'est le cas où le dirigeant a bien commis une infraction mais il l'a fait

---

[1199] Art. L.121-5 du Code de la consommation.
[1200] Cass. crim. 28 février 1956, JCP 1956, II, 9304 note DE LESTANG.
[1201] Cass. crim. 28 février 1956, préc.
[1202] T. corr. Chaumont 17 mai 1994, D. 1995, 191 note D. GUIHAL.

uniquement « pour le compte » de la personne morale et n'en a retiré aucun profit personnel.

Ainsi, des dirigeants ayant commis des faits de corruption pour obtenir un marché de transport scolaire et payé les « pots de vins » avec de l'argent appartenant à la société, sont condamnés pour abus de biens sociaux[1203].

Certes, dans ce dernier cas, la responsabilité des dirigeants semble plus juste dans la mesure où ils ont accompli des actes réprimés par la loi, mais on sent que même dans cette hypothèse extrême, la responsabilité du dirigeant est très lourde et l'absence de poursuite de la personne morale est contestable.

C'est pourquoi l'une des raisons qui furent à l'origine de l'adoption de la responsabilité pénale des personnes morales par le Code pénal de 1994, fut d'alléger, consécutivement à l'instauration de celle-ci, la responsabilité de leurs dirigeants.

2) L'un des buts avoués de la réforme

567 - Le caractère injuste et contestable de la présomption de responsabilité pesant sur les dirigeants n'avait pas échappé aux auteurs puisque, par exemple, Madame CATALA écrivait que « le système répressif appliqué aux chefs d'entreprise apparaît comme un droit exorbitant du droit commun »[1204].

Les pouvoirs publics en avaient également pris conscience. D'ailleurs, en 1976, le législateur avait tenté de modérer la force de cette présomption de responsabilité en matière d'hygiène et de sécurité du travail[1205]. Le texte exigeait que, pour condamner le chef d'entreprise ou l'employeur, soit prouvée l'existence d'une faute personnelle[1206]. Malgré cela, la jurisprudence ne s'est pas départie de sa « politique de rigueur »[1207]. En effet, elle a considéré que la seule transgression de

---

1203 Cass. crim. 22 avril 1992, Rev. Soc. 1993, p.124 ; Dr. pén. 1993, comm. n°115.

1204 N. CATALA, De la responsabilité pénale des chefs d'entreprise en matière d'hygiène et de sécurité du travail, JCP éd. E 1976, II, 12010.

1205 Loi n°76-1106 du 6 décembre 1976 sur la prévention des accidents de travail.

1206 Sur cette loi V. N. CATALA et J.C. SOYER, JCP 1977, I, 2868.

1207 J. MOULY, La responsabilité pénale des personnes morales et le droit du travail, Petites Affiches 6 octobre 1993, n°120, p.33.

l'obligation générale de sécurité constitue la faute personnelle nécessaire à la condamnation. La présomption de responsabilité du chef d'entreprise subsistait donc.

Après cet échec, la réforme du Code pénal, plus spécialement l'adoption de la responsabilité pénale des personnes morales, constituait une nouvelle occasion pour mettre fin à cette présomption de responsabilité[1208].

L'examen des travaux préparatoires démontre bien l'existence de cette volonté chez les auteurs du projet. Ainsi, l'exposé des motifs précise que la nouvelle responsabilité sera à même de faire disparaître « la présomption de responsabilité pénale qui pèse, en fait, aujourd'hui sur les dirigeants à propos d'infractions dont ils ignorent parfois l'existence »[1209], même si des possibilités de cumul de responsabilités restent ouvertes[1210]. Dans son rapport à l'Assemblée Nationale, Monsieur MARCHAND explique lui aussi que la responsabilité pénale des personnes morales permettra une meilleure répartition du poids de la répression pénale[1211] en évitant que le chef d'entreprise ne soit le « bouc émissaire »[1212].

568 - Mais, au cours de la maturation du texte et au fil des discussions engendrées par cette question du cumul de responsabilités du dirigeant et de la personne morale, la question de la suppression de la présomption de responsabilité du dirigeant a été appréhendée de façon moins absolue.

En effet, au départ, le Sénat avait admis le principe du cumul de responsabilités entre personnes physiques et personnes morales mais en l'écartant lorsqu'il s'agissait des dirigeants ou même des employés de la personne morale, créant ainsi une véritable immunité pour les dirigeants.

L'Assemblée Nationale n'a pas accepté d'écarter la responsabilité des dirigeants de façon automatique et y avait substitué un système dans lequel un dirigeant ne pouvait être condamné pour les mêmes faits que

---

1208 J. MOULY, *op. cit.*

1209 Projet de nouveau Code pénal, présenté par M. R. BADINTER, DALLOZ, 1986.

1210 Notamment lorsque le dirigeant est personnellement intervenu dans la décision ou dans la réalisation de l'infraction ou encore si la loi le désigne personnellement comme responsable.

1211 Rapport MARCHAND, doc. Ass. Nat. n°896, 1989-90.

1212 M. ROSSI, J.O. Débats, Ass. Nat. 17 mai 1991, p.1482.

la personne morale uniquement dans le cas où il avait commis une « faute personnelle ».

Cette formule n'a finalement pas été retenue à la demande du Garde des Sceaux qui la trouvait inutile. Le texte définitif prévoit donc que « la responsabilité pénale des personnes morales n'exclut pas celle des personnes physiques auteurs ou complices des mêmes faits »[1213], ce qui n'apporte rien par rapport au droit commun[1214] et qui n'apporte pas de réponse précise au problème du cumul des responsabilités[1215].

L'imprécision de cette formule pourrait amener à ce que l'allégement de la responsabilité pénale des dirigeants, voulue au départ, soit impossible à atteindre[1216]. Elle pourrait même constituer un facteur d'aggravation de cette responsabilité si le cumul devenait systématique[1217].

Il faut tout de même signaler que, de toute façon, la responsabilité pénale des personnes morales ne pouvait pas être le remède miracle contre la présomption de responsabilité pesant sur les dirigeants. En effet, l'existence du principe de spécialité des infractions fait que cette présomption persistera pour les infractions qui ne sont pas imputables aux personnes morales.

Néanmoins, en ce qui concerne les infractions pouvant être imputées à une personne morale, la formule permet d'imaginer tous les cas de figure : tant le cumul automatique de responsabilités que le transfert de responsabilité vers la seule personne morale[1218].

On peut donc légitimement se demander pourquoi une volonté apparemment si ferme de supprimer cette présomption de responsabilité pesant sur les dirigeants a débouché sur un texte qui n'apporte aucune

---

[1213] Art.121-2 al.3 C. pén.

[1214] J. MOULY, La responsabilité pénale des personnes morales et le droit du travail, Petites Affiches 6 octobre 1993, n°120, p.33.

[1215] Pour certains auteurs, cette difficulté pour différencier la responsabilité pénale de la personne morale de celle de ses dirigeants révélerait le caractère artificiel de la responsabilité pénale des personnes morales (J.F. BARBIERI, L'incidence de la réforme du Code pénal sur la gestion des personnes morales, Petites Affiches 6 octobre 1993, n°120, p.22.

[1216] Th. DALMASSO, La responsabilité pénale des personnes morales, Petites Affiches 1993, n°138, p.10.

[1217] La responsabilité pénale des personnes morales (Ce qui va changer pour les entreprises à partir du 1er mars 1994). Brochure éditée par le C.N.P.F., 1994.

[1218] E. FORTIS, Les infractions du nouveau Code pénal créées ou remaniées, Droit Social 1994, p.623.

solution claire[1219]. Il nous semble que ce sont les risques liés à un transfert de responsabilité vers la personne morale qui sont à l'origine de ce texte. C'est pourquoi il faut revenir sur la nature de ces risques avant d'essayer de savoir comment appliquer l'alinéa 3 de l'article 121-2 du Code pénal.

B] Les risques d'un transfert automatique de responsabilité vers la personne morale

569 - Le fait de décider que la poursuite à l'encontre de la personne morale entraîne un transfert de responsabilité sur cette dernière et empêche toute poursuite d'un de ses dirigeants, ne va pas sans risques.

D'abord, les dirigeants, protégés par cette immunité absolue, risquent d'être totalement déresponsabilisés (1). Si l'on pousse l'analyse plus loin on s'aperçoit qu'il y a aussi un risque d'assister à une diminution des délégations de pouvoirs consenties par les dirigeants (2). Enfin, ces risques pourraient amener à un rejet pur et simple de la responsabilité pénale des personnes morales afin d'éviter ces situations (3).

1) La déresponsabilisation des dirigeants

570 - Si l'on opère un transfert automatique de responsabilité sur la personne morale comme on l'envisageait au début de l'élaboration du texte[1220], cela revient à dire que dès lors que des poursuites sont engagées contre la personne morale, les dirigeants personnes physiques ne peuvent pas être inquiétés. Les autorités de poursuite, en pratique le parquet, seraient face à une alternative : poursuivre l'être moral ou poursuivre ses dirigeants.

[1219] La loi du 10 juillet 2000 relative à la définition des délits non intentionnels, même si ce n'était pas son objectif premier, est susceptible d'éviter la condamnation automatique du dirigeant dès lors qu'il n'y a qu'un lien indirect entre la « faute » du dirigeant et le dommage causé (Art. 121-3 al. 4 C. pén.).

[1220] *Cf supra* p.379.

Prenons comme exemple une entreprise de transport routier au sein de laquelle le dirigeant, dans le souci d'améliorer la rentabilité , impose des cadences très élevées à ses chauffeurs les obligeant à dépasser le temps légal de conduite, et ne procède pas à un entretien régulier de la flotte de camions.

Imaginons qu'un des camions soit à l'origine d'un accident de circulation qui fait plusieurs victimes. Le parquet sera tenté de mettre en cause la responsabilité pénale de la personne morale puisque ce type d'infractions révèle un comportement habituel au sein de la société, une politique interne. De plus, le parquet pourra aussi être guidé par le fait que le choix de poursuivre la société est susceptible de faciliter la réparation du dommage subi par les victimes.

Mais, choisissant cette solution, il s'interdirait de poursuivre le dirigeant à l'origine de l'existence des pratiques illicites. Ainsi, même si l'on détenait la preuve des agissements fautifs du dirigeant, celui-ci ne pourrait pas être poursuivi.

571 - Si donc cette solution avait été adoptée par le législateur, il ne fait aucun doute que la première mission qui incombe au droit pénal, la réaction à un trouble à l'ordre public, serait remplie. Mais, il semble plus difficile de soutenir que dans ce cas le droit pénal s'acquitterait également de son rôle d'intimidation. En effet, les dirigeants des personnes morales sont les premiers garants du respect des textes légaux par la personne morale et leur accorder une telle impunité peut les amener à ne plus considérer cette obligation de respect de la loi d'une façon aussi absolue[1221].

Adopter cette exclusion automatique de la responsabilité pénale du dirigeant lorsque celle de la personne morale est mise en cause, reviendrait à dire que le dirigeant peut tout faire dans le but d'améliorer les profits sans jamais être pénalement inquiété, ce qui créerait une véritable déresponsabilisation[1222].

572 - Ce qui est le plus choquant, c'est que cette déresponsabilisation des dirigeants se ferait au détriment de toutes les personnes qui gravitent autour de la personne morale ou même en font partie. L'on pense

---

[1221] *Contra* Rapport MARCHAND 1989, doc. Ass. Nat. n°896, p.45.
[1222] J. LARGUIER, *Droit pénal général,* 14ème éd., Mémentos Dalloz.

d'abord aux tiers, victimes potentielles des agissements illicites de celle-ci.

Les membres de la personne morale seraient également touchés puisque si la peine, en pratique l'amende, ne peut pas être directement reportée sur eux, ils subiront néanmoins les conséquences de son inscription au passif de la personne morale[1223].

Enfin, les employés de la personne morale sont également victimes par ricochet de la condamnation. En effet, ils subiront les conséquences de son affaiblissement, voire de sa disparition en cas de dissolution, puisque le texte ne prévoit aucune mesure en leur faveur, contrairement à ce qui se passe pour la peine de fermeture d'établissement[1224].

En adoptant ce transfert automatique de responsabilité vers la personne morale, on passerait d'un extrême qui était une responsabilité trop lourde pour les dirigeants, à un autre qui serait une impunité totale à eux accordée dans la gestion de la personne morale. De plus, la situation serait paradoxale puisque l'un des buts de la réforme est de faciliter l'indemnisation des victimes et que, par ce système, on engendre un risque de voir augmenter le nombre d'infractions commises et par là même le nombre de victimes.

2) La diminution du nombre de délégations de pouvoirs

573 - La délégation de pouvoirs[1225] peut être définie comme étant le procédé qui permet à un dirigeant d'entreprise de transférer une partie de ses pouvoirs et ainsi, d'échapper à une éventuelle condamnation, en désignant, comme pénalement responsable, un salarié de l'entreprise[1226]. La multiplication des prescriptions légales et le mode d'organisation des sociétés ont conduit à une forte augmentation du nombre de délégations données par les chefs d'entreprise.

En effet, par le biais de la délégation, il est possible au dirigeant d'éviter des condamnations pénales pour une violation de textes qu'il

---

[1223] J.F. BARBIERI, L'incidence de la réforme du Code pénal sur la gestion des personnes morales, Petites Affiches 1993, n°120, p.22, spéc. n°23.

[1224] J. MOULY, La responsabilité pénale des personnes morales et le droit du travail, Petites Affiches 1993, n°120, p.33, spéc. n°23.

[1225] Pour une vue générale sur la délégation de pouvoirs *cf supra* p.255.

[1226] O. GODART, *Droit pénal du travail*, MASSON 1980, p.368.

n'était pas en mesure de faire respecter en raison de la taille de l'entreprise ou de la nature de ses activités.

Mais, il est aussi possible d'avoir un autre point de vue. Lorsque le dirigeant donne une délégation de pouvoirs à un salarié, il lui confie la mission de veiller au respect de certaines prescriptions légales et réglementaires.

Si l'on prend l'exemple de la sécurité du travail, on aperçoit immédiatement l'intérêt de la délégation. En effet, si la délégation est confiée à un salarié qui se trouve sur le terrain et qui dispose des moyens nécessaires au bon accomplissement de sa mission[1227], celui-ci est plus à même de faire respecter les prescriptions relatives à la sécurité que le dirigeant qui peut se trouver très éloigné du lieu de travail. Le transfert d'autorité réalisé par la délégation de pouvoirs peut donc être très efficace dans la lutte contre les accidents du travail[1228].

574 - Néanmoins, il ne faut pas se leurrer, la première motivation qui pousse le dirigeant à recourir à la délégation est bien la volonté d'éviter une condamnation pénale. Or, si le dirigeant voit diminuer le risque pénal qui pèse sur lui, notamment si la mise en jeu de la responsabilité pénale de la personne morale empêche automatiquement la mise en jeu de la sienne, il aura beaucoup moins tendance à déléguer ses pouvoirs et la protection des salariés risque de s'en trouver amoindrie.

La déresponsabilisation des dirigeants et la diminution du recours à la délégation de pouvoirs constituent deux des risques engendrés par un transfert automatique de la responsabilité vers l'être moral. Mais, ces risques en entraînent un autre : le rejet de la responsabilité pénale des personnes morales.

[1227] Par exemple, le pouvoir de sanctionner le préposé qui ne respecte pas les prescriptions légales en matière de sécurité.

[1228] C. PUIGELIER, La délégation de pouvoirs en matière d'accidents du travail, J.C.P. 1993 éd. E., I, 283.

3) Le rejet éventuel de la réforme

575 - Face à des faits constituant une infraction, c'est le Ministère public qui détient le pouvoir de décider à l'encontre de qui les poursuites seront diligentées[1229]. Si l'on se trouve dans un système de responsabilités alternatives, et que les risques qui viennent d'être évoqués se sont réalisés ou, à tout le moins, si l'on veut éviter qu'ils se produisent, le parquet sera fortement tenté d'écarter le recours à la responsabilité pénale des personnes morales pour préférer entamer des poursuites à l'encontre du seul dirigeant personne physique.

Dans ce cas, on aboutit à la situation totalement opposée à ce que voulait le législateur : les personnes morales bénéficient d'une véritable impunité, les victimes ne voient pas leur sort amélioré et la responsabilité pénale des dirigeants reste toujours aussi lourde. De plus, la réforme reste une belle théorie mais ne reçoit aucune application pratique.

576 - C'est sans doute en voulant éviter l'ensemble de ces risques que le législateur a décidé de retenir la formule figurant à l'alinéa 3 du texte instaurant la responsabilité pénale des personnes morales[1230]. Cela permet notamment d'éviter que la personne physique ne s'abrite derrière l'écran formé par la personne morale qu'elle dirige[1231].

Mais, en voulant éviter d'être trop radical, le législateur a fini par retenir un texte qui ne tranche en rien la question du cumul des responsabilités. Il faut donc essayer de dégager quelques pistes pour une bonne application de cette formule.

§2: La recherche d'une solution au concours des responsabilités

577 - La formule retenue par le législateur permet d'envisager toutes les solutions possibles allant du cumul automatique jusqu'à l'exclusion

---

[1229] Th. DALMASSO, La responsabilité pénale des personnes morales, Petites Affiches 1993, n°138, p.10.

[1230] Art. 121-2 C. pén.

[1231] G. COUTURIER, Répartition des responsabilités entre personnes morales et personnes physiques, Rev. Soc. 1993, p.307.

de la responsabilité du dirigeant quand celle de la personne morale est engagée.

Il est évident que la réforme n'avait pas pour but de faire de la personne morale un nouveau responsable pénal à côté des responsables déjà connus, ce qui exclut le cumul automatique de responsabilités.

Dans le silence du texte, il faut donc rechercher le critère qui permettrait de faire une bonne application de l'alinéa 3 de l'article 121-2 du Code pénal.

Pour ce faire, nous verrons d'abord que ce critère pourrait être fondé sur le type d'infraction (A), puis, que la question du cumul pourrait se régler par l'examen de la participation de chacun des acteurs, c'est-à-dire de la personne morale et du dirigeant (B). Pour terminer, nous plaiderons en faveur d'une modification du texte qui permettrait une solution plus certaine (C).

A] La distinction selon le type d'infraction

578 - L'une des grandes critiques faites au principe de la responsabilité pénale des personnes morales est son caractère artificiel car selon les auteurs qui y sont opposés, il faut quasiment toujours l'intervention d'une personne physique pour qu'il puisse y avoir responsabilité de la personne morale.

C'est pourquoi on se demandera d'abord si la distinction entre les infractions de commission et celles d'omission ne pourrait pas être un critère fiable pour régler le problème du concours de responsabilités (1). Puis, devant les inconvénients de cette distinction, nous verrons si celle entre les infractions intentionnelles et les infractions non intentionnelles ne constituerait pas un meilleur critère (2).

1) La distinction entre infractions de commission et infractions d'omission

579 - L'infraction de commission peut se définir comme « celle qui consiste à commettre positivement un acte prohibé par la loi »[1232].

[1232] J. PRADEL, *Traité de droit pénal*, 12ème édition, 1999, n°397.

L'exemple type en est le vol qui suppose un acte de soustraction du bien appartenant à autrui[1233] ou encore l'escroquerie qui nécessite l'emploi de moyens frauduleux dans le but de s'approprier la chose d'autrui[1234].

A l'opposé, se trouvent les infractions dites de simple omission, où l'attitude passive de l'agent est incriminée en tant que telle, sans qu'il y ait forcément eu de résultat dommageable. Les exemples classiques de ce type d'infractions sont les infractions de non-assistance à personne en péril[1235] ou de non représentation d'enfant[1236], mais il en existe de nombreuses autres dans certains domaines[1237].

580 - Cette distinction ne pourrait-elle pas constituer un critère valable pour déterminer comment doit se résoudre la question de la répartition des responsabilités entre personne morale et dirigeant personne physique ? Ne suffit-il pas, en effet, de dire qu'en cas d'infraction de commission, nécessitant un acte positif, il y aura cumul automatique de responsabilités[1238] et qu'inversement lorsqu'il y a infraction par omission, la personne morale sera seule poursuivie ?

Mais, lorsque l'on examine de plus près la liste des infractions imputables aux personnes morales, on s'aperçoit qu'il n'y a quasiment aucune infraction de pure omission[1239] ; cela signifie que l'on aboutit à un cumul automatique des responsabilités, ce qui est insatisfaisant.

De plus, la solution apportée pour les infractions de commission semble justifiée dans la majeure partie des hypothèses, mais elle ne laisse pas de place pour les cas litigieux où il y a infraction de commission sans que l'on puisse véritablement faire de reproche personnel au dirigeant[1240].

581 - Enfin, toutes les infractions ne peuvent pas être classées dans ces deux catégories. En effet, il existe un troisième type

---

[1233] Art. 311-1 et s. C. pén.

[1234] Art. 313-1 C. pén.

[1235] Art. 223-6 al. 2 C. pén.

[1236] Art. 227-5 C. pén.

[1237] C'est notamment le cas dans le Code de la route (défaut de casque, défaut de port de ceinture de sécurité…)

[1238] D. GUIRIMAND, La responsabilité pénale des personnes morales, RJS 1993, p.483.

[1239] La loi du 12 juin 2001 sur les mouvements sectaires a rendu l'omission de porter secours (Art. 223-6 C. pén.) imputable aux personnes morales.

[1240] Par exemple infractions de pollution par des eaux infectées déversées sans qu'il n'y ait eu d'ordre précis donné par le dirigeant.

d'infractions :les infractions de commission par omission. Ici, le législateur assimile l'omission à la commission lorsque le résultat prévu par le texte s'est produit. C'est le cas des infractions d'homicide ou de blessures par imprudence puisque le texte vise tout à la fois la négligence, la maladresse, l'imprudence, l'inattention et le manquement aux lois et règlements, c'est-à-dire aussi bien des faits positifs que négatifs.

La doctrine favorable à l'utilisation de cette distinction propose, dans les hypothèses d'infractions de commission par omission, une responsabilité de la seule personne morale[1241]. Mais, cela ne permet pas de résoudre de façon satisfaisante les cas où l'omission résulte d'une volonté répréhensible du dirigeant.

Le recours à la distinction des infractions de commission et d'omission pourrait, de prime abord, constituer une solution à la question du concours des responsabilités. Pourtant, on s'aperçoit, à l'étude, qu'elle ne permet pas de résoudre certains cas particuliers à cause très certainement de son caractère trop rigide, trop objectif. C'est pourquoi, il faut se tourner vers une autre distinction proposée en doctrine : la distinction des infractions intentionnelles et non intentionnelles.

2) La distinction entre infractions intentionnelles et *infractions non intentionnelles*

582 - Le Code pénal de 1994 est venu éclaircir la question de l'élément moral de l'infraction. En effet, le texte pose comme principe qu' « il n'y a point de crime ou de délit sans intention de le commettre »[1242] mais que, lorsque la loi le prévoit, il peut y avoir délit en cas d'imprudence, négligence ou mise en danger délibérée de la personne d'autrui. Enfin, on déduit du même texte que, sauf dispositions particulières dans le texte incriminateur, les contraventions sont des infractions non intentionnelles[1243].

[1241] D. GUIRIMAND, *op. cit.* et La responsabilité pénale des personnes morales (la mise en œuvre du nouveau dispositif), Droit Social 1994, p.647.

[1242] Art. 121-3 C. pén.

[1243] F. DESPORTES et F. LE GUNEHEC, *op. cit.,* n°465.

Cette distinction entre les différentes infractions pourrait se révéler utile pour déterminer les cas de cumul de responsabilités entre la personne morale et les dirigeants. En effet, il est possible de soutenir que lorsqu'il s'agit d'une infraction intentionnelle, le dirigeant devra être condamné en même temps que la personne morale.

Il serait possible de voir une confirmation de cette thèse dans l'une des premières décisions rendues par la Cour de cassation en matière de responsabilité pénale des personnes morales. Dans cette espèce[1244], la Chambre criminelle indique que pour que la personne morale puisse être condamnée pour usage de faux, il fallait démontrer que la personne physique (directeur général) ayant produit les attestations en justice avait conscience de l'inexactitude des faits qui y étaient relatés.

Or, si l'on apporte une telle démonstration, alors que cette même personne physique a bien commis les faits constituant l'élément matériel de l'infraction, elle peut être condamnée avec la personne morale.

En ce qui concerne les infractions intentionnelles, on aboutirait donc à un cumul automatique de responsabilités, ce qui peut paraître satisfaisant car on imagine mal qu'un dirigeant se rendant, par exemple, coupable d'un vol voit sa responsabilité pénale écartée en raison de la condamnation de la personne morale.

Néanmoins, si l'on pousse le raisonnement à son terme, on s'aperçoit que cette distinction fondée sur l'intention requise par le texte incriminateur ne convient pas parfaitement. Ainsi, dans les cas où l'infraction intentionnelle est le résultat d'une délibération collective empêchant l'identification d'une personne physique, il est impossible d'aboutir à un cumul de responsabilités.

En effet, la jurisprudence décide qu'en cas de vote d'un organe collégial, il est impossible de retenir la responsabilité pénale personnelle des membres ayant exprimé un vote favorable[1245].

583 - Si l'on ne tient pas compte de cette difficulté en cas de décision collective, il faut se demander quelle solution retenir en ce qui concerne les infractions non intentionnelles. Logiquement, il faudrait dire qu'en

---

[1244] Cass. crim. 2 décembre 1997, Bull. n°408 ; JCP 1998, II, 10023 rapport F. DESPORTES; Rev. Soc.1998, p.148 note B. BOULOC.

[1245] Cass. crim. 22 juin 1999, Dr. pén.1999, comm., n°140 ce qui ne signifie pas, contrairement à ce qu'indique le commentateur, que dans ce type d'hypothèses, il est impossible d'engager la responsabilité pénale des personnes morales, *Cf infra* p. 394.

cas d'infraction non intentionnelle, la seule responsabilité de la personne morale peut être engagée.

Or, une telle règle, instaurant l'immunité du dirigeant lorsque la personne morale est condamnée pour imprudence ou négligence, semble inéquitable et est susceptible de rompre l'égalité des citoyens devant la loi pénale. Monsieur DESPORTES le démontre grâce à un exemple fort simple : un chauffeur routier qui serait à l'origine d'un accident grave et faisant des victimes ne serait pas condamné s'il exerce son activité sous forme sociétaire[1246]. Mais, dans les mêmes circonstances, la personne physique serait condamnée si elle exerce à titre indépendant, hors de toute structure dotée de la personnalité morale.

De plus, certains auteurs[1247], soutiennent au contraire que lorsqu'il y a eu imprudence ou négligence, le bon sens commande un cumul automatique de responsabilités car dans la plupart des cas lorsque l'infraction est caractérisée pour la personne morale, elle l'est obligatoirement à l'encontre d'une personne physique[1248].

584 - On peut considérer que la loi tendant à préciser la définition des délits non intentionnels[1249], modifiant la rédaction de l'article 121-3 du Code pénal résoud une partie de la question posée par le cumul de responsabilité. En effet, elle prévoit notamment que dans les cas d'infractions non intentionnelles n'ayant qu'un lien indirect avec le dommage causé et en l'absence de violation manifestement délibérée d'une loi ou d'un règlement ou d'une faute d'une exceptionnelle gravité seule une personne morale peut se voir condamnée[1250]. La responsabilité pénale des personnes physiques étant écartée, la question du cumul n'a alors même plus à être posée.

Même si la loi parait résoudre la question du cumul de responsabilités en ce qui concerne les délits non intentionnels n'ayant qu'un rapport indirect avec le dommage causé, il subsiste une très large zone d'ombre en ce qui concerne les autres hypothèses.

[1246] La société, personne morale étant seule condamnée au nom du principe de non cumul.

[1247] A. COEURET, La nouvelle donne en matière de responsabilité, Droit Social 1994, p.627 et La responsabilité en droit du travail : continuité et rupture, Rev. sc. crim. 1992, p.475.

[1248] Sauf si l'imprudence ou la négligence résulte d'une délibération collective anonyme et qu'il est impossible d'identifier précisément une personne physique.

[1249] Loi n° 2000-647 du 10 juillet 2000 tendant à préciser la définition des délits non intentionnels, J.O. du 11 juillet 2000 ; JCP 2000, III, 20329..

[1250] Article 1er de la loi précitée modifiant l'alinéa 3 de l'article 121-3 du Code pénal.

Or, on s'aperçoit rapidement que les distinctions fondées sur le type d'infractions ne sont pas à même de constituer un critère fiable pour résoudre la question du concours de responsabilités. Ces distinctions, que ce soit celle entre les infractions d'omission et de commission ou celle entre les infractions intentionnelles et non intentionnelles, sont trop rigides. En effet, elles ne permettent pas de résoudre certains cas particuliers.

D'ailleurs, la difficulté de systématiser les solutions se ressent même chez les auteurs qui militent en faveur d'un cumul automatique et général puisqu'ils sont forcés de reconnaître que ce principe de cumul doit recevoir certains tempéraments[1251].

585 - En fait, il semble qu'il faille surtout éviter de rechercher une solution trop systématique. Il convient plutôt de trouver une solution qui convienne à l'ensemble des situations envisageables sans provoquer ni la dilution de la responsabilité pénale, ni l'aggravation de la responsabilité pénale des personnes physiques[1252] ni aussi que la responsabilité pénale des personnes morales ne devienne une facilité dispensant de la recherche de celle des personnes physiques[1253].

Pour ce faire, il nous semble qu'il est nécessaire de s'attacher à la part exacte respectivement prise par la personne morale et la personne physique dans la réalisation de l'infraction.

B] La distinction selon la participation de chacun

586 - Nous éliminerons d'emblée le cas où le dirigeant d'une personne morale commet une infraction en rapport avec sa fonction mais le fait pour son propre compte. Dans ce cas, il ne peut pas avoir agi « pour le compte » de la personne morale et les conditions posées par le texte ne sont pas réunies.

Il faut exclure également le cas où l'infraction, même commise « pour le compte » d'une personne morale, n'est pas imputable aux

---

[1251] Par exemple F. DESPORTES et F. LE GUNEHEC, *Le nouveau droit pénal*, Economica, 6ème éd. 1999, n°620 et s.

[1252] F. DESPORTES, La responsabilité pénale des personnes morales en droit français, C.J.E.G.1996, p.93.

[1253] H. SEILLAN, Le nouveau Code pénal et la santé/sécurité du travail, ALD 1995, p.209.

personnes morales car on se retrouve alors dans le « droit commun » de la responsabilité du dirigeant.

Mais, lorsque l'infraction est imputable aux personnes morales et commise « pour le compte » de l'une d'entre elles, il faut se demander quels sont les éléments qui entraîneront une responsabilité pénale de la personne morale seule (1) et ceux qui déboucheront sur un cumul de responsabilités (2).

1) La responsabilité pénale de la seule personne morale

587 - Dans les hypothèses où le cumul de responsabilités resterait envisageable[1254], la responsabilité pénale de la seule personne morale semble devoir être retenue lorsque la commission de l'infraction est le résultat de son organisation générale (a) mais aussi lorsque la résolution de commettre l'infraction est le fruit d'une décision collégiale (b).

a) L'infraction résulte de l'organisation de la personne morale

588 - Lorsqu'une infraction est imputable à une personne morale, il faut se demander quelle est l'origine de la réalisation de cette infraction afin de pouvoir répondre à la question du cumul de responsabilités. Lorsque l'infraction provient de l'organisation de la personne morale elle-même, celle-ci doit être seule responsable[1255].

En pratique, sont visées par cette situation, les infractions d'imprudence, de négligence ou purement matérielles[1256]. En effet, pour les autres infractions, il faut un acte matériel et une intention qui nécessitent l'intervention d'une personne physique[1257].

[1254] C'est à dire en écartant les cas d'infractions non intentionnelles n'ayant qu'un lien indirect avec le dommage. *Cf supra* p.390

[1255] G. COUTURIER, Répartition des responsabilités entre personne morale et personne physique, Rev. Soc. 1993, p.307.

[1256] F. DESPORTES et F. LE GUNEHEC, *Le nouveau droit pénal*, n°622.

[1257] Avec le cas particulier de la décision collégiale étudiée en b) p.394.

La circulaire d'interprétation du nouveau texte[1258] précise bien cette hypothèse permettant de condamner une personne morale seule puisqu'elle indique que «s'il s'agit d'infractions d'omission, de négligence ou matérielles, qui sont constituées en l'absence soit d'intention délictueuse soit d'un acte matériel de commission, la responsabilité pénale d'une personne morale pourra être engagée *alors même que n'aura pas été établie la responsabilité pénale d'une personne physique* ».

589 - Que faut-il entendre par une infraction qui est la conséquence de l'organisation de la personne morale ?

Il s'agit des infractions qui sont dues à une suite de décisions collectives pour lesquelles il est impossible d'identifier précisément un décideur et qui fait que s'est instaurée une « habitude » de comportement.

Par exemple, au sein d'une entreprise il est habituel qu'il n'y ait sur les chantiers, aucun employé doté des compétences et de l'autorité nécessaire pour faire respecter certaines règles de sécurité. On se trouve ainsi à l'opposé de la situation où le dirigeant impose, par une décision précise, le non respect d'une règle de sécurité, pour gagner du temps par exemple.

590 - Une partie de la doctrine précise que dans ce genre d'hypothèses, il faudra, pour s'exonérer de sa responsabilité, que le dirigeant prouve qu'il n'est pas à l'origine de l'infraction[1259]. C'est dire que le dirigeant devrait prouver que l'infraction est la conséquence de l'organisation de la personne morale et non d'une de ses décisions personnelles.

Un tel système se révèle contraire à l'esprit du texte puisqu'il maintient une présomption de responsabilité des dirigeants[1260]. Il se heurte également au principe selon lequel c'est sur l'autorité de poursuite que pèse la charge de la preuve.

C'est pourquoi, le système inverse nous semble plus approprié. Dés lors qu'il s'agit d'une infraction de négligence, d'omission ou

---

[1258] Circulaire du 14 mai 1993.

[1259] M. FAVERO, Responsabilité des personnes morales et responsabilité pénale des dirigeants :responsabilités alternatives ou cumulatives, Petites Affiches 1995, n°147, p.15.

[1260] La preuve que l'infraction n'est pas le résultat d'une décision du dirigeant est une preuve négative qui est difficile à rapporter.

d'imprudence, il faudrait, pour condamner le dirigeant en même temps que la personne morale, prouver que celui-ci est directement à l'origine de cette imprudence ou de cette négligence, c'est-à-dire prouver qu'il a eu une action déterminante dans la commission de l'infraction par la personne morale[1261].

591 - En résumé, lorsqu'il s'agit d'une infraction de négligence ou d'imprudence qui n'est pas le résultat d'une décision précise du dirigeant mais de « l'orientation donnée aux activités[1262] », seule la personne morale doit être poursuivie.

Mais, elle doit aussi être seule responsable lorsque l'infraction résulte d'une décision tendant à sa réalisation qui a été adoptée par un organe collégial car il est alors impossible d'identifier une ou plusieurs personnes physiques ayant pris cette décision.

b) L'infraction résulte d'une décision collégiale

592 - Ici, on ne se limite plus aux infractions d'imprudence ou de négligence, toutes les infractions sont visées, y compris les infractions intentionnelles. Au sein d'une personne morale, une grande partie des décisions prises quotidiennement le sont par le dirigeant désigné par les membres. Mais, certaines décisions sont prises par les organes collégiaux de la personne morale.

C'est ainsi que le recours à la commission d'une infraction peut être décidé au sein de l'un de ces organes collégiaux. Dans ce cas, il y aura impossibilité de désigner un responsable personne physique puisque la décision émane d'un ensemble de personnes physiques qui se sont mises d'accord par un vote ou par une résolution constatée par un procès verbal. En effet, la jurisprudence se prononce, dans ce genre d'hypothèses, pour l'impossibilité de retenir la responsabilité pénale des personnes physiques ayant exprimé un vote favorable[1263].

[1261] Il faudrait, par exemple, être en mesure de prouver que c'est lui qui est à l'origine de l'organisation qui a entraîné la commission de l'infraction.

[1262] M.A. HUSS cité par C. MOULOUNGUI, L'élément moral dans la responsabilité pénale des personnes morales, RTD com. 1994, p.441.

[1263] Cass. crim. 11 mai 1999, Dr. pén. 1999, comm. n°140, note M. VERON.

A partir de là, il faut s'accorder pour dire que la personne morale, vu l'impossibilité de désigner une personne physique responsable, doit être condamnée seule. On peut imaginer un exemple d'une situation de ce type avec l'infraction d'abus de confiance.

Une société détient des biens à titre précaire, elle n'en est donc pas propriétaire. Une décision de l'assemblée des membres prévoit de vendre ces biens et donc de commettre l'infraction. Si la vente est effectuée par un agent d'exécution qui ignore que les biens n'appartiennent pas à la société, il est impossible d'identifier une personne physique et seule la société peut être condamnée.

593 - En d'autres termes, il est possible de dire que lorsque la décision de commettre l'infraction est prise par l'un des organes collégiaux de la personne morale, c'est-à-dire lorsque s'exprime la véritable volonté de la personne morale, sans qu'il soit possible de se demander s'il ne s'agit pas de la volonté d'une personne physique que l'on attribue à l'être moral, c'est elle seule qui doit être condamnée.

Il faut donc combattre l'opinion développée par le commentateur de l'arrêt selon laquelle il faut en déduire que lorsqu'il y a eu une décision collégiale, il ne peut y avoir de responsabilité pénale[1264].

En effet, cette analyse ajoute une condition au texte puisque celui-ci n'exige pas qu'une personne physique puisse être condamnée pour pouvoir punir l'être moral[1265], mais exige qu'une infraction soit commise par un organe ou un représentant. Or, l'assemblée collégiale dont il est ici question est un organe de la personne morale et si celle-ci commet des faits pouvant être qualifiés d'infraction, l'exigence de l'article 121-2 du Code pénal se trouve remplie, ce qui permet la mise en jeu de la responsabilité pénale de l'être moral.

594 - De plus, cette analyse conduit à une situation inacceptable en affirmant que la répression est impossible dès lors que la décision de commettre une infraction à été prise par un organe collégial. Cela revient à dire qu'il suffirait à une personne morale qui envisagerait de commettre une infraction, d'en décider la réalisation par une délibération d'un organe collégial pour s'assurer une impunité totale et pour éviter toute condamnation aux dirigeants personnes physiques.

[1264] Note sous Cass. crim. 11 mai 1999, *op. cit.*

[1265] La circulaire du 14 mai 1993 prévoit d'ailleurs clairement ce type d'hypothèses.

595 - C'est donc tout à fait logiquement qu'il convient de déclarer qu'en cas de délibération d'un organe collégial ayant décidé de la commission d'une infraction, la personne morale doit voir sa responsabilité pénale engagée nonobstant le fait qu'aucune poursuite ne soit possible à l'encontre des dirigeants[1266].

Après avoir vu dans quels cas la responsabilité pénale de la personne morale doit être seule retenue, il faut rechercher dans quels autres cas il y aura cumul.

2) Les cas de cumul de responsabilités

596 - Lorsqu'il est question de cumul de responsabilités entre la personne morale et le dirigeant, il n'est pas question de confusion de responsabilités[1267]. L'évaluation de la gravité des fautes respectives doit se faire séparément pour l'être moral et pour le dirigeant[1268]. C'est pourquoi, il faut rechercher quel est l'élément qui relie le dirigeant à l'infraction pour savoir si sa responsabilité pénale doit être engagée **parallèlement** à celle de la personne morale.

En tout état de cause, pour qu'il puisse y avoir cumul de responsabilités, il faut que le dirigeant soit impliqué personnellement dans la réalisation de l'infraction. Cette exigence amène à trois types de situations dans lesquelles le cumul doit se rencontrer : soit le dirigeant a commis des actes ayant conduit à la réalisation de l'infraction (a), soit il a pris la décision de commettre celle-ci (b), soit il en est l'auteur matériel (c)

a) Le dirigeant a commis des actes ayant conduit à la réalisation de l'infraction

---

[1266] Ce qui correspond au raisonnement visant à démontrer l'existence d'une volonté propre à la personne morale qui est distincte de celles des personnes physiques et qui peut entraîner la mise en jeu de sa responsabilité pénale. *Cf supra* p.271.

[1267] J.F. BARBIERI, L'incidence de la réforme du Code pénal sur la gestion des personnes morales, Petites Affiches 1993, n°120, p.22.

[1268] C. DUCOULOUX-FAVARD, Demain les personnes morales responsables pénalement, Petites Affiches 1993, n°42, p.7.

597 - Le dirigeant est à l'origine d'actes ayant permis la survenance de l'infraction même si ces actes ne sont pas ceux qui mènent directement et sûrement à l'infraction : ses actes ont rendu l'infraction possible[1269].

On se situe essentiellement dans le domaine des infractions non intentionnelles. Plus précisément, ce sera le cas où le dirigeant a donné des ordres qui ont conduit à l'imprudence ayant provoqué l'infraction.

598 - On peut prendre l'exemple d'une entreprise de transport dans laquelle le dirigeant donne à un chauffeur une mission qui ne peut être réalisée qu'en violant les règles sur la limitation du temps de conduite. Cet ordre n'amène pas forcément à la survenance d'un accident mais il est à la base de l'imprudence qui caractérise le délit de blessures ou d'homicide involontaires. Si un accident survient, la personne morale pourra donc être condamnée pour blessures ou homicide par imprudence et la responsabilité pénale du dirigeant pourra aussi être retenue.

Dans ce genre d'hypothèses, le cumul de responsabilités s'explique assez facilement. Le dirigeant, par ses actes, est directement à l'origine de l'imprudence qui a conduit à la commission de l'infraction et il doit être puni à ce titre puisqu'il a failli à sa mission de direction. Quant à la personne morale, elle est le siège de cette imprudence et de la réalisation de l'infraction ce qui entraîne sa condamnation.

b) Le dirigeant a pris la décision de commettre l'infraction

599 - Ici, le dirigeant a décidé d'avoir recours à la commission d'une infraction pour le compte de la personne morale en toute connaissance de cause. La difficulté est qu'il faudra prouver la réalité de la décision de recourir à l'infraction.

Le domaine est ici beaucoup plus large. En effet, il pourra d'abord s'agir des infractions non intentionnelles. Dans ce cas le dirigeant a clairement donné l'ordre de commettre des imprudences ou de violer des

---

[1269] Il faut naturellement que ces actes soient considérés comme ayant un lien direct avec le dommage causé au sens de l'art. 121-3 al. 4 C. pén. dans sa rédaction issue de la loi du 10 juillet 2000.

dispositions légales et en cas de survenance d'un accident ayant entraîné des blessures ou un homicide involontaires un cumul de responsabilités pénales du dirigeant et de l'être moral[1270] s'impose.

Mais, cela vise également les infractions intentionnelles. C'est le cas où le dirigeant décide qu'il faut recourir au vol d'un fichier afin d'étoffer la clientèle de sa société et de mettre son concurrent en difficulté. Il sera « l'instigateur », l'auteur moral, de l'infraction ; il mettra tout en place pour que l'infraction puisse être réalisée.

En l'occurrence, si une infraction a été commise, c'est parce que le dirigeant l'a décidé et il a tout mis en œuvre pour sa réalisation. Il doit donc être condamné. Mais, la personne physique a agi en tant que dirigeant, donc si elle a agi « pour le compte » de la personne morale, celle-ci doit aussi être punie.

c) Le dirigeant est auteur matériel de l'infraction

600 - Ici, le dirigeant a commis lui-même l'infraction pour le compte de la personne morale, c'est-à-dire qu'il est l'auteur matériel de l'infraction. Pour reprendre l'exemple précédent, le dirigeant décide qu'il faut commettre un vol de fichier clients et s'introduit chez le concurrent pour le dérober.

En fait, dans ce cas, le dirigeant réunit lui-même tous les éléments constitutifs de l'infraction. Il est auteur de l'infraction. Mais, l'infraction est réalisée pour le compte de la personne morale. La décision de recourir à l'infraction prise par le dirigeant engage l'être moral. Il doit donc y avoir cumul de responsabilités.

Cette solution peut se comprendre aisément si l'on observe que d'une part, le dirigeant a agi en tant que tel et sa décision engage la responsabilité pénale de la personne morale. Mais, en se rendant matériellement coupable de l'infraction, il engage aussi sa propre responsabilité, d'où le cumul. On se trouve dans une situation similaire à la précédente dans laquelle le dirigeant a clairement pris la décision de commettre l'infraction mais comme en plus il en est l'auteur matériel, le cumul de responsabilités pénales s'impose à plus forte raison.

[1270] Si aucun dommage ne se produit ce sera en général le seul dirigeant qui sera condamné car ce type de dispositions retiennent rarement la responsabilité pénale des personnes morales.

601 - Cette question du cumul de responsabilités est très complexe et les solutions envisageables sont nombreuses. Or, le législateur a cru bon de laisser à la jurisprudence le soin de régler cette question[1271], en lui accordant beaucoup de latitude pour le faire.

Cette solution a de quoi étonner lorsque l'on sait que le législateur n'a pas laissé à la jurisprudence le soin de déterminer quelles sont les infractions imputables aux personnes morales[1272]. Il semble en tout cas que ce ne soit pas la meilleure façon de parvenir rapidement à un système stable et cohérent. Or, pour que la réforme prenne tout son intérêt et ne reste pas au stade de l'anecdote, il faut que les solutions en matière de cumul de responsabilités soient clairement et définitivement établies. C'est pourquoi, il serait souhaitable que le législateur envisage de modifier le texte même de l'article 121-2 du Code pénal.

C] La modification du texte de l'article 121-2 alinéa 3 du Code pénal

602 - Le conseil national du patronat français ayant pris conscience des difficultés soulevées par la question du cumul de responsabilités ainsi que du manque de précision du texte, avait tenté d'obtenir que le législateur complète celui-ci. En effet, à l'occasion du débat relatif à la loi instituant une peine incompressible dans le nouveau Code pénal, le syndicat patronal avait demandé au législateur de clarifier le problème du cumul de responsabilités.

Il proposait la rédaction suivante : « la responsabilité pénale des personnes morales exclut celle de leurs organes ou représentants pour les mêmes faits sauf lorsque ceux-ci sont intentionnels ou que le législateur en a disposé autrement ».

Cette requête a été rejetée, le Parlement estimant que cette question du cumul avait déjà été tranchée lors des débats relatifs à l'adoption du

---

[1271] J.J. HYEST, *Le nouveau Code pénal : enjeux et perspectives*, DALLOZ 1994.
[1272] *Cf supra* p.293

nouveau texte[1273]. Pour autant, la question mérite d'être posée à nouveau, notamment au vu des premières mises en œuvre de la réforme.

De plus, on peut penser que ce refus est également dû au fait que la proposition du C.N.P.F ne correspond pas parfaitement à l'idée que se fait le législateur de ce problème de cumul. En effet, la rédaction proposée écarte la responsabilité du dirigeant dans une grande majorité des cas.

603 - La difficulté lorsque l'on cherche à réécrire l'alinéa 3 de l'article 121-2 du Code pénal est de réussir à retranscrire brièvement et clairement l'ensemble des situations décrites plus haut[1274].

A cette fin, il convient d'une part, de distinguer le cas des infractions intentionnelles des autres infractions et d'autre part, de préciser le degré de participation des dirigeants qui est requis pour qu'il y ait cumul de responsabilités. Au regard de ce qui a été exposé plus haut, on peut proposer une nouvelle formulation .

604 - Le préliminaire indispensable est d'indiquer que le cumul est possible. Pour ce faire, on pourrait garder une formule assez proche de celle actuellement en vigueur. Il suffirait pour clarifier la situation de préciser que la responsabilité pénale de la personne morale n'exclut pas **nécessairement** celle des personnes physiques auteurs ou complices des même faits. Cette formule permet à la fois de montrer que le simple exécutant de l'infraction ne sera pas exonéré de responsabilité en raison du fait que l'infraction est imputée à une personne morale, mais aussi que la responsabilité des dirigeants ne peut être retenue que dans certaines conditions.

605 - Il faut ensuite revenir sur le cas des infractions intentionnelles pour lesquelles le principe doit être le cumul de responsabilités, mais avec les tempéraments énoncés précédemment.

On peut imaginer une formule telle que : « En cas d'infraction intentionnelle, la responsabilité pénale du dirigeant est engagée concomitamment à celle de la personne morale sauf si l'infraction résulte d'une délibération d'un organe collégial de la personne morale et si le dirigeant n'est pas l'auteur matériel de l'infraction ».

[1273] C.N.P.F., La responsabilité pénale des personnes morales (Ce qui va changer pour les entreprises à compter du 1er mars 1994), Brochure éditée par le C.N.P.F, 1994

[1274] *supra* p.391 et s.

606 - Enfin, il faut évoquer les autres infractions, pour lesquelles on exigera la preuve du rôle important du dirigeant dans leur réalisation pour pouvoir retenir sa responsabilité pénale en même temps que celle de la personne morale. Cela pourrait s'exprimer en disant que : « Dans les autres cas, le cumul de responsabilités n'est possible que si le dirigeant:

1°) a personnellement commis des actes, non répréhensibles en eux-mêmes, mais qui ont directement conduit à l'infraction, selon la distinction de l'article 121-3 alinéa 4 du Code pénal,

2°) a clairement et personnellement pris la décision d'avoir recours à la commission d'une infraction,

3°) a sciemment commis l'ensemble des faits constitutifs de l'infraction. »

607 - L'actuel alinéa 3 de l'article 121-2 du Code Pénal pourrait donc être remplacé par le texte suivant :

La responsabilité pénale de la personne morale n'exclut pas nécessairement celle des personnes physiques auteurs ou complices des même faits, sous réserve des dispositions du quatrième alinéa de l'article 121-3.

En cas d'infraction intentionnelle, la responsabilité pénale du dirigeant est engagée concomitamment à celle de la personne morale sauf si l'infraction résulte d'une délibération d'un organe collégial de la personne morale et si le dirigeant n'est pas l'auteur matériel de l'infraction. Dans les autres cas, le cumul de responsabilités n'est possible que si le dirigeant :

1°) a personnellement commis des actes, non répréhensibles en eux-mêmes, mais qui ont directement conduit à l'infraction, selon la distinction de l'article 121-3 alinéa 4.

2°) a clairement et personnellement pris la décision d'avoir recours à la commission d'une infraction,

3°) a sciemment commis l'ensemble des faits constitutifs de l'infraction.

L'intérêt principal d'une telle modification serait de donner au juge pénal certains cadres pour répondre à la question du cumul de responsabilités, tout en lui laissant un pouvoir d'appréciation des faits suffisamment étendu.

608 - De plus, simplifier un peu ces problèmes de répartition de responsabilités entre les participants à l'infraction ne serait il pas particulièrement bienvenu parce que s'y ajoutent encore certaines difficultés provenant d'éventuelles causes d'irresponsabilité pénale ?

Chapitre 2:

Les causes d'irresponsabilité pénale

609 - En présence d'une infraction imputable à une personne morale qui a bien été commise pour le compte de celle-ci par un organe ou un représentant, pour qu'il puisse y avoir une condamnation effective, il faut en outre qu'aucune cause d'irresponsabilité ne soit applicable.

Le Code pénal traite des causes d'irresponsabilité[1275] sans donner d'indication en ce qui concerne leur application aux personnes morales. Il ne faudrait pas déduire de ce silence que les personnes morales ne peuvent bénéficier d'aucune de ces causes d'irresponsabilité puisqu'en l'absence de précision, elles s'appliquent à l'ensemble des sujets de droit pénal.

La difficulté est que le Code pénal ne distingue pas selon que ces causes d'irresponsabilité s'appliquent à une personne physique ou une personne morale[1276]. Pourtant, il faut tenir compte des spécificités liées aux personnes morales qui font que certaines d'entre elles, en pratique, ne leur seront pas applicables.

610 - La définition de la responsabilité pénale des personnes morales est seule de nature à résoudre cette question. En effet, certains auteurs considèrent qu'il y a responsabilité pénale par emprunt de criminalité en cas d'infraction intentionnelle et responsabilité par imputation directe pour les infractions non intentionnelles. Dans le premier cas, toutes les causes d'irresponsabilité bénéficiant à la personne physique exonèrent aussi la personne morale. Dans le second cas, il faut distinguer entre les causes pouvant s'appliquer aux personnes morales et celles qui sont inconcevables[1277].

A l'opposé, si, comme il est raisonnable de le penser, la responsabilité pénale des personnes morales est indépendante de celle des personnes physiques, il faut examiner chacune des causes

---

[1275] Art. 122-1 et s. C. pén.
[1276] J.C. SOYER, *Droit pénal et procédure pénale*, L.G.D.J., 13ème édition 1997, n° 300.
[1277] J.C. SOYER, *ibidem*.

d'irresponsabilité et rechercher si elle est applicable à une personne morale et, le cas échéant, dans quelles conditions.

Pour ce faire, nous suivrons la distinction doctrinale, parfois critiquée, mais usuelle entre les causes subjectives d'irresponsabilité pénale (Section 1) et les causes objectives (Section 2).

Section 1:

Les causes subjectives d'irresponsabilité

611 - Les causes d'irresponsabilité pénale ou d'atténuation de cette responsabilité que l'on qualifie de subjectives sont celles qui tiennent à la personne ou à la personnalité de l'auteur des faits.

Il faut, d'emblée, écarter de notre étude la minorité pénale. En effet, lorsque l'infraction est commise par un mineur, des règles particulières visant à l'atténuation de la peine sont appliquées. En ce qui concerne les personnes morales, la question de la minorité semble ne pas avoir à se poser même si certains auteurs pensent qu'elle mérite d'être examinée[1278].

Tout au plus, la minorité pénale correspondrait-elle peut être à la période de formation de la personne morale[1279]. Mais, celle-ci se rapprocherait plus, au risque d'être taxé d'anthropomorphisme, de la période de gestation. De plus, l'idée même de minorité et les notions qu'elle appelle nous semblent tout à fait spécifiques aux personnes physiques.

C'est pourquoi notre étude portera sur les trois autres causes subjectives d'irresponsabilité pénale, à savoir : les troubles psychiques abolissant le discernement (§1), la contrainte (§2) et l'erreur sur le droit (§3).

[1278] M.E. CARTIER, *La responsabilité pénale des personnes morales : évolution ou révolution ?*, JCP éd. E. 1994, suppl. n°4, p.30.

[1279] La question de la responsabilité pénale de la personne morale en formation a été étudiée *supra* p.49.

§1: Les troubles psychiques abolissant le discernement

612 - Le Code pénal dispose que « N'est pas pénalement responsable la personne qui était atteinte, au moment des faits, d'un trouble psychique ou neuropsychique ayant aboli son discernement ou le contrôle de ses actes. »[1280]. Cette cause d'irresponsabilité peut-elle bénéficier à une personne morale ?

Pour répondre à cette question, il faudra d'abord se demander s'il est possible qu'une personne morale soit atteinte de troubles de cette nature, c'est-à-dire de faire une application directe de cette cause d'irresponsabilité (A).

Puis, bien qu'il s'agisse d'une cause subjective d'irresponsabilité et en raison des particularités des personnes morales, nous verrons si les troubles psychiques affectant le dirigeant peuvent constituer une cause d'irresponsabilité au bénéfice de la personnes morale. Cela reviendra à se demander si la cause d'irresponsabilité tirée de l'abolition du discernement dû à des troubles psychiques peut être appliquée à la personne morale « par ricochet » (B).

A] L'application directe

613 - La question posée ici est donc de savoir si une personne morale poursuivie pour la commission d'une infraction pourra arguer de l'article 122-1 du Code pénal pour éviter la répression.

Ainsi, une personne morale poursuivie, par exemple, pour vol, pourra-t-elle soutenir qu'elle est atteinte de troubles psychiques qui ont fait disparaître son libre arbitre ? En effet, cette cause d'irresponsabilité a vocation à s'appliquer dès qu'il y a eu « perte du libre arbitre, quelle que soit la nature du trouble mental qui en est à l'origine »[1281].

Si la responsabilité pénale des personnes morales est une responsabilité autonome, cela sous-entend que les êtres moraux sont

---

[1280] Art. 122-1 C. pén.

[1281] Circulaire de commentaires du 14 mai 1993.

dotés d'un libre arbitre. Pourtant, il semble raisonnable de dire qu'une personne morale ne peut pas être atteinte de troubles psychiques.

614 - Mais, pour ne pas écarter trop rapidement la possibilité d'application de l'article 122-1 du Code pénal, il faut passer en revue certains arguments qui confortent cette idée.

Le premier argument qui plaide en la faveur de cette impossibilité est que le rôle du psychiatre est très important pour savoir si cette cause d'irresponsabilité existait. En effet, c'est à lui que le juge demande si la personne poursuivie est atteinte d'un trouble susceptible d'abolir son discernement[1282] et si ce trouble existait au moment des faits qui lui sont reprochés[1283]. Or, l'idée même de l'intervention d'un expert psychiatre est étroitement associée à la personne physique puisqu'il s'agit de l'étude du psychisme humain.

De plus, la liste des questions posées à l'expert psychiatre montre bien qu'elle concerne les personnes physiques. En effet, il est notamment demandé à l'expert psychiatre si l'examen révèle des anomalies mentales ou psychiques, si la personne présente un état dangereux, si elle est accessible à une sanction pénale ou encore si elle est curable ou réadaptable[1284]. Même en prenant la peine d'adapter le sens de certaines de ces questions aux particularités des personnes morales, on s'aperçoit rapidement que les réponses sont plus susceptibles d'être apportées par un expert comptable ou un administrateur judiciaire que par un psychiatre.

615 - On pourrait néanmoins objecter que l'expertise psychiatrique n'est qu'un des moyens de déceler l'existence de la cause d'irresponsabilité et que le juge peut retenir toute sorte d'indices démontrant l'existence de troubles psychiques ayant aboli le libre arbitre de la personne poursuivie[1285]. Le juge ne pourrait-il donc pas retenir l'existence de tels troubles chez une personne morale en se fondant sur d'autres éléments qu'une expertise psychiatrique ?

La recherche de la signification de l'expression « trouble psychique » permet de repousser définitivement cette idée. La doctrine

---

[1282] F. DESPORTES et F. LE GUNEHEC, *Le nouveau droit pénal*, n°638.

[1283] J.C. SOYER, *Droit pénal général et procédure pénale*, n°218.

[1284] La liste de ces questions figure à l'article C. 345 de l'instruction générale pour l'application du C. proc. pén..

[1285] Cass. crim. 11 mars 1958, Bull. n°238.

unanime enseigne[1286], comme sous l'empire de l'article 64 de l'ancien Code pénal, qu'il peut s'agir d'une maladie[1287] ou d'un trouble non pathologique[1288] voire d'une intoxication due à l'alcool ou aux stupéfiants.

En tout état de cause, il faut, quelle que soit la nature des troubles que ceux-ci aient altéré « l'ensemble de la personnalité »[1289] ce qui est confirmé par l'analyse des termes de l'article 122-1 du Code pénal par un médecin psychiatre[1290].

D'ailleurs, pour de nombreux auteurs, l'impossibilité de reconnaître une personne morale irresponsable en raison de l'existence de troubles psychiques va de soi[1291], certains allant même jusqu'à dire que cela s'explique par le fait que l'être moral est « par définition, un être de raison »[1292]. Néanmoins, la jurisprudence conserve la possibilité de se prononcer pour la solution contraire.

616 - La cause d'irresponsabilité fondée sur l'existence de troubles psychiques ne pourra vraisemblablement pas s'appliquer aux personnes morales car elle a été créée, à l'évidence, pour s'appliquer à des êtres humains.

Pourtant, les troubles psychiques pourront ne pas être totalement étrangers à la responsabilité pénale des personnes morales puisqu'ils pourront exister dans le « substratum humain » de l'être moral et plus spécialement chez le dirigeant. C'est pourquoi, il faut maintenant se demander si cette cause d'irresponsabilité ne pourrait pas bénéficier à la personne morale par ricochet lorsque de tels troubles atteignent le dirigeant.

[1286] V. par exemple F. DESPORTES et F. LE GUNEHEC, *op. cit.*, n°634 et s.

[1287] Lésion pouvant être organique, congénitale ou accidentelle.

[1288] Par exemple le somnambulisme, l'hypnose...

[1289] J. PRADEL, *Traité de droit pénal*, CUJAS, 12ème éd.1999, n° 537.

[1290] C. JONAS et M. MERGER-PELIER, La réforme de l'irresponsabilité dans le nouveau Code Pénal (Les inquiétudes du psychiatre et l'expérience du magistrat), Revue Médecine et Droit 1993, n°1, p.13.

[1291] F. DESPORTES et F. LE GUNEHEC, *op. cit.*, n°641.

[1292] B. FERRIER, Une grave lacune de notre démocratie :L'irresponsabilité pénale des personnes administratives, Rev. sc. crim. 1983, p.395.

B] L'application par ricochet

617 - La formulation du problème est simple. Soit une personne morale qui est poursuivie pour la commission d'une infraction répondant aux exigences du Code pénal[1293]. Si son dirigeant est atteint de troubles psychiques qui abolissent son discernement et qui existaient au temps de l'infraction, la personne morale peut-elle bénéficier de la cause d'irresponsabilité applicable au dirigeant en raison de ces troubles ?

Il faut commencer par signaler que cette possibilité d'application de la cause d'irresponsabilité « par ricochet » n'est facilement envisageable que dans les cas où le dirigeant est poursuivi concomitamment à la personne morale. En effet, dans le cas contraire, il sera quasiment impossible au juge d'établir la réalité des troubles psychiques affectant le dirigeant. Sauf, à ce que l'administrateur ad hoc éventuellement désigné en remplacement de celui-ci puisse apporter au tribunal, dans l'intérêt de la défense de la personne morale, la preuve de l'existence des troubles chez le dirigeant[1294].

618 - Mais il faut aussi se demander quel intérêt peut présenter l'application indirecte de cette cause d'irresponsabilité. La première raison que l'on puisse avancer est que la volonté du dirigeant fait partie des différents éléments qui forment la volonté de la personne morale. Donc, si le discernement du dirigeant est aboli par des troubles psychiques, il y a des répercussions sur la volonté de l'être moral et ce facteur doit être pris en compte pour déterminer sa responsabilité.

La seconde raison est que l'application indirecte permettrait d'éviter que les membres de la personne morale n'aient à supporter les conséquences de la condamnation pénale alors que celle-ci est due, en partie, aux troubles psychiques dont souffre le dirigeant.

619 - Mais, cet argument ne peut pas être retenu car il s'agit d'une cause subjective d'irresponsabilité, laquelle ne doit s'appliquer qu'à la personne qui est atteinte par les troubles psychiques, l'infraction subsiste donc, même si certains auteurs soutiennent que la distinction entre les

---

[1293] Art. 121-2 C. pén.

[1294] Par exemple en versant aux débats des expertises psychiatriques ou une décision de mise sous tutelle.

causes subjectives et objectives n'a qu'une valeur très limitée vu l'existence de causes subjectives qui agissent *in rem*[1295]. Cette dernière notion paraît en effet discutable car en réalité, il ne s'agit pas de causes subjectives qui supprimeraient l'infraction mais plutôt de causes subjectives dont chacun des agents peut se prévaloir[1296].

620 - De plus, l'argument selon lequel il faut éviter que les membres de la personne morale ne subissent les conséquences de la condamnation due, en partie, aux troubles atteignant le dirigeant doit aussi être repoussé en raison du droit de regard des membres sur le choix du dirigeant. En effet, le dirigeant est nommé par les membres et il leur appartient de veiller à ce que celui-ci accomplisse la mission qui lui est attribuée de façon satisfaisante.

On peut donc avancer l'idée selon laquelle il n'est pas choquant que les membres subissent les conséquences de la commission de l'infraction car ils ont commis une erreur en confiant la direction de la personne morale à une personne sans s'apercevoir des troubles psychiques dont elle était atteinte ou en n'étant pas suffisamment vigilants pour se rendre compte que le dirigeant a contracté de tels troubles durant son mandat. Les conséquences subies par les membres ne sont en réalité que le résultat de leur inaptitude à réagir face aux troubles du dirigeant.

Enfin, on peut ajouter qu'il est de l'essence même de la qualité de membre d'une personne morale de devoir subir les conséquences dommageables des actes du groupement[1297], quelle qu'en soit l'origine et en particulier lorsqu'elles résultent de troubles affectant le dirigeant que les membres ont nommé.

621 - Pourtant, Monsieur DALMASSO[1298] soutient qu'il faut faire application de l'article 122-1 du Code pénal aux personnes morales lorsque le dirigeant était privé de discernement. Pour ce faire, il rappelle que le texte posant le principe de la responsabilité pénale des personnes

---

[1295] J.C. SOYER, *op. cit.*, n°212.

[1296] Ainsi, dans l'exemple donné par Monsieur SOYER, deux convoyeurs de fonds remettent l'argent à des malfaiteurs qui les menacent. Plutôt que de dire que la contrainte, cause subjective, va agir *in rem*, il nous semble plus juste de dire que l'infraction subsiste mais chacun des convoyeurs peut invoquer la contrainte.

[1297] L'article 1832 C. civ. notamment nous rappelle que les membres d'une société ont vocation à partager les bénéfices mais qu'ils doivent aussi contribuer aux pertes.

[1298] Th. DALMASSO, *Responsabilité pénale des personnes morales (Evaluation des risques et stratégie de défense)*, EFE 1996, n°66.

morales exige qu'une infraction ait été commise par le dirigeant[1299] et non un fait quelconque. Il ajoute que lorsque le dirigeant est atteint de troubles psychiques, il n'a pas commis d'infraction et donc la personne morale ne peut pas être condamnée.

Cette analyse nous semble devoir être repoussée. En effet, le fait que le dirigeant soit atteint de troubles psychiques ne fait pas disparaître l'infraction. Seule la responsabilité du dirigeant est écartée[1300] et celle de la personne morale peut être retenue car le Code pénal n'exige pas que le dirigeant puisse être puni pour l'infraction.

622 - Enfin, admettre l'application indirecte de la cause d'irresponsabilité fondée sur l'absence de discernement atteignant le dirigeant revient à dire que la volonté de celui-ci représente la volonté de la personne morale. Cela irait à l'encontre de ce qui a été démontré précédemment[1301] et entraînerait un cumul automatique des responsabilités de l'être moral et du dirigeant, ce qui ne correspond ni à la volonté du législateur ni à la diversité des situations de fait qui peuvent se présenter[1302].

C'est pourquoi, comme une grande partie de la doctrine[1303], il nous semble préférable d'écarter l'application par ricochet de cette cause d'irresponsabilité. Néanmoins, il semble raisonnable de penser que, lorsque le juge constatera que les troubles affectant le dirigeant ont pris une place non négligeable dans la réalisation de l'infraction qui entraîne la condamnation de la personne morale, il en tiendra compte au moment de fixer le quantum de la peine.

623 - Les problèmes liés à la possibilité d'application de la cause d'irresponsabilité évoquée par l'article 122-1 du Code pénal, et plus spécialement l'absence d'éléments de réponse précis dans les textes, montre une fois de plus que la réforme a été adoptée sans que l'on tienne vraiment compte des particularités des personnes morales en

---

1299 Art. 121-2 C. pén.

1300 La meilleure preuve est que le complice où le coauteur reste pénalement responsable nonobstant l'irresponsabilité pénale de l'auteur principal.

1301 *Cf supra* p.271.

1302 *Cf supra* p.346 et s.

1303 Par exemple F. DESPORTES et F. LE GUNEHEC, *op. cit.*, n°641 ou D. BOCCON GIBOD, *La responsabilité pénale des personnes morales (Présentation théorique et pratique)*, Editions Alexandre Lacassagne, éditions ESKA, p.32.

laissant à la doctrine, et plus encore à la jurisprudence, le soin de régler les modalités de mise en œuvre.

§2: La contrainte

624 - Nous venons de voir que la cause d'irresponsabilité fondée sur la disparition du discernement imputable à des troubles psychiques ne devrait pas bénéficier à une personne morale. Mais, il existe une autre cause d'irresponsabilité qui peut parfois en être rapprochée[1304]. En effet, la contrainte fait que l'agent n'a pas pu faire autrement que de commettre l'infraction[1305].

Il faut donc se demander si, malgré cette ressemblance, la contrainte est une cause d'irresponsabilité susceptible d'être appliquée à une personne morale.

L'article 122-2 Code pénal dit que la personne n'est pas pénalement responsable lorsqu'elle « a agi sous l'empire d'une force ou d'une contrainte à laquelle elle n'a pas pu résister ». Malgré cette nouvelle rédaction, il est possible de reprendre la distinction qui était faite à propos de l'article 64 de l'ancien Code pénal, entre la contrainte physique, désignée aujourd'hui comme une force, et la contrainte morale[1306].

Il faudra donc examiner successivement ces deux types de situation en se demandant si une personne morale peut se voir déclarer irresponsable parce qu'elle aurait agi sous l'empire d'une contrainte physique (A) ou d'une contrainte morale (B).

A] La contrainte physique

625 - La contrainte physique peut se présenter sous différentes formes (1), mais elle doit dans tous les cas répondre à certaines caractéristiques définies par la jurisprudence(2).

1304 J. PRADEL, *op. cit.*, n°549.

1305 J. PRADEL, *ibidem.*

1306 F. DESPORTES et F. LE GUNEHEC, *Le nouveau droit pénal*, n°661.

1) Les différentes formes de contrainte physique

626 - On distingue traditionnellement les différents types de contrainte par leur origine. La contrainte physique peut être externe (a) lorsqu'elle résulte d'un élément étranger à l'agent ou interne quand elle s'explique par un élément propre à l'agent (b).

a) La contrainte physique externe

627 - La contrainte physique externe est la forme la plus nette de contrainte et se rapproche fortement de la notion de force majeure en droit civil. Une personne morale pourra-t-elle invoquer une contrainte de ce type pour écarter sa responsabilité pénale ?

Pour répondre à cette question, il semble nécessaire de se reporter à l'origine de ce type de contrainte et plus spécialement à la nature de son élément générateur.

Il peut d'abord s'agir d'une force naturelle telle que la foudre, une tempête, un tremblement de terre... On cite généralement l'exemple du mur qui s'est écroulé sur la voie publique suite à des pluies torrentielles[1307] ou qui tombe sur des passants lors d'un ouragan. Le propriétaire du mur ne peut pas être condamné pour homicide ou blessures involontaires.

La contrainte physique externe peut aussi provenir du fait de l'homme comme la guerre, des attentats, des émeutes... Ainsi serait-il impossible de retenir une infraction si, en cas de guerre, il y avait destruction d'une usine de produits chimiques entraînant des intoxications due à des substances nocives qui se sont échappées.

Enfin, la contrainte physique externe peut provenir du fait du prince. Ici, l'action de l'Etat va amener à ce que l'agent n'ait pas d'autre issue que de commettre une infraction.

[1307] Cass. crim. 28 juillet 1881, D. 1882, I, p. 95.

628 - On constate que la qualité de l'agent, personne physique ou personne morale n'intervient nullement dans l'appréciation de la contrainte physique externe. Il n'y a donc aucune raison de distinguer entre les deux types de responsables potentiels. Pour s'en convaincre, il suffit de reprendre l'exemple du mur qui s'écroule lors de l'ouragan. La circonstance que le propriétaire soit une personne morale ne change rien au fait que rien ne pouvait lui permettre d'éviter l'effondrement.

La contrainte physique externe doit donc pouvoir bénéficier aux personnes morales puisque la loi ne fait aucune distinction et qu'il n'existe aucun obstacle pratique à son application.

b) La contrainte physique interne

629 - Il s'agit ici d'une maladie dont souffre l'agent et qui est à l'origine de la commission de l'infraction. L'exemple type en est celui de la personne, atteinte d'une maladie provoquant des somnolences, qui s'est endormie et a dépassé sa gare de destination. La jurisprudence a retenu, dans ce cas, l'existence d'une contrainte physique interne rendant l'agent irresponsable[1308].

S'agissant d'une contrainte résultant d'une maladie[1309], cette cause d'irresponsabilité semble réservée aux personnes physiques et ne devrait, en principe, pas pouvoir bénéficier à une personne morale.

630 - On peut néanmoins se demander si une personne morale ne pourrait pas soutenir avoir agi sous la contrainte de ses dirigeants, fait assimilable à ceux qui sont admis comme contrainte physique interne pour les personnes physiques.

Une réponse négative doit s'imposer. En effet, on voit mal comment admettre que la personne morale a agi sous la contrainte d'un de ses représentants puisque c'est la personne morale elle-même qui les investit de leurs pouvoirs[1310].

[1308] Cass. crim. 19 octobre 1922, D. 1922, I, p.233.

[1309] J. PRADEL, op. cit., n°507.

[1310] M. BAYLE, L'incidence de la réforme en droit de l'environnement, Petites Affiches 1993, n°120, p.40.

De plus, admettre cette solution reviendrait à anéantir la réforme puisqu'il suffirait à la personne morale d'invoquer systématiquement l'existence de la contrainte pour éviter la répression. En effet, les organes et représentants sont indispensables au fonctionnement de la personne morale et si l'on admet qu'elle se trouve sous leur contrainte, elle y est en permanence et ne peut donc encourir aucune responsabilité pénale.

Seule la contrainte physique externe semble donc pouvoir bénéficier aux personnes morales. Mais, pour qu'il y ait irresponsabilité, il faudra encore que cette contrainte réponde à certains caractères.

2) Les caractères de la contrainte physique

631 - Comme pour les personnes physiques, la contrainte pesant sur la personne morale devra présenter certains caractères pour empêcher la répression. La loi exige que cette contrainte soit irrésistible (a) et la jurisprudence ajoute habituellement que celle-ci doit être imprévisible (b). Il faut donc revenir brièvement sur ces exigences et voir s'il existe des particularités en ce qui concerne les personnes morales.

a) La contrainte doit être irrésistible

632 - La jurisprudence pénale entend par contrainte irrésistible, le fait que la liberté de l'agent ait été totalement supprimée, ce qui entraîne une « impossibilité absolue de se conformer à la loi »[1311].

Le juge pénal se montre d'ailleurs très sévère sur ce point, ce qui vaut d'assez vives critiques doctrinales qui lui reprochent d'apprécier cette irrésistibilité de façon objective alors qu'il serait plus à propos de faire une appréciation subjective se référant aux possibilités de l'agent[1312]. Cette sévérité s'explique sans doute par la volonté d'éviter

---

[1311] Cass. crim. 28 décembre 1900, D. 1901, I, p.81 note LE POITTEVIN.

[1312] Notamment en matière de violation d'arrêté d'expulsion, sur ce point V. F. DESPORTES et F. LE GUNEHEC, *op. cit.*, n°666.

toute difficulté dans l'appréciation de la preuve pour l'admission de la contrainte physique[1313].

633 - S'agissant des personnes morales, on ne voit pas ce qui pourrait venir modifier cette jurisprudence bien établie et on peut raisonnablement penser que le caractère irrésistible de la contrainte pesant sur la personne morale sera appréciée selon les mêmes critères que ceux retenus pour les personnes physiques.

Reste la question de l'imprévisibilité de la contrainte, c'est-à-dire l'absence de faute antérieure de l'agent.

b) La contrainte doit être imprévisible

634 - Le juge pénal, s'inspirant de la jurisprudence civile, exige qu'il n'y ait pas de faute commise par l'agent et qui soit la cause de la contrainte. L'exemple type cité, en ce qui concerne les personnes physiques, est celui du marin qui est considéré comme déserteur car il ne peut pas rejoindre son bord suite à une arrestation pour ivresse publique[1314].

Cette condition posée par la jurisprudence devrait, malgré les nombreuses critiques qu'elle suscite[1315], être reprise en ce qui concerne les personnes morales[1316].

Ainsi, on pourrait imaginer une personne morale à qui du matériel a été prêté et qui se trouve dans l'impossibilité de le restituer au propriétaire légitime du fait d'un incendie. A priori, la contrainte pourrait être invoquée pour éviter une condamnation pour abus de confiance[1317]. Mais, le bénéfice de la contrainte lui sera refusé si est établie l'insuffisance des moyens pris pour éviter la survenance d'un

---

[1313] J. PRADEL, *Traité de droit pénal*, 9ème édition, n°509.

[1314] Cass. crim. 29 janvier 1921, S. 1922, I, p.185, note ROUX.

[1315] J. PRADEL, *Traité de droit pénal*, CUJAS, 12ème éd. 1999, n°560.

[1316] Elle semble bien être reprise pour les personnes physiques : C.A. Douai 24 octobre 2000, JCP 2001, II, 10012 note J. -Y. MARECHAL.

[1317] Art. 314-1 C. pén. applicable aux personnes morales selon l'article 314-12 C. pén.

incendie ou en limiter les conséquences[1318] car la contrainte n'était pas imprévisible du fait de la faute antérieure.

635 - La jurisprudence pourra donc accorder le bénéfice de la contrainte physique externe à une personne morale lorsque, comme pour les personnes physiques, elle sera à la fois irrésistible et imprévisible. A l'opposé, il ne paraît pas envisageable de retenir la contrainte physique interne.

Il faut dorénavant se demander si la contrainte morale peut aussi recevoir application en ce qui concerne les personnes morales.

B] La contrainte morale

636 - La contrainte morale s'exerce sur la volonté de l'auteur pour anéantir sa liberté de choix et rendre la commission de l'infraction inévitable. Comme la contrainte physique, cette contrainte peut avoir une origine interne (1) ou externe (2).

1) La contrainte morale interne

637 - Il s'agirait ici d'invoquer des sentiments ou des émotions de haine ou de colère qui auraient poussé l'agent à commettre l'infraction. Ce type de sentiments, purement humains, n'ont pas cours lorsqu'il s'agit de personnes morales. La question de savoir si une telle situation est de nature à empêcher la répression ne présente donc pas d'intérêt.

638 - On peut néanmoins se demander si de tels sentiments de la part d'un dirigeant ne doivent être pris en compte. La réponse négative

---

[1318] Par exemple si l'on prouve qu'il y a eu violation de la réglementation sur le stockage de produits dangereux telle que la loi n°76-663 relative aux installations classées pour la protection de l'environnement. En effet, même si le sinistre n'aurait pas pu être évité complètement, les conséquences auraient pu en être réduites et les biens prêtés auraient pu être sauvés.

va de soi puisque la contrainte morale interne n'est jamais retenue par la jurisprudence pour exonérer les personnes physiques[1319].

Tout au plus, cette contrainte morale interne du dirigeant pourrait être assimilée à des troubles psychiques[1320], mais cela ne permettrait tout de même pas d'écarter la responsabilité pénale de la personne morale[1321].

En revanche, la question de savoir si des pressions extérieures à la personne morale seraient susceptibles de constituer une contrainte morale externe écartant sa responsabilité, semble plus complexe.

2) La contrainte morale externe

639 - La contrainte morale externe est invoquée par l'agent qui a commis une infraction sous l'emprise d'une menace en raison de laquelle il n'avait plus la possibilité de décider de respecter la loi. Traditionnellement, on admet cette contrainte pour les personnes physiques lorsque cette menace est dirigée contre l'agent lui-même ou des personnes qui lui sont chères. Ainsi, le caissier qui remet les fonds à des malfaiteurs qui détiennent sa famille en otage ne peut être condamné pour vol.

La jurisprudence se montre rigoureuse et exige que la menace soit suffisamment forte pour supprimer la liberté de l'agent. La difficulté est que l'agent a toujours la possibilité d'agir dans la légalité quitte à ce que les menaces soient mises à exécution. La décision de retenir ou non la contrainte dépendra donc en pratique de la gravité et de la réalité de la menace.

640 - Une personne morale ayant commis une infraction peut-elle raisonnablement invoquer une menace qui l'aurait poussée à l'acte ?

Pour répondre à cette question, il faut prendre deux exemples de ces circonstances dans lesquelles cette contrainte morale peut être invoquée.

[1319] F. DESPORTES et F. LE GUNEHEC, *Le nouveau droit pénal*, n°670 ;J.H. ROBERT, *Droit pénal général*, PUF, 4ème édition 1999, p.299.
[1320] J.H. ROBERT, *op. cit.*, p.300.
[1321] *Cf supra* p.408.

Le premier concerne le droit de l'environnement[1322]. Une personne morale ayant commis des faits de pollution soutient s'être retrouvée sous l'emprise d'une contrainte morale externe du fait de la concurrence. En effet, ses concurrents étrangers étant soumis à des règles moins strictes, permettant d'abaisser les coûts, la personne morale menacée de disparition n'a eu comme issue que la commission d'infractions.

Le second exemple est celui de la société qui rencontre des difficultés de trésorerie très importantes susceptibles de l'entraîner vers l'ouverture d'une procédure collective risquant fort d'aboutir à la mise en liquidation.

Si cette personne morale commet des infractions, telles que l'emploi de main d'œuvre clandestine, afin de redresser sa situation, elle sera tentée de soutenir qu'elle a agi sous l'emprise de cette contrainte morale externe.

641 - Peut-on, dans ce genre de situations, admettre l'existence d'une contrainte morale externe permettant de déclarer la personne morale irresponsable ?

La seule véritable certitude à ce sujet est que le texte ne permet pas de donner une réponse ferme. Néanmoins, l'examen de la jurisprudence visant des agents personnes physiques nous inciterait à penser que la contrainte morale ne serait pas retenue au bénéfice des personnes morales.

Cette position se justifie d'abord par la différence entre les intérêts menacés. Pour les personnes physiques, la jurisprudence exige, en fait, qu'une menace de mort pèse sur un être cher à l'agent. En ce qui concerne la personne morale, même si l'on admet que sa « vie » est menacée, il ne s'agit pas de valeurs comparables puisque dans le cas de la personne morale, il ne s'agit que d'un risque de pertes financières.

Mais, ce rejet de la contrainte morale exercée par le marché peut aussi se justifier par le fait que, même si elle existe, elle n'est que le reflet des règles de fonctionnement du marché, avec ses difficultés et ses risques, tels qu'ils ont été acceptés par la personne morale lors de son entrée sur le marché[1323].

[1322] M. BAYLE, L'incidence de la réforme en droit de l'environnement, Petites affiches 1993, n°120, p.40.

[1323] M. BAYLE, *op. cit.*

Néanmoins, la jurisprudence garde une très grande liberté et peut décider que de telles circonstances sont de nature à constituer une contrainte susceptible de rendre la personne morale irresponsable.

Il semble donc, sous réserve de l'interprétation jurisprudentielle à venir, que seule une contrainte physique externe soit susceptible d'être retenue pour déclarer une personne morale irresponsable de l'infraction pour laquelle elle est poursuivie.

642 - Reste cependant à se demander, comme on l'a fait pour les troubles psychiques, quelle est la conséquence de l'admission de la cause d'irresponsabilité au bénéfice du dirigeant. Peut-il y avoir application par ricochet de la contrainte pesant sur le dirigeant ?

S'agissant d'une cause subjective d'irresponsabilité, on serait tenté d'affirmer que cette application par ricochet est impossible et que la personne morale ne sera irresponsable que si elle réunit elle-même l'ensemble des éléments constituant la contrainte.

C'était, semble-t-il, la position prise par la jurisprudence pour l'application de l'Ordonnance du 5 mai 1945[1324]. En effet, le juge pénal décidait que le fait que les dirigeants personnes physiques aient bénéficié d'un non-lieu en raison d'une contrainte n'entraîne pas automatiquement l'irresponsabilité de la personne morale[1325].

Cette solution a fait l'objet de très vives critiques par la doctrine. C'est peut-être la raison qui pousse certains auteurs à soutenir que la contrainte est une cause subjective particulière en ce qu'elle supprime à la fois la responsabilité civile et la responsabilité pénale et que de ce fait, la contrainte subie par le dirigeant doit profiter à la personne morale[1326]. Il reviendra donc à la jurisprudence de trancher définitivement cette question.

[1324] Ord. 5 mai 1945 relative à la répression des faits de collaboration avec l'ennemi et retenant la responsabilité pénale des personnes morales, D. 1945, p.98.

[1325] C.A. Paris, ch. d'acc., 21 décembre 1949, D. 1950, p.434. note DONNEDIEU DE VABRES.

[1326] F. DESPORTES et F. LE GUNEHEC, *op. cit.*, n°672.

§3 : L'erreur sur le droit

643 - « Nul n'est censé ignorer la loi ». Cette règle, non écrite mais reconnue de longue date par la jurisprudence[1327], impose, en principe, au citoyen une parfaite connaissance de la législation. Mais, elle empêche également à une personne poursuivie d'invoquer son ignorance de la loi pour s'exonérer.

Or, si l'application de cette obligation de connaissance de la loi ne pose pas de problème pour les « infractions naturelles » telles que, par exemple, le meurtre ou le vol, il en va autrement en ce qui concerne des domaines extrêmement complexes ou techniques.

C'est ce qui explique en grande partie l'adoption d'une nouvelle cause d'irresponsabilité lors de la réforme du Code pénal[1328]. En effet, le texte entré en vigueur au 1er mars 1994 précise que « n'est pas pénalement responsable la personne qui justifie avoir cru, par une erreur sur le droit qu'elle n'était pas en mesure d'éviter, pouvoir légitimement accomplir l'acte »[1329].

S'agissant d'une nouveauté instaurée par la réforme, il faut d'abord revenir sur ses traits essentiels (A) avant de s'interroger sur son applicabilité aux personnes morales (B).

A] Les traits essentiels de l'innovation

644 - L'adoption de l'erreur sur le droit comme cause d'irresponsabilité pénale[1330] a fait craindre la mise en place « d'une bombe à retardement dont la mise à feu serait intervenue le 1er mars

[1327] Cass. crim.24 février 1820, Bull. n°33.

[1328] Il faut signaler que certains de nos voisins européens avaient déjà introduit des dispositions similaires dans leurs législations (Belgique, Allemagne, Italie).

[1329] Art. 122-3 C. pén.

[1330] Il faut signaler que l'erreur sur le droit ne figurait pas dans le projet de loi du gouvernement et que c'est à l'initiative du Sénat qu'elle fut intégrée dans le texte définitif.

1994 »[1331]. Cette crainte doit être tempérée par le maintien du principe de l'obligation de la connaissance du droit par les citoyens[1332].

En effet, l'ordre social et les nécessités de la répression postulent le maintien de ce principe qui porte tant sur les prescriptions pénales que sur les dispositions non pénales servant à la mise en œuvre du dispositif répressif.

Mais, on s'accorde à reconnaître que l'inflation juridique fait que cette obligation de connaissance de la loi est devenue une véritable fiction[1333] et qu'il est tout à fait possible qu'un agent ignore l'existence même d'un texte ou encore en fasse une mauvaise interprétation en raison de sa complexité.

Il résulte de ces constatations que si l'erreur sur le droit est reconnue par l'article 122-3 du Code pénal, son admission est soumise à des conditions très strictes rendant celle-ci exceptionnelle. D'après le texte lui-même, en effet, il faut d'abord que l'erreur porte sur une règle de droit (1), il faut aussi que cette erreur présente un caractère inévitable (2) et qu'enfin, elle ait amené l'agent à croire en la légitimité de son acte (3).

1) L'erreur doit porter sur une règle de droit

645 - Vu la diversité des règles de droit, il faut adopter une conception très large incluant tant la loi proprement dite que les règlements issus du pouvoir exécutif.

En ce qui concerne la nature de cette règle de droit et s'agissant d'une cause d'irresponsabilité visant à modérer le principe selon lequel « nul n'est censé ignorer la loi », l'erreur, comme le principe, peut porter sur n'importe quel type de règle juridique. En effet, il pourra s'agir d'une règle purement pénale tel un texte d'incrimination, mais aussi de tout autre texte qui sert à caractériser l'existence de l'infraction.

Il faut relever que la règle de droit mal connue ou mal interprétée par la personne poursuivie peut même être de celles édictant une cause

---

[1331] F. DESPORTES et F. LE GUNEHEC, *op. cit.*, n°673.

[1332] Même si certaines décisions rendues par les juges du fond ont fait une application extensive de l'erreur sur le droit. Pour un exemple T. corr. Carcassonne 16 mars 1994, Petites Affiches 1995, n°69, p.20 note G.X. BOURIN.

[1333] F. DESPORTES et F. LE GUNEHEC, *op. cit.*, n°675.

d'irresponsabilité. Dans ce genre d'hypothèses, l'agent se sera mépris sur la portée de la cause d'irresponsabilité en considérant, à tort, que sa responsabilité pénale ne pouvait pas être mise en jeu.

Pour que cette nouvelle cause d'irresponsabilité puisse jouer, il faut donc que la méprise de l'agent porte sur un texte, ce qui exclut du champ de l'article 122-3, les hypothèses d'erreur de fait qui font l'objet de considérations particulières[1334].

Pour éviter toutes les formes d'abus, le législateur a exigé que l'erreur commise soit inévitable.

2) L'erreur doit être inévitable

646 - Pour que l'agent puisse s'exonérer de sa responsabilité pénale, il faut qu'il ait commis une erreur de droit qu'il « n'était pas en mesure d'éviter »[1335]. Il faut donc que cette erreur soit « inévitable » ou « invincible » comme l'on disait antérieurement en doctrine.

Cette exigence introduit un paramètre objectif dans ce qui reste néanmoins une cause subjective d'irresponsabilité pénale. La circulaire de commentaire du Code pénal cite en exemple deux cas susceptibles d'entraîner l'application de l'article 122-3[1336]. Le premier vise une hypothèse assez rare, celle où un texte servant à caractériser un des éléments de l'infraction n'a pas été publié.

On peut ici évoquer l'exemple d'une loi contenant des dispositions pénales et renvoyant à des décrets d'application qui ne sont pas encore publiés mais qui sont indispensables pour caractériser l'infraction. Le prévenu poursuivi sur le fondement de cette loi pourra valablement invoquer l'erreur sur le droit pour s'exonérer.

Le second cas semble être plus fréquent. Il s'agit de l'hypothèse où l'agent, ayant eu une information erronée, croyait être dans la légalité. Pour qu'il puisse être admis que la personne poursuivie a été victime d'une information erronée, il faudra qu'elle prouve avoir agi avec une certaine prudence. En effet, le prévenu ne saurait prétendre à

[1334] J. PRADEL, *Traité de droit pénal, op. cit.*, n°563 et s.

[1335] Art. 122-3 C. pén.

[1336] Circulaire du 14 mai 1993 commentant les dispositions de la partie législative du nouveau Code pénal et des dispositions de la loi du 16 décembre 1992 relative à son entrée en vigueur.

l'application du texte relatif à l'erreur sur le droit s'il a agi en se contentant d'un simple renseignement verbal pris auprès de l'administration[1337]. Mais, l'erreur sur le droit ne sera pas plus admise si le prévenu est en possession d'une réponse écrite mais qui émane soit d'un agent subalterne n'ayant pas qualité pour engager l'administration, soit d'une association de défense, personne privée n'ayant aucune autorité officielle.

647 - C'est à la jurisprudence qu'il appartiendra de définir la teneur exacte de cette obligation de prudence et de décider dans quels cas l'erreur sur le droit peut être admise[1338].

On peut aussi se demander comment les juridictions apprécieront le caractère inévitable de l'erreur. Feront-elles une appréciation in abstracto, en se référant à un « bon père de famille », ou in concreto, en prenant en considération des éléments propres à la personne poursuivie.

La doctrine considère qu'une solution médiane est souhaitable c'est-à-dire que des éléments relatifs au prévenu doivent être pris en compte mais ils doivent être mis en balance avec des éléments objectifs[1339]. C'est la voie que semble emprunter la Cour de cassation dans les premières décisions relatives à cette question[1340].

Pour que l'on reconnaisse l'irresponsabilité pour erreur de droit, il faudra encore que cette erreur inévitable sur une règle de droit fasse croire à la personne en cause qu'elle pouvait réaliser son acte en toute légalité.

3) La croyance en la légalité de l'acte

648 - La personne qui invoque l'existence d'une erreur sur le droit doit prouver que cette erreur invincible lui a fait croire qu'elle pouvait « légitimement accomplir l'acte »[1341]. C'est cette obligation qui donne son caractère subjectif à cette cause d'irresponsabilité.

[1337] Puisque, dans ce cas, il est incapable d'apporter la preuve de sa prise de renseignements.

[1338] En effet, les hypothèses envisageables sont très nombreuses.

[1339] F. DESPORTES et F. LE GUNEHEC, *op. cit.*, n°687 ; J. PRADEL, *op.cit.*, n°571.

[1340] Pour un exemple V. Cass. crim. 19 mars 1997, Bull. n°115 ; JCP 1998, II, 10095 note O. FARDOUX.

[1341] Art. 122-3 C. pén. *in fine*.

Ici, la condition posée par le Code pénal est très claire : l'agent doit, à cause de l'erreur, avoir cru pouvoir commettre les actes qui lui sont reprochés sans encourir de poursuites.

L'erreur sur le droit qui n'aurait fait qu'introduire un doute dans l'esprit de l'agent ne pourrait pas permettre l'exonération de responsabilité. En effet, si un doute existait dans l'esprit de l'agent, celui-ci devait se renseigner davantage et s'il a omis de le faire, l'erreur ne peut plus être considérée comme inévitable.

649 - Lorsque ces trois conditions sont réunies, l'agent peut valablement invoquer cette cause d'irresponsabilité pénale. Mais, que se passe-t-il lorsque celui-ci est une personne morale ? Peut-elle vraiment se prévaloir de l'existence d'une telle erreur sur le droit ? Si oui, quelles sont les particularités éventuelles?

B] L'application à une personne morale

650 - Il s'agira d'abord de montrer qu'en principe, et sauf une interprétation jurisprudentielle contraire, l'erreur sur le droit est une cause d'irresponsabilité qui pourra valablement être invoquée par une personne morale (1). Mais, en raison de la spécificité des personnes morales, certaines modalités d'application méritent une attention particulière (2).

1)La possibilité pour une personne morale d'invoquer une erreur de droit

651 - Il n'existe, a priori, aucun obstacle à ce qu'une personne morale puisse s'exonérer en invoquant le fait qu'elle a été victime d'une erreur de droit[1342]. Rien ne permet ici de distinguer entre une personne physique et une personne morale placée dans une situation semblable.

[1342] Pendant un temps, on a pu se demander si cette cause d'irresponsabilité pénale pourrait s'appliquer aux personnes morales car la jurisprudence semblait en refuser le bénéfice aux dirigeants de sociétés, mais la Chambre criminelle de la Cour de cassation, par son arrêt du 24

Prenons le cas d'un renseignement pris auprès d'une administration avec toutes les vérifications nécessaires. Si ce renseignement est erroné, pourquoi admettrait- on qu'un artisan personne physique puisse bénéficier de la cause d'irresponsabilité alors qu'une entreprise unipersonnelle à responsabilité limitée se verrait privée de cette possibilité sous le simple prétexte qu'il s'agit d'une personne morale?

652 - De plus, il apparaît que l'erreur sur le droit a vocation à s'appliquer dans les domaines d'activités privilégiés des personnes morales. En effet, cette cause d'irresponsabilité ne semble pas devoir recevoir application pour les infractions « naturelles » puisqu'on conçoit mal qu'une personne poursuivie pour une infraction telle qu'un vol, un meurtre ou un délit en matière de mœurs, puisse invoquer son ignorance de la loi[1343].

Au contraire, cette application est envisageable dans des domaines techniques où la réglementation est nombreuse, complexe et fluctuante[1344]. Or, ce type de textes concerne en priorité des activités qui sont l'apanage des personnes morales. C'est d'ailleurs cette éventualité qui a été envisagée par le législateur lorsqu'il a adopté l'irresponsabilité pour cause d'erreur sur le droit.

L'application de l'erreur de droit aux personnes morales ne se heurte donc à aucun obstacle juridique et même semble bien correspondre à l'esprit du texte.

Néanmoins, étant donné le particularisme des personnes morales et la nouveauté de l'erreur sur le droit, il convient de s'interroger sur certains points afin de fournir les éléments nécessaires à une mise en œuvre satisfaisante de l'article 122-3 du Code pénal.

2) Les questions spécifiques aux personnes morales

653 - Bien que l'admission de l'erreur sur le droit soit une innovation légale contemporaine de celle de la responsabilité pénale des

---

novembre 1998 a mit fin à cette interrogation : Cass. crim. 24 novembre 1998, JCP 1999, II, 10208.

[1343] F. DESPORTES et F. LE GUNEHEC, *op. cit.*, n°683.

[1344] On peut citer comme exemples le droit de l'environnement, le droit des affaires, le droit du travail...

personnes morales, la rédaction du texte relatif à la première n'a pas pris en compte l'existence possible de la seconde. De ce fait, il faut s'interroger notamment sur le sens à donner à certaines expressions employées par l'article 122-3 du Code pénal au regard des particularités des personnes morales. On dénombre principalement trois difficultés.

654 - La première de ces difficultés est que, le Code pénal dit que « n'est pas pénalement responsable la personne qui justifie avoir cru [...] pouvoir légitimement accomplir l'acte »[1345]. Lorsque cette personne est un être moral, comment faut-il comprendre l'expression « avoir cru » ? Est-ce vraiment la personne morale qui doit avoir cru et dans ce cas, comment établir cette croyance ? Est-ce une personne physique qui a cru « pour le compte » de la personne morale ? Et si tel est le cas, qui peut être cette personne physique ?

La diversité des situations envisageables fait qu'il est impossible d'apporter une réponse unique. Cependant, on peut trouver une solution pour chacune des hypothèses les plus fréquentes et ainsi voir comment l'erreur sur le droit pourra bénéficier, par ricochet, à la personne morale lorsqu'elle aura d'abord été admise au bénéfice du dirigeant et vice versa.

La décision de commettre les faits poursuivis peut d'abord être prise par un organe collectif de la personne morale. C'est le cas le plus simple puisque les décisions prises de cette façon représentent de façon évidente la volonté autonome de la personne morale. Au sein de cet organe, il y a eu une discussion sur l'accomplissement des actes poursuivis et leur légalité[1346]. La décision de les commettre est donc prise par la personne morale et c'est elle qui, le cas échéant, a cru en la légitimité de l'acte.

Il est intéressant de noter que dans ce type de situation, si l'erreur de droit est admise au bénéfice de la personne morale, elle doit l'être, par ricochet, au bénéfice du dirigeant qui serait poursuivi pour les mêmes faits. Le dirigeant n'a fait que mettre en œuvre la volonté de l'être moral, et il doit donc bénéficier de la cause d'irresponsabilité[1347].

Si les faits ont été commis par une personne physique autre qu'un dirigeant mais ayant agi sur ordre de celui-ci, l'erreur qui serait admise

---

[1345] Art. 122-3 C. pén.

[1346] On fera, par exemple, état de l'avis donné par telle administration.

[1347] Sauf à démontrer qu'il savait que l'acte était illégal mais cette preuve semble difficile à rapporter d'autant qu'il n'aura été que le « bras » de la personne morale puisque son rôle n'aura consisté qu'en la réalisation matérielle de la volonté.

au bénéfice de l'auteur des faits devrait être inopérante pour la personne morale. Il ne saurait y avoir dans ce cas d'application par ricochet sauf à ce que le dirigeant donneur d'ordre ou que la personne morale elle-même puisse démontrer avoir aussi été victime d'une erreur sur le droit.

La troisième hypothèse envisageable est celle où le dirigeant seul aura pris la décision de commettre les faits. La question qui se pose alors est de savoir si l'erreur sur le droit admise au profit du dirigeant peut bénéficier à la personne morale par ricochet. La doctrine semble penser que la forte connotation objective de cette cause subjective d'irresponsabilité fait que l'erreur de droit admise pour le dirigeant devra aussi profiter à la personne morale[1348].

655 - Cette solution doit être approuvée et elle s'impose si on l'examine la deuxième difficulté qui est celle de savoir qui doit avoir pris les mesures de nature à rendre l'erreur inévitable. Les mesures prises pour éviter l'erreur doivent-elles l'avoir été exclusivement par la personne morale ou peuvent-elles s'appuyer sur des précautions prises par le dirigeant. On vise ici essentiellement la prise de renseignements. Ces renseignements devront ils avoir été pris au nom de la personne morale ou pourront-ils avoir été demandés par le dirigeant qui en aura fait bénéficier l'être moral ?

La jurisprudence est très sévère en ce qui concerne la personne auprès de qui les renseignements ont été pris, puisqu'elle rejette l'effet exonératoire de l'erreur si le prévenu a pris renseignement auprès d'un professionnel du droit[1349], et semble écarter l'erreur sur le droit dès lors que les renseignements émanaient d'une personne privée.

Mais, comme le soulignent Messieurs DESPORTES et LE GUNEHEC[1350], il semble logique d'accepter l'erreur lorsque les renseignements ont été pris auprès d'une personne privée qui s'est préalablement renseignée auprès de l'autorité publique.

Partant de cette idée, force est de constater que la personne morale pourra invoquer le bénéfice de l'erreur sur le droit lorsque celle-ci sera due à des renseignements erronés fournis à son dirigeant. On en revient donc à dire que l'erreur sur le droit admise au bénéfice du dirigeant devra bénéficier à l'être moral.

[1348] F. DESPORTES et F. LE GUNEHEC, *op. cit.*, n°691.

[1349] Cass. crim. 11 octobre 1995, JCP 1996, IV, 206.

[1350] F. DESPORTES et F. LE GUNEHEC, *op. cit.*, n°685 note 1.

Il apparaît donc que l'erreur sur le droit aura vocation à s'appliquer assez largement entre la personne morale et ses dirigeants et que le principe sera que lorsqu'elle profite à l'un, elle s'applique à l'autre par ricochet.

656 - La dernière question qui se pose en ce qui concerne l'application de l'erreur sur le droit aux personnes morales est de savoir comment le juge appréciera le caractère inévitable de l'erreur. On a vu qu'il serait souhaitable que le juge introduise des éléments subjectifs dans son appréciation[1351]. On peut formuler le même souhait qu'il s'agisse de personnes physiques ou de personnes morales. En effet, qu'y a-t-il de commun, en ce qui concerne la connaissance des règles de droit applicables, entre une petite société familiale et un groupe multinational ?

On peut trouver des éléments de réponse dans une des premières décisions judiciaires rendue en matière d'erreur sur le droit. Cet arrêt concernait des personnes physiques mais il est possible d'y voir une amorce de solution. En effet, il s'agissait d'un grand groupe dont les dirigeants étaient poursuivis pour infraction aux règles relatives à l'extension des surfaces commerciales.

Ces dirigeants invoquaient le bénéfice d'une erreur sur le droit causée par un renseignement erroné donné par l'administration. La Cour de cassation refuse en indiquant « qu'il n'est pas sérieux de soutenir qu'un groupe de cette importance ne dispose pas de juristes qualifiés pour éclairer préalablement des choix aussi fondamentaux que la stratégie commerciale »[1352].

On peut donc raisonnablement penser que le juge pénal prendra en compte certains paramètres tels que la taille de la personne morale et sa capacité matérielle à suivre l'évolution des textes et leurs modalités d'application.

Ainsi, il semble que le juge sera réticent à admettre l'erreur sur le droit lorsqu'elle sera invoquée par une personne morale importante telle que celle visée dans l'arrêt signalé. A l'opposé, il sera plus enclin à l'accepter pour une petite structure qui ne serait pas dotée de moyens juridiques suffisants.

[1351] *Supra* p.423.

[1352] Cass. crim. 19 mars 1997, Bull. n°115 ; JCP 1998, II, 10095 note O. FARDOUX.

657 - Finalement, l'erreur sur le droit paraît être la cause subjective d'irresponsabilité pénale la moins complexe à appliquer aux personnes morales. Mais reste encore à se demander si et comment les causes objectives peuvent bénéficier à des êtres moraux ayant commis une infraction.

Section 2:

Les causes objectives d'irresponsabilité

658 - Les causes objectives d'irresponsabilité pénale, encore appelées faits justificatifs, entraînent l'irresponsabilité pénale de l'agent en raison de circonstances qui lui sont totalement étrangères.

L'existence de ces causes objectives d'irresponsabilité au bénéfice des personnes morales semble plus aisée à démontrer que celle des causes subjectives. En effet, elles reposent uniquement sur les circonstances de l'infraction et ne nécessitent pas de s'interroger sur les dispositions psychologiques de l'agent.

Selon certains auteurs, la présence d'un fait justificatif entraînerait la disparition totale de l'infraction, ce qui expliquerait qu'il bénéficie à l'ensemble des participants à l'infraction[1353]. Mais, une partie de la doctrine critique cette analyse et démontre qu'il existe des cas où la cause objective d'irresponsabilité ne pourra pas bénéficier à certains participants[1354].

Pourtant, force est de reconnaître que dans la majeure partie des cas la cause d'irresponsabilité va bénéficier à toutes les personnes ayant participé à la commission des faits. Cela semble impliquer que, de façon quasi systématique, lorsqu'il existe une cause objective d'irresponsabilité bénéficiant à un dirigeant, la personne morale ne pourra pas davantage être poursuivie. L'application de ces causes d'irresponsabilité aux personnes morales serait donc très large.

Cependant, en raison des valeurs qui sont défendues par certaines de ces causes d'irresponsabilité, il est nécessaire de se demander si leur mise en œuvre en ce qui concerne les personnes morales est si évidente

---

[1353] J. PRADEL, *op. cit.*

[1354] F. DESPORTES et F. LE GUNEHEC, *op. cit.*, n°693.

qu'il y paraît. Pour ce faire, il faudra envisager successivement l'ordre ou l'autorisation de la loi et le commandement de l'autorité légitime (§1), la légitime défense (§2) et l'état de nécessité (§3).

§1: L'ordre ou l'autorisation de la loi

659 - Les infractions pénales sont instituées par des textes incriminateurs qui peuvent être d'origine législative ou réglementaire. De plus, si un texte doit toujours respecter les prescriptions contenues dans un texte de valeur juridique supérieure[1355], le même texte peut toujours déroger à un texte de même valeur.

De ces constatations, il se déduit que dans certaines circonstances de fait, un texte peut prévoir qu'un acte normalement considéré comme étant une infraction peut être commis sans que l'auteur engage sa responsabilité pénale. C'est l'ordre ou l'autorisation de la loi.

Il se peut encore que ce soit l'autorité légitime qui intime l'ordre de commettre l'infraction. Ici encore l'auteur des faits ne pourra pas voir sa responsabilité pénale engagée.

L'application de cette cause d'irresponsabilité aux personnes morales apparaît possible, que se soit en raison de ses fondements (A) ou par une simple application des grands principes du droit pénal (B).

A] Les fondements de cette cause d'irresponsabilité

660 - La cause d'irresponsabilité fondée sur l'ordre ou l'autorisation de la loi ou encore sur le commandement de l'autorité légitime a deux fondements principaux. Il s'agit de l'intérêt social (1) et de la diminution du libre arbitre de l'agent (2).

[1355] Principe de la hiérarchie des normes.

1) L'intérêt social

661 - Pourquoi un texte déroge-t-il à un autre qui érige un comportement en infraction pénale ? La réponse est que le législateur estime que dans les circonstances particulières visées par le texte, il ne doit pas y avoir de poursuites car la commission des faits, habituellement considérée comme une infraction, présente un intérêt social.

En fait, l'intérêt particulier de celui qui subit les faits s'efface devant l'intérêt général qui commande la commission de l'infraction. De plus, en écartant l'engagement de la responsabilité pénale de l'agent, le législateur encourage, ou du moins évite de décourager, la personne qui doit prendre la décision de commettre de tels actes.

662 - L'un des meilleurs exemples est sans doute fourni par l'article 73 du Code de procédure pénale qui précise que « dans le cas de crime flagrant ou de délit flagrant puni d'une peine d'emprisonnement, toute personne a qualité pour en appréhender l'auteur et le conduire devant l'officier de police judiciaire le plus proche ».

En application de ce texte, une personne qui interpelle l'auteur d'une infraction ne pourra se voir condamnée pour coups et blessures dès lors que les violences n'ont pas excédé ce qui était nécessaire. Elle ne pourra pas plus être condamnée pour enlèvement ou séquestration si elle a retenu l'auteur des faits en attendant l'arrivée des forces de l'ordre.

On constate ici que l'intérêt social, représenté par l'arrestation d'un délinquant doit primer sur l'intégrité physique de celui-ci[1356], mais aussi qu'il faut éviter que la personne qui assiste à la commission d'une infraction s'abstienne d'intervenir par peur d'engager sa propre responsabilité pénale.

663 - L'exemple de la violation du secret professionnel est également significatif. En effet, la violation du secret professionnel est érigée en infraction par le Code pénal[1357]. Mais, il est ajouté qu'il n'y a pas d'infraction lorsque « la loi impose ou autorise la révélation du

---

[1356] A condition que ces violences ne soient pas excessives.
[1357] Art. 226-13 C. pén.

secret »[1358], le même texte prévoit d'ailleurs certains cas ou la violation ne constitue pas une infraction.

Dans ce cas, l'intérêt général prime encore et il convient d'éviter de décourager les personnes pouvant le servir, par de tels actes.

Si l'intérêt général est le premier fondement de cette cause d'irresponsabilité, elle repose aussi sur le fait que l'agent a subi une diminution de son libre arbitre.

2) L'altération du libre arbitre de l'agent

664 - Le libre arbitre, c'est-à-dire la capacité de choisir et de comprendre ses actions, est la base de la responsabilité pénale[1359]. Or, lorsqu'il existe un ordre de la loi ou de l'autorité légitime, l'agent subit un trouble de ce libre arbitre.

En effet, dans une situation normale, l'agent sait qu'un comportement est réprimé par la loi et il décide de commettre l'infraction.

A l'opposé, si la loi ou l'autorité légitime lui enjoignent d'accomplir des faits qui constituent une infraction, il n'y a plus de liberté de choix donc de libre arbitre. L'agent commet l'infraction car il en a reçu l'ordre et non parce qu'il l'a décidé. Il ne peut donc pas y avoir de responsabilité pénale.

665 - Si l'on examine chacun de ces deux fondements, on s'aperçoit qu'ils plaident en faveur de l'application de la cause d'irresponsabilité aux êtres moraux. En effet, l'intérêt social reste le même que l'agent concerné soit une personne morale ou une personne physique et justifie la commission des mêmes infractions. De plus, on a vu que la responsabilité des personnes morales repose, comme celle des personnes physiques, sur une forme de liberté de choix, donc si l'agent subit, du fait de l'ordre de la loi, un affaiblissement de sa liberté de choix, il ne doit pas être pénalement responsable.

[1358] Art. 226-14 C. pén.

[1359] F. DESPORTES et F. LE GUNEHEC, *op. cit.*, n°427.

Cette possibilité d'appliquer cette cause d'irresponsabilité aux personnes morales est encore confirmée par l'examen de certains grands principes de droit pénal.

B] L'application de certains grands principes du droit

666 - La première constatation qui s'impose est que l'existence même de cette cause d'irresponsabilité fondée sur l'ordre de le loi n'est qu'une application du principe de légalité qui gouverne notre droit pénal.

En effet, ce principe veut que seul un fait expressément visé par un texte peut entraîner une responsabilité pénale. Donc, si un texte autorise ou ordonne ce type de comportements, il ne peut pas y avoir de responsabilité pénale. C'est ce que Messieurs DESPORTES et LE GUNEHEC appellent une « application à rebours » du principe de légalité[1360].

Or, il n'est pas contesté que le principe de légalité s'applique aux personnes morales, ce qui démontre encore que cette cause d'irresponsabilité doit s'appliquer aux êtres moraux.

667 - De plus, le droit pénal doit s'appliquer de la même façon à tous, c'est le principe de l'égalité devant la loi pénale. Ce principe a été rappelé à plusieurs reprises par le Conseil constitutionnel. Son respect commande donc que l'on accorde le bénéfice de la cause d'irresponsabilité fondée sur l'ordre ou l'autorisation de la loi aux personnes morales comme aux personnes physiques lorsque les conditions sont réunies puisqu'il n'existe aucun motif permettant d'opérer une distinction entre les deux sur ce point.

668 - Enfin, on peut ajouter que les causes d'irresponsabilité doivent s'appliquer de la façon la plus large possible car en cas de doute, il faut que le texte pénal soit interprété dans le sens le plus favorable à la personne poursuivie.

[1360] F. DESPORTES et F. LE GUNEHEC, *op. cit.*, n°695.

669 - L'article 122-4 du Code pénal semble donc bien avoir vocation à s'appliquer aux êtres moraux. Il reste néanmoins une question qui tient à l'existence du principe de spécialité de la responsabilité des personnes morales. En effet, une personne morale ne peut être pénalement responsable que si le texte incriminateur prévoit expressément cette possibilité[1361]. On peut donc se demander si ce principe de spécialité commande que le texte qui autorise ou ordonne la commission de faits constituant normalement une infraction prévoit expressément son application aux personnes morales.

Il faut signaler que le problème ne se pose pas si l'autorisation ou l'ordre de la loi est mentionné dans le texte incriminateur ou dans un ensemble de textes qui sont rendus applicables aux personnes morales[1362].

Certains textes prévoient, quant à eux, que « toute personne » placée dans une situation donnée peut ou doit commettre les faits en question. Il en est ainsi de l'article 73 du Code de procédure pénale. Dans ce cas, et considérant que les causes d'irresponsabilité ne doivent pas s'appliquer restrictivement, il faut considérer que le texte vise à la fois les personnes physiques et les personnes morales.

En tout état de cause, il faut rappeler que le principe de spécialité ne fait que limiter le domaine d'application de la responsabilité pénale des personnes morales. Il n'a donc aucun rôle à jouer lorsqu'il s'agit d'écarter la responsabilité dans un domaine où elle est prévue par la loi.

Enfin, le texte qui autorise ou qui ordonne la commission des faits est destiné à rendre impossible la mise en jeu de la responsabilité pénale fondée sur le texte incriminateur. Ce texte là peut donc s'appliquer à tout agent susceptible d'être poursuivi sur le fondement de ce texte ci. Il faut donc en déduire que si l'infraction est imputable aux personnes morales, la cause d'irresponsabilité tirée d'un texte autorisant ou ordonnant ce comportement est obligatoirement applicable aux personnes morales.

[1361] Art. 121-2 al. 1er C. pén.

[1362] Par exemple les atteintes à la personne résultant d'études génétiques incriminées aux articles 226-25 C. pén. et s. Dans cette section le Code pénal incrimine le fait de procéder à de telles recherches sans autorisation. Mais, il indique également les cas où ce comportement ne constitue pas une infraction. L'article 226-30 C. pén. rend l'ensemble des textes figurant dans cette section applicables aux personnes morales.

670 - L'ordre ou l'autorisation de la loi est donc bien une cause objective d'irresponsabilité, ou un fait justificatif, applicable aux personnes morales. Le fait que cette cause d'irresponsabilité agisse *in rem* fait que lorsqu'elle sera admise au bénéfice de la personne morale, elle le sera aussi pour ses dirigeants et inversement. Reste donc à examiner si c'est aussi le cas pour les autres causes objectives d'irresponsabilité.

§2: La légitime défense

671 - La loi reconnaît à la victime d'une agression injuste le droit de se défendre en commettant une infraction et prévoit que, dans certaines conditions, sa responsabilité pénale peut ne pas être retenue, c'est la légitime défense.

Ce droit est consacré par l'article 122-5 du Code pénal[1363]. Plusieurs fondements ont été avancés pour justifier l'existence de cette cause d'irresponsabilité. Selon une première analyse, l'individu qui subit une agression immédiate se trouve, de par son instinct de conservation, contraint de riposter[1364]. La légitime défense serait alors plutôt une cause subjective d'irresponsabilité.

Mais, il semble plus exact de considérer que l'individu qui agit en état de légitime défense ne fait que pallier la défaillance des pouvoirs publics qui n'ont pas pu empêcher l'agression. Ainsi, la légitime défense s'avère une cause objective d'irresponsabilité pénale.

Quel que soit le fondement réel de cette cause d'irresponsabilité, on peut s'interroger sur la possibilité de l'appliquer à un être moral. Peut-on déclarer une personne morale irresponsable pénalement au motif qu'elle a agi en riposte à une agression ?

Pour répondre à cette question, il sera intéressant de distinguer, comme le fait le Code pénal, entre la légitime défense des personnes (A) et la légitime défense des biens (B).

[1363] Art. 328 A.C.P.

[1364] J. PRADEL, *Traité de droit pénal*, CUJAS, 12ème édition 1999, n°356.

A] La légitime défense des personnes

672 - Une personne morale peut-elle bénéficier d'une cause d'irresponsabilité au motif que les actes qui lui étaient reprochés ont été commis en riposte à une atteinte injustifiée ? Un premier élément de réponse se trouve dans le texte lui-même. En effet, le Code pénal précise que « n'est pas pénalement responsable la **personne** qui, devant une atteinte injustifiée [...] accomplit un acte commandé par la nécessité de la légitime défense [...] »[1365]. Le texte n'écarte donc pas, a priori, les personnes morales du bénéfice de la légitime défense.

De plus, la légitime défense étant une cause objective d'irresponsabilité, lorsqu'il y a une atteinte injustifiée qui est commise et qu'une riposte proportionnée lui est opposée, il n'y a pas d'infraction. Cela signifie que la responsabilité pénale de la victime qui riposte ne peut pas être mise en jeu.

Si l'on s'en tient à cette analyse purement juridique, il ne fait aucun doute que la légitime défense des personnes est applicable aux personnes morales[1366]. Pourtant, si l'on examine précisément les termes et les exigences du texte on s'aperçoit qu'en pratique l'application de l'alinéa 1er de l'article 122-5 du Code pénal aux personnes morales est difficilement envisageable.

673 - D'abord, pour qu'il y ait légitime défense le texte exige qu'il y ait eu atteinte sur la personne ou sur autrui. On peut analyser cette exigence comme étant la nécessité d'une agression. Si l'on se réfère à la jurisprudence, il y a légitime défense lorsqu'il y a eu une agression physique même sans danger de mort[1367] ou un danger moral pour la victime[1368].

Lorsque la victime sera une personne morale, en quoi devrait consister cette atteinte ? Peut-on considérer qu'une telle atteinte sera réalisée lorsque les agissements sont de nature à mettre en péril la santé financière de la personne morale voire à entraîner sa disparition ?

Cela nous semble difficile à soutenir car il faudrait admettre que la vie humaine est placée sur le même plan que de simples intérêts

---

[1365] Art. 122-5 al. 1er C. pén.
[1366] F. DESPORTES et F. LE GUNEHEC, *op. cit.*, n°726.
[1367] Cass. crim. 22 mai 1959, *Bull.* n°268.
[1368] T. pol. Valence 19 mai 1960, S. 1960, p.271 note HUGUENEY.

financiers. De plus, cela ne correspondrait pas au but de la légitime défense qui est plus de préserver la vie et l'intégrité physique que d'empêcher la commission d'infractions.

Ensuite, en admettant qu'une atteinte à la santé financière d'une personne morale puisse entraîner l'admission de la légitime défense, il semble difficile d'imaginer dans quelles situations pourra exister une riposte concomitante à l'atteinte. En effet, la nature particulière de ce type d'atteintes fait que, lorsqu'il y aura riposte, elle interviendra après un certain laps de temps ce qui ne lui permettra pas de répondre à l'exigence temporelle posée par le texte.

674 - On peut encore ajouter que le texte pose comme condition que la riposte soit proportionnée à l'attaque subie par la victime. Cette condition pose de nombreuses difficultés d'appréciation dans le cas des personnes physiques.

On imagine aisément que ces difficultés seraient encore accrues, voire deviendraient insurmontables, s'il s'agissait de déterminer si cette proportionnalité existe bien dans le cas d'une atteinte subie par une personne morale et une riposte ayant porté atteinte à l'intégrité physique de l'auteur de l'agression.

675 - Enfin, il faut signaler que la jurisprudence antérieure à 1994 décidait que la notion même de légitime défense est incompatible avec les infractions involontaires ou non intentionnelles. En effet, selon ces décisions, un acte de légitime défense est obligatoirement volontaire puisqu'il est accompli dans le seul but de se défendre[1369]. S'il est impossible de savoir si la jurisprudence assouplira sa position, il est probable, comme le souligne Monsieur PRADEL, qu'elle ne le fera pas car le texte de l'ancien Code pénal lui en donnait déjà l'occasion[1370].

Or, à l'heure actuelle, la majeure partie des infractions entraînant la condamnation d'une personne morale sont des infractions non intentionnelles[1371]. Les chances de voir une personne morale poursuivie pouvoir invoquer utilement l'existence de la légitime défense s'en trouvent donc encore réduites.

[1369] Cass. crim. 16 février 1967, J.C.P 1967, II, 15034 note COMBALDIEU ; Rev. sc. crim. 1967, p.659 obs. LEVASSEUR.

[1370] J. PRADEL, *op. cit.*, n°363.

[1371] Spécialement en ce qui concerne les atteintes à l'intégrité physique.

676 - Il faut donc conclure en disant que si l'application de l'alinéa 1er de l 'article 122-5 du Code pénal est juridiquement possible, elle paraît en revanche quasiment impraticable. Cette impossibilité pratique de reconnaître le bénéfice de la légitime défense des personnes aux personnes morales nous semble d'autant plus justifiée qu'elle respecte l'esprit du droit pénal car, comme le rappelle Monsieur PROTHAIS, « ce dont le droit pénal se soucie, c'est la vie beaucoup plus que la personnalité juridique »[1372]. Mais, qu'en est-il pour la légitime défense des biens qui a été introduite par la réforme du Code pénal ?

B] La légitime défense des biens

677 - Le Code pénal dispose que « n'est pas pénalement responsable la personne qui, pour interrompre l'exécution d'un crime ou d'un délit contre un bien, accomplit un acte de défense, autre qu'un homicide volontaire, lorsque cet acte est strictement nécessaire au but poursuivi dès lors que les moyens employés sont proportionnés à la gravité de l'infraction »[1373].

La première remarque qui s'impose est que, pour les mêmes raisons que celles évoquées pour l'alinéa 1er du texte[1374], l'alinéa 2 concernant la légitime défense des biens est, juridiquement, applicable sans restriction aux personnes morales.

678 - L'application de la légitime défense des personnes nous mettait dans un certain embarras lorsqu'il fallait comparer la vie humaine à des intérêts financiers. Dans ce second alinéa, les personnes morales semblent avoir plus facilement leur place puisqu'il est question de biens et plus de vie ou d'intégrité physique.

679 - Il faut encore relever que le but de cet alinéa 2 diffère sensiblement de celui de la légitime défense des personnes. Ici, le texte a pour but de permettre à un individu d'intervenir pour mettre fin à une

---

[1372] A. PROTHAIS, Les tribulations d'un pénaliste au royaume de l'éthique biomédicale, J.C.P 1999, I, 129, n°25.
[1373] Art. 122-5 al. 2 C. pén.
[1374] *Cf* p.436.

infraction commise sur un bien. C'est dire que la légitime défense des biens vise à assurer un meilleur respect du droit de propriété.

Or, la personnalité morale accordée à un groupement lui permet, avant tout, d'être propriétaire de certains biens. Il est donc tout à fait logique de soutenir qu'une personne morale doit être exonérée de responsabilité pénale lorsqu'elle agit dans le but de défendre ses biens[1375].

680 - Pratiquement, dans quels cas une personne morale peut-elle invoquer l'existence de la légitime défense des biens ? On peut imaginer une infraction telle qu'un vol ou des dégradations commises sur un bien appartenant à la personne morale. Le dirigeant qui surprend l'auteur des faits riposte avec les moyens nécessaires pour faire cesser l'infraction. Le dirigeant et la personne morale pourront alors bénéficier de la cause d'irresponsabilité.

Il faut signaler qu'en ce qui concerne les personnes morales, cette légitime défense des biens peut servir à légitimer des actes visant la protection de leurs biens mais aussi des actes visant la défense de leur santé financière voire de leur existence[1376]. Ainsi, la légitime défense des biens joue, pour les personnes morales, le rôle de légitime défense des personnes, ce qui est conforme à l'idée que la vie humaine représente un intérêt supérieur à la personnalité juridique puisque le texte pose des conditions plus draconiennes et que l'homicide volontaire ne peut jamais alors être légitimé.

681 - Si la légitime défense des biens semble pouvoir bénéficier largement aux personnes morales, il convient néanmoins de mettre en évidence deux éléments qui seraient susceptibles de rendre son application très exceptionnelle. En premier lieu, il faut rappeler que la légitime défense semble impossible à reconnaître pour les infractions involontaires[1377].

En second lieu, on peut se demander si, dans ce genre de situations, des poursuites seront engagées contre la personne morale. En effet, il semble difficile de justifier que si les actes de défense sont commis par un dirigeant, la personne morale sera poursuivie, alors qu'elle ne le sera

---

[1375] Et en respectant les conditions fixées par l'article 122-5 al. 2 C. pén.

[1376] Puisque dans de tels cas, il s'agit aussi d'atteintes à des biens.

[1377] *Cf supra* les développements relatifs à cette question à propos de la légitime défense des personnes p.437.

pas si la défense des biens a été assurée par une personne physique n'ayant pas la capacité d'engager la responsabilité pénale de l'être moral. Il semble plus raisonnable d'imaginer que, dans ce type d'hypothèses, le parquet poursuivra le dirigeant seul, celui-ci bénéficiant par la suite de la cause d'irresponsabilité.

682 - La légitime défense des biens comme la légitime défense des personnes peut donc profiter aux personnes morales, mais même si la première semble plus aisée à mettre en œuvre, il y a de fortes probabilités pour que l'application de cette cause d'irresponsabilité aux personnes morales reste purement théorique.

§3 : L'état de nécessité

683 - L'admission de l'état de nécessité correspond à l'adage selon lequel « nécessité fait loi ». L'état de nécessité peut se définir comme « la situation dans laquelle se trouve une personne qui ne peut raisonnablement sauver un bien, un intérêt ou un droit que par la commission d'un acte qui, détaché des circonstances qui l'entourent, serait délictueux »[1378].

Le Code pénal de 1810 ne faisait aucune allusion à ce type de situations, mais les juridictions du fond[1379], puis la Chambre criminelle[1380] de la Cour de cassation avaient fini par admettre la relaxe du prévenu qui se trouvait en état de nécessité.

Face à cette jurisprudence, à une doctrine favorable et à l'admission de l'état de nécessité par un grand nombre de codes pénaux étrangers[1381], le législateur a introduit dans le Code pénal de 1994 un article 122-7 qui dispose que « n'est pas pénalement responsable la personne qui, face à un danger actuel ou imminent qui menace elle-même, autrui ou un bien, accomplit un acte nécessaire à la sauvegarde

---

[1378] P. FORIERS cité par J. PRADEL, *op. cit.*, n°373.

[1379] Par exemple T. corr. Colmar 27 avril 1956, D. 1956, p.500 ; C.A. Colmar 6 décembre 1957, D. 1959, p.357 note BOUZAT.

[1380] Cass. crim. 25 juin 1958, J.C.P. 1959, II, 10941 note LARGUIER ; D. 1958, p.693 note M.R, M.P.

[1381] Par exemple l'article 34-1 du Code pénal suisse.

de la personne ou du bien, sauf s'il y a disproportion entre les moyens employés et la gravité de la menace ».

Le fondement de cette cause d'irresponsabilité est qu'il serait injuste de punir une personne qui a commis une infraction dans le but de protéger un intérêt supérieur à celui qui est protégé par le texte incriminateur.

L'état de nécessité présente de nombreuses similitudes avec la légitime défense et ce, spécialement en ce qui concerne les conditions mises à sa reconnaissance[1382]. Mais, son caractère plus large fait dire que la légitime défense serait une « sous catégorie de l'état de nécessité »[1383].

684 - C'est pourquoi, pour les raisons déjà évoquées pour la légitime défense[1384], il n'y a aucun obstacle juridique à admettre le bénéfice de l'état de nécessité pour une personne morale lorsqu'un de ses dirigeants, agissant pour son compte, a accompli des faits constituant normalement une infraction dans le but de préserver un intérêt supérieur à celui sacrifié par l'infraction.

Ce caractère plus large que la légitime défense fait que l'application de l'état de nécessité aux personnes morales sera nettement facilitée. Il suffit, pour s'en convaincre de s'arrêter sur la notion de danger retenue par le texte (A) et de relever que l'état de nécessité fait une place importante à l'équité (B).

A] La notion de danger retenue par le texte

685 - La notion de danger retenue pour l'état de nécessité est plus large que celle d'atteinte utilisée pour la légitime défense. En effet, l'atteinte injustifiée signifie qu'il faut qu'une infraction soit commise. Cette idée est d'ailleurs confirmée par l'alinéa 2 du texte relatif à la légitime défense des biens qui prévoit qu'une infraction doit être exécutée.

[1382] Caractère actuel du danger ou de l'atteinte, proportionnalité de la riposte…

[1383] F. DESPORTES et F. LE GUNEHEC, *op. cit.*, n°747.

[1384] *Cf supra* p.436.

La notion de danger évoque seulement un péril quelconque qui menace l'agent sans d'ailleurs qu'il soit nécessaire qu'il soit dû à l'intervention d'un tiers. De plus, le terme de danger semble plus approprié aux personnes morales car il est détaché de toute connotation physique.

686 - En outre, la doctrine semble soutenir que l'origine du danger est indifférente, celui-ci pouvant même résulter d'un comportement antérieur de l'agent. L'intérêt en serait qu'alors qu'il était possible de refuser le bénéfice de la légitime défense à une personne morale en disant qu'en participant au monde des affaires, elle avait sciemment pris le risque de subir de tels agissements, cela deviendrait impossible pour l'état de nécessité puisque même la faute ou le comportement antérieur de l'agent n'empêcherait pas son application[1385].

Par exemple, on pourrait imaginer le cas d'une entreprise qui, ayant accepté des marchés très importants avec des délais très courts, aurait, pour tenir ses engagements et éviter des pénalités de retard la mettant en péril, eu recours à de la main d'œuvre clandestine. Si elle invoquait un état de nécessité pour s'exonérer de sa responsabilité pénale, il serait impossible de le lui refuser au motif qu'elle a commis l'erreur d'accepter ces marchés qu'elle savait pouvoir difficilement honorer. Cela ne signifie pas pour autant que l'état de nécessité serait admis par la juridiction[1386].

687 - Pourtant, il semble que ces propos doivent être nuancés depuis un arrêt de la Cour de cassation du 22 septembre 1999[1387]. En effet, dans cette espèce, le dirigeant d'une société de surveillance à distance était poursuivi pour violation de la réglementation en vigueur, qui oblige ce type d'entreprises à disposer d'un numéro d'appel spécial des forces de l'ordre et leur interdit d'appeler directement par le standard.

Le dirigeant, malgré ses demandes, n'avait pas pu obtenir de numéro spécial d'appel et soutenait s'être trouvé en état de nécessité lorsque des alarmes s'étaient déclenchées chez certains de ses clients.

[1385] F. DESPORTES et F. LE GUNEHEC, *op. cit.*, n°747.

[1386] Car resterait alors à savoir si la réaction face au danger était proportionnée et si le recours à l'infraction constituait « le meilleur moyen » d'éviter le péril ce qui est loin d'être acquis, V. F. DESPORTES et F. LE GUNEHEC, *op. cit.*, n°748.

[1387] Cass. crim. 22 septembre 1999, Bull. n°193, p.615 ; Rev. sc. crim. 2000, p.385 obs. B. BOULOC.

La Chambre criminelle de la Cour de cassation lui refuse le bénéfice de l'état de nécessité car « il lui appartenait, pour ne pas commettre les infractions qui lui sont reprochées, soit de refuser d'assurer la télésurveillance des biens dans un département où il ne possédait pas de numéro réservé, soit de mettre en place tout autre système de son choix pour remplir légalement ses obligations contractuelles ».

La Cour de cassation semble donc se montrer très sévère en refusant que l'état de nécessité puisse provenir du comportement antérieur de l'agent.

688 - Il ne faut pas, pour autant, en conclure que cette jurisprudence[1388] empêchera une personne morale de se fonder sur les difficultés du marché ou le comportement de ses concurrents pour bénéficier de l'état de nécessité. En effet, le comportement antérieur de l'agent, dans l'espèce visée, n'est ni plus ni moins que la violation d'une obligation légale. On peut penser que la Cour de cassation modulera son appréciation selon la nature du comportement antérieur de l'agent pour ne refuser le bénéfice de l'état de nécessité qu'à l'agent qui s'est trouvé dans la situation visée par le fait de l'irrespect d'une prescription légale, ce qui permet encore bon nombre d'application de l'article 122-7 du Code pénal.

689 - Outre la notion de danger qui semble pouvoir s'appliquer aisément aux personnes morales, l'idée d'équité, très présente en matière d'état de nécessité, rend l'application de cette cause d'irresponsabilité aux personnes morales encore plus probable.

B] La place faite à l'équité

690 - L'état de nécessité tient une place à part dans les causes d'irresponsabilité puisqu'il s'appuie plus sur la notion d'équité que sur le droit pur. En effet, il a pour but d'éviter d'aboutir à des situations contestables qui seraient dues à une application rigoureuse du droit.

[1388] Qui ajoute une condition au texte.

C'est bien d'équité dont il s'agit puisque le juge devra décider si l'auteur des faits a, par la commission de l'infraction, sauvegardé un intérêt supérieur à celui qui a été violé.

Pour Messieurs DESPORTES et LE GUNEHEC[1389], l'état de nécessité serait une sorte de prolongement de l'opportunité des poursuites dont dispose le parquet et qui permettrait aux juges du fond de relaxer l'auteur d'une infraction qui n'aurait pas dû être poursuivi.

691 - Or, il faut constater que la responsabilité pénale des personnes morales met en jeu des éléments auxquels le droit est indifférent mais qui, dans la réalité, revêtent une importance capitale. L'état de nécessité pourrait être le moyen, pour le juge du fond, de concilier la nécessité de la répression avec l'intérêt que présente ces éléments.

Tout comme pour la fixation de la peine à infliger à la personne morale[1390], des éléments tels que la santé économique d'une région ou le risque de licenciements massifs pourraient être pris en compte et mis en balance avec l'intérêt violé par l'infraction, à condition qu'elle ait été commise dans le but exclusif d'éviter un danger pour ceux-ci.

En effet, on pourrait admettre la commission d'une infraction dans le but de ne pas devoir supprimer d'emplois, mais il serait impossible de justifier une infraction par la simple volonté d'améliorer les résultats de l'entreprise, ce qui entraînerait de l'embauche.

On peut illustrer cette idée à l'aide d'un exemple d'infraction qui pourrait être justifiée par un état de nécessité. Prenons une usine de retraitement de déchets qui commet une infraction de pollution de l'atmosphère. Cette pollution peut être due à un défaut de mise aux normes de cette entreprise.

La personne morale poursuivie à raison de ces faits, pourrait soutenir l'existence d'un état de nécessité. Pour ce faire, il lui suffirait de démontrer que la mise aux normes engendre des charges telles que la vie de l'entreprise en serait gravement menacée, d'où un risque de licenciements importants[1391].

Si l'entreprise est implantée dans une région pauvre en emplois et qu'elle fournit la majorité de l'emploi, le juge pourrait être enclin à

[1389] F. DESPORTES et F. LE GUNEHEC, *op. cit.*, n°751.

[1390] Th. DALMASSO, *La responsabilité pénale des personnes morales*, LITEC 1996 p.104.

[1391] Même si ce type de situations semble plus difficile à envisager depuis la décision de la Cour de cassation du 22 septembre 1999 préc.

admettre l'état de nécessité si la pollution engendrée par l'infraction reste légère et sans danger grave pour la population[1392].

692 - L'état de nécessité semble donc être l'une des causes d'irresponsabilité qui seraient aisément applicables aux personnes morales grâce d'une part, aux notions très larges qu'elle emploie et d'autre part, au fait que l'équité est de l'essence même de l'état de nécessité. Mais, il ne faut pas pour autant craindre que la répression soit paralysée par une application excessive de la justification car les conditions en sont suffisamment strictes pour concilier la nécessité de réprimer et la souplesse du droit en cas de nécessité[1393].

[1392] On peut comparer cette situation avec celle qui consiste pour l'administration à tolérer que des usines retraitant des accus au plomb ne respectent pas les normes en vigueur (*Le Monde* mercredi 7 juillet 1999, p.11).

[1393] Surtout si la jurisprudence se montre encore plus stricte que le texte lui-même comme on l'a vu dans l'arrêt du 22 septembre 1999 déjà cité.

CONCLUSION

693 - Après plus de soixante ans d'hésitations[1394], le droit pénal français admet, depuis le 1er mars 1994, la responsabilité pénale des personnes morales. Cette responsabilité existe dans les textes[1395] mais aussi dans la pratique puisqu'il y a des décisions de condamnation visant des personnes morales. Les juridictions ont sanctionné des personnes morales et continuent de le faire, même si ces condamnations n'ont plus le retentissement médiatique connu par les premières décisions judiciaires.

Néanmoins, l'étude approfondie de cette responsabilité nouvelle nous a montré que de nombreuses interrogations restent encore sans réponse. Ces incertitudes sont, pour la plupart, dues à l'extrême dépouillement du texte instaurant cette nouvelle responsabilité. En effet, le Code pénal se contente de poser le principe de responsabilité pénale des personnes morales sans donner plus de détails sur sa mise en œuvre.

Comme pour la plupart des innovations apportées par la réforme du Code pénal, la jurisprudence se trouve confrontée à un chantier où quasiment tout est à construire[1396]. Si toutes les questions soulevées par la responsabilité pénale des personnes morales méritent une attention particulière, il en est certaines qui doivent recevoir une réponse en priorité afin de conférer des bases solides à ce qu'il convient d'appeler le droit pénal des personnes morales et de permettre son évolution.

694 - Au premier rang de celles-ci figurent les interrogations relatives à la nature des groupements pouvant voir leur responsabilité pénale engagée. C'est ainsi qu'il semble fondamental que la jurisprudence dépasse l'idée selon laquelle seuls les groupements expressément visés par la loi peuvent être pénalement responsables pour admettre que les personnes morales de fait peuvent aussi encourir une responsabilité pénale. Cela nécessite que le juge pénal recherche des critères assez précis permettant d'identifier les groupements qui sont accessibles à la responsabilité pénale.

Cette théorie de la personnalité morale de fait permettrait au juge pénal d'appréhender l'ensemble des groupements de fait connus tels que

---

[1394] En 1934, le projet de réforme du Code pénal, usuellement appelé projet MATTER prévoyait déjà l'introduction de la responsabilité pénale des personnes morales.

[1395] Art. 121-2 C. pén essentiellement.

[1396] Il en va de même par exemple pour la mise en danger délibérée d'autrui (J.M. DO CARMO SILVA, note sous Cass. crim. 9 mars 1999, JCP 1999, II, 10188.

les associations non déclarées ou les sociétés créées de fait mais aussi d'améliorer la répression dans des domaines tels que le trafic de stupéfiants ou le grand banditisme. En effet, cette notion de personne morale lui permettrait d'appréhender les différents comportements avec une vue d'ensemble mais aussi de mieux démanteler l'organisation mise en place évitant ainsi une reprise aisée de l'activité délictueuse.

Dans le même ordre d'idées, il est urgent que la jurisprudence définisse de façon précise quelles sont les activités qui sont susceptibles d'entraîner la mise en jeu de la responsabilité pénale des collectivités territoriales[1397]. Cela revient à dire que le juge pénal doit rechercher la meilleure définition de l'expression « activités susceptibles de faire l'objet d'une convention de délégation de service public »[1398] afin que les élus, comme les victimes éventuelles, sachent parfaitement dans quels cas la responsabilité pénale d'une collectivité territoriale peut être engagée.

695 - Mais, la tâche du juge pénal ne doit pas s'arrêter là. En effet, il doit également clarifier sa position en ce qui concerne les personnes physiques susceptibles d'engager la responsabilité pénale de la personne morale.

Pour ce faire, il doit adopter une conception suffisamment large pour pouvoir retenir la responsabilité de l'être moral pour des faits commis par les véritables décideurs sans pour autant le mettre à la merci des actes de n'importe quelle personne physique qui aurait agi sans réellement détenir de pouvoirs de direction. Il devra trouver le bon compromis entre la protection de la personne morale et la nécessité de prendre en compte la réalité du processus de décision.

696 - Après avoir déterminé les personnes physiques pouvant être à l'origine de cette responsabilité, il faudra dégager une théorie précise de l'intention requise pour pouvoir condamner une personne morale. La difficulté est ici de parvenir à identifier une volonté qui soit suffisamment éloignée de celle des personnes physiques dirigeantes afin de permettre la répression tant lorsque l'infraction résulte d'une décision prise par un individu déterminé que lorsqu'elle est le résultat

---

[1397] Même si la solution la plus rationnelle consisterait en la modification du texte par le législateur.

[1398] Art. 121-2 al. 2 C. pén.

d'une délibération collégiale ou d'une décision d'une personne physique impossible à désigner nommément.

697 - Les juridictions pénales devront encore s'efforcer d'opérer une véritable adaptation des mécanismes « classiques » du droit pénal en tenant compte des spécificités des personnes morales afin d'établir des règles aussi précises et en respectant les mêmes impératifs qu'en ce qui concerne les personnes physiques. Ce sera principalement le cas pour la complicité pour laquelle il faut déterminer les infractions pouvant donner lieu à condamnation pour complicité, mais aussi pour les règles d'imputation de la tentative et pour l'application des causes d'irresponsabilité pénale.

698 - Il ne s'agit pas là d'une liste exhaustive des questions que la jurisprudence devra éclaircir mais plutôt de celles qui constituent le point de départ de la construction du droit pénal des personnes morales. Il faut d'ailleurs noter qu'outre la jurisprudence, le législateur peut parfaire cette construction en venant améliorer certains points notamment concernant les personnes publiques.

Ces modifications pourraient viser essentiellement l'introduction de la responsabilité pénale de l'Etat afin d'assurer le respect du principe d'égalité devant la justice pénale et la modification du critère permettant d'imputer une infraction à une collectivité territoriale afin d'éviter certaines impunités qui sont contestables voire même choquantes[1399].

699 - Malgré les trop nombreuses imprécisions dont souffre encore le principe de responsabilité pénale des personnes morales, la crainte de voir ce texte se transformer en « tigre de papier à l'usage exclusif des étudiants et des professeurs de droit »[1400] n'a plus lieu d'être. En effet, l'existence de décisions de condamnation prouve que la réforme a été intégrée et est utilisée par les juridictions.

Néanmoins, l'étude de ces décisions montre qu'elles n'ont résolu quasiment aucun des problèmes posés par la réforme et laissés dans le

---

[1399] Ces deux points ont été évoqués lors des débats relatifs à l'élaboration de la loi du 10 juillet 2000 tendant à préciser la définition des délits non intentionnels (J.O. du 11 juillet 2000) mais la complexité de ces questions fait que le législateur semble préférer repousser leur examen (J.O. débats Sénat 28 janvier 2000, p.401 et s.).

[1400] J.F. BARBIERI, L'incidence de la réforme du Code pénal sur la gestion des personnes morales, Petites Affiches du 6 octobre 1993, n°120, p.22.

flou par le législateur. En effet, on constate que, d'une part, la responsabilité pénale des personnes morales n'a pas été recherchée dans les dossiers qui s'annonçaient complexes et que, d'autre part, les juridictions ont parfois éludé certaines difficultés pour éviter d'avoir à y apporter une solution[1401].

Cette constatation peut faire craindre que les juridictions soient tentées d'appliquer coûte que coûte la responsabilité pénale des personnes morales quitte, parfois, à malmener où à ignorer les grands principes qui régissent le droit pénal.

700 - De façon plus générale, cette crainte peut amener à se demander si les personnes morales, nouveaux sujets de droit pénal, doivent bénéficier des mêmes garanties que celles qui sont accordées aux personnes physiques. En effet, le respect de ces principes rend la construction mais surtout l'application du droit pénal relatif aux être moraux plus complexes.

Répondre par la négative[1402] nous amènerait à penser que la réforme, loin de déboucher sur la naissance d'un véritable droit pénal des personnes morales, n'a fait que mettre en place un succédané de droit pénal où les principes élémentaires seraient mis à l'écart et dont le seul but serait la simplicité en ce qu'il permettrait d'aboutir à la condamnation pénale d'une personne morale beaucoup plus simplement qu'à celle d'une personne physique.

Si tel était le cas, il faudrait déplorer que le législateur ait eu recours au droit pénal car il aurait alors été préférable de recourir au droit civil qui permettait d'obtenir un résultat équivalent sans avoir à contourner les grands principes de notre droit criminel.

701 - Il ne semble pas raisonnable de s'arrêter sur un aussi triste constat qui n'ouvrirait aucune perspective d'avenir. L'introduction de la responsabilité pénale des personnes morales par la réforme entrée en vigueur le 1er mars 1994, après ce « temps de démarrage », peut et doit donner naissance à ce droit pénal des personnes morales pour lequel

---

[1401] Ce fut, par exemple, souvent le cas pour les problèmes liés à l'intention délictueuse de la personne morale.

[1402] Monsieur MOULOUNGUI nous dit que « l'apport de cette fondamentale réforme s'avérerait assez mince, si la personne morale bénéficiait des mêmes garanties que les personnes physiques ». (Cl. MOULOUNGUI, L'élément moral dans la responsabilité pénale des personnes morales, RTD Com. 1994, 441).

nous avons essayé de dégager des bases solides. Mais, pour ce faire, il faut qu'il y ait conjonction de plusieurs éléments.

702 - En tout premier lieu, il faut que les juridictions s'efforcent d'appliquer le droit pénal aux personnes morales avec la même rigueur que pour les personnes physiques et avec la même volonté de respecter les grands principes du droit pénal. Cet objectif implique qu'elles n'hésitent pas à innover pour adapter les règles connues et appliquées aux personnes physiques.

Pour atteindre ce but, la jurisprudence pénale doit pouvoir s'appuyer sur une doctrine constructive. C'est pourquoi, il est nécessaire que cette doctrine dépasse le stade de la constatation de l'existence de la responsabilité pénale des personnes morales et aille plus loin que la simple description des textes en vigueur pour mettre en lumière les différentes interrogations et tenter d'y apporter des solutions.

703 - Mais, les efforts doctrinaux et la volonté des juridictions seront inutiles si ces propositions doctrinales restent abstraites et ne peuvent pas être mis en pratique par le juge pénal. En effet, pour que la jurisprudence, aidée par la doctrine, puisse faire œuvre créatrice, il faut qu'il y ait une mise en cause plus fréquente et plus systématique de personnes morales.

Pour cela, il faut qu'existe une politique pénale axée vers la recherche de la mise en œuvre de la responsabilité pénale des personnes morales afin que des poursuites soient entamées à chaque fois qu'elles semblent possibles[1403] et plus seulement dans les dossiers où elles ne posent que peu ou pas de problèmes. Une politique pénale de ce genre favorisera des poursuites systématiques permettant aux juridictions de mettre en place des mécanismes adaptés aux personnes morales.

704 - Mais, les victimes de faits dans lesquels une personne morale a pris part, ou plus exactement leurs conseils, doivent bien assimiler les avantages qu'ils peuvent retirer de l'éventuelle condamnation d'une personne morale, tant pour la démonstration de la responsabilité du dommage subi que pour le paiement des dommages et intérêts. Cela les amènera à orienter leur action contre la personne morale, augmentant

---

[1403] Une telle politique pénale n'existe pas actuellement. Il suffit, pour s'en convaincre, d'examiner la répartition des condamnations selon les juridictions ou les ressorts de Cour d'appel. *Cf.* annexe 3.

ainsi les possibilités offertes à la jurisprudence de faire évoluer la matière.

705 - Ce n'est que grâce à ces différentes impulsions et à la volonté de faire progresser cette matière nouvelle que la réforme pourra déboucher sur la naissance d'un véritable droit pénal des personnes morales et éviter ainsi que cette responsabilité des personnes morales ne soit pénale que de nom. Mais, pour parvenir à un résultat satisfaisant, il ne faudra pas hésiter à « modifier nos comportements et nos analyses pour tenir compte de cette nouvelle donnée qu'est la responsabilité pénale des personnes morales »[1404].

Il faut d'ailleurs noter que l'intérêt de la réforme comme la nécessité d'en poser les contours précis commencent à apparaître de plus en plus nettement. La preuve en est que le rapport récent sur la responsabilité pénale des décideurs publics[1405] préconise le recours à la responsabilité pénale des personnes morales de droit public comme une des solutions au « mal être » de ces décideurs publics.

La même constatation peut être tirée de la loi tendant à préciser la définition des délits non intentionnels[1406] qui montre que le législateur a pris conscience de l'intérêt que peut présenter l'utilisation de la responsabilité pénale des personnes morales[1407] mais aussi de la nécessité de remettre, à plus ou moins long terme, son ouvrage sur le métier afin de résoudre certaines questions qui conditionnent le bon développement de cette nouvelle responsabilité[1408].

[1404] M.E. CARTIER, Nature et fondement de la responsabilité pénale des personnes morales dans le nouveau code pénal français, Petites Affiches 1996, n°149, n° spécial actes du Colloque de Sienne de mai 1996, p.26.

[1405] Rapport au Garde des Sceaux. Groupe d'étude sur la responsabilité pénale des décideurs publics. Décembre 1999.

[1406] Loi n°2000-647 du 10 juillet 2000 tendant à préciser la définition des délits non intentionnels J.O du 11 juillet 2000 ; JCP 2000, III, 20330 Sur ce texte V. S. PETIT, Une nouvelle définition des délits d'imprudence, Gaz. Pal. 9 juillet 2000, p.2.

[1407] En l'espèce, elle permet d'alléger la responsabilité pénale des personnes physiques dans les cas de lien indirect entre l'infraction et le dommage tout en préservant le droit des victimes de ces infractions en leur laissant la possibilité de poursuivre la personne morale (J.O. débats Sénat 28 janvier 2000, p.401 et s.).

[1408] En l'occurrence, la responsabilité pénale de l'Etat et la détermination du champ d'application de la responsabilité pénale des collectivités territoriales.

706 - Pourquoi donc ne pas être optimiste quant à l'avenir et au bon développement de la réforme mais aussi quant à l'intégration de cette nouvelle sorte et forme de responsabilité au sein du droit pénal français ?

ANNEXES

ANNEXE 1

Proposition de modification du texte de l'article 131-39 du Code pénal visant à clarifier l'exclusion de certaines peines pour certaines personnes morales et à empêcher la dissolution de personnes morales dont la création découle d'un texte

Art.131-39: Lorsque la loi le prévoit à l'encontre d'une personne morale, un crime ou un délit peut être sanctionné d'une ou de plusieurs des peines suivantes:
1° La dissolution, lorsque la personne morale a été créée ou, lorsqu'il s'agit d'un crime ou d'un délit puni en ce qui concerne les personnes physiques d'une peine d'emprisonnement supérieure à cinq ans, détournée de son objet pour commettre les faits incriminés;
2° L'interdiction, à titre définitif ou pour une durée de cinq ans au plus, d'exercer directement ou indirectement une ou plusieurs activités professionnelles ou sociales;
3° Le placement pour une durée de cinq ans au plus, sous surveillance judiciaire;
4° La fermeture définitive ou pour cinq ans au plus des établissements ou de l'un ou de plusieurs des établissements de l'entreprise ayant servi à commettre les faits incriminés;
5° L'exclusion des marchés publics à titre définitif ou pour une durée de cinq ans au plus;
6° L'interdiction, à titre définitif ou pour une durée de cinq ans au plus, de faire appel public à l'épargne;
7° L'interdiction, pour une durée de cinq ans au plus, d'émettre des chèques autres que ceux qui permettent le retrait de fonds par le tireur auprès du tiré ou ceux qui sont certifiés ou d'utiliser des cartes de paiements;
8° La confiscation de la chose qui a servi ou était destinée à commettre l'infraction ou de la chose qui en est le produit;
9° L'affichage de la décision prononcée ou la diffusion de celle-ci soit par la presse écrite, soit par tout moyen de communication audiovisuelle.

Les peines définies aux 1° et 3° ci-dessus ne sont pas applicables aux personnes morales de droit public, aux partis ou groupements politiques et syndicats professionnels.
La peine définie au 1° n'est pas applicable aux groupements et institutions dont la création a été imposée par l'application d'un texte légal ou réglementaire.

ANNEXE 2

Proposition de modification de l'article 121-2 du Code pénal visant à permettre d'inclure la responsabilité pénale de l'Etat et à clarifier le cumul de responsabilités

Art. 121-2: Les personnes morales sont responsables pénalement, selon les distinctions des articles 121-4 à 121-7 et dans les cas prévus par la loi ou le règlement, des infractions commises, pour leur compte, par leurs organes ou représentants.
Toutefois, les collectivités territoriales et leurs groupements ne sont responsables pénalement que des infractions commises dans l'exercice d'activités susceptibles de faire l'objet de conventions de délégation de service public.
L'Etat est pénalement responsable lorsqu'il agit dans un domaine ouvert aux personnes privées sans utiliser ses prérogatives de puissance publique. Dans les domaines où il fait habituellement usage de ses prérogatives de puissance publique, il n'est pénalement responsable que lorsque son abstention constitue une infraction.

La responsabilité pénale de la personne morale n'exclut pas nécessairement celle des personnes physiques auteurs ou complices des même faits, sous réserve des dispositions du quatrième alinéa de l'article 121-3.

En cas d'infraction intentionnelle, la responsabilité pénale du dirigeant est engagée concomitamment à celle de la personne morale sauf si l'infraction résulte d'une délibération d'un organe collégial de la personne morale et si le dirigeant n'est pas l'auteur matériel de l'infraction. Dans les autres cas, le cumul de responsabilités n'est possible que si le dirigeant :
1°) a personnellement commis des actes, non répréhensibles en eux-mêmes, mais qui ont directement conduit à l'infraction,
2°) a clairement et personnellement pris la décision d'avoir recours à la commission d'une infraction,
3°) a sciemment commis l'ensemble des faits constitutifs de l'infraction.

ANNEXE 3

Données statistiques relatives aux condamnations de personnes morales

Indications méthodologiques :

-L'ensemble des données chiffrées présentées sont issues du casier judiciaire des personnes morales.

-La première colonne regroupe les données au 27 mars 1997 qui ont été obtenues auprès du service national du casier judiciaire.

-La deuxième colonne regroupe les données tirées de la circulaire crim-98-1/F1 du 26 janvier 1998 établissant un premier bilan de l'application des dispositions du nouveau Code pénal concernant la responsabilité pénale des personnes morales.

-La troisième colonne regroupe les données au 15 avril 2000 lorsque celles-ci ont pu être obtenues auprès du service national du casier judiciaire.

1)Répartition des condamnations entre personnes morales de droit privé et personnes morales de droit public :

	1997	**1998**	**2000**
Nombre total de condamnations	42	100	571
Personne morale de droit privé	40	94	
Personne morale de droit public	2	6	

2) Répartition des condamnations selon la nature de l'infraction commise :

	1997	1998	2000
Travail clandestin	17	35	183
Homicide ou blessures involontaires	9	27	107
Règles de prix et de facturation	4	16	118
Prêt illégal de main d'œuvre	3	-	
Faux en écriture	2	2	
Réglementation des établissements classés	2	3	
rejets nuisibles	2	8	30
Abus de confiance	1	2	
Contrefaçon	1	5	21
Dégradation	1	1	
Organisation frauduleuse d'insolvabilité		1	

3) Répartition des condamnations selon les juridictions:

	1997	1998	2000
T. corr. Paris	24	45	130
T. corr. Créteil	6	22	167
T. corr. Périgueux	2	4	
T. corr. Verdun	2	2	
Autres	8	24	

4) Répartition des condamnations selon les peines prononcées:

	1997	1998	2000
Amende	42	96	458
Publication du jugement	3	5	30
Affichage du jugement	2	13	16
Publication et affichage du jugement	1	1	3
Interdiction d'exercer	-	1	
Confiscation	-	4	
Dispense de peine	-	4	

N.B. : Lorsque la juridiction a prononcé une peine d'affichage ou de publication du jugement, elle l'a systématiquement assortie à une amende.

ANNEXE 4

Etude statistique sur la perception de la nouvelle responsabilité pénale au sein des communes

Objet et méthodes :

Cette étude a pour objet de montrer quelle est la perception, par les maires du département du Nord, de l'introduction de la responsabilité pénale des collectivités territoriales par le Code pénal entré en vigueur le 1er mars 1994.

L'étude a été réalisée par l'auteur au mois de mars 1998 auprès de l'ensemble des communes du département du Nord avec l'aimable collaboration de l'association des maires du Nord.

Les résultats ont été établis à partir des réponses contenues dans les 118 questionnaires exploitables qui ont été renvoyés.

Les résultats sont exprimés en nombre dans la première colonne et en pourcentage dans la seconde. Lorsque cela présente un intérêt, les données sont réparties selon la taille de la commune.

tre commune peut-elle être pénalement responsable?

oui	74	63%
non	24	20%
Ne sait pas	20	17%

*Réponses en fonction de la taille de la commune

	Oui	non	Ne sait pas
- de 500 hbts	56.25%	9,4%	34,35%
Entre 500 et 1000 hbts	58,3%	20,4%	14,3%
Entre 1000 et 5000 hbts	65,3%	20,4%	14,3%
Entre 5000 et 10000 hbts	60%	20%	20%
+ de 10000 hbts	80%	20%	-

2) Si oui, pour des faits commis à partir de quelle date?

1er mars 1994	**7**	**6%**
Autre date	**3**	**2,5%**
Ne sait pas	**108**	**91,5%**

3) Savez- vous exactement pour quel genre d'infractions ?

Oui	**15**	**13%**
Non	**63**	**53%**
à peu près	**40**	**34%**

*Réponses en fonction de la taille de la commune

	Oui	non	A peu près
- de 500 hbts	6,25%	56,25%	37,5%
Entre 500 et 1000 hbts	4%	60%	36%
Entre 1000 et 5000 hbts	14,3%	53,1%	35,6%
Entre 5000 et 10000 hbts	30%	40%	30%
+ de 10000 hbts	50%	30%	20%

4) Avez-vous suivi ou fait suivre par un membre de votre équipe une formation spéciale relative à cette responsabilité pénale?

oui	26	22%
non	92	78%

5) Si oui, cette formation était de type:

bouche à oreille	2	2%
Des lectures techniques (revues juridiques)	3	3%
des lectures générales (journaux...)	5	4%
lectures d'ouvrages spécialisés	6	5%
une participation à un colloque	7	6%
la consultation d'un juriste	3	3%
Non concerné	92	78%

6) Craignez-vous cette responsabilité pénale de la commune?

oui	92	78%
non	16	14%
Sans opinion	10	8%

7) Quelle peut être l'influence de la responsabilité pénale des collectivités territoriales sur celle de leurs élus?

limiter celle des élus	18	15%
aggraver celle des élus	48	41%
ne changera rien à celle des élus	30	25%
sans opinion	22	19%

8) Voyez-vous cette responsabilité de la collectivité territoriale plutôt comme:

Un épouvantail	**7**	**6%**
une menace réelle	**95**	**81%**
Sans opinion	**16**	**14%**

9) Avez-vous recours à la délégation de service public?

oui	**46**	**39%**
non	**54**	**46%**
Sans opinion	**18**	**15%**

10) La responsabilité pénale des collectivités territoriales a-t-elle pour conséquence de vous faire préférer la délégation de service public à la gestion en régie pour des activités où le risque d'infraction est important?

oui	**30**	**25%**
non	**44**	**37%**
Sans opinion	**44**	**37%**

*Réponses en fonction de la taille de la commune

	Oui	non	Ne se prononce p
- de 500 hbts	46,9%	12,5%	40,6%
Entre 500 et 1000 hbts	26%	37%	37%
Entre 1000 et 5000 hbts	18,4%	42,8%	38,8%
Entre 5000 et 10000 hbts	10%	60%	30%
+ de 10000 hbts	10%	50%	40%

11) Les peines prévues par le Code pénal, vous semblent-elles adaptées aux spécificités des collectivités territoriales?

oui	**8**	**7%**
non	**61**	**52%**
Sans opinion	**49**	**41%**

12) L'absence de responsabilité pénale de l'Etat est, selon vous:

Normale et justifiée	**5**	**4%**
Anormale et injustifiée	**95**	**81%**
Sans opinion	**18**	**15%**

13) La mise en œuvre de la responsabilité pénale des collectivités territoriales vous apparaît:

simple	**4**	**3%**
Complexe	**58**	**49%**
Très complexe	**41**	**35%**
Sans opinion	**15**	**13%**

14) L'existence de la responsabilité pénale a-t-elle changé ou va-t-elle changer la façon de gérer votre collectivité territoriale?

Pas du tout	**27**	**23%**
un peu	**54**	**46%**
Beaucoup	**22**	**19%**
Sans opinion	**15**	**13%**

ANNEXE 5

Extraits de la loi belge du 4 mai 1999 instaurant la responsabilité pénale des personnes morales dans le Code pénal (Pour un commentaire de ce texte : Ch. VANDERLINDEN, La loi instaurant la responsabilité pénale des personnes morales et le droit pénal social, RDPC 2000, chron., 660).

CHAPITRE II. - Dispositions modifiant le Code pénal

Art. 2. L'article 5 du Code pénal, abrogé par l'article 2 de la loi du 28 juillet 1934, est rétabli dans la rédaction suivante :

« Art. 5. Toute personne morale est pénalement responsable des infractions qui sont intrinsèquement liées à la réalisation de son objet ou à la défense de ses intérêts, ou de celles dont les faits concrets démontrent qu'elles ont été commises pour son compte.

Lorsque la responsabilité de la personne morale est engagée exclusivement en raison de l'intervention d'une personne physique identifiée, seule la personne qui a commis la faute la plus grave peut être condamnée. Si la personne physique identifiée a commis la faute sciemment et volontairement, elle peut être condamnée en même temps que la personne morale responsable.

Sont assimilées à des personnes morales :

1° les associations momentanées et les associations en participation;
2° les sociétés visées à l'article 2, alinea 3, des lois coordonnées sur les sociétés commerciales, ainsi que les sociétés commerciales en formation;
3° les sociétés civiles qui n'ont pas pris la forme d'une société commerciale.

Ne peuvent pas être considérées comme des personnes morales responsables pénalement pour l'application du présent article : l'Etat fédéral, les régions, les communautés, les provinces, l'agglomération bruxelloise, les communes, les organes territoriaux intracommunaux, la Commission communautaire française, la Commission communautaire flamande, la Commission communautaire commune et les centres publics d'aide sociale. »

Art. 4. Il est inséré dans le même Code un article 7bis, rédigé comme suit :

« Art. 7bis. Les peines applicables aux infractions commises par les personnes morales sont :

En matière criminelle, correctionnelle et de police :

1° l'amende;
2° la confiscation spéciale; la confiscation spéciale prévue à l'article 42, 1°, prononcée à l'égard des personnes morales de droit public, ne peut porter que sur des biens civilement saisissables;

En matière criminelle et correctionnelle :
1° la dissolution; celle-ci ne peut être prononcée à l'égard des personnes morales de droit public;
2° l'interdiction d'exercer une activité relevant de l'objet social, à l'exception des activités qui relèvent d'une mission de service public;
3° la fermeture d'un ou plusieurs établissements, à l'exception d'établissements où sont exercées des activités qui relèvent d'une mission de service public;
4° la publication ou la diffusion de la décision. »

Art. 6. Il est inséré dans la section V, livre Ier, chapitre II, du même Code une sous-section II, comprenant les articles 35 à 37bis, rédigée comme suit :

« Sous-section II - Des peines communes aux crimes et aux délits applicables aux personnes morales

Art. 35. La dissolution peut être décidée par le juge lorsque la personne morale a été intentionnellement créée afin d'exercer les activités punissables pour lesquelles elle est condamnée ou lorsque son objet a été intentionnellement détourné afin d'exercer de telles activités

Lorsqu'il décide la dissolution, le juge renvoie la cause devant la juridiction compétente pour connaitre de la liquidation de la personne morale.

Art. 36. L'interdiction temporaire ou définitive d'exercer une activité relevant de l'objet social de la personne morale pourra être prononcée par le juge dans les cas prévus par la loi.

Art. 37. La fermeture temporaire ou définitive d'un ou plusieurs établissements de la personne morale pourra être prononcée par le juge dans les cas prévus par la loi.

Art. 37bis. La publication ou la diffusion de la décision aux frais du condamné pourra être prononcée par le juge dans les cas déterminés par la loi. »

Art. 8. Il est inséré dans la section VI, livre Ier, chapitre II, du même Code une sous-section II comprenant un article 41bis, rédigée comme suit :

« Sous-section II - De l'amende applicable aux personnes morales

Art. 41bis. § 1er. Les amendes applicables aux infractions commises par les personnes morales sont :

En matière criminelle et correctionnelle :
- lorsque la loi prévoit pour le fait une peine privative de liberté à perpétuité : une amende de deux cent quarante mille francs à sept cent vingt mille francs;
- lorsque la loi prévoit pour le fait une peine privative de liberté et une amende, ou l'une de ces peines seulement : une amende minimale de cinq cents francs multipliés par le nombre de mois correspondant au minimum de la peine privative de liberté, et sans pouvoir être inférieure au minimum de l'amende prévue pour le fait; le maximum s'élève à deux mille francs multipliés par le nombre de mois correspondant au maximum de la peine privative de liberté, et sans pouvoir être inférieure au double du maximum de l'amende prévue pour le fait;
- lorsque la loi ne prévoit pour le fait qu'une amende : le minimum et le maximum sont ceux prévus par la loi pour le fait.

En matière de police :
- une amende de vingt-cinq francs à deux cent cinquante francs.

§ 2. Pour la détermination de la peine prévue au § 1er, les dispositions du livre Ier sont applicables. »

Art. 11. L'article 86 du même Code est complété comme suit :

« La perte de la personnalité juridique de la personne morale condamnée n'éteint pas la peine. »

CHAPITRE III. - Dispositions modifiant la loi du 17 avril 1878 contenant le titre préliminaire du Code de procédure pénale

Art. 12. Il est inséré un article 2bis, rédigé comme suit, dans le titre préliminaire du Code de procédure pénale :

« Art. 2bis. Lorsque les poursuites contre une personne morale et contre la personne habilitée à la représenter sont engagées pour des mêmes faits ou des faits connexes, le tribunal compétent pour connaître de l'action publique contre la personne morale désigne, d'office ou sur requête, un mandataire ad hoc pour la représenter. »

Art. 13. L'article 20 du titre préliminaire du même Code est remplacée par la disposition suivante :

« L'action publique s'éteint par la mort de l'inculpé ou par la clôture de la liquidation, la dissolution judiciaire ou la dissolution sans liquidation lorsqu'il s'agit d'une personne morale.

L'action publique pourra encore être exercée ultérieurement, si la mise en liquidation, la dissolution judiciaire ou la dissolution sans liquidation a eu pour but d'échapper aux poursuites ou si la personne morale a été inculpée par le juge d'instruction conformément à l'article 61bis avant la perte de la personnalité juridique.

L'action civile peut être exercée contre l'inculpé et contre ses ayants droit. »

Art. 16. Dans le livre premier du même Code, le chapitre VII contenant l'article 91, est renuméroté en VIIbis contenant les articles 91 et 91bis, et il est inséré un nouveau chapitre VII contenant un article 91, libellé comme suit :

« Chapitre VII - Des mesures provisoires à l'égard des personnes morales

Article 91

Lorsqu'au cours d'une instruction, le juge d'instruction constate de sérieux indices de culpabilité chez une personne morale, il peut, si des circonstances particulières le requièrent, ordonner les mesures suivantes :
1° la suspension de la procédure de dissolution ou de liquidation de la personne morale;

2° l'interdiction de transactions patrimoniales spécifiques susceptibles d'entraîner l'insolvabilité de la personne morale;
3° le dépôt d'un cautionnement dont il fixe le montant, en vue de garantir le respect des mesures qu'il ordonne.

Si les mesures visées à l'alinéa précédent concernent des biens immeubles, il est procédé conformément à l'article 35bis. »

INDEX CHRONOLOGIQUE DES PRINCIPALES DECISIONS JUDICIAIRES

1820

-Cass. crim.24 février 1820, Bull. n°33.

1848

-Cass. crim. 11 août 1848, S. 1848, jur., p.739.

1856

-Cass. crim. 27 novembre 1856, S.1857, I, p.79.

1881

-Cass. crim. 28 juillet 1881, D. 1882, I, p. 95.

1883

-Cass. crim. 8 mars 1883, S.1885, I, 470 .

1891

-Req. 23 février 1891, D. 1891, 1, p.337 ; S.1892, 1, p.73.

1898

-Cass. crim. 4 février 1898, D.P. 1898, 1, 369.

1900

-Cass. crim. 28 décembre 1900, D. 1901, I, p.81 note LE POITTEVIN.

1905

-Cass. crim. 2 décembre 1905, S.1908, I, 558.

1918

-Cass. crim. 7 mars 1918, D. 1921, I, 217 note M. NAST.

1921

-Cass. crim. 29 janvier 1921, S. 1922, I, p.185, note ROUX.

1922

-Cass. crim. 19 octobre 1922, D. 1922, I, p.233.

1927

-Cass. crim. 18 février 1927, S. 1928, I, 291. J. PRADEL et A. VARINARD, *Les grands arrêts du droit criminel*, Tome 1, Dalloz 2ème éd. 1997, n°38 p.469.

1933

-Cass. Req. 24 juillet 1933, S. 1934, I, p.294.

1934

-Cass. crim. 14 décembre 1934, Bull. n°209.

1946

-C.A. Dijon 20 mai 1946, D. 1947, jur, 253.

1948

-Cass. crim. 15 janvier 1948, S. 1949, I, 81.

-C.E. 5 mars 1948, D. 1949, p.147 ; S. 1948, 3, 53 note J.P. CALON.

1949

-Cass. crim. 15 décembre 1949, Bull. n°350.

-C.A. Paris 21 décembre 1949, D.1950, p.434 note DONNEDIEU DE VABRES.

1950

- Trib. civil de Lannion 9 mai 1950, D.1951, p.230 note SAVATIER ; JCP G. 1952, II, 6274 note LIET-VEAUX.

1952

-Trib. civil de Meaux 23 avril 1952, D. 1952, p.431.

-Cass. Civ. 16 juin 1952, D. 1953, p.41 note COPPER-ROYER.

1953

-C.A. Rennes, 1ère Ch., 2 février 1953, JCP 1953, II, 7449.

1954

-Cass. 2ème civ. 28 janvier 1954, D. 1954, jur., p.217 note G. LEVASSEUR; JCP G. 1954, II, 7978 ; Droit Social 1954, p.16.

- C.E Section, 17 décembre 1954, Grosy, Rec. p.674.

1956

-Civ. 17 janvier 1956, D. 1956, jur., p.265 note R. HOUIN.

-Cass. crim. 18 janvier 1956, Bull. n°72 ; JCP G. 1956, II, 9342.

-Cass. crim. 19 janvier 1956, Bull. n°78.

-Cass. crim. 28 février 1956, JCP G. 1956, II, 9304 note DE LESTANG.

- Trib. Corr. Colmar 27 avril 1956, D. 1956, p.500.

-Tribunal des Conflits 10 juillet 1956, « Société des Steeples chase », Rec. p.587.

1958

-Cass. crim. 6 mars 1958, D.1958, p.465.

-Cass. crim. 11 mars 1958, Bull. n°238.

-Cass. crim. 25 juin 1958, JCP G. 1959, II, 10941 note LARGUIER ; D. 1958, p.693.

1959

-Cass. crim. 22 mai 1959, Bull. n°268.

1960

-Cass. crim. 20 janvier 1960, JCP G. 1960, II, 11774 R. LEGEAIS.

-T. pol. Valence 19 mai 1960, S. 1960, p.271 note HUGUENEY.

-C.A. Poitiers 15 juin 1960, D.1961, p.111 note P. ESMEIN.

1963

-Cass. crim. 26 novembre 1963, Gaz. Pal. 1964, 1, p.189.

1965

-Cass. com. 11 juin 1965, RTD com. 1965, p.861, note HOUIN.

1966

-Cass. crim. 22 avril 1966, Bull. n°125, p.274.

1967

-Cass. crim. 16 février 1967, JCP G. 1967, II, 15034 note COMBALDIEU ; Rev. sc. crim. 1967, p.659 obs. LEVASSEUR.

-C.A. Paris 23 juin 1967, Gaz. Pal. 1967, 2, 189.

1969

-C.A. Besançon 8 janvier 1969, Gaz. Pal. 1969, jur., p.304.

-C.E 19 février 1960, Rec., p.129.

1971

-Cass. crim. 2 décembre 1971, Bull. n°337.

-Cass. crim. 21 décembre 1971, Rev. Soc. 1972, p.726

1973

-C.E. 27 décembre 1973, Rec. P.25

1975

- Cass. crim. 28 janvier 1975, Bull. n°32.

1976

-C.A. Paris 9ème Ch., 8 novembre 1976; JCP G. 1977, II, 18745 note H. GUERIN.

1977

-C.A. Paris 4ème Ch., 24 février 1977, JCP G. 1997, II, 18957 note CHARTIER ; D. 1978, p.32, note BOUSQUET ; Rev. Soc. 1978, p.471 note D. RANDOUX.

-Cass. crim. 2 mars 1977, Bull. n°85, p. 202.

1979

-C.A. Paris 9ème Ch., 15 février 1979, B.C.N.C.C 1979, n°34, p.197.

1980

-Cass. com. 21 avril 1980, D. 1980, jur., p.33 note J. COSSON.

-Cass. crim. 2 décembre 1980, Bull. n°326, p.834.

-Cass. crim. 8 décembre 1980, Rev. Soc. 1980, p.351 2éme arrêt note B. BOULOC.

1982

-Cass. com. 2 février 1982, Bull. Civ. IV, n°40, p.34.

-Cass. com. 24 mai 1982, Rev. Soc. 1983, p.361 note J. BEGUIN.

-Cass. crim. 21 décembre 1982, Juris social 1983, F.23

1983

-CE 4 mars 1983, « Association familiale rurale de circuit et de transport des élèves de la région du Maine », JCP G. 1984, II, 2211 note DEBOUY.

-Cass. com. 12 avril 1983, Rev. Soc. 1984, p.303 note C.H. GALLET.

1984

-Cass. com. 15 mai 1984, Rev. Soc. 1985, p.91 note J. –P. SORTAIS.

1986

-T.G.I Paris 3ème Ch. 7 mars 1986, D. 1988, somm. comm., p.208.

-Cass. 3ème civ. 13 mai 1986, pourvoi n°85-10.691.

-C.A. Paris 1ère Ch. A 10 juin 1986, JCP G. 1986, II, 20678 note A. VIANDIER.

-Cass. soc. 21 juillet 1986, Rev. Soc. 1987, p.43 note Y. GUYON.

1987

-Cass. crim. 25 mai 1987, Bull. n°215, p.580.

1988

-C.A. Paris 2ème Ch. 27 janvier 1988, JOLY 1988, p.272.

1989

-C.E 25 janvier 1989, Droit Fiscal 1989, n°1064.

-Cass. com. 24 octobre 1989, JCP G. 1990, II, 21453 note Y. GUYON; Rev. Soc. 1990, p. 264 note VIDAL.

1990

-Cass. soc. 23 janvier 1990, JCP G. 1990, II, 21529 note NEVOT ; Droit Social 1990, p.322 note J. SAVATIER ; Rev. Soc. 1990, p.444 note R. VATINET; Bull. IV, n°20, p.13.

-Cass. soc. 28 février 1990, pourvoi n°87-42-363.

-Cass. com. 9 octobre 1990, JOLY 1990, p.1041 note LE CANNU.

-C.A. Paris 4ème Ch. 29 octobre 1990, JOLY 1991, p.41 note J. DERRUPE.

1991

-Cass. com. 12 février 1991, Bull. Civ. IV, p.50.

-Cass. soc. 17 avril 1991, JCP E. 1991, II, 229 note H. BLAISE.

-Cass. soc. 6 novembre 1991, pourvoi n° 88-44.237.

1992

-Cass. crim. 22 avril 1992, Rev. Soc. 1993, p.124 ; Dr. pén. 1993, comm. n°115 note J. –H. ROBERT.

-Cass. soc. 17 décembre 1992, pourvoi n°88-44.405.

1993

-Cass. com. 9 mars 1993, JCP E 1995, I, 484, n°15.

-C.A. Douai 9 avril 1993, Dr. pén. janvier 1994, comm. 14 note J. –H. ROBERT (J.H.).

1994

-Cass. com. 3 mai 1994, pourvoi n°92-15.103.

-T.G.I Chaumont 17 mai 1994, D.1995, jur., 191 note D. GUIHAL.

-Cass. crim. 25 mai 1994, Dr. pén. 1994, 237 obs. J. –H. ROBERT.

-Cass. crim. 30 mai 1994, JOLY p.1205, §323.

-Cass. com. 7 juin 1994, Rev. Soc. 1995, p.38.

-C.A. Orléans 20 juin 1994, D. 1995, jur. , p.81 note DUCOULOUX-FAVARD.

-T.G.I Paris 17éme Ch. Corr., 6 octobre 1994 reproduit in *La responsabilité pénale des personnes morales,* DALMASSO (Th.), LITEC 1996, p.155.

-Cass 1ère civ. 2 novembre 1994, Rev. Soc. 1995, p.82 note M. JEANTIN.

-Cass. 2ème civ. 7 décembre 1994, JCP G. 1995, II, 22517.

-Cass. crim. 19 décembre 1994, JOLY 1995, p.340, §108.

1995

-Cass. crim. 22 février 1995, Bull. n°82, p.195

-T. Corr. Valenciennes 10 avril 1995, inédit.

-Cass. crim. 3 mai 1995, Bull. n°162, p.454; JCP G. 1995, IV, 1966.

-Cass. crim. 28 juin 1995, JCP G. 1996, II, 22576 note A. DEKEUWER.

-T. Corr. Verdun 12 juillet 1995, JCP 1996, II, 22639 note GUERY et ACOMANDO.

-T.G.I Paris 31ème Ch. Corr., 4 septembre 1995, inédit.

-Cass. crim. 11 octobre 1995, JCP G. 1996, IV, 206.

-Cass. crim. 30 octobre 1995, Bull. n°336 , p. 980 ;JCP G. 1996, IV, 271.

-T. Corr. Paris 31ème Ch. 3 novembre 1995, Droit social 1996, p.157, note A. COEURET ; Rev. sc. crim. 1996, p.392 note G. GUIDICELLI-DELAGE.

-T. Corr. Versailles 18 décembre 1995, JCP G. 1996, II, 22640 note J. –H. ROBERT ; Dr. pén. 1996, comm. n°71 note J. –H. ROBERT.

-T. Corr. Paris 11ème Ch. 19 décembre 1995, inédit.

1996

-T. Corr. Strasbourg 9 février 1996, Petites Affiches 27 mars 1996, n°38, p.19 note DALMASSO (Th.); JOLY 1996, §102, p.297 obs. J. –F. BARBIERI.

-T.G.I Paris 31ème Ch. Corr. 14 février 1996, inédit.

-Cass. com. 2 avril 1996, JCP G. 1997, II, 22803 note J. –P. CHAZAL.

-C.E 15 avril 1996, « Préfet des Bouches-du-Rhône », Req. n°168235.

-C.A. Douai 2ème Ch. 14 novembre 1996, JCP G. 1997, I, 4012, n°1.

1997

-C.A. Colmar 24 janvier 1997, n°110/97, inédit.

-Cass. com. 4 février 1997, JCP G. 1997, IV, 702; Quot. Jur. 13 mars 1997, p.4; Dr. et patrimoine mai 1997, note J. –P. BERTREL.

-Cass. 2ème civ. 19 février 1997, Bull. Civ. II, n°53.

-Cass. com. 4 mars 1997, Rev. Soc. 1997, p.554 note P. DIDIER.

-Cass. crim. 19 mars 1997, Bull. n°115 ; JCP G. 1998, II, 10095 note O. FARDOUX.

-T. Corr. Grenoble 15 septembre 1997, Dr. pén. 1998, comm. n°5.

-T. Corr. Lyon 9 octobre 1997, Dr. pén. décembre 1997, p.11, 154 Note J. –H. ROBERT.

-Cass. crim. 2 décembre 1997, Bull. n°408 ; JCP G. 1998, II, 10023 rapport F. DESPORTES ; Rev. Soc.1998, p.148 note B. BOULOC ;JCP E 1998, II, p.948 note Ph. SALVAGE.

-Cass. crim. 9 décembre 1997, Bull. n°420, p. 1385 ; Dr. pén. 1998, comm. n°60, obs. A. MARON ;D. 1998, p.296 note B. BOULOC.

-C.A. Caen 17 décembre 1997, Dr. pén. 1998, comm. n°82 note M. VERON.

1998

-C.A. Grenoble 25 février 1998, Gaz. Pal. 1998, 1, somm., p.183 note J. –P. DOUCET.

-C.A. Paris 6 avril 1998, Dr. pén. 1998, comm. n°119 note J. –H. ROBERT.

-Cons. Constit. 5 mai 1998, J.O. 5 mai 1998 ; RFDA 1998, p.620 ; RD publ. 1998, p.1015.

-C.A. Lyon 3 juin 1998, Dr. pén. 1998, comm. n°118 note J. –H. ROBERT.

-C.A. Grenoble 12 juin 1998, Gaz. Pal. 1998, 2, 460 note S. PETIT.

-Cass. crim. 7 juillet 1998, Bull. n°216, p.626.

-Cass. crim. 24 novembre 1998, JCP 1999, II, 10208 note M. A. HOUTMANN.

-Cass. crim. 1er décembre 1998, Bull. , n°325, p.942 ; D. 2000, jur., p.34 note M.A. HOUTMANN.

1999

-C.A. Lyon 5 mai 1999, Dr. pén. 1999, comm. n°119 note J. -H. ROBERT.

-Cass. crim. 11 mai 1999, Bull. n°93 ; Dr. pén. 1999, comm. n°140 note M. VERON; Rev. sc. crim. 2000, 194 obs. B. BOULOC.

-Cass. crim. 18 mai 1999, Bull. n°99 ; Dr. pén. 1999, comm. n°114 note J. –H. ROBERT; Rev. sc. crim. 2000, 193, obs. B. BOULOC.

-Cass. crim. 22 juin 1999, Dr. pén. 1999, comm. n°147 note M. VERON.

-Cass. crim. 3 novembre 1999, Bull. n°242, p.762.

-Cass. crim. 9 novembre 1999, Bull. n°252, p.786; Dr. pén. 2000, comm. n°56 note M. VERON; Rev. sc. crim. 2000, p.389 obs. Y. MAYAUD ;Gaz. Pal. 21 juin 2000, p.18 obs. J.-P. DOUCET; JCP 2000, I, 235, spéc. n°1 ;Rev. sc. crim. 2000, p.851, obs. G. GUIUDICELLI-DELAGE.

-Cass. com. 30 novembre 1999, D. 2000, jur., p.627 note E. LAMAZEROLLES.

-Cass. crim. 14 décembre 1999, Bull. n°306, p.947 ; JCP 2000, I, 235, spéc. n°1 ;Dr. pén. 2000, comm. n°56 note M. VERON ; Rev. sc. crim. 2000, p.851, obs. G. GUIUDICELLI-DELAGE.

2000

-Cass. crim. 5 janvier 2000, Bull. n°4, p.7.

-Cass. crim. 12 janvier 2000, Bull. n°23, p.51.

-Cass. crim. 18 janvier 2000, Bull. n°28, p.68 ; D. 2000, p.636 note J. -C. SAINT-PAU; Dr. pén. 2000, comm. n°72 ; JCP 2000, II, 10395 note F. DEBOVE.

-T. Corr. Paris 28 janvier 2000, Petites Affiches 4 avril 2000, n°67, p.15.

-Cass. crim. 23 février 2000, Bull. n°85, p. 247 ;Dr. pén. 2000, comm. n°85 note M. VERON.

-Cass. crim. 14 mars 2000, Bull. n°114, p.340 ; D. 2000, I.R., p.154.

-Cass. crim. 21 mars 2000, Bull. n°128, p.382.

-Cass. crim. 18 avril 2000, Bull. n°153, p.451 ;D. 2000, I.R., p.171.

-C.A. Amiens 9 mai 2000, Gaz. Pal. 9 juillet 2000, p.32, note S. PETIT.

-Cass. crim. 23 mai 2000, Bull. n°200, p.584.

-Cass. crim. 24 mai 2000, Bull. n°203, p.597.

-Cass. crim. 30 mai 2000, Bull. n°206, p.607 ; D. 2000, I.R., p.214 ; JCP E 2001, p.950 ; Rev. sc. crim. 2000, p.851, obs. G. GUIUDICELLI-DELAGE.

-Cass. crim. 20 juin 2000, Bull. n°237, p.702; Petites Affiches 13 mars 2000, p.19 note M.-J. COFFY de BOIDEFFRE ; D. 2001, p.853, note H. MATSOPOULOU et p.1608, obs. E. FORTIS.

-Cass. crim. 24 octobre 2000, Bull. n°308, p.913 ; JCP G. 2001, II,10535 note M. DAURY-FAUVEAU ; D. 2000, I.R., p.45 ;Dr. pén. 2001, comm. n°29 obs. M. VERON ; Rev. sc. crim. 2001, p.371 obs. B. BOULOC et p. 402 obs. A. CERF-HOLLENDER ; D. 2002, 514 note J. –C. PLANQUE.

- C.A. Douai 24 octobre 2000, JCP 2001, II, 10012 note J. –Y. MARECHAL.

-Cass. crim. 12 décembre 2000, Bull. n°371 ; D. 2001, IR, 433 ; Gaz. Pal. 22-23 décembre 2000, note PETIT ; Rev. sc. crim. 2001, p.157, obs. MAYAUD ; Dr. pén., comm. 43, obs. VERON

2001

- Cass. crim. 26 juin 2001, Bull. n°161 ; Dr. pén. 2002, comm. n°8, note J. -H. ROBERT ; JCP G 2002, I, 107, n°7 ; Gaz. Pal. 13 mars 2002, note Y. MONNET.

-C.A. LYON 28 juin 2001, D. 2001, 2562.

-Cass. crim. 11 décembre 2001, D. 2001, I. R., p.373 ; JCP G. 2002, IV, 1251.

2002

-Cass. crim. 3 avril 2002, Bull. n°76, p.250 ; JCP G. 2002, IV, 1899.

BIBLIOGRAPHIE SOMMAIRE

I] DROIT PENAL :

A] Ouvrages généraux, traités et manuels :

COEURET (A.) et FORTIS (E.),
Droit pénal du travail, LITEC, 2ème éd., 2000.

CONTE (Ph.) et MAISTRE DE CHAMBON (P.),
Droit pénal général, Armand Colin, 6ème éd. 2002.

CONTE (Ph.) et MAISTRE DE CHAMBON (P.),
Procédure pénale, Armand Colin, 4ème éd. 2002.

DELMAS MARTY (M.),
Droit pénal des affaires, 2 tomes , PUF 4ème éd. 2000.

DESPORTES (F.) et LE GUNEHEC (F.),
Le nouveau droit pénal, Tome 1, Economica, 8ème éd. 2001.

GIUDICELLI-DELAGE (G.),
Droit pénal des affaires, Mémentos Dalloz 5ème éd. 2001.

JEANDIDIER (W.),
Droit pénal général, Montchrestien, 2ème éd. 1991.

JEANDIDIER (W.),
Droit pénal des affaires, Dalloz 4ème éd. 2000.

LARGUIER (J.),
Droit pénal général, Memento Dalloz, 18ème éd. 2001.

LARGUIER (J.) et CONTE (Ph.),
Droit pénal des affaires, Armand Colin, collection U, 10ème éd., 2001.

LECLERCQ (H.),
Le nouveau code pénal, Editions du seuil, coll. Points.

MERLE (R.) et VITU (A.),
Traité de droit criminel, tome 1, Droit Pénal général, CUJAS, 7ème éd. 1997.

PRADEL (J.),
Le nouveau code pénal, Collection Dalloz Service, 1994.

PRADEL (J.),
Traité de droit pénal et de science criminelle comparée, tome 1 : Introduction générale, Droit pénal général, CUJAS 14ème éd. 2002.

PUECH (M.),
Droit pénal général, LITEC 1988.

RASSAT (M.L.),
Droit pénal, Droit fondamental, PUF 2ème ed. 1999.

ROBERT (J.-H.),
Droit pénal général, PUF thémis, 5ème éd. 2001.

ROUJOU DE BOUBEE (G.), FRANCILLON (J.), BOULOC (B.) et MAYAUD (Y.),
Code pénal annoté, Dalloz 1996.

SALVAGE (Ph.),
Droit pénal général, Presses universitaires de Grenoble, 5ème éd. 2001.

SOYER (J.C.),
Droit pénal et procédure pénale, L.G.D.J., 16ème éd. 2002.

STEFANI (G.), LEVASSEUR (G.) et BOULOC (B.),
Droit pénal général, Précis Dalloz, 17ème éd. 2002.

VERON (M.),
Droit pénal des affaires, A. Colin, collection U, 4ème éd. 2001.

VERON (M.)

Droit pénal des affaires, A. Colin, collection U, 9ème éd., 2002.

B] Ouvrages spéciaux, monographies et thèses :

BOCCON GIBOD (D.),
La responsabilité pénale des personnes morales (Présentation théorique et pratique), Editions Alexandre Lacassagne, ESKA

DALMASSO (Th.),
Responsabilité pénale des personnes morales (évaluation des risques et moyens de défense), LITEC 1996.

DANA (A.C.),
Essai sur la notion d'infraction pénale, L.G.D.J. 1982.

DASKALAKIS (E.),
Réflexions sur la responsabilité pénale, PUF 1975.

LEVY (A.), BLOCH (S.), BLOCH (J.D.),
La responsabilité pénale des collectivités territoriales, de leurs élus, de leurs agents, Guides pratiques de l'administration territoriale, LITEC.

MESTRE (A.),
Les personnes morales et le problème de leur responsabilité pénale, Thèse Paris, CUJAS 1899.

PRADEL (J.) et VARINARD (A.),
Les grands arrêts du droit criminel. Tome 1, Dalloz 3ème éd. 2000.

PROTHAIS (A.),
Tentative et attentat, LGDJ 1985.

REINHARD (Y.),
L'acte du salarié et la responsabilité pénale du chef d'entreprise, Thèse Lyon 1974.

ROBERT (J.H.) et REMOND-GOUILLOUD (M.),
Droit pénal de l'environnement, Masson 1983.

SERRATRICE (B.),
La responsabilité pénale des personnes morales dans le nouveau Code pénal, Thèse Aix Marseille 1993.

STEFANI (G.) (sous la direction de),
Quelques aspects de l'autonomie du droit pénal, Dalloz 1956.

C] Ouvrages collectifs, colloques

Le nouveau code pénal: enjeux et perspectives, Collection thèmes et commentaires, Dalloz 1994.

La responsabilité pénale des personnes morales, Dalloz, 1993, actes du Colloque de l'université de Paris I d'avril 1993, parus à la Rev. Soc. 1993, p.232.

La responsabilité pénale des personnes morales, n° spécial Petites Affiches 6 octobre 1993, actes du Colloque de Limoges de mai 1993.

La responsabilité pénale des personnes morales :évolution ou révolution ? Entretiens de Nanterre, JCP E 1994, suppl. n°5, p.29.

La responsabilité pénale des personnes morales (Ce qui va changer pour les entreprises à compter du 1er mars 1994), brochure éditée par le C.N.P.F, 1994.

Le dévoiement pénal, Dr. pén. n° spécial avril 1995, actes de la journée d'études organisée par l'Institut de Criminologie de Paris le 16 janvier 1995.

La responsabilité pénale des personnes morales, n° spécial Petites Affiches 11 décembre 1996, actes du Colloque de Sienne de mai 1996.

La maîtrise du risque pénal dans l'entreprise, actes du Colloque de printemps du barreau des Hauts de Seine du 11 avril 1996, inédit.

La responsabilité pénale dans la vie des affaires, Gaz. Pal. 1999, doct., p.349.

La chine et le droit en l'an 2000, n° spécial Gaz. Pal. du 2 juillet 2000.

La loi du 10 juillet 2000, Colloque du 1er février 2001 organisé par le Centre de recherche en droit privé de l'Université de Paris I, Rev. sc. crim. 2001, 725.

D] Articles, chroniques et études doctrinales :

J. AMAR,
Contribution à l'analyse économique de la responsabilité pénale des personnes morales, Dr. pénal 2001, doc., n°37.

BARBIERI (J.F.),
L'incidence de la réforme du Code pénal sur la gestion des personnes morales, Petites Affiches, 6 octobre 1993, n°120, p.22.

BAYLE (M.),
L'incidence de la réforme en droit de l'environnement, Petites Affiches 1993, n°120, p.40.

BONICHOT (J.C.),
Responsabilité pénale des décideurs publics : un rapport serein pour un sujet brûlant, Petites Affiches 4 février 2000, n°25, p.3.

BOULOC (B.),
Droit pénal et groupes d'entreprises, Rev. Soc. 1988, p. 181.

BOULOC (B.),
Généralités sur les sanctions applicables aux personnes morales, Rev. Soc. 1993, p. 327.

BOULOC (B.),
Le casier judiciaire des personnes morales, Rev. Soc 1993, p.364.

BOULOC (B.),
Le domaine de la responsabilité pénale des personnes morales, Rev. Soc. 1993, p.291.

BOULOC (B.),
La responsabilité pénale des entreprises en droit français, RID pén. 1994, p.669.

BOUTARD LABARDE (M.-C.),
Responsabilité pénale des personnes morales et droit de la concurrence, Petites Affiches 1993, n°120, p. 29.

CARTIER (M. E.)
in Le nouveau code pénal: enjeux et perspectives, Collection thèmes et commentaires, Dalloz 1994, p.37.

CARTIER (M. E.)
in La responsabilité pénale des personnes morales :évolution ou révolution ? Entretiens de Nanterre, JCP E. 1994, suppl. n°5, p.30.

CARTIER (M. E.),
Nature et fondement de la responsabilité pénale des personnes morales dans le nouveau Code pénal français, n° spécial Petites Affiches 11 décembre 1996, actes du Colloque de Sienne de mai 1996.

CARTIER (M. E.),
La nouvelle définition des délits non intentionnels par la loi du 10 juillet 2000, Introduction au Colloque du 1er février 2001 organisé par le Centre de recherche en droit privé de l'Université de Paris I, Rev. sc. crim. 2001, 725.

CATALA (N.),
De la responsabilité pénale des chefs d'entreprise en matière d'hygiène et de sécurité du travail, JCP E 1976, II, 12010.

CHAPUT (Y.),
Les sanctions et les personnes morales en redressement judiciaire, Rev. Soc. 1993, p.358.

COEURET (A.),
Droit pénal du travail, responsabilité pénale des personnes morales, Juris-classeur droit du travail.

COEURET (A.),
La responsabilité en droit du travail: continuité et rupture, Rev. sc. crim. 1992, p.475.

COEURET (A.),
RTD Civ. 1992, p. 825.

COEURET (A.),
La nouvelle donne en matière de responsabilité, Droit Social 1994, p.627.

COEURET (A.),
Droit social 1996, p.157.

COFFY DE BOISDEFFRE (M.J.),
L'évolution de la jurisprudence de la Chambre criminelle de la Cour de cassation quant à la détermination des personnes responsables dans l'entreprise, Petites Affiches 9 novembre 1999, n°223, p.8.

COUVRAT (P.),
La responsabilité pénale des personnes morales: un principe nouveau, Petites Affiches 1993, n°120, p.13.

COUVRAT (P.),
Quelques aspects de l'actualité en droit pénal des affaires, Petites Affiches 1995, n°152, p.37.

COUTURIER (G.),
Répartition des responsabilités entre personnes morales et personnes physiques, Rev.Soc.1993, p.307.

DALMASSO (Th.),
La responsabilité pénale des personnes morales, Petites Affiches 1993, n°138 , p.10.

DALMASSO (Th.),
La délégation de pouvoirs, une réponse à la surpénalisation ?, Petites Affiches 2 mars 2000, n°44, p.3.

DE BRESSON (J.J.),
Inflation des lois pénales et législations ou réglementations techniques, Rev. sc. crim. 1985, p.241.

DEDESSUS-LE-MOUSTIER (N.),
La responsabilité du dirigeant de fait, Rev.Soc.1997, p.499.

DELEBECQUE (P.),
Les sanctions de l'article 131-9 3°, 5°, 6° et 7°, Rev. Soc.1993, p.349.

DELGA (J.),
L'association, structure juridique possible de l'entreprise?, Vie Jud. n°2615, 2616.

DELMAS-MARTY (M.),
La responsabilité pénale des groupements (avant projet de 1978), RID pén. 1980, p.39.

DELMAS MARTY (M.),
Les conditions de fond de la mise en jeu de la responsabilité pénale, Rev. Soc. 1993, p. 301.

DESPORTES (F.),
Le nouveau régime de la responsabilité pénale des personnes morales, JCP E. 1993, I, 219.

DESPORTES (F.),
La responsabilité pénale des personnes morales en droit français, C.J.E.G 1996, 93.

DESPORTES (F.) et **LE GUNEHEC (F.),**
Responsabilité pénale des personnes morales, Juris-classeur droit pénal, Art. 121-2.

DONNEDIEU DE VABRES (H.),
Les limites de la responsabilité pénale des personnes morales, RID pén. 1950, p.339.

DORSNER-DOLIVET (A.),
La loi n°2001-504 du 12 juin 2001 relative aux sectes, JCP 2001, act., p.2181.

DUCOULOUX-FAVARD (C.),
Demain les personnes morales responsables pénalement, Petites Affiches 7 avril 1993, n°42, p.7.

DUCOULOUX-FAVARD (C.),
Banqueroute par moyens ruineux et complicité des établissements financiers au regard du nouveau Code pénal, Petites Affiches 1993, n°120, p.61.

DUCOULOUX-FAVARD (C.),
Quatre années de sanctions pénales à l'encontre des personnes morales, D. 1998, chron., p.395.

ESCHYLLE (J.F.),
Les conditions de fond de la responsabilité pénale des personnes morales en droit du travail, Droit Social 1994, p.638.

FAIVRE (P.),
La responsabilité pénale des personnes morales, Rev. sc. crim. 1958, p. 547.

FAVERO (M.),
Responsabilité pénale des personnes morales et responsabilité des dirigeants: responsabilité alternative ou cumulative ?, Petites Affiches 1995, n°147, p.15.

FERRIER (B.),
Une grave lacune de notre démocratie: l'irresponsabilité pénale des personnes administratives, Rev. sc. crim. 1983, p.395.

FORTIS (E.),
Sur les incidences de la réforme du Code pénal sur le droit du travail, Droit Social 1993, p.884.

FORTIS (E.),
Les infractions du nouveau Code pénal créées ou remaniées, Droit Social 1994, p.623.

FORTIS (E.),
Les conséquences de la loi du 10 juillet 2000 en droit pénal, Rev. sc. crim. 2001, 737.

FOYER (J.),
La loi :le tohu-bohu et la désinvolture *in Le dévoiement pénal*, Dr. pén. n° spécial avril 1995, p.1.

FRANCHI (F.),
A quoi peut bien servir la responsabilité pénale des personnes morales ?, Rev. sc. crim. 1996, p.277.

GAMET (L.),
Le principe de spécialité des peines à l'épreuve des fusions et scissions de sociétés, JCP G. 2001, I, 345.

GARTNER (F.),
L'extension de la responsabilité pénale aux personnes publiques, RFDA 1994, p.126.

GAVALDA (C.),
L'anonymat du droit des affaires et la responsabilité pénale des personnes morales, Petites Affiches 1993, n°120, p.57.

GENDRY (B.),
Responsabilité pénale des personnes morales et responsabilité pénale des dirigeants: alternative ou cumul? Portée de la délégation de pouvoirs, Petites Affiches 20 novembre 1996, n°140, p.17

GIUDICELLI-DELAGE (G.),
Chronique de jurisprudence, Rev. sc. crim. 2000, p.851.

GUIGUE (J.),
La responsabilité pénale en matière d'hygiène et de sécurité, Gaz. Pal. 14 juin 1996, doct., p.1.

GUIRIMAND (D.),
La responsabilité pénale des personnes morales, RJS 1993, 483.

GUIRIMAND (D.),
La responsabilité pénale des personnes morales (la mise en œuvre du nouveau dispositif), Droit Social 1994, p.647.

GUYON (Y.),
Quelles sont les personnes morales de droit privé susceptibles d'encourir une responsabilité pénale, Rev. Soc. 1993, p. 235.

LÄTRY-BONNART (C.),
Les personnes morales et la délinquance des nouvelles technologies, Gaz. Pal. 1995, 1, doct., p.92.

LE CANNU (P.),
Dissolution, fermeture d'établissement et interdiction d'activités, Rev. Soc. 1993, p. 341.

LE CANNU (P.),
Les sanctions applicables aux personnes morales en raison de leur responsabilité pénale, Petites Affiches du 6 octobre 1993, p.16.

LE GUNEHEC (F.),
Loi n°2000-647 du 10 juillet 2000 tendant à préciser la définition des délits non intentionnels, JCP G. 2000, actu., p.1587.

LEVASSEUR (G.),
Les personnes morales victimes, auteurs ou complices d'infractions en droit français, RDPC 1955, p.3.

LOMBOIS (C.),
Rapport de synthèse du Colloque de Limoges du 11 mai 1983 sur la responsabilité pénale des personnes morales, Petites Affiches 1993, n°120, p.48.

MARON (A.) et ROBERT (J.H.),
Cent personnes morales pénalement condamnées, Dr. pén. 1998, doct. n°22.

MASCALA (C.),
La responsabilité pénale du chef d'entreprise, Petites Affiches 19 juillet 1996, n°87, p.16.

MAYER (D.),
L'influence du droit pénal sur l'organisation de la sécurité dans l'entreprise, D. 1998, chron. 256.

MERCADAL (B.),
La responsabilité pénale des personnes morales et celle des personnes physiques auteurs ou complices des mêmes faits, RJDA 1994, p.375.

MERLE (R.),
Rapport de synthèse *in La responsabilité pénale des personnes morales :évolution ou révolution ?*, Entretiens de Nanterre, JCP E. 1994, suppl. n°5, p.42.

MEYER (F.),
Réflexions sur la responsabilité pénale des personnes morales de droit public à la lumière des premières applications jurisprudentielles, RFDA 1999, p.920.

MONDOU (C.),
Responsabilité pénale des collectivités territoriales, AJDA 1993, p.539.

MOREAU (J.),
La responsabilité pénale des personnes morales de droit public en droit français, n° spécial Petites Affiches 11 décembre 1996, actes du Colloque de Sienne de mai 1996.

MOULOUNGUI (C.),
La nature de la responsabilité pénale des personnes morales en France, RD pén. crim. 1995, p.143.

MOULOUNGUI (C.),
L'élément moral dans la responsabilité pénale des personnes morales, R.T.D com. 1994, p.441.

OUTIN-ADAM (A.),
La responsabilité pénale de la personne morale et le cumul avec la responsabilité individuelle, Gaz. Pal. 26 mars 1999, p.18.

MOULY (J.),
La responsabilité pénale des personnes morales et le droit du travail, Petites Affiches 1993, n°120, p.33.

PANSIER (F.J.),
La responsabilité pénale des personnes morales, Gaz. Pal. 1996, 1, doct., p.249.

PARIENTE (M.),
Les groupes de sociétés et la responsabilité pénale des personnes morales, Rev. Soc. 1993, p.247

PETIT (S.),
Une nouvelle définition des délits d'imprudence, Gaz. Pal. 9 juillet 2000, p.2.

PEZARD (A.),
Le cumul des sanctions pénales et administratives des personnes morales en droit des affaires, Petites Affiches 1993, n°120, p.65.

PICARD (E.),
La responsabilité pénale des personnes morales de droit public: fondements et champ d'application, Rev. Soc. 1993, p. 261.

PRADEL (J.),
La responsabilité pénale des personnes morales en droit français. Quelques questions, Rev. Pénit. 1998, p.153.

PRADEL (J.),
De la véritable portée de la loi du 10 juillet 2000 sur la définition des délits non intentionnels, D. 2000, n°29, point de vue, p. V.

PROTHAIS (A.),
Les paradoxes de la pénalisation. Enquête en matière d'assistance médicale à la procréation et d'adoption, JCP G. 1997, I, 4055.

PROTHAIS (A.),
Les tribulations d'un pénaliste au royaume de l'éthique biomédicale, JCP G. 1999, I, 129.

PROTHAIS (A.),
Un droit pénal pour les besoins de la bioéthique, Rev. sc. crim. 2000, p.39.

ROBERT (J.-H.),
Imputation et complicité, JCP G. 1975, I, 2720

ROBERT (J.-H.),
Histoire des éléments de l'infraction, Rev. sc. crim. 1977, p.269.

ROBERT (J.-H.),
Projet de nouveau code pénal :dernières nouvelles relatives à la responsabilité pénale des personnes morales et des chefs d'entreprise, personnes physiques, Dr. pén. juillet 1990, chron. p.1.

ROBERT (J.-H.),
La faute et la peine dans la philosophie du nouveau Code pénal *in La faute, la peine et le pardon,* actes du Colloque national de la confédération des juristes catholiques de France, Pierre Téqui éditeur 1999.

ROBERT (J.-H.) et **MARON (A.),**
Cent personnes morales pénalement condamnées, Dr. pén. 1998, doct. n°22.

SAUTEL (O.),
La mise en œuvre de la responsabilité pénale des personnes morales :entre litanie et lithurgie, D. 2002, p. 1147.

SEILLAN (H.),
Le nouveau code pénal et la santé/sécurité au travail, ALD 1994, p.209.

SEXER (Y.),
Les conditions de la responsabilité pénale des personnes morales, Droit et patrimoine janvier 1996, p.38.

SIMON (J.),
Responsabilité pénale des personnes morales et des personnes physiques coauteurs ou complices des mêmes faits, Dalloz Affaires 1995, p.101.

STOLOWY (N.),
La responsabilité pénale des personnes morales :une application pratique, Petites Affiches 1994, n°150, p.10.

SUN (P.) et DESEVEDAVY (F.),
La responsabilité pénale des personnes morales *in la Chine et le droit en l'an 2000,* n° spécial Gaz. Pal. 2 juillet 2000, spéc. p.38.

TERRE (F.),
La lutte contre les sectes, D. 20 juillet 2000, p. VI.

URBAIN PARLEANI (L),
Les limites chronologiques à la responsabilité pénale des personnes morales, Rev. Soc. 1993, p. 239.

VENANDET (G.),
La responsabilité pénale des personnes morales dans l'avant projet de Code Pénal, RTD com. 1978, 731.

VICHNIEVSKY (L.),
Bilan sommaire de la répression à l'encontre des personnes morales, Rev. sc. crim. 1996, p.289.

VINEY (G.),
Conclusion du Colloque de l'université de Paris I d'avril 1993 sur la responsabilité pénale des personnes morales, Rev. soc. 1993, p.381.

VINET (G.),
Conclusion du Colloque du 1er février 2001 organisé par le Centre de recherche en droit privé de l'Université de Paris I, Rev. sc. crim. 2001, 764.

VIRET (J.),
La responsabilité de l'administration et de ses agents à l'épreuve du droit pénal contemporain, AJDA 1995, p.763.

WALLON (P.),
La responsabilité pénale des personnes morales, Rev. pénit. 1996, p.265.

WERTENSCHLAG (B.),
Mise en cause de la responsabilité pénale des collectivités territoriales et délégations du droit administratif, JCP E. 1994, I, 465.

II] DROIT PRIVE :

A] Ouvrages généraux, traités et manuels :

CORNU (G.),
Vocabulaire juridique, PUF 2001.

COZIAN (M.) et VIANDIER (A.),
Droit des sociétés, LITEC, 11ème éd. 1998.

GUILLIEN (R.) et VINCENT (J.),
Lexique de termes juridiques, Dalloz, 12ème éd. 1999.

GUYON (Y.),
Traité des contrats. Les sociétés (aménagements statutaires et conventions entre associés), LGDJ, 4ème éd. 1999.

JEANTIN (M.),
Droit des Sociétés, Montchrestien, Coll. DOMAT Droit Privé, 3ème éd. 1994.

MERLE (Ph.),
Droit commercial, Sociétés commerciales, Dalloz, 6ème éd. 1999.

MESTRE (J.) (sous la direction de),
Lamy *Sociétés commerciales.*

RIPERT (G.) et ROBLOT (R.),
Traité de droit commercial, t.1, LGDJ, 17ème éd. 1999.

VIDAL (D.),
Droit des sociétés, LGDJ, 2ème éd. 1998.

B] Ouvrages spéciaux, monographies et thèses :

GIBIRILA (D.),
Le dirigeant de société (statut juridique, social et fiscal), LITEC 1995.

MICHOUD (L.),
La théorie de la personnalité morale (2 tomes), LGDJ PARIS 1906.

PARIENTE (M.),
Les groupes de sociétés: Aspects juridique, social, comptable et fiscal, LITEC 1993.

C] Articles, chroniques et études doctrinales :

BASTIAN (D.),
La situation des sociétés commerciales avant leur immatriculation au registre du commerce, *Etudes de droit commercial à la mémoire d'Henri CABRILLAC*, p.25.

BOUILOUX (A.),
La survie de la personnalité morale pour les besoins de la liquidation, Rev. Soc. 1994, p.393.

DEKEUWER-DEFOSSEZ (F.),
La responsabilité pénale des personnes morales à la lumière éphémère de l'article 17-1 de l'ordonnance du 1er décembre 1986 relative à la concurrence, JCP E 1994, I, 356.

DOUVRELEUR (O.),
Le projet de réforme du droit des sociétés: où en est on?, Petites Affiches 20 novembre 1996, n°140, p.21.

FREYRIA (Ch.),
La personnalité morale à la dérive, *Mélanges BRETON et DERRIDA,* Dalloz 1991, p.121.

KRIEGK (J.F.),
Le concept de responsabilité victime du développement de l'Etat providence ?, Gaz. Pal. 12 juillet 2000

PAILLUSSEAU (J.),
Le droit moderne de la personnalité morale, RTD civ. 1993, p.705.

RANDOUX (D.),
La liberté contractuelle réservée aux grandes entreprises :la société par actions simplifiée (S.A S), JCP N. 1994, I, p.69.

SAVAUX (E.),
La personnalité morale en procédure civile, RTD civ. 1995, p.1.

TRICOT (D.),
Les critères de la gestion de fait, Droit et Patrimoine, janvier 1996, p. 24.

III] DROIT ADMINISTRATIF :

A] Ouvrages généraux, traités et manuels :

CHAPUS (R.),
Droit administratif général, MONTCHRESTIEN, 13ème éd. 1999.

DE LAUBADERE (A.) et GAUDEMET (Y.),
Traité de droit administratif, t.2, L.G.D.J., 11ème éd. 1998.

RIVERO (J.) et WALINE (J.),
Droit administratif, Dalloz, 17ème éd. 1999.

B] Articles, chroniques et études doctrinales :

AUBY (B.) et MAUGUE (C.),
Les contrats de délégation de service public, JCP G. 1994, I, 3743.

AUBY (B.) et MAUGUE (C.),
La notion et le régime de la délégation de service public, JCP G. 1996, I, 3491.

DOUENCE (J.C.),
Les contrats de délégation de service public, RFDA 1993, p.936.

HUGLO (C.),
Point de vue sur une notion très discutée: La délégation de service public, Petites Affiches du16 mai 1994, p.12.

LAURENT (D.),
Convention de délégation de service public local et loi SAPIN, Petites Affiches 11 mars 1994, p.4.

RAPP (L.),
La loi du 6 février 1992 relative à l'administration territoriale, RFDA 1993, p.639.

UBAUD-BERGERON (M.),
Loi MURCEF : la définition législative des délégations de service public, JCP G. 2002, I, 125.

IV] DROIT COMPARE :

ALLEN (F.A),
La responsabilité pénale des sociétés privées en droit américain, RID pén. 1957, p. 9.

BELIVEAU (P.),
La responsabilité pénale des corporations en droit canadien, Rev. pénit. 1999, p.138.

CONSTANT (J.),
La responsabilité pénale des personnes morales et de leurs organes en droit belge, RID pén. 1951, p.597.

GEEROMS (S.),
La responsabilité pénale de la personne morale, Rev. internat. dt comparé 1996, p.533.

JUNG (H.),
La responsabilité pénale de la personne morale en droit allemand, Petites Affiches 1993, n°120, p.77.

LEGEAIS (R.),
Les réponses du droit anglais et du droit allemand aux problèmes de la responsabilité pénale des personnes morales, Rev. Soc. 1993, 371.

L'HOMME (Th.),
La responsabilité pénale des personnes morales au Royaume Uni, RD pén. crim. 1995, n°1, p. 44.

LOWE (S.) et **McKIE (F.),**
La responsabilité pénale des personnes morales au Royaume Uni, Petites Affiches 1993, n°120, p.81.

MESSINE (J.),
Propos provisoires sur un texte curieux :la loi du 4 mai 1999 instituant la responsabilité pénale des personnes morales, RD pén. crim. 2000, p.637.

MOREILLON (L.),
La responsabilité pénale de l'entreprise, Revue pénale suisse 1999, p.325.

PRADEL (J.),
Droit pénal comparé, Précis Dalloz, 1995.

ROBERT (J.-H.),
La responsabilité pénale des personnes morales en droit anglais, Dr. pén. 1995, Chron.30.

SPENCER (J.),
La responsabilité dans l'entreprise, Rev. sc. crim. 1997, p.289.

SPOLIDORO (M.S.),
Droit pénal et personnes morales en Italie, Petites Affiches 1993, n°120, p.79.

SUN (P.) et DESEVEDAVY (F.),
La responsabilité pénale des personnes morales *in La chine et le droit en l'an 2000*, n° spécial Gaz. Pal. du 2 juillet 2000, p.38.

VASSEUR (A.),
Droit des Etats Unis, Précis DALLOZ, 2ème éd., 1994.

VIAU (L.),
La question de la responsabilité des personnes morales en droit canadien, RD pén. crim. 1994, 535.

INDEX ALPHABETIQUE DES MATIERES

(Les chiffres renvoient aux numéros des paragraphes)

A

B

C

D

I

L

S

T

V

TABLE DES MATIERES

page

SECONDE PARTIE: